河南省高等学校哲学社会科学优秀著作资助项目

怀庆商帮

程　峰　著

·郑州·

图书在版编目（CIP）数据

怀庆商帮／程峰著. -- 郑州：河南大学出版社，2022.4

　　ISBN 978-7-5649-5095-8

　　Ⅰ.①怀⋯ Ⅱ.①程⋯ Ⅲ.①商业史-研究-河南-明清时代 Ⅳ.①F729.4

中国版本图书馆 CIP 数据核字（2022）第 072934 号

怀庆商帮
HUAIQING SHANGBANG

策划统筹	杨国安　谌洪波
责任编辑	胡玲霞
责任校对	李　云
封面设计	陈盛杰

出　版	河南大学出版社
	地址：郑州市郑东新区商务外环中华大厦 2401 号　邮编：450046
	电话：0371-86059752（自然科学与外语部）　网址：hupress.henu.edu.cn
	0371-86059701（营销部）
排　版	河南大学出版社设计排版部
印　刷	广东虎彩云印刷有限公司
版　次	2022 年 10 月第 1 版　　印　次　2022 年 10 月第 1 次印刷
开　本	710 mm×1010 mm　1/16　　印　张　21.25
字　数	425 千字　　　　　　　　　定　价　75.00 元

（本书如有印装质量问题，请与河南大学出版社营销部联系调换）

序

程民生

一

人类的商业活动起源很早,原始社会时期便出现人们以自己所有易所无的物物交换,继之发展到以货币购买物品,再进一步是商品的异地交流,从而形成了真正的商业活动和商业行业,使商业具有了无限的发展空间。

从概念上讲,一个地方的商业发展,至少应该具备三个条件中的一个:要么人多,消费力强多买进,制造力强多卖出;要么物产丰富,将地方特产源源不断地输往需要的各地;要么交通便利,成为来往物资流通的枢纽或商人交汇聚集之地。

按照上面的条件,历史上的河南最有优势:第一,地处中原,既四通八达,为南来北往、东进西去的必经之地,又万方辐辏,是全国的中心地区;第二,位于平原,交通条件极为便利,水运河流众多且平稳,陆路修建成本低廉;第三,人口众多,作为华夏文明的发祥地,长期是国家的中心地区,人口最为密集,消费量最大,消费能力最强;第四,物产丰富,尤以农业最发达,这得益于平原地区提供的富饶辽阔的土地,也是文明发祥的基础。

如此得天独厚,最早的商业和商人就诞生在河南。公元前16世纪,位于现今河南商丘的一个原始部落首领王亥,在经营畜牧业时服牛驯马发展生产,并发明了牛车,用牛车运输货物,到各地交易,开始促使农牧业迅速发展,使部落迅速强大起来。这个部落自称为商,迁都于殷都(即现今河南安阳)之后仍称商。周朝灭商以后,要求其遗民继续经商,并将从事这种行业的人称为商人。商族就是最早的商业民族和商人集团,王亥就被称之为华商始祖。其后,河南多出具有代表性的杰出商人,如春秋时期郑国(今河南新郑)的爱国商人弦高,被后人尊为商圣的河南南阳人陶朱公范蠡,战国时期洛阳商人白圭。白圭还有"治生之祖"即"商祖"之誉。他们都是具有元典意义的行业领袖。

历史是不断变化的,没有一成不变的事物。如同四大文明古国的衰落一样,传统的文明发祥地总是被后起之秀超越。宋代以后的河南日趋没落,政治、经济、文化、军事等地位全面下降。明清时期以地域命名的各大商帮风生水起,却见不到豫商的名号,真是无可奈何花落去!

万事不是绝对的,一般现象中总有个别特殊事物。明清时期河南整体上没有形成影响全国的商帮,但因地理环境、地理位置特殊的个别地区,却又一枝独秀,树立了现今河南境内历史上最为突出、最具代表性的商帮形象,那就是怀商。

二

所谓怀商,就是历史上怀庆府的商人;所谓怀庆府,就是现今以焦作市为中心的豫西北地区。

现代人们说到焦作,一般都会想起煤炭、云台山,再想想,会加上陈式太极拳、铁棍山药什么的。但在古代叫作河内时,却十分了得,那是古代著名的三河地区之一!古代著名的三河地区就是黄河中下游大拐弯之处的河内(今河南武陟西南)、河南(今河南洛阳东)、河东(今山西夏县西北)。早在夏禹时代,就以"覃怀"闻名,见之于《尚书·禹贡》;夏帝少康十八年(前1986年)还将国都迁于原(今河南济原西北),原成为国家的中心地区,见之于《竹书纪年》。此后以至司马迁时代,三河地区曾长期是"天下之中"①,国家的经济重心所在。在北方地区以地理环境优良、气候温和、土地肥沃、物产丰富、人口稠密、生产发达、人烟繁庶为特色,社会经济持续发展。

怀庆府位居黄河北岸,太行山以南,地势北高南低,地貌类型多样,丹水、沁河流贯其中,临近黄河。不仅土地肥沃,还由于"得太行障其后,故寒稍杀,

---

① 司马迁:《史记》卷129《货殖列传》,中华书局,1963,第3262页。

地暖……且山水清远似江南",在宋代因而有"小江南"的美称。① 交通也很便利,向西直通山西,向东折北可达北京,往南可达开封。即使在经济重心南移以后,北方地区经济普遍衰弱的大背景下,仍长期保持着富庶地位,稳定性极强。是三河地区在古代唯一没有衰退的地区,在北方社会经济史中有着独特和重要的地位。

怀庆府农业的发达,包括了经济作物的发达,最具代表性的就是药材。怀庆府"地土肥美,栽种药材,虽工本较重,而所得资利,十倍五谷。其最著者地黄、山药、牛膝等物,获利更厚……四民耕读外,商贾居多,贩卖药材者,散处天下"②。所出产的生地、菊花、牛膝、山药号称"四大怀药",质地纯正,药效独到,历来在中外医药界占有重要地位,备受赞誉。怀商即主要以经营这著名的四大怀药为业,并形成严密的帮会组织,网络覆盖全国。清代怀商兴盛时期,一度有"十三帮一大片,不如怀商一个殿"之称,好生了得。

当然,仅有著名土特产——全国大多地区都有土特产——并不能必然带来商业发达。怀商的形成,在很大程度上得益于晋商的产地山西。首先,怀庆府在地理位置上最接近山西,与晋东南为邻,风土人情自然与之多有相同、相近之处。更重要的是,明清时期的怀庆府人,多为明初山西的移民。由于血缘的关系,怀庆府人继承了晋商的经商传统。因此,在某种程度上似乎可以说,怀商是晋商的余绪或支脉。

三

当代学界、商界,有中国十大商帮之说,但版本、名次不同。有广东粤商(分潮商、广商)、山西晋商、徽州(今安徽黄山等地区)徽商、陕商(秦商、关陕商人)、福建闽商(分闽南商帮和闽东商帮)、江右(江西)赣商、洞庭(今苏州市西南太湖中洞庭东山和西山)苏商、宁波与龙游(浙江中部)浙商、山东鲁商等。不过,无论哪种版本,都没有豫商、怀商。

检索百度,通过数据可以让我们得出直观印象:

"晋商"找到相关结果约 630,000 个;

---

① 周密:《癸辛杂识》别集上《汴梁杂事》,中华书局,1988,第 218 页。
② 王凤生:《河北采风录》卷 4《怀庆府河内县复禀》,清道光六年刻本,第 14 页。

"徽商"找到相关结果约831,000个；

"潮商"找到相关结果约1,670,000个；

"豫商"找到相关结果约3,390,000个；

"怀商"找到相关结果约163,000个。

"豫商",虽然找到相关结果约3,390,000个,但那是泛指当代河南籍的企业家,特指新中国成立之后、改革开放之后成长起来的几代河南籍企业家,以河南本土的企业家和走出去的河南籍企业家为代表。有关信息集中在近几年,是有关方面宣传炒作的结果,不能代表现代实力,更不能代表历史实力。

至于怀商,则处于明显的弱势,名气远远不能与十大商帮相比。当地有俗话说:"怀川精,怀川能,怀川没有山西精","南京到北京,都说怀川精。怀川到山西,一精也不精"。如此精明程度的对比,夸张也罢,自嘲也罢,透露出的不仅是体量的差距,更是商业观念、经商技术的巨大差距。

究其原因,当然复杂,但从理论上细查,恰恰与其农业发达有关。所谓的十大商帮,从地域上看基本上都是山区,要么山多地少,要么地瘠人贫。如宋代福建:"闽地褊,不足以衣食之也,于是散而之四方。"①他们在农业发展上没有出路,只好转向商业谋生,而且主要不是在当地经商,而是到外地经商。典型如晋商、徽商、闽商,主要是个人在外地发达,并不意味着山西、徽州、福建的商业发达。如前文所说,怀庆府水土肥美,怀商不是被恶劣环境逼出来的,也即他们有宽阔的退路,不像其他商帮那样只有经商一条道可走,有置于死地而后生的决绝。我揣测,这很可能是怀商没有大发展的一个隐秘而重要的内在原因。

除了实力外,怀商名气不大还有一个重要原因,就是关于怀商的记载与研究、宣传太少。最应承担起这个历史使命和当代职责的,无疑应当是当地学者。"春江水暖鸭先知",秋江水寒也是鸭先知的,焦作本土学者就是这只敏感的鸭。程峰先生,长期以来一直致力于地方史研究,结出过丰硕成果,对焦作地区历史文化的整理研究,厥功甚大,可敬可佩。这本关于怀商的著作,从怀商崛起的基础说起,系统梳理了怀商的贸易、怀商的经营理念、怀商的管理制度、怀庆会馆、怀商的社会公益等历史问题,最后结局于怀商的启示、四大怀

---

① 曾丰:《缘督集》卷17《送缪帐干解任诣铨改秩序》,《四库全书》电子版,上海人民出版社。

药的现代化过程,是史家手法,可以说是一部完整的怀商史。这就进一步丰富了覃怀文化研究,提升了怀商的知名度,缩短了古今认识距离。其中对怀商历史经验、教训的探讨,对处于转型期的焦作市而言,更有警示、借鉴的现实意义;对河南历史而言,这一仅有的商帮资源更是弥足珍贵。

如此这般,在本书出版之际,为之作序,为之击鼓鸣锣,岂不快哉!

2016 年 1 月 27 日于河南大学

目　录

第一章　天生我材必有用
　　——怀商形成的基础 …………………………………………… 1
　第一节　商业文化源远流长 …………………………………………… 2
　第二节　水陆交通便利 ………………………………………………… 7
　第三节　丰厚的物质基础 …………………………………………… 18
　第四节　唯钱是尊的社会风尚 ……………………………………… 33
　第五节　山西商人的榜样效应 ……………………………………… 36
　第六节　土狭人稠，赋税沉重 ……………………………………… 42

第二章　覃怀故地兴商帮
　　——怀商的形成 ………………………………………………… 50
　第一节　怀庆府的工商业 …………………………………………… 50
　第二节　怀庆商人的经营 …………………………………………… 66
　第三节　怀庆商帮的形成 …………………………………………… 80
　第四节　怀商的中坚力量 …………………………………………… 86

第三章　无惧黄河阻南北
　　——怀商的贸易（上） ………………………………………… 94
　第一节　怀庆府的怀商贸易 ………………………………………… 94
　第二节　开封府的怀商贸易 ………………………………………… 121
　第三节　卫辉府的怀商贸易 ………………………………………… 125
　第四节　禹州的怀商贸易 …………………………………………… 136
　第五节　归德府永城的怀商贸易 …………………………………… 140

第六节　河南其他府县的怀商贸易 …… 143

第四章　无惧黄河阻南北
——怀商的贸易（中） …… 146

第一节　湖北的怀商贸易 …… 147

第二节　湖南的怀商贸易 …… 164

第三节　江西的怀商贸易 …… 175

第四节　川渝的怀商贸易 …… 179

第五节　安徽的怀商贸易 …… 192

第六节　江南的怀商贸易 …… 195

第五章　无惧黄河阻南北
——怀商的贸易（下） …… 201

第一节　陕西的怀商贸易 …… 201

第二节　山西的怀商贸易 …… 212

第三节　河北的怀商贸易 …… 215

第四节　京津的怀商贸易 …… 220

第五节　山东的怀商贸易 …… 227

第六节　西北诸省区的怀商贸易 …… 235

第六章　诚信为本利源广
——怀商的经营理念 …… 244

第一节　因地制宜　借势发展 …… 245

第二节　艰苦创业　同于农工 …… 247

第三节　相林而栖　伺机而动 …… 247

第四节　童叟无欺　诚信经营 …… 250

第五节　严格选才　知人善用 …… 253

第六节　服务至上　顾客第一 …… 254

第七节　重视质量　创造品牌 …… 255

第八节　广求资讯　重视宣传 …… 257

第七章　无规矩不成方圆
——怀商的管理制度 …… 260

第一节　杜盛兴的管理制度 …… 261

第二节　协盛全的管理制度 …… 264

第三节　修武大德生的管理制度 …………………………………… 271
第四节　开封同仁堂的管理制度 …………………………………… 273
第五节　永城万全堂的管理制度 …………………………………… 274
第六节　宝鸡诚顺和国药店的管理制度 …………………………… 275
第七节　怀商管理制度综论 ………………………………………… 276

第八章　自我管理建组织
——怀庆会馆的功能与作用 …………………………………… 281
第一节　怀庆会馆的创建 …………………………………………… 282
第二节　怀庆会馆的功能与作用 …………………………………… 298

第九章　扶贫兴教大德商
——怀商的社会公益 …………………………………………… 309
第一节　日常救助 …………………………………………………… 309
第二节　灾荒赈济 …………………………………………………… 311
第三节　公益事业 …………………………………………………… 315

第十章　前事不忘后事师
——怀商的启示 ………………………………………………… 318
第一节　怀商经营商品的局限性 …………………………………… 318
第二节　怀药产业的现代化 ………………………………………… 322

后记 …………………………………………………………………… 325

第一章 天生我材必有用
——怀商形成的基础

一切事物的产生或形成,都有其基本条件或基本因素。商帮的形成自然有其形成的理由。商帮的形成需要一定的条件,或者说需要一定的背景和原因。商帮是商品经济发展到一定程度、一定阶段的产物,而商品经济的发展有主客观的缘由。

晋商的形成主要得益于山西商人具有善于商品交易的智能和才能。他们以地域位置、乡土关系为特征,组成商行帮会,以博大宽厚的经营胸怀、兼容并蓄的经营气度、求同存异的经营策略和自强不息的经营精神进行生意往来,最终形成了"凡有麻雀飞过的地方,就有山西商人"[1]的盛举奇观。

徽商的形成也是由多种自然和历史条件造成的。一是由于徽州四面环山,山高坡陡,可耕地面积非常少,徽州人无奈在务农之外从事手工业和商业,走出大山,足迹遍布九州。二是由于徽州不宜种粮,却盛产林、竹、茶、桑、药材等各种经济作物,而且徽州地区的新安江为徽州人的货物贸易提供了一条黄金水道,物产与交通的结合,加速了徽州地区商业化的进程。三是南宋以后,中国经济重心南移,徽州地处江南,紧邻经济发达地区,加之徽州人历来重视教育的传统,文化素质普遍较高,又能吃苦耐劳,坚忍不拔,所以在商业领域恣意纵横,终成大器。[2]

在对晋商、徽商的研究如火如荼、成果丰硕之时,对明清时期的河南商

---

[1] 古敏编著《中国第一商道》,金城出版社,2004,"前言:山西为什么出商人"第1页。
[2] 潘小平:《徽商:正说明清中国第一商帮》,中国广播电视出版社,2005,"序"第1页。

帮——怀庆商帮的研究却悄无声息。覃怀故地,河朔名邦,明清时期的怀庆府,产生了怀庆商帮,简称"怀商",或"怀帮"。实际上,怀商就是明清时期河南怀庆府所属的河内县(今河南沁阳市)、孟县(今河南孟州市)、温县、武陟县、修武县、济源县(今河南济源市)等县商人所组成的商业行帮。① 经过数百年的发展,怀商形成了先进的经营理念,积累了丰富的管理经验,在明清时期的商业行帮中占有重要的地位,成为古代河南商人的核心和骨干力量。

怀商如同晋商、徽商一样,它的兴起必定有它的因缘。怀商的兴起,得益于古代商业文化的滋养,得益于便利的交通条件,得益于丰富的物产,得益于与山西千丝万缕的关系。

第一节　商业文化源远流长

明清时期的怀庆府位于河南省西北部,北依巍巍太行,南濒滔滔黄河,西为王屋轵陉雄关,东连广阔的华北平原,地处太行山以南和黄河以北的河、山夹角地带,其地形与牛角相似,故而当地人形象地称之为"牛角川";再由于历史上"怀"的概念以一贯之,又俗称"怀川"。怀庆府北部有太行山遮挡寒流,气候比较温和。境内黄河、济水、沁河、漭河、丹水等河流提供了充足的水源。土地为黄河、济水、沁河等水系冲积而成,以肥沃著称,是北方地区自然环境优越之地,素有"小江南"②的美称,自古以来经济发达,是中国古代的经济文化中心。元代的儒学宗师许衡曾赞叹道"卧牛之地,日进斗金",可见其富庶。

怀庆府早在文明开端的夏禹时代,就以"覃怀"闻名,见之于《尚书·禹贡》:"覃怀底绩,至于衡漳。"夏帝少康十八年还将国都迁于原(今河南济源西北),此地遂成为国家的核心地区。至商周,则属于京畿要地,是经济中心。

夏、商、周三代,都以"三河"(汉人称河东、河内、河南三郡为"三河"。"三河"示意图见图1-1)为基本统治区,如司马迁在《史记·货殖列传》所言:"昔唐人都河东,殷人都河内,周人都河南。夫三河在天下之中若鼎足,王者所更居也,建国各数百千岁。"其中河内地区,就是指位于太行山以南、黄河以北地

---

① 程峰:《简论怀商》,《殷都学刊》2008年第3期。
② 周密:《癸辛杂识》别集上《汴梁杂事》,中华书局,1988,第218页。

区,其中心就是明清时期的怀庆府所辖地区,足以证明古怀庆府地区在先秦时期拥有的重要的历史地位。历史上,古怀庆府地区始终是经济文化发达地区。如两汉之际的河内郡,"带河为固,户口殷实,北通上党,南迫洛阳",以"完富"著称,是当时的战略要地,刘秀决定以此为根据地:"吾将因是而起。"①于是任命寇恂为河内太守,将河内视为汉高祖时的关中,将寇恂比作镇守关中的萧何。寇恂果然不负所望,利用著名的淇园竹林造箭百余万支,还养马二千匹,征收租粮四百万斛,为前方部队提供了可靠的军需物资保障。当其利用战机率部攻至洛阳城外时,刘秀大喜,认为大局已定,遂即位称帝。东汉政权建立后,河内仍发挥着极为重要的经济作用,如"时军食急乏,恂以辇车骊驾转输,前后不绝"②,为新生政权的稳定立下了汗马功劳。富庶的河内,确实起到了汉初关中那样的决定性作用。明代怀庆府,"太行北峙,沁水东流,近带黄河,远挹伊洛,舟车都会,号称陆海"③。西汉司马迁《史记·货殖列传》记载:战国时期,"温、轵,西贾上党,北贾赵、中山……河济之间千树萩,坐以致富"。西汉桓宽在《盐铁论》的《力耕》篇指出"街衢五通,商贾之所臻,万物之所殖",其《通有》篇记载"魏之温、轵,……富冠海内,皆为天下名都"。唐至德年间(756—758年),河内人齐光、赵晏在洛阳从事书画买卖,其中齐光因"别识贩卖","怜业好事",而"迹类藩身"④;赵晏,窦皋、窦蒙的《述书赋并注》称其"智专别识"。另据清道光十八年(1838年)《伊阳县志》记载:金代,怀庆人陈一孝弟兄四人贸易于伊阳白元(今伊川白元),他们"好善乐施,常周济穷独,助给婚丧。饥岁,尽出己粟以周贫乏。建修桥梁,独捐囊金数百以利行人"⑤。由此看来,古怀庆府地区的经济文化非常发达,为社会历史作出了大的贡献。

在如此深厚的文化背景之下,明清时期,怀庆府经济繁荣,人口众多,商业集镇逐渐增多,商品交易逐渐趋于繁盛。

---

① 范晔:《后汉书》卷16《寇恂传》,中华书局,1965,第621页。
② 范晔:《后汉书》卷16《寇恂传》,中华书局,1965,第622页。
③ 嘉靖《怀庆府志》卷1《疆域·附形势》,第18页。
④ 张彦远:《历代名画记·论鉴识收藏购求阅玩》,俞剑华注释,上海人民美术出版社,1964,第45页。
⑤ 道光《伊阳县志》卷4《人物志·流寓》,第26页。

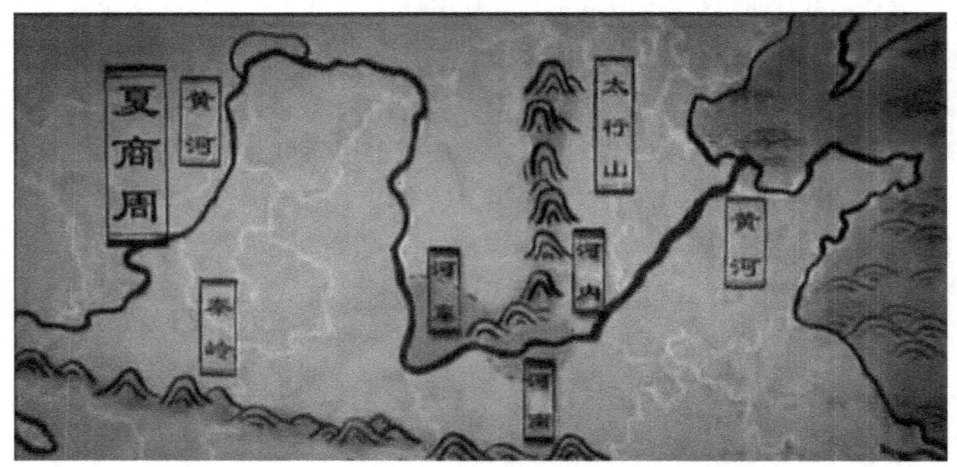

图 1-1 河东、河内、河南"三河"示意图

明代的怀庆府府治河内(今河南沁阳市),下辖河内、济源、修武、武陟、孟县、温县等六县,交通便利,物产丰富,经济发达,尤其是城镇经济得到快速发展,"怀郡诸镇皆名镇也,居民甚庶,即有集,以相贸易,因通志之曰镇集"①。"贸易辐辏,市井骈阗"②,出现了一批诸如清化镇、木栾店等商业重镇。

明正德年间,河内县有清化镇、万善镇等。明正德十三年(1518年)《怀庆府志》记载"河内县"的"镇集"有:

> 清化镇,在府治东北四十里,属河内县,镇有税课局,有公馆,有店,有集;万善镇在府治西北十八里,有万善驿,递路通山西泽州。③

而至明万历年间的河内县的镇集又有所增加。据明万历《河内县志》记载,河内县的"镇店"(即镇集)有清化镇、柏香镇、尚香镇、崇义镇、武德镇、邘台镇、万善镇等:

> 清化镇,在城东北四十里,有孔子庙、税课局。推官潘公棠筑城。万历二十四年知县卢公梦麟重筑。柏香镇,在城西三十里。尚香镇,在城东三十里。崇义镇,在城西南三十里。唐初置忠义县,寻废,今为镇。武德镇,在城东南四十里,后魏置武德郡,隋废郡改县,曰邘

---

① 正德《怀庆府志》卷3《镇集》,第1页。
② 万历《河内县志》卷1《地理志·镇店》。
③ 正德《怀庆府志》卷3《镇集》,第2页。

丘。唐改曰武德县,宋废为镇。邢台镇,即邢城,在城西北二十里。万善镇,在城北二十里,中有驿所,旧名万恶村,当事者忌恶字以善易之。①

清化镇的商业至少在明嘉靖至隆庆年间已拥有一定规模,集镇上至少有五六百家商户。正如许檀先生所言:"明隆庆五年(1571年)《创建金龙大王神祠记》是河南清化镇商人集资创建大王庙的碑铭,该碑可以确证,嘉隆年间清化商业已相当繁荣,至少有数百名各地商人汇聚于此。该镇的商业规模提示我们,对明代华北的商业发展水平可能需要重新估计。"②清化镇在明末已是"怀之重地也,居民数万家"③的集市,成为河南的商业名镇。

邢台镇位居太行陉之南端,为晋豫交通咽喉,亦为河内县著名商镇。邢台静应庙明正德元年(1506年)《重修殿宇妆塑圣像记》(残碑)记载"盖闻覃怀西北二十里……也,前临丹水,后倚行山……也,南通河洛,北达泽潞……"④,指出其作为交通孔道的价值。而明嘉靖四十二年(1563年)《创建四圣殿碑记》又曰:"盖覃怀者,古郡之名也;邢台者,覃怀之镇也。去郡城二十里,居太行之麓,人烟数百家,商贾经游所。"⑤

武陟"背负太行,面揖黄河,沁水中流,广武南峙,地势旷衍,盖亦覃怀望邑焉"⑥。明万历年间的武陟县令李日茂曾曰:"邑有黄河经其南,沁河绕其北,通舟楫,便商贾,可不谓百姓之利哉!"⑦明正德十三年(1518年)《怀庆府志》记载武陟县的"镇集":

> 坊郭集在城内,每月十五集;虹桥集在县西虹桥村,每月十五集;宋郭集在县西北高村,每月十五集;圪垱店集在县东邸郜,每月十五集;木栾店集在县北,每月十五集。⑧

该志记载,明正德年间,武陟县有"镇集"五处,即坊郭集、虹桥集、宋郭

---

① 万历《河内县志》卷1《地理志·镇店》。
② 许檀:《明代河南清化镇的商业规模——隆庆五年〈创建金龙大王神祠记〉及相关碑文研究》,《天津师范大学学报(社会科学版)》2014年第3期。
③ 郑廉:《豫变纪略》卷2,王兴亚点校,浙江古籍出版社,1984,第29页。
④ 明正德元年(1506年)《重修殿宇妆塑圣像记》,现存于沁阳邢台静应庙。
⑤ 明嘉靖四十二年(1563年)《创建四圣殿碑记》,现存于沁阳邢台静应庙。
⑥ 万历《武陟县志》卷1《地理志》,第11页。
⑦ 万历《武陟县志》卷1《地理志》,第16页。
⑧ 正德《怀庆府志》卷3《镇集》,第3页。

集、圪垱店集、木栾店集,而且"每月十五集"。而据明万历《武陟县志》记载,截至明万历年间,武陟的集市共有八处,即木栾店、圪垱店、大司马、小司马、宁郭驲、渠下、毡家店以及邸郆。该志记载:

> 在县之舆内者,总计有八。而木栾店临河,通商贾,饶物货,称最大;次圪垱店,次大司马,次小司马,次宁郭驲,次渠下,又次毡家店;若邸郆,第有其举而已。诸集市以日相递。惟在坊郭者,日一市之,今废。①

关于其他县的"镇集",明正德十三年(1518年)《怀庆府志》记载:

> 修武县:承恩镇在县治西三十五里,闻武王伐纣,居民箪食壶浆以迎王师,故名,今之恩村是也;寨里集在县北三十里;五里院集在县东北二十里。孟县:下孟州集在县南十八里,即古下孟州城是也;沈河镇在县东二十里,每月十五集;北陈镇集在县西四十里,每月九集。温县:赵堡镇在县东十八里,沈河集在县东南二十里,崇宁集在县北,王阳集在县西十五里。②

清代怀庆府所辖河内县、济源县、孟县、温县、武陟县、修武县、原武县(今河南原阳县西南)以及阳武县(今河南原阳县),简称"怀府八县"。"怀庆素称商国。"③怀庆府的商业集镇,明代19处(不含原武、阳武),康熙时47处,乾隆达90处,几乎增加了近一倍。④河内清化镇(今河南博爱县)商品经济发达,成为著名的商业重镇,而被称为"河北首镇"⑤。清化镇周长7里90丈,"北阻太行,南环沁水,尤为河北隩区"⑥,"界连晋省,商贾云集,人烟稠密"⑦。清康熙七年(1668年)《大王庙创建戏楼碑记》曰:"清化为三晋咽喉,乃财货聚积之乡,凡商之自南而北者莫不居停于此。"⑧清嘉庆二十一年(1816年)《重修

---

① 万历《武陟县志》卷2《建置志·诸集市》,第14页。
② 正德《怀庆府志》卷3《镇集》,第2-3页。
③ 民国《续武陟县志》卷6《食货志》,成文出版社,1968,第248页。
④ 邓亦兵:《清代河南的怀帮商人》,《平准学刊》编辑委员会编《平准学刊》第5辑下,光明日报出版社,1989,第640页。
⑤ 清同治年间清化镇西城门匾额石刻《河北首镇》,现藏于博爱县西关清真寺。
⑥ 清同治三年(1864年)《重筑清化镇城碑记》,现藏于博爱县城内石佛寺。
⑦ 王凤生:《河北采风录》卷4《河内县水道图说》,清道光六年刻本,第15页。
⑧ 清康熙七年(1668年)《大王庙创建戏楼碑记》,现藏于博爱县城内大王庙。

南关城楼石碑记》载:"覃怀清化镇……市民交集,商贾辐辏。"①清同治三年(1864年)《重筑清化镇城碑记》载,清化镇"居秦晋之交,商贾辐辏,厘市棋列,实此邦一大都会"②。清化镇"有官硝官矿税局,豫立工厂,设警察分所"③。督捕公署、税课局都设于此。武陟木栾店"在武陟城北,濒沁河处,商贾云集,自此买舟由沁达黄河"④。木栾店商品经济发达,被誉为华北商都。民国《续武陟县志》记载:"怀庆素称商国,武陟木栾店尤为一大都会,水陆交通,百货屯集,而邑人由商起家,集资巨万者,颇不乏人。"⑤修武承恩镇,"百货麇集,商务繁盛,为邑属最巨之镇"⑥。温县有早晚市,招贤镇"六陈粮行颇为发达"⑦。怀庆府城河内清道光十九年(1839年)创建玉皇阁捐资商家七十多个⑧,另有铁货行十三家⑨、皮行六家。清化镇经营铁货的商号九家、烟店四家、粮行九家、油房四家、木材店五家⑩。"孟境商业,清光、宣间尚有票号三家、当典三家、总盐店一家、钱店三家、高脚柜(即过载行,代客雇脚转运者)三家"⑪,此外,还有粮坊、布店、花店、估衣店、杂货店、药铺、染房、皮货店等。由此可知怀庆府各县城镇商业兴盛的情况。

第二节 水陆交通便利

怀商的兴起,与怀庆府的水陆交通便利有着重要关系。关于怀庆府的形胜,文献载:

太行北峙,沁水东流,近带黄河,远挹伊洛,舟车郡会,号称陆海。⑫

---

① 清嘉庆二十一年(1816年)《重修南关城楼石碑记》,现藏于博爱县博物馆。
② 清同治三年(1864年)《重筑清化镇城碑记》,现藏于博爱县城内石佛寺。
③ 林传甲:《大中华河南省地理志》第108章《沁阳县》,武学书馆,1920,第126页。
④ 顺治《怀庆府志》卷2《疆域·乡镇》,第4页。
⑤ 民国《续武陟县志》卷6《食货志》,成文出版社,1968,第248页。
⑥ 林传甲:《大中华河南省地理志》第111章《修武县》,武学书馆,1920,第222页。
⑦ 林传甲:《大中华河南省地理志》第113章《温县》,武学书馆,1920,第226页。
⑧ 清道光十九年(1839年)《创建玉皇阁碑记》,现存于沁阳市博物馆。
⑨ 清同治八年(1869年)《创建三清庙碑记》,现存于沁阳市博物馆。
⑩ 支那省别全志刊行会:《支那省别全志》第8卷《河南省》,东亚同文会,1941,第767-769页。
⑪ 民国《孟县志》卷8《社会·职业》,第1080页。
⑫ 李贤等:《大明一统志》卷28《怀庆府》,明天顺五年刻本,第33页。

> 怀庆府带河为固，北连上党，南迫洛阳。①
>
> 怀庆为古殷周畿内地，行山枕于北，黄河环其南，丹沁径其中，形势最雄。所辖之县，地广人稠，聚庐而处，不知凡几，实为河北之一大都会。②

怀庆府北部太行山四通八达的地理优势，被历代所重视。据文献记载，太行有八陉，"连山中断曰陉"，八陉即穿越太行山脉的八条通道。《读史方舆纪要·河南一·太行》引晋郭缘生《述征记》：

> 太行首始河内，北至幽州，凡百岭。诸山皆因地立名，实一太行也。连亘十三州之界，有八陉：第一轵关陉（在今河南济源市西北——引者注，下同），第二太行陉（在今河南沁阳市北），第三白陉（在今河南辉县市西北），第四滏口陉（在今河北磁县），第五井陉（在今河北获鹿县），第六飞狐陉（在今河北蔚县），第七蒲阴陉（在今河北易县），第八军都陉（在今北京昌平县）。

而在太行八陉之中，怀庆府地区就有三陉，即轵关陉、太行陉、白陉，并有天井关、山口关、碗子城关、古栈道等设施。因此，怀庆府交通便利，自古以来，就是南北交往的咽喉要道。古代如此，就是在今天，这些古代的通道也是现代晋豫间公路交通之所在。

一、轵关陉

怀庆府地区通往山西的第一条通道即为轵关陉。轵者，车轴之端也。轵关者，通道仅当一轵（车）之险关也，今称封门口，处在河南济源西北地名为"封门"的山谷中。两山夹峙，势颇险阻，号称"封门天险"（图1-2）。战国时置关。地当晋豫交通要冲，直通山西垣曲，是进入上党山地的第一通道，历来为兵家必争之地。《战国策·赵二》有"秦下轵道则南阳动"的记载，郭缘生在《述征记》中把它列为太行八陉中的第一陉。魏国在轵陉口修筑了一座驻军城堡，为轵邑，专司防守此通道。

---

① 顺治《怀庆府志》卷2《疆域·附形势》，第2页。
② 雍正《覃怀志·续修怀庆府》，"序"第4页。

图 1-2　封门天险

二、太行陉

第二条通道即为太行陉(图 1-3、1-4)。太行陉为太行八陉之第二陉,阔三步,长 20 公里,在今天河南沁阳市北、山西晋城市南的太行山上。《元和郡县图志》卷十六载:"太行陉,在县西北三十里,连山中断曰陉。"司马迁《史记·范雎列传》亦云"北断太行之道,则上党之师不下",即为断绝太行山的通道,阻挡韩国上党的军队南下中原。

汉刘歆《遂初赋》载"驰太行之险峻,入天井之高关",即此。宋靖康元年(1126 年)改名雄定关,元末亦名平阳关,一向为晋、豫两省之交通要冲。自古为兵家必争之地,但在和平年代就成为通商道路。现存有碗子城、羊肠坂道、孟良寨、焦赞城等遗址。

图 1-3　太行陉

图 1-4　太行陉的马蹄印迹

碗子城距大口村 2.5 公里，现存遗址（图-5）呈圆形，东西设门。城高 4.8 米，城内直径 19 米，墙厚 4.8 米，东门高 3.56 米，宽 3.1 米，进深 6.27 米；西门高 3.56 米，宽 3.07 米，拱高 1.6 米，拱顶高 1.3 米，进深 5.96 米。关于碗子城，清雍正《泽州府志》记载："南八十里，太行山麓。宋太祖负石处。太祖亲征李筠上太行山，路险多石，乃先于马上负石。六军皆负石，即日成大道。至泽，列栅围之，筠败赴火。元于此筑城，围径只三五丈许。"①

图 1-5　太行陉碗子城遗址

---

①　雍正《泽州府志》卷 13《古迹》，第 4 页。

羊肠坂道,又称太行坂道,位于碗子城西。原名"羊肠坡",因其在山间崎岖缠绕,曲曲弯弯,形似羊肠,故名。羊肠坂为古代京都洛阳要道之咽喉,坂道长20余公里,阔约3米,从海拔630米的山腰盘旋到海拔800多米的山巅,北接山西碗子城村,南达河南沁阳常平村,似羊肠蜿蜒穿行于太行山中。所经之处,瀑布悬流,峭壁鸿沟,峻险异常。《史记·魏世家》有"魏伐赵,断羊肠,拔阏与"的记载。《史记·孙子吴起列传》曰:"夏桀之居,左河济,右太华,伊阙在其南,羊肠在其北,修政不仁,汤放之。"《汉书·地理志》载,坂长三里,盘曲如羊肠,故名。汉建安十一年(206年)冬,曹操北征叛将高干,路过此地,写下了描述军旅生活的著名诗篇《苦寒行》,诗中描述了当时羊肠坂的艰难曲折,"北上太行山,艰哉何巍巍!羊肠坂诘屈,车轮为之摧",即状其艰险。金代文学家元好问有"凭谁为报东州信,今在羊肠八百盘"诗句。清雍正《泽州府志》载曰:"羊肠坂,城南三十里,屈曲如羊肠,即魏伐赵断羊肠坂、拔阏与处。"①清乾隆《凤台县志》亦曰:"羊肠坂,城南三十里,屈曲如羊肠,即魏伐赵断羊肠坂、拔阏与处。"②今碗子城西的石崖上存有清同治三年(1864年)凿刻的"古羊肠坂"四字(图1-6)。

图1-6 古羊肠坂题字

---

① 雍正《泽州府志》卷13《古迹》,第3页。
② 乾隆《凤台县志》卷12《古迹》,第13页。

孟良寨，又名磨盘寨，清雍正《泽州府志》记载："磨盘寨，南六十里。一名孟良寨，与碗子城相似。明初，冯腾破元守喻仁兵于此。"①孟良寨内南北长34.3米，东西宽29米，高5米，墙厚6.9米。北部墙体向东蜿蜒数公里。据传此寨墙体系用糯米水、蜡毗板混和破灰泥粘合而成，墙外表以块石，因此虽历经千年仍然坚固如初。

焦赞城位于小口前弯村背后的山脊上。东面悬崖峭壁，西面沟深无底，后有高山护城，前面路窄天险。行人只有从城中通过，才能北上或南下。明洪武二年（1369年），置巡检司，清废。现城遗址尚存。

孟良寨和焦赞城传闻系北宋杨家将人物中的孟良、焦赞驻守时修筑。

三、古丹道

怀庆府通往山西的第三条晋豫通道，那就是古代丹河官道。丹河九渡村宋寨现存的清光绪八年（1882年）《义桥碑记》碑刻，即可证明此地为晋豫间的古商道。其碑额曰"万善同归"，碑文记为：

  河内县正堂

  徐大老爷仁明德政为示严禁晓谕事

  据武生申保清禀为兴利除害请示各遵以杜后患。缘生南地名九渡丹水源流之□，晋商必由之路，向有桥梁一架，系张坡、廉坡、郭庄三村递年纶（轮）搭以便行人。当初原属善举，不意人心不古，奸诈日生，各村不端之人，辄行在此河口取利。凡过一驴勒索钱一百文，一骡勒索钱二百文，车推担挑者不等。其只图利己，殊不□□，其讹诈实属难堪。近年更□。至隆冬盛冷之际，桥尚不搭，致令行人多拔涉之苦，生既□附近，目睹心□，觅人备料将桥搭成，不唯不向行人索费，更不时亲身修垫，讵料伊三村不端之徒仍向过客讹要钱文，屡次滋事，无奈叩恳作主赏发告示，准生修搭，永远不取一利。顶感上叩等情据此，除禀批示外，合行出示晓谕为此示，仰绅商居民及过往客旅馆人等知悉，九渡河口所搭渡桥系申武生义举，往来经过不索分文，倘有不法之徒在此渡口桥头阻拦讹诈，需索商民钱文者，准即禀

---

① 雍正《泽州府志》卷13《古迹》，第4页。

官传案究办,决不姑宽,各宜禀遵毋违。特示

　　右仰通知　　　　　　　山西省泽州府凤台县绅商民人

　　　　　　　　　举人杨玉俊、王树本、王有艺、□□

　　　　　　　　　　　　盐厂村李来乙等仝立

　　　　　　　　　大清光绪八年十二月十七日告示

　　实贴九渡口勿损①

从碑文中,我们得知:丹水九渡村一带,为晋商必由之路,原有一架桥梁,乃系张坡、廉坡、郭庄三村递年轮搭以便行人。然有不端之人,在此河口取利。"凡过一驴勒索钱一百文,一骡勒索钱二百文,车推担挑者不等。"在隆冬盛冷之际,桥尚未搭成,致使行人多跋涉之苦。在此情况下,武生申保清备料并托人将桥修成,且不向行人索费。然而,"不端之徒仍向过客讹要钱文,屡次滋事"。无奈,恳请河内县正堂徐大老爷发布告谕,"仰绅商居民及过往客旅馆人等知悉,九渡河口所搭渡桥系申武生义举,往来经过不索分文"。若有不端之徒继续在渡口、桥头阻拦讹诈,将"禀官传案究办,决不姑宽"。

《义桥碑记》不仅表明古丹河自古就是"晋商必由之路",而且也显示河内县令徐大老爷的告谕"右仰通知山西省泽州府凤台县绅商民人",证明了古丹道的古商道性质。

另外,博爱青天河景区北魏时期的摩崖石刻也可以作为"古丹道自古就是晋豫之间的一条通道"的有力证据。

北魏时期的摩崖石刻,内容包括一篇佛经,并记载当时修建古官道的经过,中间是南向的观世音菩萨像,以及当时修建古丹(官)道将官的名录。

摩崖石刻的碑文刀锋犀利,字形隽秀,线刻观世音像,刀法流畅,线条劲挺有力,体形修长,天衣飘舞,姿态潇洒。观世音像头顶的遮阳伞和身披的装束,是典型的北魏式样,也是北魏石刻线画中的珍品。

摩崖石刻上的碑文如下:

　　妙法莲花经普门品第二十四

　　尔时,无尽意菩萨即从座起,偏袒右肩,合掌向佛,而作是言:"观世音菩萨,以何因缘名观世音?"佛告无尽意菩萨:"善男子,若有无

---

① 清光绪八年(1882年)《义桥碑记》,现藏于沁阳九渡风景区宋寨古城堡。

量百千万亿众生受诸苦恼(恼),闻是观世音菩萨,一心称名,观世音菩萨即时观其声音,皆得解脱。"

佛弟子清信、士建等庸软,悉处朝末,猥蒙所遣,通治丹道三十二难,从南至北,造作垂迄,会遇此难。其侧有自然石堪,可造灵容,遂发微心,刊造观世音像一区,并注观世音经,厚首一启。欲令路人憩息之暇,因生礼诵,敬拜赞读,靡不感悟。经云:福不唐捐。可谓妙旨之明验,后愿斯道坚固,永无亏损,使行士驰途坦然无碍,所愿如是。其道以大魏永平元年冬十有一月建功,至二年二月成讫。凡用夫四千,其日九旬。

南无观世音菩萨消伏一切毒害,行人见者宜发菩提心。

…………

据考证,青天河北魏摩崖石刻雕于1500年前,属线刻作品,石刻的线条、轮廓、字体都是纯正的北魏风格。其最大价值在于准确、真实地记录了当时修筑丹道的情况,是研究北魏历史的一条重要文献,同时也是我国迄今为止已经发现的同类作品中时代最早、保存最完整的摩崖刻经。

这段碑文不但介绍了当初修建丹道的艰难和工程规模,而且表达了古人对天堑变通途的美好祝愿。该记载说明,北魏时期甚至以前,丹河峡谷就是一条重要的官道,有15个将军和官吏在这里督办筑路之事,由此可见国家对这条官道的重视,这对研究古怀庆地区的交通史、军事、政治、经济方面都有重要价值。从这些记载来看,古丹道是一条重要的通商道路。

四、白陉

第四条通道为白陉。白陉,即孟门陉,位于河南辉县西北、修武北部的南关山,为《吕氏春秋》所说的孟门山。为从太行山流下来的磨河冲出的大裂谷,古白陉的孟门隘口即在此。原白陉之孟门隘口,两山耸峙,宽仅二米,当地人称"没牙豁",地势险要,古为晋豫交通要冲之一,因其紫色霞石遍山,又称紫霞关。

此外,怀庆府地区还有在今河南济源北13公里处的交地、在今河南济源东北17公里处的山口关(愁儿沟古道),自古以来均为豫、晋两省的交通要冲。而在南部黄河沿岸的富平津、氾水关、关阳、小营口、马营口、孤柏嘴口等系列渡口为黄河两岸的交通咽喉。

五、富平津

富平津,遗址在今距河南孟州南9公里的黄河河心,是古代黄河上的一个重要渡口。周武王伐纣时曾与诸侯会盟在此渡河,亦称盟津、孟津,又名富平津,也称武津。自古以来,在夏商时期甚至更早,孟津渡就是联系黄河以南的豫西伊洛地区和黄河以北的豫北冀南地区及山西高原的一座重要渡口,历来为洛阳外围军事重地,有"天下之腰膂,南北之咽喉"之称。《尚书·禹贡》有"导河洛,又东至于孟津"的记述。白坡、冶戍黄河渡口自古就是孟州南北交通的咽喉。

孟州黄河渡口南北摆渡有着悠久的历史,白坡渡口与南岸白鹤渡口相望,并设有官船。清乾隆年间,尚有座船(分巡船和渡船),有专职船工56人,每年支出白银300余两,至民国初,仍有官船6艘。20世纪20年代,由于军阀混战,官船大多被毁,遂由民船摆渡。此外,民国初年还开设有化工、开仪、曹坡3个小渡口,多在冬春季节航运。1991年出版的《孟县志》曾记载:孟县的黄河航运事业自古至民国二十五年(1936年)未曾中断,航运船只大都是私人所有,船员系半农半航,均利用农闲从事运输。清末民初,孟县的协兴居粮行的粮食全系从山西柳林通过船只运来,沿河的堤北头村设有炭场和木材场,其煤炭和木材乃系从新安县和灵宝县通过黄河航运而来。孟县河段停泊渡口有白坡、冶戍、化工3处,当时甘陕的药材、棉花下运量也很大,常常是几十艘船结伙联帮,鱼贯而下,卸载后卖去船只,从旱路返回。民国二十五年(1936年)陇海铁路线向西延伸,黄河上下船只日渐稀少。①

平皋口,位于温县东南10公里北平皋村;小营口古称五社津,位于河南温县小营村南,南对巩县之裴峪,也称裴峪口;马营口位于河南温县关白庄南,南对巩县老城北的洛口;孤柏嘴口位于河南温县南界之东端,南对荥阳之孤柏嘴。关于这些渡口的作用,民国二十二年(1933年)《温县志稿》卷三《民政志·交通》记载:"温南临巩、汜,往来络绎不绝,而黄流汹涌,为道路阻。"②对

---

① 《孟县志》编纂委员会编《孟县志》,陕西人民出版社,1991,第350页。
② 民国《温县志稿》卷3《民政志·交通》,1986,温县地方志编纂委员会校订稿,第51页。

于马营、小营、平皋等的渡口,编者按语说:"马营、小营二口,为入巩便道,每日横渡一二次,其往来行人,属于温、巩两县者居多。此外,无商货可言。至平皋口,为由温入汜之孔道。自陇海铁路通车以来,商船云集。行旅之往来,货物之起卸,水陆交通称便。故铁桥以上各口岸,以此称繁盛焉。"①

黄河、沁河流经武陟,黄河流经县境46.6公里,沁河流经34.9公里。武陟境内还有蟒河、济河等,历史上曾开设了不少渡口。木栾店为武陟县重镇,与老县城隔河相望,处于沁河坐弯处,左岸水深靠岸,是个天然的码头,黄河船可以上溯到木栾店,沁河船亦可下驶入黄河,往来通行,商旅称便。山西南部的山货、铁器和怀属各县的药材,均通过此地装船外运,发往全国各地,外地进来的货物也在此中转散发,是怀药集散中心。黄、沁河船运对武陟市场的繁荣和经济发展,曾起过积极的作用。民国《续武陟县志》记载:"武陟木栾店尤为一大都会,水陆交通,百货屯集,而邑人由商起家,集资巨万者,颇不乏人。"②

道咸而后,沁流淤垫,黄河商船不能上驶水埠,遂移赵庄,商务乃大减色。迄于光宣,道清、京汉两路相继告成,山西之南行,川陕之北上,皆改而之他,商务遂替落无余矣。但习俗所渐,怀属各县其货运,仍以此为枢纽,黄、沁船运关系着武陟经济的繁荣、商业的兴衰。③

此外,小平津,遗址在今河南洛阳吉利区西南黄河河心,其地位仅次于富平津(孟津关),故名小平津。汜水关位于河南温县,黄河对岸为巩县、荥阳(原汜水);关阳在河南济源西南36公里处的黄河北岸,长泉在河南济源西南39公里处的黄河北岸,蓼坞在河南济源西南26公里处的黄河北岸。这些黄河渡口、沁河渡口,为历代南北之通道。交通的便利,为商品的流通提供了良好的条件,也为怀商的崛起奠定了物质基础。

张民服先生根据明代的商业交通用书和河南方志的记载指出,在明代中原地区已形成了四通八达的水陆交通网,这些道路多以开封为交汇点,向四面八方延伸。就跨省商路而言,陆路主要有九条,其中一条为:开封府向西北—中牟县—荥泽县—河内县—泽州—高平县—长子县—襄垣县—沁州—祁县—

---

① 民国《温县志稿》卷3《民政志·交通》,1986,温县地方志编纂委员会校订稿,第51页。
② 民国《续武陟县志》卷6《食货志》,成文出版社,1968,第248页。
③ 武陟县地方史志编纂委员会编《武陟县志》,中州古籍出版社,1993,第374-375页。另见民国《续武陟县志》卷6《食货志》,成文出版社,1968,第248页。

太原府。在省内商路的水路、陆路方面,可能是材料所限,张民服先生均未涉及怀庆府以及河内县,仅仅论道:"除以上由开封为交汇点的跨境水陆商道外,河南其他地方与境外相连的水陆商道和境内各地之间的水陆商道也纵横交错,如织如网。"①

实际上,明清时期,怀庆府至全国各地拥有比较稠密的商路,形成了四通八达的交通贸易网。

(一)怀庆府的省内商路

怀庆府至省会祥符有两条道路:

(1)经武陟—修武—获嘉—延津—齐益—丁店,到达祥符。

(2)经怀庆—广武—管城—圃田,抵达祥符。

怀庆府的武陟到周家口:经修武—获嘉—延津—丁店—祥符,然后从省城经水路前行,经朱仙镇—李家潭—西华,到达周家口。怀庆府的济源至南阳、邓州:从济源出发,经怀庆府—荥泽县—郑州—新郑—襄城县—叶县—裕州,到达南阳或邓州。怀庆府温县至登封:从温县渡过黄河,经巩县即达。

(二)怀庆府的省际商路

阳武至浙江长兴:

(陆路)从阳武过黄河,经省会祥符—宁陵—商丘—永城—宿州—凤阳—滁州—南京—镇江—常州—苏州—湖州,到达长兴县。

(水路)从阳武过黄河,经省城祥符,从朱仙镇上船,经西华—周家店—界沟—颍州—凤阳—淮安,然后沿京杭大运河南下,经宝应—江都—扬州—南京—镇江—常州—苏州—湖州,到达长兴县。

怀庆府的孟县到湖北襄阳:经温县—郑州—新郑—襄城—裕州—南阳—新野,到达襄阳。

怀庆府到粤西:经新乡—延津—祥符—许州—罗山—麻城—武昌—岳州—湘潭—衡州—永州—全州—桂林—阳朔—平乐—梧州—德庆,然后可抵达罗定或肇庆。其中,从河南到岳州主要是以陆路为主,从岳州到粤西全部为水路。

---

① 张民服:《明代中原商路与商品经济》,《史学月刊》2004年第11期。

怀庆府到山西太原：从怀庆府出发，经泽州—高平—长子—襄垣—沁州—祁县，到达太原。①

众多的商路以及商路上众多的贸易城镇构成了连接广大地区的贸易网络。怀商通过连接省内外的贸易网络，加强了怀庆府与各地的商品交流，活跃了市场，刺激了消费，促进了商品经济的发展。（图1-7为怀商泰顺号的商务里程谱，可从此略窥一斑）怀商也得以迅速崛起。

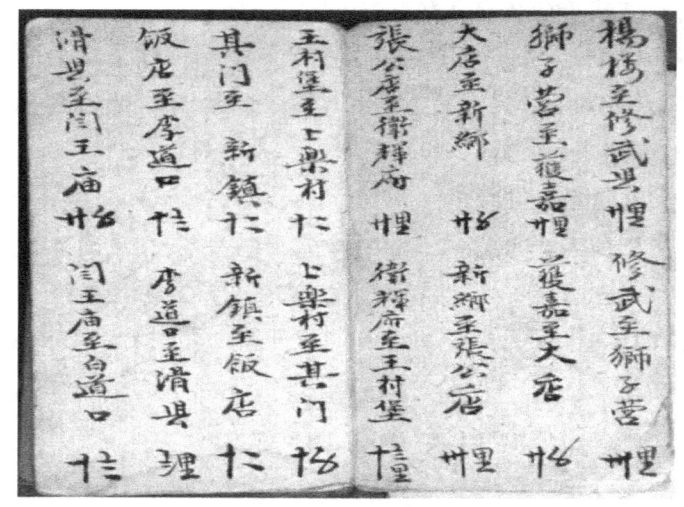

图1-7　怀商泰顺号的商务里程谱

水陆交通便利是商品生产发展的必要条件。商品生产借助交通运输网所提供的运力，通过商品运输，才能保证连续得到必要的原料，并将产品运销各地，从而实现扩大再生产。在商品流通中延续的商品生产过程，就是通过交通运输来完成的。怀庆府的地理位置，便利的交通，为商人的经济活动提供了良好的条件。

第三节　丰厚的物质基础

怀庆府自然环境优越，明清时期，经济发达，农作物和经济作物种类繁多，

---

① 崔来廷：《略论明清时期的河南怀庆商人及贸易网络》，《河南理工大学学报（社会科学版）》2006年第3期。

主要有粮食、棉花、药材等,其中,最为著名的就是怀庆府的名优土特产品"四大怀药"。所有这些为怀庆府人经商提供了条件,同时为怀商的崛起奠定了物质基础。

农作物方面,怀庆府地区种植有小麦、水稻、棉花等,上等田一般每亩产量不下两石,高产者达到三四石。① 孟县"五谷唯无稻,余种皆美"②,修武"田里生息,物产饶多"③。怀庆府的农业经济作物种植尤其突出。明清时期,河南主要的棉布产区,黄河以北的就是怀庆府。

明代,怀庆府所属的武陟县和温县广泛种植棉花。明万历年间,"温产唯木棉为多,民间纺织无问男女,每集蚩氓抱布而贸者满市。远商来货,累千累百,指日而足,贫民赋役,全赖于是,亦勤织之一验也"④。清代棉花种植扩展到河内县、修武县、孟县、阳武县等县,几乎遍及怀庆府地区。清初,孟县,"棉不产于本土"⑤,清乾隆年间"县西高坡,颇产棉花"⑥。"孟地无水田,西乡岭坡专种棉花。"⑦该县所产棉花,素以产量高、质量好而倍受推崇。修武、武陟、原武、阳武的棉花种植也颇具规模,主要用作商品交换。⑧ 只是有的地方收成有限,如原武县"棉花有白、紫二种,但今地变瘠,沙多,不甚成"⑨。

明代河南的棉花种植虽有相当的发展,但棉纺织业并不发达。清雍正年间,宋锦《重棉说》认为:"今民间衣服之用,棉为急,桑次之,麻又次之";"孔孟而处今日,亦当以棉为本计,而必不独言桑,时为之也。乃今之持论者,每舍棉而专言桑",是"未尝究心当世之切务,而徒袭古人之成说"的结果。⑩ 这说明河南民间服饰用料的明显变化是在清代。棉布取代丝绸、麻布登上主位,也从侧面说明清代比明代棉纺织业有所发展。尽管就河南全省而言,棉纺织业的

---

① 何瑭:《均粮私议》,载陈子龙等选辑《明经世文编》卷144,中华书局,1962年,影印本,第1444页。
② 乾隆《孟县志》卷4《田赋·物产》,第19页。
③ 道光《修武县志》卷首《序》,第4页。
④ 万历《温县志》卷1《集市》,第26页。
⑤ 康熙《孟县志》卷2《风俗》,第23页。
⑥ 乾隆《孟县志》卷4《田赋·物产》,第19页。
⑦ 民国《孟县志》卷8《社会·职业》,成文出版社,1976,第1070页。
⑧ 乾隆《修武县志》卷8《物产》,第4页;道光《武陟县志》卷11《物产志》,第2-4页;乾隆《原武县志》卷2《物产》,第40页;乾隆《阳武县志》卷5《土产志》,第20页。
⑨ 乾隆《原武县志》卷2《物产》,第40页。
⑩ 宋锦:《重棉说》,载乾隆《怀庆府志》卷31《艺文志》,第38、39页。

发展程度不高,清乾隆初年巡抚尹会一说:"豫民未尝不织布,而家有机杼者,百不得一";"今棉花产自豫省,而商贾贩于江南,则以豫省之民旷废女工故也"。① 因此,河南的棉纺织业落后于直隶、山东,更落后于江南等地。不过,豫北怀庆府的棉纺业发达,出现了驰名省内外的商品布产区——孟县,"孟布"最为著名。"孟布驰名,自陕甘以至边墙一带远商云集,每日城镇市集收布特多",以至"车马辐辏,廛市填咽,诸业毕兴"。② "行军帐棚多喜用孟布,以其致密而能隔雨。"③温县,"唯木棉为多,民间纺织无问男女"④,"女依纺织为生,机杼之声彻夜"⑤。清代官府向河南四十八州县征收本色布,共三千九百六十余匹,孟县七百三十匹,⑥温县二百一十六匹⑦,二县布贡占全省的四分之一,官府代为采买,在一定程度上减轻了人民的负担,使怀庆府的棉纺织业得到迅速发展。

怀庆府的农作物种植也可以从考古学方面得以证明。博爱发现的《耕织图石刻》就是一个考古学意义上的史证。《耕织图石刻》原镶嵌于博爱县坞庄著名怀商杜盛兴家马房的门楼墙壁上(见图1-8),1984年7月移至博爱县文化馆。《耕织图石刻》共20幅,均系线刻。分别刻在四块长210厘米、宽30厘米的磨光条石上。在画石的间隔部位,用卷草纹和花鸟图案填充。画石共分两组。第一组为耕图:耕地、运苗、插秧、浇水、收割、运稻、碾打、扬场、装袋、运粮归家、庆丰收。第二组为织图:耕种、田间管理、摘棉归家、纺纱绕线、浆线、络线、经线、梳线、织布和丈量新布。织图的完整远远超过了耕图,是我国至今发现的最早的加工棉花系列刻石图。石刻没有标明作者的姓名和年代,但耕图运稻的粮袋上分别写有"光绪捌年""孟秋月置",可见石刻大约成于此时。《耕织图石刻》生动地为我们展现了清代晚期豫北人民男耕女织的劳动景象,对我们研究农业史、科技史和艺术史有着重要的参考价值。

---

① 尹会一撰,张受之编《尹少宰奏议》卷3《河南疏二·乾隆二年闰九月二十四日》,丛书集成本,第27页。
② 乾隆《孟县志》卷4《田赋·物产》,第20页。
③ 民国《孟县志》卷8《社会·职业》,成文出版社,1976,第1074页。
④ 万历《温县志》卷1《集市》,第26页。
⑤ 乾隆《温县志》卷6《地理志下·风俗》,收入《温县志》(合订本),2016,第333页。
⑥ 乾隆《孟县志》卷4《田赋·附物产》,第23页。
⑦ 乾隆《温县志》卷10《田赋下》,收入《温县志》(合订本),2016,第338页。

a

b

图 1-8　镶嵌于坞庄杜盛兴家的《耕织图石刻》

怀庆府最具代表性的就是药材资源,自古以来就有许多描写怀庆府药材丰富的诗句,如"一路春风清化镇,酒帘药圃是怀州"①,"天坛万仞入云霄,坛上仙人种药苗"②。怀庆府盛产药材,"以河、济、温、孟四邑,土膏泉沃,厥田惟上上,尤以种药草之利为最优"③。河南是中草药的重要产地,怀庆府大力发展中草药的种植,成为中草药的生产基地。其中,牛膝、地黄、山药、菊花,在怀庆府就得到广泛种植,史称"四大怀药"。牛膝、地黄、山药、菊花等药材并非

---

① 田雯:《河内县》,见雍正《覃怀志》卷 18《艺文》,毛超峰主监校,焦作市地方史志编纂委员会,2006,点校本,第 877 页。
② 赵宾:《同河内萧紫眉登天坛》,见雍正《覃怀志》卷 18《艺文》,毛超峰主监校,焦作市地方史志编纂委员会,2006,点校本,第 878 页。
③ 王凤生:《河北采风录》卷 3《怀庆府总图说》,清道光六年刻本,第 3 页。

怀庆府地区所独产,但怀庆府所产的四大怀药质地纯正,药效独到,历来在中外医药界占有重要地位,备受历代医药学家的赞誉。

牛膝为苋科植物,北宋苏颂等编纂的《本草图经》云:"牛膝,生河内川谷及临朐,今江淮、闽粤、关中亦有之,然不及怀州者为真。"①元李杲编辑,明李时珍参订,明姚可成补辑的《食物本草》亦云:"牛膝,生河内川谷。今江、淮、闽、越、关中亦有之,然不及怀庆者为佳。"②明刘文泰等撰的《御制本草品汇精要》又载,牛膝"地 《图经》曰:生河内川谷及临朐。今闽、粤、关中、江淮、蔡州、苏州亦有之。道地:怀州者为佳"③。

关于地黄,明刘文泰等编纂的《御制本草品汇精要》载:"今怀庆者为胜。"④明李时珍《本草纲目》云:"江浙壤地种者,受南方阳气,质虽光润而力微;怀庆山产者,禀北方纯阴,皮有疙瘩而力大。"⑤明卢之颐《本草乘雅半偈》亦载:"江浙壤地者,受南方阳气,质虽光润而力微,不及怀庆山产者,禀北方纯阴,皮有磊砢而力大也。"⑥清吴仪洛《本草丛新》:"干地黄……以怀庆肥大而短,糯体细皮,菊花心者佳。"⑦清吴其濬《植物名实图考》卷十一《隰草类·地黄》曰:"其为怀庆之产,自明始,今则以一邑供天下矣。怀之人以地黄故,遂多业宋清之业,而善贾轶于洛阳。然植地黄者,必以上上田,其用力勤,而虑水旱尤甚。千亩地黄,其人与千户侯等;怀之谷,亦以此减于他郡。"⑧

关于山药,明朱橚《救荒本草》载:"人家园圃种者肥大如手臂,味美,怀、孟间产者入药最佳。"⑨明陈嘉谟《本草蒙筌》指出:"薯蓣即山药,又名山芋。味甘,气温、平。无毒。南北州郡俱产,惟怀庆者独良。"⑩清张秉成《本草便读》亦曰:"山药,一名薯蓣。虽处处皆有,亦以怀产者为胜。"⑪

---

① 苏颂:《本草图经》,尚志钧辑校,安徽科学技术出版社,1994,第94页。
② 李杲编辑,李时珍参订,姚可成补辑,郑金生等校点:《食物本草》,中国中医药科技出版社,载边宝林等主编《牛膝专论》,中医古籍出版社,2013,第12-13页。
③ 刘文泰等:《御制本草品汇精要》,陈仁寿、杭爱武点校,上海科学技术出版社,2005,第195页。
④ 刘文泰等:《御制本草品汇精要》,陈仁寿、杭爱武点校,上海科学技术出版社,2005,第188页。
⑤ 李时珍:《本草纲目》卷16《地黄》,人民卫生出版社,2005,第1019-1020页。
⑥ 卢之颐:《本草乘雅半偈》,刘更生、蔡群、朱姝等校注,中国中医药出版社,2016,第31页。
⑦ 吴仪洛编著:《本草丛新》,山西科学技术出版社,2014,第43页。
⑧ 吴其濬:《植物名实图考》卷11《隰草类·地黄》,清道光二十八年刊本,第256-257页。
⑨ 朱橚:《救荒本草》卷8,四库全书本,第47页。
⑩ 陈嘉谟:《本草蒙筌》,张印生、韩学杰、赵慧玲校,中医古籍出版社,2008,第49页。
⑪ 张秉成编著:《本草便读》,山西科学技术出版社,2015,第122页。

对于菊花,北宋苏颂《本草图经》载:"(菊花)处处有之,以南阳菊潭者为佳。"①明刘文泰等编纂的《本草品汇精要》中说:"河内今处处有之,以南阳菊潭地为佳。"②清道光《武陟县志》云:"药菊,《本草》注引苏颂曰:白菊,河内名地薇蒿……今县西间有种此者。"③民国《续武陟县志》云:"地黄、山药,唯怀庆为最良,菊花尤武陟所独优。"④

《大明一统志》曾记载怀庆府的土产有地黄、山药、牛膝、天门冬等药材⑤。明正德《怀庆府志》亦记载,怀庆府所产药材达49种之多,驰名全国者有地黄、山药。清乾隆《南召县志》在记载本地的中草药时说道:"牛膝,始生河内及临朐,以怀庆者为良,味苦酸平,无毒,君药也。"⑥以怀庆所产的牛膝为"君药",可见怀庆牛膝的著名。四大怀药也开始吸引外地百姓移植栽培,如"祁州农民亦自怀庆移植之。怀牛膝由当地土人栽培,年产量甚富,畅销全国"⑦。清嘉庆《密县志》记载:"地黄本出怀庆,藉沁水灌溉,性故纯阴而下沉也。其苗实产于密,怀人购而植之。"⑧从密县购入地黄苗,在孟县东半部、武陟县西半部、河内南半部种植。菊花以温县一带种植的著名,山药生长在清化、温县、孟县等地。在《怀庆府志》以及所辖各县的县志中均有关于中草药种植的记载。清顺治《怀庆府志》记载怀庆府的中草药有"地黄、山药、牛膝、紫菀、皂角、知母、葫芦巴、防风(俱河内出),天门冬(河内济源出),黄芩、萆薢、桔梗、黄精(俱济源出),刘寄奴、菟丝子"等,而且指出"岁贡地黄、牛膝"。⑨ 这本身就说明怀庆府的中草药具有一定的规模和较大的影响。而清乾隆《怀庆府志》在论及本府的中草药的种类时说:熊胆(出怀庆太行山),地黄(河内、武陟俱产,以北金村者为良),薯蓣(一名诸薯,唐人呼为山药,以避代宗讳故也。各府州虽皆有之,入药者河内为良)、竹、紫菀、车前、百合、石斛、知母、皂角、萆薢、葫芦巴、芎藭、牛膝、防风(以上河内),桔梗、天门冬、山楂、苍术(以上济源),葛

---

① 苏颂:《图经本草》草部上品之上卷第四,尚志钧辑校,安徽科学技术出版社,1994,第88页。
② 刘文泰等:《本草品汇精要》卷7,人民卫生出版社,1982,第224页。
③ 道光《武陟县志》卷11《物产志》,成文出版社,1976,第500页。
④ 民国《续武陟县志》卷6《食货志》,成文出版社,1968,第251页。
⑤ 李贤等:《大明一统志》卷28《怀庆府》,明天顺五年刻本,第37页。
⑥ 乾隆《南召县志》卷2《土产》,成文出版社,1976,第209~210页。
⑦ 杨见瑞:《祁州中药志》,河北科学技术出版社,1987,第47页。
⑧ 嘉庆《密县志》卷11《风土志·物产》,第6页。
⑨ 顺治《怀庆府志》卷4《田赋·物产》,第8页。

根、苦参、地骨皮(以上修武)、远志(以上温县)、菟丝、刘寄奴(以上孟县)"。① 清道光六年(1826年)《河北采风录》亦记载:怀庆府"太行雄峙于后,丹河、沁河交流其中,境内诸水,皆发源于西北而归于黄河,……所领八县以河、济、温、孟四邑土膏泉沃,厥田为上上,尤以种药草之利为最优"。② 济源多山,"而药物产于山者为多",主要有"天门冬、苍术、黄芩、黄精、桔梗"③等。温县的中草药主要有远志、芒硝、桑白皮、椿白皮、杏仁、桃仁、地丁、小茴香、槐花、瓜蒌、天花粉、蒲公英、益母草、蝉蜕、金银花、地骨皮、皂角、香附、花椒、地黄、山药、车前子、牵牛、葶苈子等等。④ 武陟"县境皆平衍膏腴之壤,禾黍繁植,珍药盈陇"⑤。武陟的药材有"枸杞、茴香、香附、蒺藜、桑白皮、车前子、地黄、牛膝、山药、药菊"⑥。河内县的中药材有地黄(河内者佳)、山药(河内最著)、防风、紫菀、车前子、百合、天门冬、知母、皂角、牛膝、补骨脂、葫芦巴、萆薢、芎藭、熊胆、朱胶、硫黄等等。⑦ 孟县的中草药有"麦门冬、柳寄奴、远志、山药"⑧。在这些中草药之中,地黄、山药、牛膝、菊花"四大怀药"最为著名。清道光《武陟县志》特地注明"地黄,《本草》曰:一名地髓,河南怀庆者佳","牛膝,一名百倍……以怀庆为佳"。⑨ "河朔地多肥美,其近于沁、济间者,尤宜于药草,鹜利之徒遂舍谷稼而专植他物。武陟较少于河内、温、孟,然亦居之二三。"⑩ 而且,该志作者从传统的"重农抑商"理念角度发出感慨:"末产不禁,而欲求百室之盈,安可得哉?"⑪清道光《河内县志》同样记载"药之属曰地黄(河内者佳),曰山药(河内最著)"⑫,而且指出,河内"有地黄、山药百种之饶,利益滋甚,垄亩之间,殆半禾黍"⑬。清王凤生在《河北采风录》中也记载,河内县"北倚太行,

---

① 乾隆《怀庆府志》卷8《田赋·物产》,中州古籍出版社,2013,校注本,第323-324页。
② 王凤生:《河北采风录》卷3《怀庆府总图说》,清道光六年刻本,第3页。
③ 乾隆《济源县志》卷1《土宜》,成文出版社,1976,第99页。
④ 乾隆《温县志》卷6《地理下》,收入《温县志》(合订本),温县史志办公室,2016,第336页。
⑤ 道光《武陟县志》卷13《田赋志》,成文出版社,1976,第531页。
⑥ 道光《武陟县志》卷11《物产志》,成文出版社,1976,第500页。
⑦ 道光《河内县志》卷10《风土志》,成文出版社,1976,第399-400页。
⑧ 乾隆《孟县志》卷4《田赋·物产》,成文出版社,1976,第19页。
⑨ 道光《武陟县志》卷11《物产志》,成文出版社,1976,第500页。
⑩ 道光《武陟县志》卷11《物产志》,成文出版社,1976,第497-498页。
⑪ 道光《武陟县志》卷11《物产志》,成文出版社,1976,第498页。
⑫ 道光《河内县志》卷10《风土志》,成文出版社,1976,第399页。
⑬ 道光《河内县志》卷12《田赋志》,成文出版社,1976,第419页。

山势雄厚,……南则大川宏旷,延袤嵩少;北则群峰高峙,荡摩霄汉;西绵盘古,东揖百岩……有沁河、丹河、济河,其支流渠道各资灌溉……沁河以南,地土肥美,栽种药材,虽工本较重,而所得资利,十倍五谷,其最著者,地黄、山药、牛膝等物,获利更厚","四民耕读外,商贾居多贩卖药材,散处天下"。① 所以,药材种植在怀庆府经济中占有重要地位。

明清以后,怀药贸易日趋昌盛,各地药材商纷至沓来,从事中药材的交流与收购,中药材销售数额与日俱增,药商队伍不断扩大,出现了牙行、怀庆商帮,举办了怀药大会。这反过来又带动了当地经济的发展,由此刺激了这一地区中草药的生产,成为生地、菊花、牛膝、山药"四大怀药"的重要产地。其他还有晒烟以及清康熙年间才开始种植的花生等。② 农业经济作物的广泛种植,为怀庆府商品经济的发展打下了良好的基础。

历史上,怀庆府河内县是有大量竹林种植的。《山海经·北次三经》说:"虫尾之山,其上多金石,其下多竹,多青碧,丹水出焉,南流注于河。"③记述了战国至西汉初年,丹河流域一带,已多有竹子。河内县处于太行山南麓,资丹水灌溉,是竹林资源的重要分布地区。《大明一统志》卷二十八《怀庆府·山川》记载,丹河"近河多竹木田园,皆引此水灌溉,为利最博"④。明嘉靖年间(1522—1566年),万北乡(今博爱许良一带)等地,"地傍水渠,果木、竹园、药物,肥茂可观"⑤。《大明一统名胜志》载:丹水"出至丹口,南流三十里入沁河。岸傍多竹木田圃,皆引水以灌溉"⑥。明清时期,河内竹林面积已发展到近万亩,主要集中在万北乡、许良镇、清化镇一带,"村村门前水,处处竹为家"⑦就是真实的写照。清化镇在府城东北30里,"自太行下流泉交汇,最宜竹。居人以艺竹为业,有数十亩者,翠筱垂阴,旅游忘倦"⑧。"许良镇等处居太行山之

---

① 王凤生:《河北采风录》卷4《河内县水道图说》,清道光六年刻本,第10-14页。
② 民国《阳武县志》卷1《物产》,成文出版社,1976,第51页。
③ 袁珂:《山海经校注》,上海古籍出版社,1980,第90页。
④ 李贤:《大明一统志》卷28《怀庆府》,明天顺五年刻本,第35页。
⑤ 万历《河内县志》卷4《艺文·均粮移稿》,载博爱县志总编室《博爱县竹志》,1997,内部资料,第15-16页。
⑥ 曹学佺:《大明一统名胜志·怀庆府志胜》卷7《河内县》,明崇祯三年刻本,第4-5页。
⑦ 萧家芝:《丹林杂咏》,载博爱县志总编室编《博爱县竹志》,1997,内部资料,第91页。
⑧ 朱云锦:《豫乘识小录》卷下《九府四直隶州沿革·怀庆府沿革》,清同治十二年刻本,第28页。

下,地势稍高,居民种竹成海,获利颇厚。"①(图1-9为民国时期清化镇的竹林)

图1-9 民国时期清化镇的竹林

清嘉庆二年(1797年),河内县万北乡冯竹园竹农为地方官所立的《德政碑》记载:"万北里图,资丹水灌溉,种竹者多,虽土地所宜,实民生攸赖。""河内县境内竹园颇多,凡有种竹之家,日用饮食,赖此养生。""河内县万北乡一带地方民稠地狭,全赖种竹养生。"②"许良镇等处居太行山之下,地势稍高,居民种竹成海,获利颇厚。"③许良镇"多竹园及水田,处处绿竹流水,回绕村屋,非特风景幽胜,而物产收入,亦因而丰富"④。种植竹子的收入从而成为当地的生活来源。为适应市场需求,怀庆商人将所产竹子加工成竹篮、竹帘、竹耙、

---

① 王凤生:《河北采风录》卷4《河内县水道图说》,清道光六年刻本,第14页。
② 清嘉庆二年(1797年)《德政碑》,现存博爱冯竹园三官庙。
③ 王凤生:《河北采风录》卷4《河内县水道图说》,清道光六年刻本,第14页。
④ 白眉初:《中华民国省区全志》第三册《鲁豫晋三省志·河南省志》,北京师范大学史地系,1925,第69页。

竹篓、竹筐、竹桌、竹椅等,销至山东、山西、河北等地,由于竹商络绎不绝,许良集也叫"竹集"。竹器生产也成为河内县著名的手工业。(图1-10、图1-11、图1-12为民国时期清化镇人生产竹编的情景,图1-13为民国时期清化镇人卖竹编)

图1-10　民国时期清化镇人编竹帘

图1-11　民国时期清化镇人编竹篮

图1-12　民国时期清化镇人编竹椅

图1-13　民国时期博爱清化镇人卖竹编(竹笼)

清代以前向朝廷贡竹和竹箭,影响了竹业的发展。清康熙年间裁免竹贡[1],竹器生产慢慢发展起来,"清化竹货"闻名于省内外。一种竹器常常集中

---

[1] 道光《河内县志》卷10《风土志》,成文出版社,1976,第401页。

在一两个村镇生产,出现了"泗沟篦梳""许良竹桌椅""中道耙齿"等著名的竹器。清化镇的商业民谣曾有详尽的描述:

> 清化街,五里长;曲里拐弯到许良。许良街,竹货多;往北走,圪垱坡。西丹河,九道堰;水打磨,下扇转。前庄西,磨香沫;皂角树,种烟叶。张毛光,下窑汉;王李冯封出大炭。下水磨,削竹筷;侯山村,做纸扇。中道耙齿南道篮;泗沟篦梳花园筛。要买竹帘去牛磨。……

怀庆府地区拥有丰富的煤炭资源,开采历史悠久,是中国最早认识、开发和利用煤炭资源的地区之一。早在春秋战国时期,焦作就发现了煤炭。《山海经》记载:"贲闻之山,其上多苍玉,其下多黄垩,多涅石。"①据专家考证,贲闻之山即焦作一带的太行山,煤炭在当时被称为涅石。② 隋唐前后,焦作已开始用土法采煤。20世纪初,英商福公司在焦作开凿第十四号井时,曾发现挖煤用的铁灯一盏,开元铜钱数枚,据考证,应是唐代的遗物。③ 宋代,焦作的采煤业得到了飞跃发展。1909年,英商福公司在焦作上白作村开凿二十四号井时,在十七八丈深处,发现古窑洞一对,内有煤窑工人用的已经腐朽的护身板,经鉴定,认为是宋代的采煤古煤窑。④

焦作上白作村所发现的《李从生墓志铭》(图1-14)还证明宋代初期已有规模较大的李吉煤矿的出现。李吉"乃以地主,夜以计日役工匠数百人,自赡千余口",开办了规模空前的煤矿,促进了当地封建经济的发展。正如墓志所称誉:"获山泽之厚利者,皆出乎吉之分,而莫知其数焉。"⑤李吉因采煤开矿而家业兴旺,富甲乡里。李吉煤矿有数百名采煤工人,是目前所知时代最早、规模最大的早期煤矿。

---

① 袁珂:《山海经校注》,上海古籍出版社,1980,第88页。
② 张大艺:《什么时候发现煤炭》,《煤矿工人》1982年第5期。
③ 河南省总工会工运史研究室编《焦作煤矿工人运动史资料选编》,河南人民出版社,1984,第383页。
④ 薛世孝:《古代河南人民对煤炭的开发利用》,《中州学刊》1983年第5期。
⑤ 郭建设、索全星:《山阳石刻艺术》,河南美术出版社,2004,第75页。

图 1-14　李从生墓志铭

煤矿生产的发展,也带动了怀州(今焦作)一带制瓷业的繁荣。以修武当阳峪村为中心的、以生产绞胎瓷为代表的焦作一带,曾是宋元时期北方著名的陶瓷产地。(图 1-15 为宋元时期的当阴峪窑址)据宋崇宁四年(1105 年)所立的窑神庙碑文《德应侯百灵翁之庙记》记载,当时这里是"世利磁器,埏埴者百余家,养资者万余户"①。

图 1-15　宋元时期的当阳峪窑址

---

①　北宋崇宁四年(1105 年)《德应侯百灵翁之庙记》,现存于修武当阳峪村。

明清时期,河南的煤窑已是星罗棋布,同时也是焦作煤炭开采的兴盛发展时期。明清之际,焦作民窑采煤生产得到了初步发展,出现了许多民窑作坊。而至清代,焦作土窑煤矿蜂拥而起,星罗棋布,尤其是清嘉庆、道光、光绪年间焦作的煤炭开采呈现繁荣景象。

据《大明一统志》记载:河南鲁山及河南所属十四州县皆出石炭,尤其"河南彰(德)、卫(辉)、怀(庆)三府遍地出煤,居民每多合伙挖井采煤,行销山东、直隶、山西等省,以为生计。业煤之人,不下二十万人"①。清顺治《怀庆府志》卷四《田赋·物产》记载:"铁、煤炭、木炭(俱河内、济源出),瓷(河内、修武俱有)。"②清初,煤炭作为怀庆府的物产,说明其产量是比较大的,产地之一的河内,应当包括如今博爱柏山、焦作中站的李封一带。而且,清顺治初年的《怀庆府志》所记载的煤炭开采并不仅是清初的景象,而应该是明末的状况。汪价《中州杂俎》卷二十《物类·石炭》记载:石炭,"今怀孟间家家用之,黑坚如石,以斧摧碎,拌以黄土同烧,则燃过则竟成土矣。最为省费且视煤无毒"③。

至清道光年间,河内县开采煤炭,"以济民用,所获资利,与地产相仿"④。清道光《河内县志》卷十《风土志·物产》:"货之属,曰布,曰绢(出清化镇者曰清化绢),曰煤,曰青瓷,曰矾红。"⑤这里,河内的煤是作为"货之属"被对待的,说明当时河内的煤炭主要用于贸易,商业性质增强。这一点也可以从其他地区的地方志上得到证明。汲县(今河南卫辉)民众的生活用煤来自怀庆府的清化镇:"运自怀庆府清化镇地方者,胜于近邑。"⑥山东临清的煤炭同样来自焦作。"砟炭,出河南焦作,由河道运至,销数最巨。"⑦可见煤炭广泛用于民间,给百姓的生活带来极大的便利。

此时修武的煤炭开采已达相当的规模。清道光《修武县志》卷三《舆地志下·物产》:"货类:棉布、棉花、苘麻、蓝靛、毛皂、烟叶、蜂蜜、蜂蜡、木炭、煤

---

① 《记事》,《东方杂志》1909年第7期。
② 顺治《怀庆府志》卷4《田赋·物产》,第8页。
③ 汪价:《中州杂俎》卷20《物类·石炭》,1921,安阳三怡堂排印本,第20页。
④ 王凤生:《河北采风录》卷4《河内县水道图说》,清道光六年刻本,第14页。
⑤ 道光《河内县志》卷10《风土志·物产》,成文出版社,1976,第400页。
⑥ 乾隆《汲县志》卷6《风土志·食货》,第8页。
⑦ 民国《临清县志》第4册《经济志·商业》,第48页。

炭、石灰、石碱、皮硝、芦席。"①该志所载修武的《物产》中不仅记载有"煤炭",而且同样将其作为"货类"记载,也说明其商业性质。总体而言,清道光年间的怀庆府煤炭开采不仅满足自用,更主要的是用以交易。文献记载,怀庆府河内、修武等县居民,"每多合伙挖井采取,行销山东、直隶、山西等省,以为生计"②。并且,所获利润"与地产相仿"③。正如当地一首民谣所唱:"九峪十八沟,窑洞如星斗,大小千条路,条条车马稠。"所以明清时期怀庆府采煤业兴盛。

硫黄以及铁矿的开采也有一定的规模。煤竭之窑,产有铜核,可以炼硫黄。清乾隆二十八年(1763年)巡抚叶存仁奏准开采硫黄矿④,以李封、冯封、王封等村六窑产矿最多。每窑可容纳八人,每人每日可采矿百斤。每百斤可炼硫黄数斤至十数斤不等,计一年可得硫黄数万斤。窑户开矿炼硫黄,除供给军队使用外,还卖给外省和民间店铺。据清乾隆三十年(1765年)统计,窑户二十七家,炼磺炉七十余座。⑤河内县许家河、张家庄、牛家坡、红山岭、锣圈估等山地产铁矿,清乾隆五十年(1785年),经巡抚毕沅呈难,由江苏商人钱世昌出资,雇用农民采挖,设炉十座,就地取煤,融炼铁砂。⑥

开封府鄢陵县的记载称,"铁器自河内清化镇来"⑦。山东市场上的铁货也有不少来自清化⑧。清化镇地处山西潞安、泽州二府进入河南的必经之路,"界连晋省,商贾云集",是清代河南的重要商镇之一。不过,该镇并不产铁,由清化镇转运的铁货实际为山西所产。怀庆府是钢制品产地,清后期游历中国的德国人李希霍芬载:"人们肯定地对我说,制造钢品,如剑、刀,特别是剃刀的主要地点是怀庆府。"⑨"修武县属之太行山一带铁矿,发现年代虽古,然采炼之年,则始于明末清初间。"⑩民国林传甲的《大中华河南省地理志》在《河南

---

① 道光《修武县志》卷3《舆地志下·物产》,第73页。
② 《记事》,《东方杂志》1909年第7期。
③ 王凤生:《河北采风录》卷4《河内县水道图说》,清道光六年刻本,第14页。
④ 《清高宗实录》卷715,第16页。
⑤ 中国人民大学清史研究所、档案系中国政治制度史教研室编《清代的矿业》下册,中华书局,1983,第539-600页。
⑥ 《成案所见三集》收录户部题本。
⑦ 苏源生:《鄢陵文献志》卷9《风俗》,清同治四年刻本,第9页。
⑧ 许檀:《明清时期山东商品经济的发展》,中国社会科学出版社,1998,第360页。
⑨ 彭泽益编《中国近代手工业史资料》第2卷,中华书局,1957,第140页。
⑩ 河南省地质调查所:《河南矿业报告》,1934。

之铁冶》中记载:"修武,凤凰山多有之。"①

宋金元时期,古怀庆府是中国北方瓷器生产重地,是陶瓷作坊比较集中的地区之一。不但古瓷窑遗址分布较广,并出土有大量的瓷片标本和较为丰富的文物精品。近些年来,在焦作以及修武、博爱境内发现了当阳峪窑、牛庄窑、矿山窑、恩村窑、焦作街窑、狮涧窑、李河窑、东孔庄窑、西王封窑、狼坡窑、上白作窑、定和窑、东于村窑、李封窑、东王封窑、店后窑、东张庄窑、寺后窑、许河窑、高窑河窑、东交口窑、洞湾窑、石碑岩窑、高寨窑、北业窑、周窑窑、窄门窑、清化窑、白坡窑、碗窑河窑、月山窑、南坡窑、洛坡窑、北田院窑、张山街窑、南田院窑、上期城窑、牛粪庄窑、瓦窑沟窑、司窑窑、闫庄窑等41处古瓷窑遗址。②这些古窑址全部在焦作及两侧太行山南麓浅山区和山前平原地带,形成了以当阳峪和柏山窑为主窑场的集中分布区。当阳峪瓷窑遗址、东焦作瓷窑遗址、牛庄瓷窑遗址、李封天目瓷窑遗址、西王封瓷窑遗址、龙洞乡许河瓷窑遗址和柏山瓷窑遗址等等,都是较为重要的瓷窑遗址。特别是当阳峪瓷窑遗址,在国内外享有较高的盛誉,为全国重点文物保护单位。李封天目瓷窑遗址出土的天目瓷器,在河南陶瓷史上占有了一席之地。星罗棋布的古瓷窑遗址,呈现出古代焦作陶瓷业兴盛繁荣的景象。明清时期,怀庆府的陶瓷业已有相当的发展。柏山窑为河南的重要窑址之一,柏山缸成为知名品牌。

明清以来,博爱柏山村所生产的柏山缸远近闻名,博爱的商业民谣曾有"许良竹竿上庄姜,期城黑矾柏山缸"的说法。柏山的陶瓷制作历史悠久,考古资料显示其始于宋衰于明。"清化瓷窑遗址位于柏山村东北300米处,窑场南北长400米,东西宽250米,面积为10万平方米左右。该窑址面积大,堆积层丰富,达3米许。瓷窑皆建造在山洼两侧的土坡上,堆积层内有大量的多色瓷片、窑具、烧土,另有两处半边窑灶,直径为2.7米。"③

大约在明万历年间,柏山缸开始制作,有清一代柏山缸得到相当的发展。明万历以前,柏山的瓷器生产居主体地位,但柏山村有人就开始尝试烧陶缸,起初仅供自用,烧出来的颜色格外鲜艳,质量很高,有许多人抢买,于是渐渐改

---

① 林传甲:《大中华河南省地理志》第24章《矿物·河南之铁冶》,武学书馆,1920,第48页。
② 杨贵金:《焦作"瓷窑"历史文化调查》,载中国人民政治协商会议河南省焦作市委员会文史资料研究委员会编《焦作文史资料(第11辑)·焦作陶瓷史料专辑》,2007,第83~91页。
③ 《博爱县志》编纂委员会编《博爱县志》,中国国际广播出版社,1994,第564页。

烧白瓷为陶缸。而且陶缸的制作规模由小到大，最终取代了瓷器生产，柏山缸遂成为当地的支柱产业。清嘉庆年间，为提高技艺，保证信誉，柏山窑主、匠作共同协议，议定四条规则，对各类缸的高低、大小、质地薄厚都作了明确规定，并刻之于碑，质量不合格者予以罚款：

> 吾村名为柏山，石厚土薄，农隙之时，烧造缸窑，不知几何年矣，乃年深日久，百弊丛生，今窑户、匠作共同商议，立为定规，勒之于石，永垂不朽云。
>
> 一议折半缸口准以裁尺，二尺二寸长，行缸口一尺八寸，如过度者，照套数，每一套货罚钱三十文。窑户、匠作各出一半，其钱入会使用；
>
> 一议自买货车窑院不许与外车回头，如有违者，罚钱八千文，窑户七分，匠作三分，其钱入会使用；
>
> 一议自买货车套货、抬货、装车，每一套货共钱十文；
>
> 一议自买货车窑头与之办货用钱三分，如有违者，罚钱四千文，窑头备出，其钱入会使用。
>
> 大清嘉庆二十三年正月吉旦①

窑户、匠作以公约的形式约束彼此的行为，而且明确记载柏山缸的制作已经有自己的管理机构——缸窑会。这样既保证了缸的质量，又促进了匠人制作技艺的不断提高。由此可知，柏山的陶瓷生产有相当的规模。当时生产各种缸、川、盆、罐、火口等，生活中需求的陶器用具应有尽有，柏山缸的技艺和声誉也愈来愈高。这些充分说明了缸窑生产的发展。

此外，怀庆府地区的酿酒业也颇有名气。据《中州杂俎》记载，河南各地多有名酒，且历史悠久。其中，怀庆有宣城酒、香桂酒等。②

第四节　唯钱是尊的社会风尚

封建社会发展到明代中叶以后，商品经济异常发达，人们对金钱的价值有

---

① 清乾隆二十四年（1759年）《柏山窑户公约碑记》，现藏于柏山村窑神庙。
② 汪阶：《中州杂俎》卷2《物产十一》，安阳三怡堂，1921，排印本，第2页。

了重新的认识和界定。

明代到了中叶的弘治(1488—1505年)、正德(1506—1521年)年间,社会情况发生了显著变化。当时的社会经济经历了长时间的休养生息后,出现了相当繁荣的局面。同时,农村中的土地兼并现象日趋白热化。广大农民在封建统治阶级的巧取豪夺之下,失去了他们仅有的一点生产和生活资料,被迫逃亡,流入城市或为佣工。无产无业的农民不再崇拜土地,开始了对金钱的疯狂崇拜,认为只有金钱才能解决他们生活的艰难。顾炎武(1613—1682年)曾引用《歙县风土论》的叙述,对嘉靖到万历年间的社会经济变化作了极好的描写:"嘉靖初则稍异矣,出贾既多,土田不重。操资交接,起落不常。能者方成,拙者乃毁。东家已富,西家自贫。高下失均,锱铢共竞。互相凌夺,各自张皇……迨至嘉靖末隆庆间,则尤异矣。末富居多,本富居少。富者愈富,贫者愈贫。起者独雄,落者辟易。资爱有属,产自无恒,贸易纷纭,诛求刻核。"至万历三十年(1602年)前后,"富者百人而一,贫者十人而九。贫者既不能敌富者,少反可以制多。金令司天,钱神桌地。贪婪罔极,骨肉相残"①。明嘉靖(1522—1566年)、万历(1573—1619年)年间,家庭手工业开始分化,形成了手工工场和城市手工业。一些地主、商人和手工业者,就靠手工业生产发财致富,他们为发展商品生产、积累更多财富,在扩充生产设备的同时,尽量雇用工人生产。据明《神宗实录》记载:"吴民生齿最烦,恒产绝少,家杼轴而户纂组,机户出资,机工出力,相依为命久矣。"②资本主义萌芽在许多地区的手工业部门中开始出现。当时生产比较发达的地区,同时也是商品流通的集散地,随着手工业特别是纺织业的大发展,逐渐成为繁华的都市。在这些手工业、商业繁盛的都市里,市民不但人数为多,而且在政治上、经济上的势力也在不断增长。宋应星在《天工开物》中写道:"滇南车马纵贯辽阳,岭徼宦商衡游蓟北。"③《李长卿集》卷十九记载:"燕、赵、秦、晋、齐、梁、江淮之货,日夜商贩而南,蛮海、闽广、豫章、楚、瓯越、新安之货,日夜商贩而北。"④商品经济的发展由此可

---

① 顾炎武:《天下郡国利病书》卷32《凤宁徽备录》,上海古籍出版社,2012,第496页。
② 《神宗实录》卷361,武汉出版社,1992,第413页。
③ 宋应星:《天工开物序》,载宋应星著,潘吉星译注:《天工开物译注》,上海古籍出版社,1993,第228页。
④ 李鼎:《李长卿集》卷19,见张正明、薛慧林主编《明清晋商资料选编》,山西人民出版社,1989,第56页。

见一斑。而朱载堉居住的河南怀庆府,这是连接南北的必经之道。他在《醒世词》①中,对当时出现的拜金主义进行了充分描写。

朱载堉说:"如今人敬的是有钱,弃的是穷汉。人有了钱,邓通说话也新鲜。听言!但有银钱,白丁做官。"(《休望人·山坡羊》)他认为,金钱这东西,原本是不会说话的和没有感情的,但在拜金主义泛滥的时代,钱可说人话,怎么说呢?人替钱语。"金本不语,银本不语,金银使人人替语。今世论理,惟金有理。有理无金人无理,无理有金金有理。"(《四娘子》)金钱改变了亲情,金钱把人分成了不同的等级。"世上结交财最贵,骨肉无钱是外人。见我有钱终日好,一旦无钱亲不亲。君子虽贫有礼义,小人暂富便欺人。"(《莫望亲》)《钱是好汉·山坡羊》曲道:"拐子有钱,走歪步合款。哑巴有钱,打手势好看。"在《满江红》里唱道:"有钱七岁翁,无钱八十童。"如果你没有钱,就应该安分守己,不要四处攀亲,因为有钱人往往是六亲不认的。如果你不信,看一看身边发生的"有钱的不相干来来往往,无钱的真骨肉如同陌路,有钱的每日里肥驴嘶啃,无钱的望亲扶把好事儿耽误"(《亲戚难靠》)之事便明白了。在《富不可交·山坡羊》《莫投亲》中,他一再劝人无钱不要结交权贵富亲。如在《莫投亲》中说:"劝人没钱休投亲,若去投亲贱了身。一般都是人情理,主人偏存两样心,年纪不论大与小,衣衫整齐便为尊。恐君不信席前看,酒来先敬有钱人。"《富不可交·山坡羊》云:"劝世人休结交有钱富汉,结交他把你下眼来看。"

《骂钱·黄莺儿》曲道:"孔圣人怒气冲,骂钱财:狗畜牲!朝廷王法被你弄,纲常伦理被你坏,杀人仗你不偿命。有理事儿你反复,无理词讼赢上风。俱是你钱财当军令,吾门弟子受你压伏,忠良贤才没你不用。财帛神当道,任你们胡行,公道事儿你灭净。思想起,把钱财刀剁、斧砍、油煎、笼蒸!"借"孔圣人"之口痛骂钱财为"狗畜生",并历数其罪状,要把"钱财"用刀剁成肉酱,用斧劈成柴烧掉,用油煎、用笼蒸,才解心头之恨。《天不均·六娘子》道:"天不均来地不均,圆帽儿变成方巾,诗云子曰胡厮论。呀!生在马桶前,满口嘬臭文,吃了蝇子惹恶心!"没有真才实学的人怎么会中举,原因就在于钱能通神。《做好梦·山坡羊》曲道:"正三更,我做个好梦儿,我梦见银共钱无边无

---

① 朱载堉撰,闫永仁重编《醒世词》,中州古籍出版社,1992,影印本。

岸,霎时间盖高楼起大厦。喀咱,我也方便!些须出几股本钱,置地土,买下庄院,干监生,成门乡宦,众亲友,齐来瞧看。我家下骡马成群,喜地欢天。我的银钱!被我那不材的妻儿,把我一足蹬散。我的银钱!再想做这好梦难上又难。"讽刺了有的人做梦都是满脑子的金钱。

朱载堉特殊的人生经历,使他体味到富贵荣华、金银钱财犹如过眼云烟,转眼即逝。因而,他鄙视贪敛钱财之人,"你总有银钱,俺不希罕"(《富不可交·山坡羊》)。他视金钱如粪土,高呼:"休笑俺身贫,俺身贫志不贫。"(《身贫·黄莺儿》)他劝世人要"撒钱财如同粪泥"(《警少年词》)。在《无钱·黄莺儿》中吟道:"休笑俺无钱,俺无钱其实难。亲戚朋友都轻贱,赵太祖游关,柴世宗贩伞,子胥吹箫遭磨难。这机关,存心忍耐,等一个好流年。"钱财既非人生的价值,也不是什么至宝之物。他认为,"人生在世,安乐最值钱"(《最值钱·黄莺儿》),"安乐值万千"(《满江红》)。

朱载堉就是用他生动形象的曲词向人们展示了明朝末年金钱已在很大程度上左右着人们的交往。对金钱的追逐,促使人们纷纷投入获得金钱最快捷的行业——商业中去,那么商人的产生也就顺理成章了,这也正是怀商得以形成、发展的重要因素。

第五节　山西商人的榜样效应

明清时期的怀庆府人,多为山西的移民。由于血缘的关系,怀庆府人继承了晋商的经商传统;同时,怀庆府与山西山川相连,为晋商南下的必经之地,晋商经商的行为和作风对怀庆府人的行为产生了重大的影响,为怀商的崛起树立了效仿的榜样。

元末,中国北部及中原地区长期遭受兵乱,黄河多次泛滥,瘟疫盛行,蝗虫猖獗,民不聊生,造成河北、山东、河南、皖北等地"赤地千里人烟稀少"局面的出现。因而明初,明政府采取了一系列恢复发展农业生产的措施,而其中重要的一条,就是把山西无地的农民迁到黄淮地区去屯田垦荒。《明史·食货一》记载了明太祖根据户部郎中刘九皋的建议而移民之事:

> 户部郎中刘九皋言:"古狭乡之民,听迁之宽乡,欲地无遗利,人无失业也。"太祖采其议,迁山西泽、潞民于河北。后屡徙浙西及山西

民于滁、和、北平、山东、河南。……太祖时徙民最多……成祖核太原、平阳、泽、潞、辽、沁、汾丁多田少及无田之家，分其丁口以实北平。自是以后，移徙者鲜矣。①

文献记载，明初山西移民主要是由平阳府、潞安府、汾州府、泽州、沁州、辽州迁出，其原因就是因为山西独特的地理位置，战乱波及较少，生产依然有一定程度的发展，再加上难民的涌入，人口急增。所以，从山西移民是个历史的选择。明代移民次数在20次以上，有确凿文献记载的即有18次，其中以明洪武年间移民次数最多(10次)，规模最大，移民最多。当时洪洞移民，多为官方组织的强制性移民。每次移民都在大槐村下设司驻员，集中移民编排队伍发给"凭照川资"。与山西山川相连的河南怀庆府无疑为移民的迁居地和迁居途经之地。

清乾隆《怀庆府志》载怀庆府的地域位置为：

> 东二百六十九里至卫辉府封邱县界。西二百四十五里至山西绛州垣曲县界。南四十五里至河南府巩县界。北六十里至山西泽州府凤台县界。东南一百五十里至开封府荥泽县界。西南九十里至河南府洛阳县界。东北一百五十里至山西泽州府陵川县界。西北六十五里至山西泽州府阳城县界。东西广五百里，南北袤一百三十五里，东南至省三百里，东北至京师一千六百五十里。②

清王凤生《河北采风录》亦记载：

> （怀庆）府东西广五百里，南北袤一百三十五里，东南至省三百里，东界卫辉府封丘县，西界山西绛州垣曲县，南界河南府巩县，北界山西泽州府凤台县，东南界开封府荥泽县，西南界河南府洛阳县，东北界山西泽州府陵川县，西北界山西泽州府阳城县。太行雄峙于后，丹河沁河交流其中。③

河内县在历史上为河内郡或怀庆府的郡治、府治之所在，河内县的地理位置，清乾隆《怀庆府志》记载：

> 河内县　附府东至武陟县界五十里，西至济源县界三十五里，南

---

① 张廷玉：《明史》卷77《食货一》，中华书局，1974，第1879–1880页。
② 乾隆《怀庆府志》卷3《舆地志》，中州古籍出版社，2013，校注本，第128页。
③ 王凤生：《河北采风录》卷3《怀庆府总图说》，清道光六年刻本，第2–3页。

至温县界二十五里,北至山西泽州府凤台县界五十五里。①

此外,明政府还在移民的迁居地设司驻员,迎迁款待,怀庆府河内县唐村(今河南博爱县唐村)千载寺即为其中之一。因而河南怀庆府不仅是移民的迁居地,而且还是明政府所设立的"移民中转站"。博爱唐村千载寺的碑刻清晰地记载了明初移民的一些情况。

千载寺位于河南博爱县城南9公里的唐村西北隅的运粮河龙头桥南、博爱至内都公路之东畔。该寺始建于东汉永平十年(67年),原名无极寺;北魏太平真君年间(440—450年)魏太武帝灭佛,更名为太极庙;北魏文成帝兴安二年(453年)恢复旧称;东魏时更名为千载寺。千载寺东为三圣门,内有孔圣殿、伏羲殿、文王殿;再东为太极门,内有八卦门、太极殿、老君殿、孙真殿、祖师殿等。千载寺是一座以弘扬释、道、儒三教为宗旨的寺院。

关于明初的移民,《洪洞移民后裔朝拜千载寺碑记》曰:

> 元末,顺帝不君,天下鼎沸,兵荒民患,中原丧乱,民亡殆尽,积骸成丘,耕桑为草莽,黄河南北噍类无遗,唯河东方居民丛杂,仰有所事,俯有所育,加邻郡民流,晋南稠密。大明初,太祖定鼎,洪武、永乐年间分民诏下,移居迁众屡轭,晋南属民数百万众聚洪洞广济寺大槐树荫,迁跋鲁、豫、燕、赵、秦、陇之填殖,移居黄河南北民裔数十万河内官路沿道。东汉古刹无极寺,唐名千载寺,设司驻员迎迁款待,民徙四方不一,同足潮入千载寺释、道、儒门三教堂殿即大佛门,拜天王大佛。大雄宝殿、太极宫拜老君、孙真。祖师神殿、三圣门拜伏羲、文王、孔子。圣殿进香化缘,徙民硕四邻,茅舍休居茶待。僧道大师舍食、传拳养生,积善殷厚,裔养脉恩,缘众携故土洪洞草木,耕植寺庙圣土,铭物念别忘弗。年久鹿鹿,世裔眷怀,溯本思迁。逢年大节、苍龙扬首之日,民众演舞,百里跋涉,千载重逢,祈拜释、道、儒三教圣灵,拜谢僧道、圣师食拳养恩。谱序沧桑渊源,洪洞桑梓根深枝茂,千载舍善脉恩流芳,世裔解囊撰石,故传裔庶垂询缘垂久远,以志原因云。
>
> 大明万历甲午年二月二日黄河南北洪洞移民世裔朝拜千载寺三

---

① 乾隆《怀庆府志》卷3《舆地志》,中州古籍出版社,2013,校注本,第128页。

圣门太极宫年会撰石①

从《洪洞移民后裔朝拜千载寺碑记》中,我们大致了解到:(1)元末,兵荒民患,中原丧乱,民亡殆尽,只有河东居民丛杂,加上"邻郡民流"涌入,致使晋南人口稠密。(2)明初洪武、永乐年间下诏移民。明政府在千载寺"设司驻员迎迁款待",而且移居黄河南北的民裔数十万在河内官路沿道。"民徙四方不一,同足潮入千载寺。"(3)千载寺僧道大师舍食、传拳养生,积善殷厚,裔养脉恩。(4)洪洞移民"世裔眷怀,溯本思迁"。每当逢年大节,苍龙扬首之日,民众百里跋涉,至千载寺重逢,祈拜释、道、儒三教圣灵,拜谢僧道、圣师"食拳养恩"。

此外,焦作地区现存的诸多家谱也明确记载,其家族乃山西移民。如,清康熙五十五年(1716年)修订的河南博爱唐村《李氏家谱》(图1-16)也曾记载唐村李氏是明洪武四年(1371年)由山西洪洞县凤凰村迁至怀庆府河内县唐村的:

谓之元末兵蝗民患,大明初太祖定鼎,分民诏下,移居迁众。洪武四年,吾李氏始祖讳清江自山西平阳府洪洞县凤凰村,徙居河内怀府唐村。弟讳清河同徙居于李洼村。迄今历三百四十余载,世代绵长,子孙繁衍,十二世焉。

谓徙之始祖、妣王氏聚之洪洞广济寺大槐树荫,徙跋河邑千载寺,应官府设司驻员迎迁,分办众徙下山,四方不一,同足潮入千载寺、三圣门、太极宫。硕四邻茅舍休居茶待,三教圣师舍食传拳养脉善焉。

始祖与河邑常阳村陈公讳卜、郝庄陈公讳厚、李洼李公讳清河、刘村蒋公讳培礼,故徙途相舍衣食义厚,入寺拜圣结义,栽培二柏架葡萄,铭物别焉忘弗。年久鹿鹿,世裔眷怀。逢年大节、苍龙昂首之日,民乐邑舞,百里跋涉千载寺,逢揖祈三教圣灵,拜谢僧道、圣师舍食传拳养脉恩矣。②

---

① 明万历甲午年(1593年)《洪洞移民后裔朝拜千载寺碑记》,载王士章主编《温县文史资料·温县金石录》,政协温县委员会,2006,第99页。
② 李元善:《李氏家谱》,今存博爱唐村李氏家族第十八世孙李立炳处。

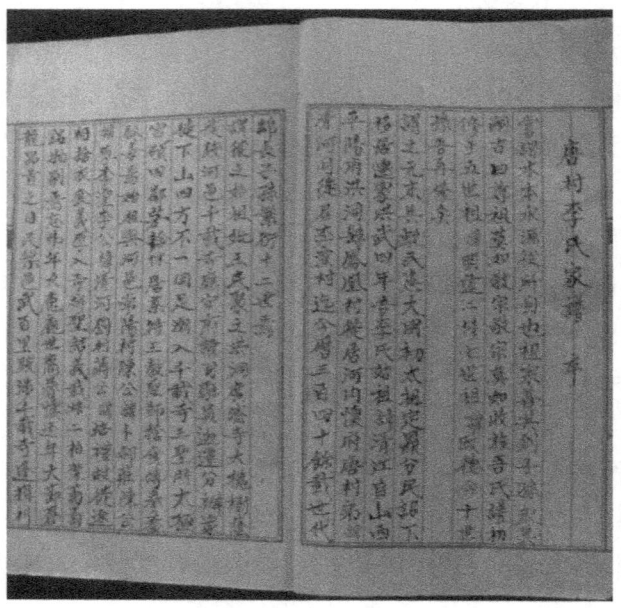

图 1-16 唐村《李氏家谱》

再如,沁阳东紫陵村《任氏家谱》记载任氏原籍山西平阳府洪洞县,大明洪武间居河南。长门始祖居怀庆府河内县紫陵镇,二门始祖居济源县留养镇,三门始祖居温县西虢镇,四门始祖居孟津县邢家园,五门始祖居济源县薛庄镇。沁阳柏香乡肖寺村清乾隆六十年(1795年)所立栗氏始祖碑上也记述说:"公原籍山西省平阳府洪洞县,由大明洪武之年迁民始居兹三土,生有五子,四子随祖居,一子迁王梁村,迄今四百余年,共历十有五世。"今孟州12个乡镇,有自然村359个,有调查材料说,其中138个村有洪武年间的山西移民后裔。①另外,据家谱记载,温县陈氏太极拳的陈氏家族就是从山西洪洞县迁居的;沁阳市紫陵镇窑头村的宋氏家族也是从山西洪洞县迁居的;博爱县界沟乡坞庄村杜氏家族、博爱县张茹集乡刘村李氏家族、博爱县金城乡寨卜昌王氏家族也均是明洪武年间由山西省洪洞县移居的;等等。所以说,明清时期怀庆府的民众多为山西移民。随着商品贸易的发展,素有经商经验的山西商人,历来将邻近的河南作为他们行商之处,来来往往也就更加频繁。这种往来、交流与沟

---

① 王兴亚:《河南商帮》,黄山书社,2007,第232-233页。

通,进一步增强了河南人和山西人之间的感情。由于血缘、地缘的关系,怀庆府人继承了山西人的经商传统,积极发展商品经济,怀庆府的府治河内县城以及清化镇商业经济发达,尤其是清化镇乃是明清时期的商业重镇。

清化镇,"北阻太行,南环沁水,尤为河北隩区"①,清嘉庆二十一年(1816年)《重修南关城楼石碑记》载:"覃怀清化镇……市民交集,商贾辐辏。"②清同治三年(1864年)《重筑清化镇城碑记》云清化镇"居秦晋之交,商贾辐辏,厘市棋列,实此邦一大都会"③,而被称为"河北首镇"④,商业繁荣,商品经济发达。其中最著名的商号有坞庄的杜兴盛、东刘村的协盛全、寨卜昌的王泰顺等,而这些著名的商号均由山西移民所开办。

另外,博爱清化镇明隆庆五年(1571年)《创建金龙四大王神祠记》载:"大明隆庆五年,山西平阳府临汾县行商刘尚科谨发虔心,躬率各处商人创建庙宇,落成勒□□□。"⑤该碑通高206.5厘米,宽82厘米,为残碑,分为三块,现存上半部和右下角两块,碑刻左下角残缺,但大致保存有95%内容,基本信息可知。根据残缺的部位以及竖列、横列的间距和姓氏排列的估计,大致缺失117(即9×13)个捐资姓氏和捐资金额,而且所缺的117个商人从碑刻的所在部位来看,应是清化镇商人。从捐资商人的现存数量来看,本次捐资创建大王庙的商人达472人,这说明,时值明隆庆年间,清化镇的商业已具有一定的规模,在清化镇经营的商人有五六百家。从捐资商人的地源来看,捐资人的地源众多,有河南,也有外省,如山西、陕西、江西等。河南商人基本是怀庆府商人,尤其是清化镇商人占绝对优势。外省商人以山西省商人占绝对优势,外省商人计351人,其中山西商人有348人,这说明山西商人几乎独占了清化镇外省商人的商业市场。⑥

---

① 清同治三年(1864年)《重筑清化镇城碑记》,现藏于博爱县城内石佛寺。
② 清嘉庆二十一年(1816年)《重修南关城楼石碑记》,现藏于博爱县博物馆。
③ 清同治三年(1864年)《重筑清化镇城碑记》,现藏于博爱县城内石佛寺。
④ 清同治年间清化镇西城门匾额,现藏于博爱县西关清真寺。
⑤ 明隆庆五年(1571年)《创建金龙四大王神祠记》,现存于博爱大王庙。
⑥ 程峰、任勤:《明清时期河南清化镇的商业——基于清化镇金龙四大王庙碑刻资料为中心的考察》,《焦作师范高等专科学校学报》2012年第4期。

第六节　土狭人稠，赋税沉重

怀商的兴起，固然得益于古代商业文化的滋养，得益于便利的交通条件，得益于丰富的物产，得益于与山西千丝万缕的关系，但是还有一个突出的因素不可忽略，这也可能与各地商帮起因相同，即赋税沉重。由于"土地狭，人口稠"，人们为衣食所迫，在交通便利的基础上，外出经商。棉农、药农、竹农从粮农中分化出来，他们的身份虽然还是农民，但他们所从事的棉花、药材、竹的生产却是服从于市场的需要，他们身上已经打上了商人的印记。

怀庆府由于优越的地理位置、适宜的温润气候、丰富的水利资源、肥沃的土壤条件，在明清时期社会经济得到快速的发展，同时人口与日俱增。大约从明代起，怀庆府属诸县，人口增长的速度已明显超过土地的增长。如温县，明永乐十年（1412年），全县人口为73,804人；明隆庆五年（1571年）为33,045人；清乾隆五十二年（1787年），人口增至195,724人。① 自明隆庆至清乾隆上下200年间，温县人口增加6倍，而该县土地面积并没有增加，因而在温县出现一亩之田数人耕种的状况。

明王汉《灾伤图序》就曾如此记载，怀庆首邑"河内区区地，山河平分地之半。丹河绕东北，沁河由西北蜿蜒绕东南，皆投黄河。每岁秋雨发水，骄吞岸膏，坟沃壤动，没至数百顷，良田化为泽国，而粮不除。太行万重山，压邑西北，西接山西泽州，北接山西陵川。而邑之清上图、利下图，居民村庐，皆在太行山中。复按山地起粮，山崚嶒赤色尽石骨。石上之土厚者至五寸，薄止二三寸。故山秃而不活树。及播种，雨以时则禾生，十日不雨则禾死，一月不雨则地不毛。地不毛而粮不除"②。河内县有地11,300顷，山河平分地之半，丹河迤东北，沁河迤西北，蜿蜒而东南皆归之黄河。西北太行压境，山崚嶒，皆赤色，尽石膏，石之上土厚止五寸，薄二三寸，不利于农作物的生长。人稠地狭，难于衣食的问题日益突出出来。

---

① 《温县志》编纂委员会：《温县志》，光明日报出版社，1991，第561页。
② 王汉：《灾伤图序》，载乾隆《怀庆府志》卷30《艺文志》，中州古籍出版社，2013，校注本，第1102页。

怀庆府其他属县的情况也基本如此。"怀庆所属六县,温最小,其地瘠,其民贫。"①温县"生齿日繁,艰于衣食,往往重商贾而轻士农,艳势利而薄恩义"②。"温壤地褊小,人口众多,五谷所入,丰难有余,歉即不足。""所赖以集商贾通财货。"③孟县"按口计地,每人不足一亩。通邑男妇,唯赖纺织营生糊口"④。"孟境人稠地狭,民人除务农外,多数出外经商。"⑤修武,"在该省八郡中,最属地瘠,最属民贫。行山北镇,沁水南临,陡坡石盖,硝碱亢卤居七,中间可耕者仅一带之地耳"⑥。在这些从商的人群中,贫穷人家居多数。这在地方志中可以找到许多。清乾隆年间,河内县人夏九畴,字用九,早年迫于生活曾经耕田自给,耕田又不足以自给,又做卖药生意,以效贩易之术,"择人而任"。其《陶隐士传》自比商人。李庚白,字友白,小时候,家里贫穷,便到南阳做生意,立意以忠信不欺为本,稍有盈余之后,便不再经商,继续习学。朱天乙家素贫,贩油为业。武陟王九龄,字梦锡,以家贫不足以供养,辍儒业,习于贸迁,使其家稍稍丰裕。所以,为了谋求衣食,人们不得不从商。

农业税收状况也直接影响到农业生产与农民生活。从明洪武年间起,怀庆府的土地税较之河南其他各地为重。明隆庆元年(1567年)任职怀庆知府的纪诚曾指出:"怀庆一府共地四万二千八百九顷,该粮三十三万六百二十二石。如归德府七万四百余顷,止征粮六万七千六百七十余石。计其地,怀庆不及开封等各府十之一二,而其粮多,不止于十数倍。"⑦区区"河内一邑,则地一万一千三百余顷,而粮九万九千余石"⑧。究其原因,据说是在明朝建立前夕,明军进攻怀庆,曾遭到元军铁木儿的抵抗,待朱元璋定鼎天下后,出自惩罚的动机,加重对该府田赋的征收,所以,怀庆府土地税独重。此种说法,在明代颇

---

① 温志:《政绩记》,载乾隆《怀庆府志》卷30《艺文志》,中州古籍出版社,2013,校注本,第1101页。
② 吴渤:《丧制说》,载乾隆《温县志》卷6《地理·风俗》,收入《温县志》(合订本),2016,第335页。
③ 民国《温县志稿》卷首《附物产表》,1986,校订本,第11页。
④ 乾隆《孟县志》卷4《田赋·物产》,第19页。
⑤ 民国《孟县志》卷8《社会·职业》,成文出版社,1976,第1069页。
⑥ 佚名:《改驿奏疏》,载乾隆《怀庆府志》卷29《艺文志》,中州古籍出版社,2013,校注本,第1040页。
⑦ 纪诚:《均粮疏》,载乾隆《怀庆府志》卷29《艺文志》,中州古籍出版社,2013,校注本,第1037-1038页。
⑧ 王汉:《灾伤图序》,载乾隆《怀庆府志》卷30《艺文志》,中州古籍出版社,2013,校注本,第1102页。

为流行。明崇祯年间,河内县知县王汉上奏朝廷的《灾伤图序》即曰:

> 高皇帝削平祸乱,怀庆伪守铁木儿抗王师,已而,高皇帝定鼎。按怀庆额赋而三倍之,计地四万二千八百余顷,粮三十三万六百余石,河南北诸郡,地窄而赋重,未有如怀庆之甚者也。……怀庆六邑,地窄而赋重,未有如河内之甚者也。除正赋额粮九万石之外,今又为辽饷,为均输,为练饷,共计增银至二万四千二百余金,其千里担簦转输,则又有解京阔布之役,胖袄盔甲之役,山西盐课之役,小滩八千石漕米之役,毛田、关阳打冰防河之役。故民终岁无有父母妻子之乐,而无日不办公税。河内之赋之重,未有如今日之甚者也。①

尽管怀庆府赋税独重的原因未必有真凭实据,但不管怎么说,怀庆府的田赋较同时期河南的其他各府来看,按"额赋而三倍之",每亩征粮一斗,少亦征八升五合,则是实有其事。

其实,说起怀庆府税重,还不仅在于每亩征收的数额高于当年一般规定,更在于怀庆府地亩单位面积较小。明初亩制,河南辖区没有统一的规定,由地方政府自行决定。怀庆府属地亩制采用小亩制,即一亩仅抵大亩的二分之一。明隆庆元年(1567年)任职怀庆知府的纪诚就曾指出:

> 计其地,怀庆不及开封等各府十之一二,而其粮多,不止于十数倍。况怀庆之地,每二百四十步为亩,每亩征粮一斗,少亦不下八升五合。其他各府之地,每四百八十步为亩,每亩征粮二三合,多不过一升。甚者,有数亩之地而无一撮之粮,以一役之微而免数亩之税,是怀庆一亩之地,足当各府三四十亩之税,怀庆不免有征赋包赔之苦。②

明初政府规定,以5尺为步,每240步为一亩,每百亩为一顷。然而,到明宣德年间,"有司乃以大亩当小亩以符旧额,有数亩当一亩者。步尺参差不一,人得以意赢缩,土地不均,未有如北方者"③。地方官吏隐瞒增加的田亩数,利用大亩制单位统计田亩总数以充当旧额,造成各地土地面积的不均,尤以北方

---

① 王汉:《灾伤图序》,载乾隆《怀庆府志》卷30《艺文志》,中州古籍出版社,2013,校注本,第1102-1103页。
② 纪诚:《均粮疏》,载道光《河内县志》卷23《文词志下》,成文出版社,1976,第1139页。
③ 张廷玉:《明史》卷77《食货一》,中华书局,1974,影印本,第1182页。

为重。相比之下,怀庆府仍以240步小亩为计量单位,以至于"河南北诸郡,地窄而赋重,未有如怀庆之甚者也"①。明嘉靖时期河南各府夏税、秋粮征收情况如表1-1所示:

表1-1 明嘉靖时期河南各府夏税、秋粮征收统计表②

府　名	所辖州县数	夏　税/石	秋　粮/石
开封府	4州30县	214,260	505,137
归德府	1州8县	20,222	47,454
河南府	1州13县	86,946	394,421
南阳府	2州11县	43,131	71,375
汝宁府	2州12县	23,577	98,210
卫辉府	6县	35,699	110,050
彰德府	1州6县	55,826	196,129
汝　州	4县	48,187	99,644
怀庆府	6县	89,605	241,017

依表1-1,除汝州和卫辉府外,怀庆府的州县数是最少的,但夏税额麦的数量仅次于开封府,排名河南第二位;秋粮额米的数量,次于开封府、河南府,排名河南第三位。与毗邻的彰德府、卫辉府相比,怀庆府的赋税也远高于这两个地区,正所谓"地窄赋重"。

入清以来,怀庆府赋税征收并未减轻。清道光《河北采风录》记载:"县之幅员不及百里,额征钱粮八万一千有零,加以漕米、沁料并各案摊征加价,小民极力输将,全赖尺土寸壤所出,故田亩毗连之处,丝毫必争,讼之多者。"③与明代相比,政府加派了漕米、沁料赋税,怀庆人民为完成输纳,就算是田亩毗连之处也丝毫必争,这说明传统的地土之利已不能满足人民日常生活的需要。

不仅如此,怀庆府还要面临沁河、黄河水患时有发生的威胁。清顾祖禹《读史方舆纪要》曾记曰:

(修武县)万历中沁水决于武陟县东之大樊口,县首受水患,盖县地较之大樊口下十五丈余,每秋水泛溢,多有淹溺民田之患……

---

① 王汉:《灾伤图序》,载乾隆《怀庆府志》卷30《艺文志》,中州古籍出版社,2013,校注本,第1102页。
② 嘉靖《河南赋役总会文册》卷1,载《北京图书馆古籍珍本丛刊(60)》,书目文献出版社,1988。转引自王婧《论清代河南怀庆商人的兴起》,《社会科学论坛》2011年第6期。
③ 王凤生:《河北采风录》卷4《河内县水道图说》,清道光六年刻本,第15页。

（武陟县）明朝永乐九年沁河溢,淹没县境田庐,诏修决口以御之,盖沁河多沙而横暴也……木栾在沁河北岸,与大樊口相邻,嘉靖三十五年从此横决,突入卫河,泥沙弥漫至临清,逆流上拥,运河板闸至砖关70余里淤塞难行。①

清康熙《河内县志》亦记载：

明成化十八年七月霖雨大作,沁河暴涨决堤,毁郡城、摧房垣、漂人畜不可胜纪。二十年大饥。……嘉靖七年大饥,……十六年沁河泛滥,……三十五年六月沁河溢。隆庆三年大水。十四年秋霖四十余日,沁水啮堤,……十六年大饥大疫,死者枕藉城野,人相食,发临清米仓及内帑以赈。……四十一年沁河泛滥……（清）顺治七年沁河溢,九年秋霖连旬,沁水啮堤……二十九年春夏大旱,沁水竭……三十一年旱,大瘟疫。②

沁河、卫河、丹水是怀庆府的主要干流,卫河则是连接大运河、转输漕运的重要河道。沁河流至武陟县汇入黄河,鲜少影响卫河流通,而一旦沁河决堤突入卫河,则会使卫河、运河出现淤塞,其转输漕运、水运贸易将会大受影响。并且,在一般情况下,水患过后会带来大瘟疫、大疾病,若这些灾害相继发生,那么将会延缓当地民众恢复发展生产的能力。所以,明、清两代,怀庆府虽然不像黄河以南地区频繁受到水患的侵扰,但也遭受沁河、黄河的间断冲压,其膏腴之田变成碱荒者也不下百十余顷,如孟县、原武县、阳武县物产中均有"碱"一项。

为解决生存压力,明清时期的商业活动日渐成为怀庆人维持家庭经济的普遍的甚至是必要的手段。日益增多的农副产品与手工业产品以及所产道地药材,在怀庆经济中所占比重增大,需要市场支持外销;而这些产品又为社会所需要,为市场所欢迎。这种需求关系推进怀庆经济的发展,同时孕育出一代又一代的怀庆商人。温县在怀庆六县中地狭人稠,丰难有余,"所赖以集商贾通财货"③。"孟境人稠地狭,民人除务农外,多数出外经商。"④不仅如此,就

---

① 顾祖禹：《读史方舆纪要》卷49《河南四》,中华书局,2005,第2295-2297页。
② 康熙《河内县志》卷1《灾祥》,第23-25页。
③ 民国《温县志稿》卷首,温县地方志编纂委员会,1986,重印本,第11页。
④ 民国《孟县志》卷8《社会·职业》,成文出版社,1976,第1069页。

连一向尊崇读书的文人士子迫于生计,也开始转而经商,如明嘉靖十二年(1533年)《明贾氏杜孺人墓志铭》(图1-17)记载,河内县的贾文洪家道殷富,"昆弟之间不私货财,誓不异爨"。明天顺二年(1458年)遭遇大荒,家道"萧然空矣"。贾文洪"虽业儒有余力,则经纪于外",由是家道复兴。①

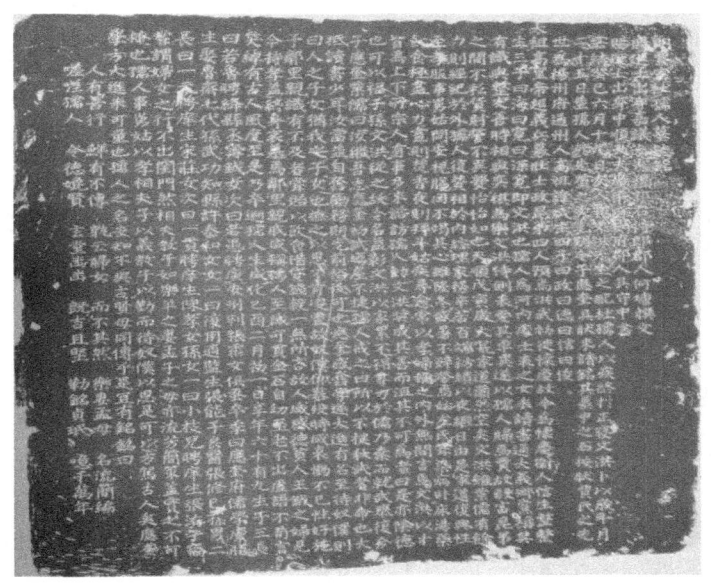

图 1-17 明贾氏杜孺人墓志铭

明刘冕"于是逐什一术,躬亲经营,寒暑罔惮,而且酌盈济虚,量入为出。居常大布之衣,蔬粝之食,不至侈半菽之费,糜一钱之用。叁拾余年而窭者充,虚者实,庐宇焕然,田畴井然。恢先世之规而复之旧者,莫非勤且俭之所积也"②。明邹齐鲁三岁失怙,后以"大丈夫当自立"自勉,"即锐意服贾,以逐十一之利,无怠朝亦无怠夕,不知费几许焦劳而致有资产,以为后人凭借也。虽权子母,实重礼义,每见字纸,殊为爱惜"。③而至清代,河内人梁王卿"家计淡薄,用度不充,遂弃儒习商贾,业于崇义岑村诸集镇。往来贩布,奔走跋涉,不惮晨夜","稍裕,乃于本镇开钱店,坐权子母,少舒劳瘁矣。自时厥后,日生日

---

① 明嘉靖十二年(1533年)《明贾氏杜孺人墓志铭》,现藏于沁阳市博物馆。
② 明万历十八年(1590年)《明故恩荣寿官西田刘公暨配金氏合葬墓志铭》,现藏于沁阳市博物馆。
③ 明崇祯元年(1628年)《大明恩诏寿官邹公墓志铭》,现藏于沁阳市博物馆。

盛,严成素封"。①[图1-18为《皇清例赠儒林郎候补州同梁公墓志铭》(局部)]

图1-18　皇清例赠儒林郎候补州同梁公墓志铭(局部)

郭训"少游太学,以煮字不能疗饥,无以奉祭祀,竭供养,乃弃书习于贸迁。握算持筹,丰腴日用"②。李华棠"同治中,家道稍衰。先生弃儒就商"③。孟县的"曹维新,业儒,年十八,因家贫遂贸易养亲"④;"汤方著,监生,家贫……及借本贸易"⑤;"刘楷,义井村人,先业儒,后因家贫贸易"⑥。

其实,怀庆府有丹水、沁河交汇,地土肥美,明代以前怀庆人生活富足,一

---

① 清道光二年(1822年)《皇清例赠儒林郎候补州同梁公墓志铭》,现藏于沁阳市博物馆。
② 清道光七年(1827年)《皇清貤赠昭武都尉逸园郭公墓志铭》,现藏于沁阳市博物馆。
③ 民国二十二年(1933年)《李先生韶轩暨德配朱夫人墓志铭》,现藏于沁阳市博物馆。
④ 乾隆《孟县志》卷6《人物下·孝义》,第21页。
⑤ 乾隆《孟县志》卷6《人物下·孝义》,第31页。
⑥ 乾隆《孟县志》卷6《人物下·孝义》,第26页。

直保持着"敦本好学""力耕桑而鄙贩鬻"①的传统观念。然而,在生存压力的影响下,传统的"重农鄙商"风气在开始转变,经商现象日益增多,怀庆人"往往重商贾而轻士农,艳势利而薄恩义"②。当然,商品经济的发展诱发一些农民弃农经商,但是怀庆府属各县并非都如此。修武、原武、阳武等县农民不愿弃本逐末。修武"男耕女织,村落连延,颇尚节俭之风,自得恬熙之乐"③。阳武人"不习梯航,有老死不轻弃其乡者。所称富厚,大率起家于农,务本重穑而致然也"④。可见怀庆商人主要是由河内县、温县、孟县、武陟县、济源县五县商人组成的。汉口怀庆会馆"系怀庆府河内县、武陟县、温县、孟县各药商组织"⑤,也可说明这一点。

怀庆府优越的地理位置,便利的交通运输,日益发展的农业手工业和商业,都为怀庆商帮的形成创造了条件。加之,明政府山西移民,山西经商的传统也改变了怀庆府人的素质。明代的时候,就出现有怀庆商人,但怀庆商人作为商帮的出现,或者说怀庆商帮的形成却是在清前期,这是清代怀庆府地区农业、手工业、商业发展的结果。

---

① 顺治《怀庆府志》卷2《风俗》,第4页。
② 乾隆《温县志》卷6《地理·风俗》,收入《温县志》(合订本),2016,第335页。
③ 道光《修武县志》卷3《舆地志下·风俗》,2011,校注本,第144页。
④ 乾隆《阳武县志》卷5《风俗》,第6页。
⑤ 民国《夏口县志》卷5《建置志·各会馆公所》,第22页。

第二章 覃怀故地兴商帮
——怀商的形成

第一节 怀庆府的工商业

怀庆府位居黄河北岸,太行山以南,便利的交通,使它向西直通山西,向东折北可达京师,折南可达开封。(图2-1为清代河南怀庆府图)

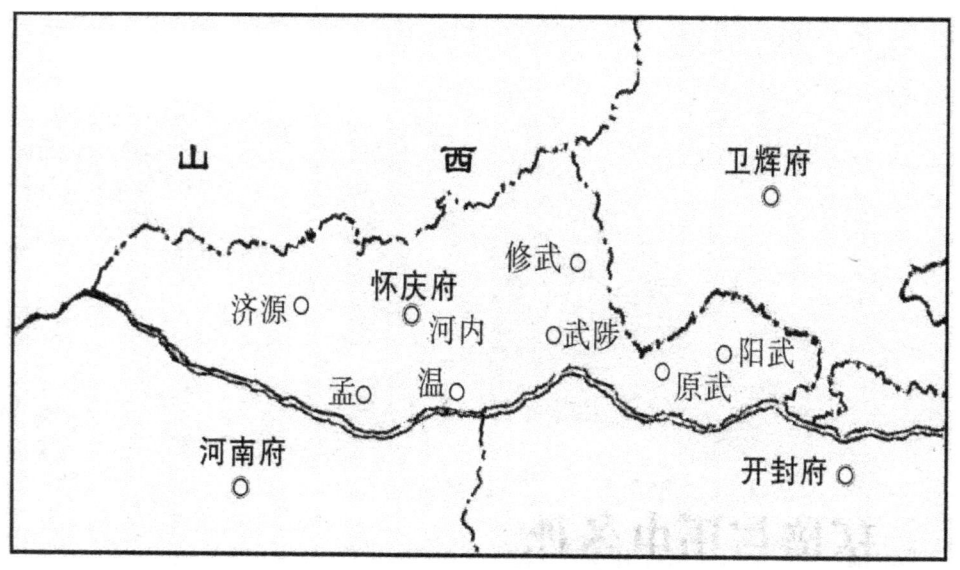

图2-1 清代河南怀庆府图

(图片来源:王兴亚《河南商帮》,黄山书社,2007,第146页)

由于天时地利的缘故,怀庆府自古以来经济繁荣,商业发达。早在先秦时代,就有了"日中为市,致天下之民,聚天下之货,交易而退,各得其所"①的商业交易活动。明代中期以后,随着商品经济的迅速发展,商业竞争的日益激烈,进入商品流通的货物品种和数量的增加,商业贸易出现了前所未有的繁荣局面。怀庆府地区城乡的社会面貌也在发生新的变化。府城、县治既是所在地区的政治中心,又是经济中心和人口中心。从清康熙、乾隆时起至清末,城镇商业贸易持续发展。城内店铺贸易与集市贸易结合,大批人口向城内流动,非农业人口迅速增长,城区面积逐渐向城外扩展。商人成为城内最活跃的人群。

一、怀庆府的商业

(一) 怀庆府城(暨河内县)商业

怀庆府,在历史上被称为"覃怀古郡,河朔名邦",首邑河内为历史文化名城,多为郡、路、府、州治,1913年由"河内县"改为"沁阳县",系豫西北经济中心。该城始筑于战国时期,历经修建,清时周长9里148步,城外有5关,城内街道整齐,布行、花行、药材行、杂货行、铁货行、油行等商号布列。

河内的药材行栈店堂,是随着怀药生产的发展而逐渐兴起的。起初,仅有一些中药店铺,有的聘有坐堂医生,专为当地群众诊治疾病和供应中草药。明代,怀庆府属县的药商纷至府城开行栈,办堂店,专营怀药贸易。到清中期怀药贸易步入鼎盛时期,怀庆古城药材行栈店堂已发展到100多家,相继出现了杜盛兴、协盛全、郡义顺、齐全盛、李广盛、马泰丰、阎昌恒、徐新合、郭广合、保和堂等拥有实力的商家。

清末民初,河内经营日用百货的商号店铺多分布于县治,以衙前街为最繁盛,凡是民众生产生活用品,无所不有,主要经营各类棉布、绸缎、日用杂品和庄农家具等。河内"城内商业以县前街为最盛,商品以药材为著。近日组织怀药公司,业已成立。'县境产怀山药,为药中良品,并能制淀粉,称补充良剂,以此为馈品者甚多'。此为布庄"②。民国二十二年(1933年)出版的《道清铁路

---

① 班固:《汉书》卷24《食货志上》,中华书局,1962,第1117页。
② 林传甲:《中华民国省区全志》第三册《鲁豫晋三省志·河南省志》,北京师范大学史地系,1925,第67页。

旅行指南》曾记载：沁阳城内"繁盛街市在府前街及东大街，如绸缎业之益记、联怡长，皮头业之同庆玉、全兴永，药材业之同丰行等，皆本街较大之商号，他若本地之特产，如生地、牛膝、山药、羊毛、羊皮、牛皮、杂皮等皆得行销国内外，其铜器、铁器亦此间之特产"①。民国二十五年（1936年），沁阳县城共有大、中、小坐商1000多户，从业人员近5000人。其中，较大商号有俊大、益兴永、新华楼、同仁堂、联怡长、祥兴恒、保和堂等，分别经营布皮、绸缎、日用百货、金银首饰、南北药材等。日军盘踞沁阳期间，较大商号被迫缩小经营规模或迁往别处，中小商店多数被日军所设公司挤垮。到1945年沁阳第一次解放时，城内商户仅有292户。由于当时缺乏工商业管理经验，在"反奸反霸"过程中，部分正当工商业又受到了冲击，到1947年，仅存坐商摊贩158个。后遵照保护与发展工商业的政策精神，政府对90户停业的工商户落实政策，扶持其重新开业，并恢复了原有的药材大会，建立了合作商业，城内坐商摊贩很快增加到525户。新中国成立初期，正确贯彻"公私兼顾、劳资两利、城乡互助、内外交流"的四面八方政策，城乡商业很快发展起来。②

另外，府城和柏香、崇义、木楼、西万、西向、紫陵等乡镇既有各大商号店铺组成的综合市场、专业市场，又有逢单日或逢双日的集市，多数村镇还有一年一次或多次的古庙会，商品市场较为活跃。后因军阀混战，特别是日军入侵，各种商品市场萧条。解放后，党和政府着力恢复和发展集市庙会，使萧条多年的商品市场活跃起来。到1948年底，沁阳全县有县城、柏香、崇义、木楼、西向、西万6个综合市场，有西万、西向、紫陵、范村、邘邰、王曲、东乡、正阳馆、张留、二郎庙、柏香、崇义、木楼、尚香14个集市和325个古庙会。③

(二) 孟州的商业

孟县位于黄河北岸，处在太行山脉与黄河冲积平原的交汇地区，形成了由西北向东南的倾斜地面。孟县原为孟州，为唐会昌三年（843年）置，治所在今孟县南。金大定二十八年（1188年），孟州故城被水淹，遂迁至今孟县城。明洪武十年（1377年）废州为县，明景泰二年（1451年）城池经增筑完成。明末

---

① 道清铁路管理局总务处文书课编《道清铁路旅行指南》，1933，道清铁路管理局总务处文书课，第226页。
② 河南省沁阳市地方史志编纂委员会编《沁阳市志》，红旗出版社，1993，第343页。
③ 河南省沁阳市地方史志编纂委员会编《沁阳市志》，红旗出版社，1993，第347-348页。

清初,城池遭战争破坏,清代又经过几次修复。

在清代,棉纺织业是孟县主要的手工业,清康熙《孟县志》卷二记载:"女红勤而棉不产于本土,虽当丰岁,生计已狭,故北贾上党,西贾关中。"①孟县"唯地狭民稠,食用寡乏,东南沃壤,变为沙卤,倚以为命,唯在女红。往者秦晋一荒,孟民亡逃,盖白布不行之所致也"②。从记载看,清康熙以前,孟县不产棉花,但百姓靠织布为生,产品销往山西、陕西,生活并不富裕。清乾隆时,孟县人口比清康熙时增加了18万余。当时"按口计地,每人不足一亩,通邑男妇,唯赖纺织营生糊口"③,"地窄民稠,耕作而外,半资纺织"④,"县西高坡,颇产棉花,究属不敷,尚赖直隶、山东、湖广以及本省各外郡县棉花货用"⑤。在原料充足的基础上,孟县棉纺织业逐渐兴盛起来,时谓"孟布驰名,自陕甘以至边墙一带,远商云集"⑥,争相选购。孟县成为驰名省内外的著名商品布产区。

"孟境人稠地狭,民人除务农外,多数出外经商,工业向不发达。"⑦孟县的商业是以本地区农副产业为基础发展起来的。市场就是以布匹贸易为大宗,城内设布店多处,"每日城镇市集,收布特多,车马辐辏,廛市填咽,诸业毕兴"⑧。山西商人云集城内,大量收购孟布。粮食交易位居第二。类似孟县人尚伦"三更归,仍助母纺织,每早赴市,卖线买花籴粮食,以供饘粥"的家庭比比皆是。"户口增而谷粜于他郡"⑨,部分粮食靠外地输入。再就是药材贸易。药材也是孟县市场的大宗商品。怀庆府所属各县,都盛产药材,以地黄、牛膝、菊花、山药最为著名,孟县出产地黄最多,东部农民靠种药为生。孟县清末城乡药店有50余家。较大的药店如广生堂药店,创建于清中叶,至民国初年,伙计30余人,门面房3间,仓库30多间,账房3间,门诊3间,经营药材品种达1000多味。进货来自汉口、山西、禹州等地,以货真价实取得信誉。三春荣药栈是1880年李雅三、毕春义、宋绍荣3人联合集资创办的,民国时期资金达30

---

① 康熙《孟县志》卷2《风俗》,第23页。
② 康熙《孟县志》,"序"第12页。
③ 乾隆《孟县志》卷4《田赋·物产》,第19页。
④ 乾隆《孟县志》卷4《田赋·物产》,第24—25页。
⑤ 乾隆《孟县志》卷4《田赋·物产》,第19页。
⑥ 乾隆《孟县志》卷4《田赋·物产》,第20页。
⑦ 民国《孟县志》卷8《社会·职业》,成文出版社,1976,第1069页。
⑧ 乾隆《孟县志》卷4《田赋·物产》,第20页。
⑨ 康熙《孟县志》卷2《风俗》,第23页。

余万元(银元),以主要经营名贵药材著称。除怀药地黄、牛膝、菊花、山药外,还有川货、西货、广货、东北货等,门类繁多,品种齐全。

孟县城内除林立的布店、花店、药铺、粮坊外,还有盐店、银楼、当铺、估衣店、杂货店以及染房、皮坊、油坊等手工业铺户。商业的发展需要有办理汇兑业务的机构。清道光初年,山西商人在孟县设立了大德恒、存义公票号①,此外还有专管兑换和存放货币的钱庄。孟县向外输出棉布、药材,从外省进口棉花、杂货、粮食。孟县人除务农外,大量出外经商,"北贾上党,西贾关中"②。据记载:乔必达"贸布山西"③;张朴田"业贾在城"④;李成富"往南召经商"⑤;范飞亭"经商于卢氏"⑥;张继行经商汴京,"尝贸易汉阳"⑦;赵金福在阌乡城开设京货行福玉山号⑧;还有人"赴山东、湖广等处转买"⑨,这些土著商人主要经营孟布和药材。孟县商人独资在北京宣武门外大街路西,建立孟县会馆。⑩可见孟县商人的活动范围很广。孟县城内以晋商为多,主要经营布、铁、皮货、盐、粮食等贸易。清乾隆十三年(1748年)晋商祁永兴等在城东北重修关帝庙,于城外购地与关帝庙旁边的增福寺换地,扩大地面,建立了山西会馆。清嘉庆、道光年间,山西商人又集资重修山西会馆。山西商人在经营活动中赚取的商业利润,主要部分投资于票号、钱庄、当铺,部分用于自己享乐消费。直到清朝末年,才出现布商号同兴公等投资生产领域。⑪

清末117家商号布列孟县城内街道两旁,较为有名的有花店6家、土布店8家、药铺8家、粮行16家、票号3家、当铺3家、饭馆7家、货栈3家。1934年,城内商号已增至470多家,著名的有华丰元、利丰号、活顺昌、广生堂、天保堂、太和裕、豫丰益等。⑫

---

① 陈其田:《山西票庄考略》,商务印书馆,1937,第104页。
② 康熙《孟县志》卷2《风俗》,第23页。
③ 乾隆《孟县志》卷6《人物·孝义》,第37页。
④ 乾隆《孟县志》卷6《人物·孝义》,第34页。
⑤ 民国《孟县志》卷7《人物》,第28页。
⑥ 民国《孟县志》卷7《人物》,第30页。
⑦ 乾隆《孟县志》卷6《人物·孝义》,第29页。
⑧ 民国《新修阌乡县志》卷4《实业》,第4页。
⑨ 乾隆《孟县志》卷4《田赋·物产》,第20页。
⑩ 李虹若:《朝市丛载》卷3,杨华整理点校,北京古籍出版社,1995,第47页。
⑪ 邓亦兵:《清代孟县经济的演变》,《经济经纬》1987年第4期。
⑫ 王兴亚:《河南商帮》,黄山书社,2007,第147页。

(三) 温县的商业

温县商业发展历史悠久,在春秋战国时期就很繁荣,但自唐以后渐衰,商业店铺主要集中在少数集镇和黄河渡口。清末,店铺布列城内街道,行栈林立。便利的交通、丰富的资源,吸引着山西、陕西等外地客商前来经营。本地商人不满足于在本地的经营,将视野扩大到江南经济发达的地区和各大都会,多到郑州、开封、西安、老河口、界首、蚌埠、漯河等商埠开店经商,将怀庆所产货物源源不断地运往于江海各埠。

1935 年前后,温县境内有商户 400 余家,分布在各主要集镇和渡口。经营门店有怀药行、粮食坊、饭店、杂货铺、布匹百货铺、棉花铺、棺材估衣铺、皮货铺、铁货铺、书店、纸货铺、灯笼铺、肉店、盐店、中西药铺、菜店、烟草铺、理发铺、白铁铺、煤场、车马场和鸦片烟馆等。主要行业有:

六陈行。温县粮坊有 70 余家,多为小本经营,年交易额约 225 万斤。最盛者为赵堡镇,有粮食坊 20 余家,大的称为粮行,小的称为粮食坊,多为富户把持。

棉纺织业。温县自产棉花、粗纱、土布,生产者除自用外,亦在本县境内销售和运往山西等地,绸缎、洋布经营多采自沪、汉和山东潍县等地,棉纱主要购自汲县。全县共有布匹店 30 余家,棉店 20 余家。温县的棉纺织业比较发达。早在明万历年间,"温产惟木棉为多,民间纺织无问男女,每集蚩氓抱布而贸者满市。远商来货,累千累百,指日而足。贫民赋役全赖于是,亦勤织之一验也"①。清乾隆年间,温县妇女"依纺织为生,机杼之声彻夜"②。清末民初,温县棉布业达到了前所未有的程度,"其出产之地、销行之广,则以棉布为最"③。温县"绝长补短,仅五十里","物产无多",只有"棉花、布匹可以集商贾而通财货"。④ 温境"人稠地狭,故营商者多贩土布于山西绛州等处"⑤。

日用杂货业。温县的日用杂货以煤油、火柴为大宗,在郑、汴一带购货。日用杂货均系外地产品,纸张多系毛边纸、连史纸,全县有店铺约 50 家。温县全县有盐店近 10 家,销售多为长芦海盐,含杂质甚多。少量从山西运城贩进

---

① 万历《温县志》卷 1《集市》,温县地方志编辑委员会,2014,点校本,第 26 页。
② 乾隆《温县志》卷 6《地理志下·风俗》,收入《温县志》(合订本),2016,第 333 页。
③ 民国《温县志稿》卷 3《民政志·实业》,光明日报出版社,1986,校订本,第 50 页。
④ 乾隆《温县志》卷 6《地理志下·物产》,收入《温县志》(合订本),2016,第 336 页。
⑤ 民国《温县志稿》卷 3《民政志·风俗》,光明日报出版社,1986,校订本,第 46 页。

池盐。沿黄河滩区地多盐碱,农民以盐碱土为原料,提炼小盐,在市场上出售或换取实物。①

怀药贸易。温县的怀药贸易发达。温县特产怀药,是山药、地黄的中心产区。牛膝产于温县之东北部,菊花产于北部沿沁河一带,从而成为怀药贸易的基础,是温县出口商品之大宗。温县人在外地经商者甚多,设有不少怀货庄。清末,温县有怀药货行42家。城内怀德堂药店,是清咸丰元年(1851年)博爱张茹村人开设的,经营中草药600余种。1915年温县有药商21家。1920年开设的保和堂药店,经营中药800余种,自制多种丸、散、膏药出售。同仁堂药店,经营药材600余种。1923年温县人张子杰联合沁阳、济源、孟县、武陟、温县大药商成立怀药股份有限公司,集股资金银洋百万元之巨,经销地黄13,600篓、山药9150件、牛膝1730件、菊花1050件,纳税额17,871千文(清代钱币单位为文,1千文为1串,也称为1贯),折银洋约1万元。民国九年(1920年)的《大中华河南省地理志》曾记载:民国时期,温县"经商以地黄、山药为大商,约有七八家,在上海、汉口、香港各市设庄,县内地窄人稠,男子在城市镇经商者约五分之一"②。

对于温县的商业,民国二十二年(1933年)《温县志稿》卷三《民政志·风俗》曾概括曰:"商,旧志载:商多贩杂粮于大河南北,以资本地。按:温境人稠地狭,故营商者多贩土布于山西绛州等处,并运山药、地黄于江河各埠。此皆土产之特色,亦温人之利源也。其他各都会商店,无不有温人之迹。大抵资本家少,为人作嫁者多。非好为此也,实土地之产不足供人民之用,有以迫之耳。"③

(四)武陟的商业

武陟"背负太行,面揖黄河,沁水中流,广武南峙,地势旷衍,盖亦覃怀望邑焉"④。武陟县商业发展较早。"邑有黄河经其南,沁河绕其北,通舟楫,便商贾,可不谓百姓之利哉!"⑤明代,武陟县城和木栾店及其他集镇的市面日益繁荣。明正德十三年(1518年)《怀庆府志》记载:明正德年间,武陟县有坊郭集、虹桥集、宋郭集、圪垱店集、木栾店集"镇集"五处,而且"每月十五集"。⑥ 而截

---

① 《温县志》编纂委员会编《温县志》,光明日报出版社,1991,第406页。
② 林传甲:《大中华河南省地理志》第113章《温县》,武学书馆,1920。
③ 民国《温县志稿》卷3《民政志·风俗》,光明日报出版社,1986,校订本,第46页。
④ 万历《武陟县志》卷2《地理志》,第11页。
⑤ 万历《武陟县志》卷2《地理志》,第16页。
⑥ 正德《怀庆府志》卷3《镇集》,第3页。

至明万历年间,武陟的集市共有木栾店、圪垱店、大司马、小司马、宁郭驲、渠下、毡家店以及邸郜等八处。①

清代,山西、河北、辽宁、浙江、宁波等地的商人来木栾店开店经商。清雍正年间山西商人涌进木栾店经营,修建了山西会馆(图2-2为武陟山西会馆钟楼);清乾隆年间,修建了山西会馆九龙壁(图2-3)。

图2-2　武陟山西会馆钟楼

图2-3　武陟山西会馆九龙壁

---

① 万历《武陟县志》卷2《建置志·诸集市》,第44页。

武陟的农副产品主要有棉花、四大怀药、畜产品、土杂品及水果等。棉花生产历史悠久，主要分布在黄河北岸及沁河两岸，民国八年（1919年）民族资本家鲁连城在木栾店建成成兴纱厂，棉纱远销上海、武汉、天津等地。木栾店的花店街，是棉花重要集散地。①

四大怀药的种植主要在武陟的西陶、大封、大虹桥一带，作为怀货行、怀药行主要的贸易商品，销汉口、香港等地。

正是由于市场繁荣、经济活跃，因而武陟的钱庄较多，武陟全县钱庄最多时有15家。民国十六年（1927年），武陟有文兴隆、同兴隆、恒盛、源聚成、宝泰裕、成兴永、恒义昌、同聚昌、绪源等钱庄。除办理存放款业务、开发庄票外，少数钱庄还发行钱票，从事兑换业务。民国二十五年（1936年），钱庄先后倒闭。② "木栾店市廛栉比，号称繁盛。入民国以来，虽因种种关系，较前稍逊，然在县境之中，尚推精华之区。主要商品，为土布、药材、洋货、绸缎等类，以药材店资本最巨，达二十余万元。每年总输出百万元，总输入九十万元。"③ 民国二十六年（1937年），木栾店有京货庄53户、杂货铺30户、药铺12户、棉花行11户、饭店22户、起火店25户、土布行20户、粮行4户、银楼3户、摊贩25户，还有照相、浴池、修表、刻字、成衣、轧面条、酱菜园、染房等行业商户共计280户。在坐商中，有福盛庆和祥顺公等商号。较大京货庄7户，每户约有商品50马车。棉花行户约存棉万斤以上。木栾店被称为豫北商都。

日军入侵时期，武陟的商业、手工业作坊遭到摧残，市场萧条。1938年10月，武陟坐商户仅有158户、摊贩102户。1940年，除织毛巾、打铁、榨油等业外，商户仅有40余户。1946年，国民党军队占据大集镇后，苛捐杂税繁多，加之通货膨胀，许多商店倒闭，木栾店原有杂货铺30户而仅剩2户，原有京货庄53户绝大多数倒闭，原有药铺12户仅剩4户；原有饭店、起火店47户仅有18户维持营业。1948年10月，武陟解放后，商业和服务行业逐步得到恢复和发展。1949年，木栾店已有杂货店58户、京货店21户、碎货店59户、颜料店20户、中西药铺15户、饭店40户、旅店20户、卖羊羚29户、卖猪肉10户、染房

---

① 武陟县地方史志编纂委员会编《武陟县志》，中州古籍出版社，1993，第334页。
② 武陟县地方史志编纂委员会编《武陟县志》，中州古籍出版社，1993，第357页。
③ 白眉初：《中华民国省区全志》第三册《鲁豫晋三省志·河南省志》，北京师范大学史地系，1925，第54页。

11户、油摊18户、粮行17户、土布行28户,还有摊贩、浴池、理发、缝纫、修理、烟房、照相等行业商户,共计467户。此外,武陟还有古徐店、二铺营、刘村、乔庙、南贾、圪垱店、谢旗营、辛杨豹峰、牛文庄、大虹桥、马营、蒯村、西陶、大封、李庄、大司马、小司马、小高、老田庵、小董、宁郭、高庄等22个集镇,有商店、饭店、货摊、粮行计1403家。其中杂货店最多,有367家;其次是饭店、旅社、理发、浴池、照相、修理等服务行业,共253家;再次有棉花行、粮行134家。①

(六)清化镇的商业

明清时期,怀庆府属县的镇集数量持续增加,至晚清已达70处,镇集商业日趋兴旺,临街店铺与从商人数日益增多。清化镇成为河南著名的商业重镇。

清化镇,"北阻太行,南环沁水,尤为河北隩区"②,周长7里90丈,"界连晋省,商贾云集,人烟稠密"③。清康熙七年(1668年)《大王庙创建戏楼碑记》(图2-4)曰:"清化为三晋咽喉,乃财货聚积之乡,凡商之自南而北者莫不居停于此。"④"覃怀清化镇……市民交集,商贾辐辏。"⑤清化镇,"据道清、清孟两路交接之地,以产竹器著名"⑥。"以西关最繁盛。谚云:'清化镇,五里长。'旅馆、税局皆在焉。……城内有沁阳县警察分所、保卫团分所、商事公断所、保晋公司、官硝官矿、百货厘金等税局。以产竹器著名,有豫立工场、竹器公司、河南商会等。"⑦"清化镇为山西泽路货物所集地,且土沃民富,百工尚勤。"⑧商业繁荣,商品经济发达。

---

① 武陟县地方史志编纂委员会编《武陟县志》,中州古籍出版社,1993,第317页。
② 清同治三年(1864年)《重筑清化镇城碑记》,藏于博爱县城内石佛寺。
③ 王凤生:《河北采风录》卷4《河内县水道图说》,清道光六年刻本,第15页。
④ 清康熙七年(1668年)《大王庙创建戏楼碑记》,藏于博爱县城内大王庙。
⑤ 清嘉庆二十一年(1816年)《重修南关城楼石碑记》,藏于博爱县博物馆。
⑥ 白眉初:《中华民国省区三志》第三册《鲁豫晋三省志·河南省志》,北京师范大学史地系,1925,第35页。
⑦ 白眉初:《中华民国省区三志》第三册《鲁豫晋三省志·河南省志》,北京师范大学史地系,1925,第68-69页。
⑧ 林传甲:《大中华河南省地理志》第四十七章《商业》,武学书馆,1920,第94页。

图 2-4　清康熙七年(1668 年)《大王庙创建戏楼碑记》

清化镇有东西大街、南北大街两条主街,并设立有南大集、北门集、东门集、西关集、东南门集 5 个集市,1941 年的《支那省别全志》曾记载,清化镇有坐商 130 余家,经营铁货的商号有 9 家,烟店 4 家,粮行 9 家,油房 4 家,木材店 5 家。竹货、鞭炮远销 10 几个省区。①

另据清化镇金龙四大王庙碑刻研究可知,明清时期的清化镇的商业,至少在明嘉靖至隆庆年间已拥有一定规模,集镇上至少有五六百家商户。但由于明末的战乱,清化镇的商业遭受沉重打击,清康熙、雍正、乾隆年间,清化镇的商业处于恢复和缓慢发展状态,商人实力逐渐增强,商号数量逐渐增多,商人的经营也逐渐专业化,行业逐渐清晰。但总体而言,清化镇的商业发展是在较低程度上运行。清道光、咸丰、同治年间,清化镇的商业得到了较快的发展,商号的数量明显增加,商业行业增多,并出现了商业行会,呈现出商业繁荣景象。

---

① 支那省别全志刊行会:《支那省别全志》第 8 卷《河南省》,东亚同文会,1941,第 84-87 页。

如清咸丰三年（1853年）、清咸丰九年（1859年）清化镇众商倡率募化重修金龙四大王庙，捐资者有名姓的共有366位，另还有隍庙马班和不知名姓的复兴清店的诸位客商。以"店""号""记""坊"为标记以及商号的共同特征来统计商号，有327家。清化镇可谓店铺林立。从商号名称体现的行业来看，清化镇的商业行业计有23种，即典当铺（2家）、帽店（2家）、衣店（5家）、盐店（1家）、纸行（2家）、钉店（3家）、酒店酒铺（5家）、枣店（3家）、茶店（2家）、席铺（1家）、油房（2家）、蜡铺（2家）、布铺（4家）、铁货行（1家）、粮行（1家）、门神店（2家）、鞋铺（2家）、炉店（6家）、烟袋铺（2家）、芝麻坊（2家）、锡铺（1家）、醋铺（1家）、钱店（1家）；从经营的行业来看主要是日用百货，主要是杂货行。清化镇商业可谓百业俱全。①

清化商业贸易大体可分八大类：第一大类是粮食业。清化镇有粮行一百多家，分布在五关及九街后十字口，日上市粮食1000多石，大部来自山西和河南信阳。山西的粮食多是杂粮，如玉米、绿豆、小米、高粱等，来自信阳的主要是大米、芝麻，还有郑州的小麦，这些粮食多销至原阳、延津、封丘地区以及河北、山东等地。清化镇是粮食的中转市场，驮队和车辆络驿不绝，一摆就是几里长。第二大类是烟叶。清化镇是烟草产地，每年产的烟叶达200多万斤，都要加工成水烟和小烟（即旱烟）运销出去。清化镇有烟作坊30余家，制烟工人达2000余人，生产的水烟和小烟多销至山东、山西、河北、绥远等地。在烟行业中比较著名的有伯兴源、兴盛长、明盛公、百顺泉、运来合、方盛长、恒一德、鸿太昌、常泰源等。他们的烟草制品，各走一路，各销一方，各闯品牌。第三大类是药材业。主要是四大怀药。清化镇年种植怀药一万多亩，产量数百万斤，经过加工，包装外运。经营怀药的有刘村的协盛全、坞庄的杜盛兴，他们的分店遍及全国各地。第四大类是竹业。清化镇的西部有竹林12,000多亩，年产竹子达1000多万斤，用以加工成竹篮、竹帘、竹爬、竹篓、竹筐、竹桌、竹椅等，销至山东、山西、河北、豫北等地区。第五大类是炮扇业。城内二街、三街有炮扇作坊100多家，春夏生产扇子，秋冬生产花炮。比较有名的有三街的赵公兴、孙长盛、赵镇以及二街的路悦来、路元来和四街的路同泰等。他们生产的

---

① 程峰、任勤：《明清时期河南清化镇的商业——基于清化镇金龙四大王庙碑刻资料为中心的考察》，《焦作师范高等专科学校学报》2012年第4期。

花炮和纸扇多销至河北、山西、北京和天津等地。尤其著名的是四街路同泰的油纸扇、苗全义的彩箍扇。后来这些扇子转移到侯山村生产,年产量达数十万把。第六大类是丝绸业。清化镇西北二里处有七方村,家家户户缫丝织绸。清化过去为桑麻之乡,植桑养蚕、种麻纺绳者颇多。仅七方村就有丝作坊60多家,织绸工人达500多人,其产品有小绸、软缎、黄绫等,多销至山西和附近县域,享有"七方丝绸赛苏杭"之美名。第七大类是粉业。清化镇有粉坊39家,比较著名的有杜老五、蔡允迪、王九香、王在均等。生产的粉皮、粉条等都是纯绿豆加工的,质量好,销路广,多运至山西、河北等地销售。第八大类是饮食服务业。清化城内饮食行业较多,除有名的增福轩、四合楼饭庄外,多为地方风味小吃。这些小吃具有地方特点,清洁卫生,味道鲜美。其中比较有名的有西关小车牛肉、大十字老架卤肉、老马的烧羊肉、贾氏的卤鸡、塌鼻的烧饼、老江的油馅火烧、十街的江米苹果、王婆的浆面,都别具特色。

当然,清化的商业远不止这些,还有布匹、干果、海鲜、杂货、铁货、煤油、食盐、碱面、油类等多种,均为人民生活的必需品。清化是商品集散地,也是商品销售中心,每天都有许多商品运来这里销售,也有许多商品从这里发运出去,到山西的东南、怀庆府的温县、孟县、济源,豫北的原阳、延津、封丘等地进行销售。其数量之大、种类之多,在全省来讲也是名列前茅的,清化镇不愧为河南的商业名镇。

此外,清化镇西北的许良镇有大大小小商店数十家,除经营竹货外,还有粮食、杂货、土特产等。郑州大学王兴亚教授在《明清河南集市庙会会馆》记载:"河内县清化镇有四省会馆。清化镇是清代河南的名镇。由于本地产斑竹和云竹,竹器质量好,用途广,远销山西、河北和河南各地,清代四省客商纷纷在此采购,并且联合捐资建造了四省会馆。"①来自秦、晋、鲁、豫四省的商人在此集资创建了四省会馆,以利于贸易进行。据说,四省会馆建立于清乾隆年间,是由山西临汾、泽州、潞安等商人共同集资修建的,其规模较大,占地10余亩。会馆前院有正门、舞楼、大殿,为大王庙。后院有配房、大楼和寓室、仓房等。每年农历二月初二,会馆要请戏演唱,一唱就是半个月,一切花费均由会馆支付。后院是晋商驻地,山西商人在许良的有很多,而且多数是流动商人,

---

① 王兴亚:《明清河南集市庙会会馆》,中州古籍出版社,1998,第215页。

他们来这里卖货,卖完货,捎上货就走。这些商人多数住在会馆里。有时,货物卖不了,还可以放在会馆,这都极大地方便了商人的经营。

(三)木栾店的商业

武陟的木栾店(后改为木城)为商业重镇,与武陟老县城(现已拆迁不存)隔沁河相望,南濒黄河,北倚太行,西邻沁水,水陆交通,百货屯集,是怀药集散中心,所以商旅云集,店铺栉比,又是山西之南来、川峡之北往的必经之地,故有"豫北商都"之称。民国《武陟县志》曾记载:"怀庆素称商国,武陟木栾店尤为一大都会,水陆交通,百货屯集,而邑人由商起家,集资巨万者,颇不乏人。"①清道光、咸丰之后,沁流淤垫,黄河商船不能上驶,水埠遂移于赵庄。而至清光绪、宣统年间,道清、京汉两路相继告成,赵庄码头因之日衰,木栾店的商业也江河日下,但习俗所渐,其货运之怀属各邑者,仍以此处为枢纽。②

木栾店的商业中心先在西大街,后移至南大街、东大街,坐商250户,内有7户较大京货庄,每户平均有50大马车货物,尤其是武安、涉县人氏开设的福盛庆和祥顺公两大绸缎庄,资金数万元,货销怀属各邑,新乡、禹州也在此进货。王家花行常存棉万斤以上,而木栾店西端开设有成兴纱厂,资本百万元,机器精巧,乃为武陟之冠。王李庄的皮货也甚为有名,共30余户300余人,年产皮袄万身以上。四大怀药为怀属特产,尤以武陟为独优,共31户,远销汉口、上海、天津、香港等地。经营织袜、毛巾、棉布者甚众,小商小贩不计其数。

木栾店九月贸易交流大会更为人所乐道,会期月余,届时到会外商有天津、北京、高阳、济南、周村、汉口等地的。京广货30户,碎货20户,最大的商户能运各色洋布5000尺,苏、杭两地的绸缎庄10余户,西口外、北口外、顺德、长治皮货商20余户,药材有山货、南货,仅禹州药商就来28户,这些商户在贸易交流大会上主要是批发,不零售,赊账到十月二十日。这期间运货不断,至腊月才结账回去。豫北各县较大商号均来赶会买卖货物,"会期出售洋布四千余匹"。加上有名的杂技、马戏、说唱助兴,人山人海,通宵不绝。会址于东大街、坊街、南大街向南延伸到南门外沁河滩,过沁河桥向西到县城关和城内,长达四五里。

---

① 民国《续武陟县志》卷6《食货志》,成文出版社,1968,第248页。
② 民国《续武陟县志》卷6《食货志》,成文出版社,1968,第248页。

木栾店的主要商号有东大街的福盛庆、祥顺公绸缎庄,协盛合酱菜园,源开泰药庄,三盛义、三盛永布庄,王家钱庄(王高丰)、美浮石油经销处,等;南大街有源盛公布庄、成兴永杂货庄(鲁家)、义兴成杂货庄、德懋祥药材庄、信元和药铺药材庄、成兴永钱庄(鲁家)、浍川蜡店(王家)、崔元坤酱菜园、商办盐店等;花店街有同义花店;坊街有公合粮坊;菜市街有东义和酱菜园;东门里有和顺东回民酱菜园;西大街有天兴和油坊(山西人);西滩有成兴纱厂(鲁家);沁河大堤上,自西门往南,有客店20余家;街内有骡马店四五家,如芦家店、王家店等,专供车马停留。

木栾店虽是弹丸之地,但地当黄、沁之冲,又是油茶之乡,四大怀药驰名中外,向有"只知木栾店,不知武陟县"之说。但到民国年间,军阀割据,战争连绵,水旱灾害频仍,经商者惶惶不可终日,尤其在民国十八年(1929年)五月十八日和民国二十五年(1936年)二月十八日,两次遭官匪洗劫,商家大都破产,从此木栾店商业一落千丈,大非昔比。

1948年10月,武陟第四次解放,从此木栾店获得新生,百业俱兴,并有了迅猛的发展,很快就恢复元气,楼房栉比,烟囱林立,辖区较前已大大扩展,成为武陟的政治、文化、工商业中心。① 据1949年商业行户调查显示,木栾店市场有杂货店58户,商号为东义和、祥记、振兴号、周庆合、复兴永、袁记、德记号、茂记、万生号、永茂昌、德义祥、义兴合、义泰成、文记号、恒泰号、仁记、德兴成、五丰号、福庆长、成记、复兴恒、义合功、复义长、德义隆、玉泰合、贵和号、合记、同和兴、三泰昌、文义成、瑞昌永、义和祥、和丰、顺兴号等;中药店铺10户,商号为德兴成、同昌久、德懋祥、同仁堂、德和堂、福盛堂、长春堂、天德堂、同瑞恒、太和春;饭店有40户,商号为长盛号、玉盛、风记、顺记、德记、瑞记、全喜、大盛、人民、宝记、仁义、五川、三兴、荣升、文明、一分利、通顺、志胜永、元胜、德兴、文盛、杏记、泉记、文记、老五、全记、四喜、三义、王家、福太、宽大、振兴、醉月、复兴、统一、新盛、如意、成记、成兴等;旅店有20户,商号为民生店、庆盛店、凭心店、大北店、程春堂、春兴店、长兴店、顺兴店、赵家、泉兴店、中州店、元成店、顺通、德义、风祥、光清店、义合春、大全店、胜复轩、林兴店;粮行有17户,商号为隆升坊、荣盛坊、六合坊、同聚坊、全盛坊、复庆坊、全记坊、一本坊、

---

① 侯滋寅主编《武陟商业志》,河南省武陟县商业局《商业志》编纂室,1984,第9-10页。

天合坊、隆太坊、公合坊、三义坊、鸿盛坊、祥盛坊、仁义坊、义记坊、德兴成；土布有28户，商号为通成、远大、永昌、同茂和、泰记、俊记、合记等；银货有10户，商号为福盛楼、贵花楼、文兴楼、德盛楼、祥盛楼、九和楼、天宝楼、双合楼、共合楼等；西药有5户，商号为慈爱医院、济民诊所、宏兴药社、宏大医院、民生诊所；染房有11户，商号为俊兴、同兴、长记、义盛、盈川、福顺成、三义涌、万顺、万泉涌、德义涌、裕盛涌。此外，木栾店还有油摊18户，青菜3户，京货21户，粉菜10户，碎货59户，颜料20户，羊肉29户，盐行9户，花生摊13户，小烟17户，毛巾34户，肉架10户，织帽2户，澡堂2户，理发4户，缝纫3户，修理4户，烟房2户，石刻3户，照相3户，油房1户，铁货2户，铜货6户。①

频繁的商品交易，使各地集市生机勃勃，日日集、间日集的集市持续增多。温县万历年间日集5处，民国初年增至15处。日日、间日或三日、五日一集，相互交错。清末，孟县有24个集镇，共有店铺537家，其中粮行174家，杂货铺82家，丝绸铺19家，布店13家，药铺57家，大饭馆5家。② 孟县野戌镇，古为河阳县城，有条便道直通山西，路上推车担贩，络绎不绝。明中期以后，这里集市日益兴旺发达，清末已是县内棉花交易的最大市场。集市兴旺的同时，庙会此伏彼起。据统计，孟县一年之内，城乡庙会有350个，温县庙会200余个。有的在集镇所在地，有的则在非集镇地方的村落，一年一次，或一年数次，会期多为一天，有的长达一个月。祭神、娱乐与商品贸易并举，吸引着四面八方的客商，庙会交易的货物以及赶会的人数比同期集市贸易要多得多。各县都出现了一批赶会人次数万、十几万以至数十万的盛会。如武陟县城隍庙会，始于明洪武初年，十月二十日正会，会期10天。庙会上有大戏演出，十月十七日五更开戏，一直唱到子夜，连唱7天，到二十三日才结束。此外，还有猴戏、杂耍等点缀。商贾云集，百货杂处。苏杭绸缎、京广杂货、清化竹器、骡马牛羊、地方小吃，形形色色，五花八门。北京、天津、哈尔滨、济南、上海、汉口、苏州、杭州等城市商贾与豫北各地商贾云集。赶会人数数以万计，挤满大街小巷，一直到沁河滩，到木栾店。正月初一起会的博爱圪圪坡孙真人庙会，会期15天，与会的府属8县人数达到数万之众。二月初二，清化七方五祖院庙会，江南丝

---

① 侯滋寅主编《武陟商业志》，河南省武陟县商业局《商业志》编纂室，1984，第13-17页。
② 王兴亚：《河南商帮》，黄山书社，2007，第147页。

局、山西铁货云集,赶会人数数万。温县城关三月三会、三月十八会,以及三月十五赵堡乡二仙庙会都是赶会人数达四五万人的庙会。以城镇店铺、集市庙会相结合的贸易网络,为怀庆城乡注入了生机活力。①

第二节　怀庆商人的经营

商人的兴起须经历一个漫长的发展衍变过程,伴随着商品流通的产生而产生,伴随着社会经济的发展而发展。怀庆府有着素称发达的农工商业,明中叶以来,城乡商品贸易相当活跃。在所属城镇集市上,有来自本地出售粮食的农民,有药农、花农、竹农,有亦工亦商的小手工业者,有本地小商小贩,还有本地土生土长专门从事商品贸易的商人,以及有来自山西、陕西、河北、山东等地的外省商人。

怀庆商人与其他商人一样分为行商、坐商,但与山西、陕西、山东等地商人相比,不同的是,那些商人走进市场时,从事什么经营,事先多不大明确,是在市场上观察行情,寻求目标,选择确定自己的经营项目;而来自怀庆府的商人,则是带着本地的产品走进市场,以推销怀药、铁货、布匹、水烟、竹器为目标。如果说他们进入市场后也有选择的话,那就是要选择最适合怀庆商品销售的市场。再者,怀庆商人的起家多是在本地,而后向外扩大,在外地设立商号或分号。

明代时,甚至在唐宋时期,怀庆府一些商人为经销怀药而奔走各地,而至清代,怀庆府的商品经济持续发展,药材、铁货、棉花、竹子与竹器以及烟叶成为怀庆城乡市场贸易中的重要货物。随着怀庆商人人数的增多,以及从商经验的积累,他们逐渐确定了自己的经营项目。怀庆商人经营商品的特点,首先是以怀庆府农产品为主,其次是利用便利的交通从事转运贸易。怀庆药商是怀庆商人的主体,此外,尚有铁货商、棉花商、布商、竹商、烟商以及粮商、杂货商等等。

---

① 王兴亚:《河南商帮》,黄山书社,2007,第148-149页。

一、药材贸易

俗话说"打了铁,卖了药,什么生意都不用做"。这是多少年来怀庆人从商经验的总结。这一经验告诉人们,做生意赚钱,什么生意都不如打铁和卖药,它的依据就是铁业和药业风险小,投资少,利润高。怀庆商人经营的主要项目正是药材和铁器。

怀庆人选择经营药材主要的因素在于怀庆府是四大怀药的产地。怀庆府盛产中草药,以地黄、牛膝、山药、菊花等为代表,因质地纯正、疗效独到,备受世人关注,颇受医家称道,享有盛誉,有"华药"之美称。该地区北倚太行,南濒黄河,沁河、丹河贯流其间,全境为黄河、沁河冲积平原,气候非常适宜地黄、牛膝、山药等蓄根类药材的生长。独特的土壤、阳光、水、气候等自然条件,赋予了四大怀药独特的外观、质地和神奇的保健功效。四大怀药,各具特点,为他处所不及,所以,在药材市场上的销售甚好。而农家看到种植药材比种植五谷更能获利,因而种植者甚广,有"十倍五谷"①之说。"河朔地多肥美,其近于沁济间者尤宜于药草。鹜利之徒遂舍谷稼而专植他物。"②

四大怀药这一得天独厚的资源,是大自然对怀庆人的赐予,也是上天赐给怀庆商人施展才华的最好机遇。怀庆商人将经营怀药作为首选行业也是自然而然的事。在此从事怀药经营的,不仅有当地为数众多的药农,他们将自己生产的药材拿到集市上出售;还有当地专门从事怀药营销的商人。由他们组成的怀庆药商,逐渐形成一个庞大的群体,成为怀商的主体,成为怀商的中坚力量。

明清时期,商品经济繁荣,怀药贸易发达。明初,在怀庆府经营药材者日渐增多,中药材开始挤入城乡集市和庙会,占据着一定的商业份额。明末,怀庆府药材行栈林立,中药店铺遍地,积极进行怀药贸易。到了清代中期,府城河内的中药材市场走向鼎盛,从而成为全国著名的中药材集散地之一。

怀商常年奔波全国各地,运销四大怀药。怀商在武汉新安街占居有药帮一巷、药帮二巷、药帮三巷、药帮大巷、怀安里等地盘,生意兴隆。清同治年间,

---

① 王凤生:《河北采风录》卷4《河内县水道图说》,清道光六年刻本,第14页。
② 道光《武陟县志》卷11《物产志》,成文出版社,1976,第498页。

怀商设在天津的商号有同德药行、协盛全、杜盛兴、新复兴等药材行栈，专营四大怀药。清康熙二十五年（1686年），怀商将怀药打入禹州市场。同仁堂、屈同仁、协盛全等怀药商号相继开业，怀庆药商又于清同治十一年（1872年）三月，不惜巨额投资兴建怀庆会馆。辉县百泉的药材大会，每年四月初八开始，南北药商云集于此。怀庆药商利用怀药的经营左右市场，成为主要药商。从购入药材苗到收购、贩运，以至设庄炮制、中药出售的过程，几乎都有怀庆药商参与其中。在温县，"富商大贾……设庄收买，不下十数家，交易繁盛，为他县所不及"①。设在河内、温县的保和堂中药铺，就是怀庆药商设立时间较长的店铺。而清化镇的协盛全、杜盛兴则是享誉全国的药商。

二、铁货贸易

怀庆商人选择铁货，则是由于铁货行业利润很高。当时的农家，从主要生产工具铁犁、铁铧、锄、镰刀、铁锨等到日常生活用具铁锅、铁盆、铁勺等都是用铁制作的，经营铁货有广阔的市场。

由于铁货在民间使用极为普遍，铁货业遂成为各地一个主要行业，为商家所关注。在怀庆商人中，铁货商数量仅次于药商。其经营形式，或设炉铸造打造，或设店销售。怀庆府属各县均有，主要是河内与武陟两县。清乾隆年间，怀庆府铁货业已有相当规模，在府城以及所属8个县城乡有着相当数量的业铁商家。他们自产自销，自创品牌。（图2-5为怀庆府益兴号铁犁铧、图2-6为泰顺裕号购货票）清同治年间，清化镇的泰顺商号遂成为怀庆铁货商中最大的商家。

图2-5 怀庆府益兴号铁犁铧

---

① 民国《温县志稿》卷3《民政志·实业·商业》，温县地方志编纂委员会，1986，校订本，第50页。

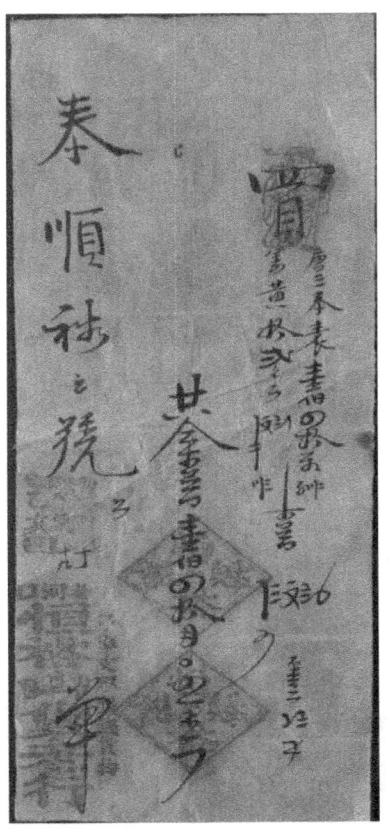

图 2-6　泰顺裕号购货票

（何世国提供）

　　泰顺商号是以经营铁货为主的杂货商号,其创始人是清初河内博爱寨卜昌王来贡,故民间称其商号为"王泰顺"。起初,王来贡以肩挑车推到山西阳城贩卖铁锅,摆摊推销,后在清化开店设铺。历经四代人努力,商号在嘉庆时进入鼎盛,由本地发展到外省,店铺遍及晋、冀、鲁、豫、苏、皖及辽东半岛,商号多至 200 余处,王家家中土地增至 4800 亩,骡马 700 余头,房屋 1500 余间,从而成为清化富商。(图 2-7 为泰顺商号的经营里程图、图 2-8 为泰顺商号的鎏金匾额)

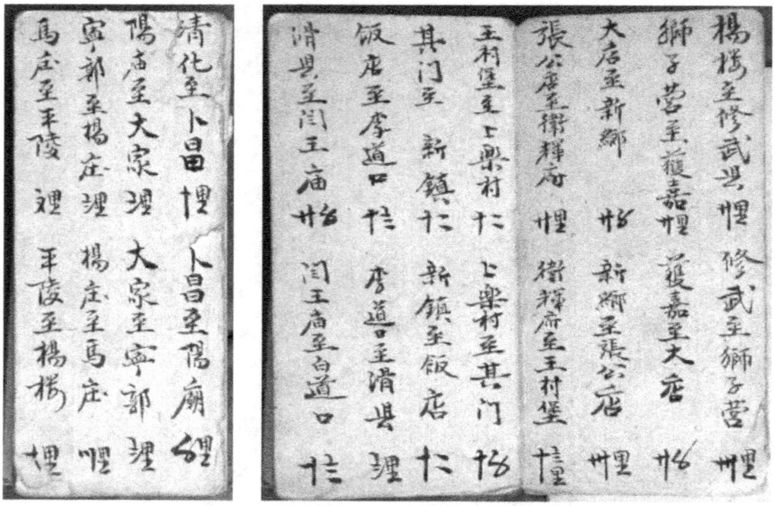

图 2-7　寨卜昌王泰顺商号经营里程图
（何世国提供）

图 2-8　清光绪年间王泰顺商号的鎏金匾额

南阳亦称宛城。早在春秋时期，这里的市场就开始形成。汉代这里曾经以商天下，富冠海内，吸引着国内著名的富商大贾。清道光十三年（1833 年），怀庆商人来到南阳经营铁货。他们不辞劳苦，以肩挑车推将铁货从鲁山、南召等地运至南阳。先是摆摊推销，后开设铁货铺，生意看好，因此来此经营的人越来越多，尔后，这些商人便在南阳落户，即由行商变为坐商，设立门面。怀庆人随着在此经营的商家增多,逐渐在南阳市场上成为一个帮口。清光绪五年(1879年),在南阳城内经营铁货业的怀庆铁货帮,正式组建铁业同业公会。为了维护自己的利益,共同对外,制定了自己的帮规。到清光绪二十六年(1900年),东关大义勇,南关德茂久、成宣瑞,即为怀庆商人开设的店业。在这里的从业人员35人,平均每店12人。其资金达2万元(银元),年进货总值4.5万元,年销售额为6万元。后来,随着交通发展,商品流通渠道畅通,铁货业所经营的范围也在扩大,铁丝、铁钉与铁锅等进货主要来自汉口,商号增至5家,从业人数达110人。成宣瑞、德茂久都以批发为主,零售为辅,年销售额由6万元增为21万元。铁货销向内乡、镇平和西峡口、淅川一带。

三、布匹贸易

棉花商与棉布商是怀庆商人的重要组成部分。在明代中后期,温县的棉花与棉布市场就十分活跃。温县"营商者多贩土布于山西绛州等处"①。

孟县棉纺织业发达,"物则棉花,货则白布","纺织一项实为生民养命之源","通邑男妇,唯赖纺织营生糊口"。正是由于棉纺织业发达,尽管"县西北坡,颇产棉花",然"究属不敷,尚赖直隶、山东、湖广"以及河南其他州府的棉花支持。孟县所产棉布,人称"孟布",据称步幅宽长、密织,可以挡雨,因此名扬省内外。② 孟县成为著名的商品布产区之后,"每日城镇市集收布特多,车马辐辏,廛市填咽"③,"往者秦晋一荒,孟民亡逃,盖白布不行之所致也"④。明代,陕西商人为了宁夏镇、固原镇、甘肃等地军用棉布的需要,曾远赴江南收购棉布。清代,怀庆府地区出现商品布产区,西北地区军需布匹逐渐转移北方市场,怀庆布商顶替了山陕商人向西北转贩布匹。

武陟巨商鲁连城,"创设纱厂,资本巨万,机器精巧,为武陟商界开一新纪元"⑤。郑州,自清末铁路开通后迅速发展成为商埠。德化街、大同路尤为商家所关注。1930年,孟县人李廷贤在德化街开设义永长绸布店,有门面房4

---

① 民国《温县志稿》卷3《民政志·风俗》,温县地方志编纂委员会,1986,校订本,第46页。
② 乾隆《孟县志》卷4《田赋·附物产》,第19页。
③ 乾隆《孟县志》卷4《田赋·附物产》,第20页。
④ 康熙《孟县志》,"序"第12页。
⑤ 民国《续武陟县志》卷6《食货志》,成文出版社,1968,第249页。

间,楼房 11 间,资金上万元,雇员 2 人,他的四弟李廷选、五弟李廷忠,也在郑州设立 2 个布摊卖布。1934 年,李廷贤的绸布店与其四弟李廷选、五弟李廷忠的 2 个布摊合并,以义永长为基地,办起了较前规模大的绸布店,将商号定名为"三义长"。"三义长"由李廷贤任经理,雇员 4 人,经营档次较高的绸缎、呢绒和洋布,品种以多取胜,由零售转向批发。由于有自己的特色,日营业额在 5000 元上下。

棉布除郑州产的各种土布外,还有不少洋布。当时,英、法、德、日在郑州均设有领事机构、洋行等,洋布以英国产居多,如太太西缎、色羽缎、花羽缎、本色标布;日本产三春白市布、三仪白市布、世乐鸟市布。绸缎全是国产货,如八丝缎、五色绩、宁绸以及省内的鲁山绸、南阳绸等。呢绒国产的只有毛哔叽、羽绩,绝大多数是英国的礼服呢、毛华达呢、克罗丁、托丝锦等。

四、粮食贸易

黄河以北的怀庆、卫辉、彰德三府是河南重要的产粮区,河南全省漕粮的大部分都出在这里。清雍正年间,河南巡抚田文镜奏报说:"通省之漕米悉取资于三府地方,而三府之民不但办纳本身户下之漕,又且代办河南各府州县之漕,而漕始偏累于一方矣。"①

当时全国重要的运粮路线,有两条与怀庆府有关。一条是"由江淮溯河(指运河)而北,聚集豫省之河南、怀庆二府。由怀庆之清化镇进太行山口,运入山西。由河南府之三门砥柱运入潼关"②。另一条是由河南运往山东临清。临清州"为四方辐辏之区,地产麦谷不敷用,犹取资于商贩,从卫河泛舟东下者豫省为多"③,年亦不下数百万石。处于运粮路线上的怀庆粮商,有的以囤积粮食获利。"豫省地广民庶,素封之家常喜储藏米谷,以收居奇之利。"④有的外出转贩,他们利用直隶、山东、河南三省丰歉、粮食需求和价格不同,从中取利。清乾隆九年(1744 年),直隶收成歉薄而河南丰稔,"商贩趋利如鹜,自南

---

① 雍正《河南通志》卷 25《漕运》,第 57 页。
② 朱轼:《轺车杂录》下《康熙六十年序》,清光绪二十三年重刻本。
③ 乾隆《临清直隶州志》卷 2《建置》,第 35 页。
④ 嵇璜、刘墉:《清通典》卷 13《食货》,清乾隆五十二年刻本,第 12 页。

往北,连墙不绝"①。清乾隆十年(1745年),"直隶、豫、东三省粮价无甚低昂,商贩获利无几,往来者少"②。清乾隆十一年(1746年),河南歉收,又有商人将外省粮食运入河南。③ 怀庆府的属县温县"商多贩杂粮于大河东南,以资本地"④。河内县,"凡磨出麦麸香末等物,大半行贩晋省,颇资利用"⑤。"麦为北方食料上品,大河南北业麦商于京津者甚多",武陟"麦亦与焉"。⑥ 武陟的麦商"于京津者"同样"甚多"。

怀庆府的粮食市场历史悠久,数量较多,大多分布在清化、许良、柏山等地,其中最大的粮食市场是清化镇,约有大小粮行70余家。在粮行经营中,取利的方式是收佣钱、收杂粮、囤粮、放青等。收佣钱是在籴粜成交后,按交易价钱,买卖双方交佣金2.5%。收杂粮是指成交过斗时的落地杂粮,这归粮行所有。囤粮是粮行低价收买落市粮,旺市时拿出来卖,从中谋取利益。放青,是在粮食刚收下时,贱价把粮食收囤起来,到来年三月农村青黄不接时再以借贷方式借给农民。

李记粮行开业于清朝中叶,粮店数处,店员30多人。管理办法是以诚信为交,公平交易。一般粮店新收的徒弟,都要先学练斗。练斗,一是提高斗艺,量得快,量得准;二是在量斗中会耍手法,少能量多,多能量少。而李记收徒弟只练量快、量准。老板对学徒说,干粮行的最重要是公道,手儿端平,既不能亏买主,也不能亏卖主,更不能"双亏"(把粮食撒在地上,收归粮店)。至此以后,李记粮店扬名各地,远近都来这里籴粮。李记粮行为调济粮食市场的品种,还长途贩运,直接到信阳购大米,到老河口购芝麻,到山区购小豆,到温县、原阳、延津、封丘一带购大豆、高粱,到山西购小米、绿豆,存放在仓库里,根据市场需要,适时入市。销售时,只收地区差价,不牟暴利。李氏的经营延续了一百多年,直至日寇占领清化镇,李记粮行最后破产。

---

① 《抄档》,户部尚书海望乾隆十年十一月十五日题本。
② 《抄档》,工部尚书哈达哈乾隆十一年五月十四日题本。
③ 《抄档》,户部右侍郎吉庆乾隆二十三年九月九日题本。
④ 乾隆《温县志》卷6《地理志上·风俗》,收入《温县志》(合订本),2016,第333页。
⑤ 王凤生:《河北采风录》卷4《河内县水道图说》,清道光六年刻本,第14—15页。
⑥ 民国《续武陟县志》卷6《食货志》,成出版社,1968,第250页。

五、烟草贸易

怀庆小烟(旱烟)商,清末达于鼎盛。经营小烟的商家以河内居多。水烟业商号主要有运来合、明盛公、百兴源、常泰源、德升成、方盛长、恒一德、百顺泉、鸿太昌、明盛公等等。

运来合是河南机房村张氏开设的商号。张氏兄弟二人,弟弟在百顺泉烟坊做工,哥哥在家种地。当年,哥哥将家里三亩地全都种上了烟叶,收获后卖不出去,家中生活就出现了困难。于是,弟弟将家中的烟叶做成水烟,运到山西大同北的桂花城出售。一天,在客店同几个人在一起赌博,结果,张氏赢了,输了的垂头丧气,张氏见此,即说:今相见咱们是朋友,我赢大家的钱,如数退还大家,以后少赌就是了。这些商人觉得张氏够朋友,是个讲义气的人,就说:我们都是贩卖水烟的,只要大哥货到我们全包下来。张氏将这一信息迅速告诉了家中的哥哥,大量加工起水烟来,并将商号取名为运来合,在桂花城设立分店,每年销售水烟20余万斤,一时间成了当地的名商大贾,人称"桂花城张"。

百兴源水烟庄坐落在清化十街,兴起于清道光年间,主要以石家庄、保定、邢台、北京、正定等地为销售市场,设有分店。其生产加工的水烟丝细油性大,颜色青黄,烟味正,劲平和。据说清道光年间曾作为贡品进贡皇宫。百兴源水烟配方讲究,每百斤烟叶要用18斤香油、一斤半酒、一斤半白糖、一斤半蜂蜜,不用姜黄,不用烟筋面,不加染色,采用嵩山社产地的烟叶,不淡不辣,口劲和平,很受欢迎。

常泰源商号经营的小烟亦有一百多年的历史,因老板姓常,店号泰源,故称"常泰源"。常泰源生产的小烟与其他小烟不同,为青黄色,烟叶配料,油、酒、糖、蜜、盐都有,就是不加姜黄、烟筋面助色,为自然烟色,自然口劲,很受吸者欢迎。常泰源小烟是沿乡串卖,随称随包。因包的烟丝散乱,看起来像乱麻,故称"毛烟"。常泰源的毛烟,在黄河北岸、沁河南岸,销售有一二百个村庄。销量日益增加,常泰源遂把自己小型生产改为烟作坊,雇了80多个人,内部还设有账房、掌柜等,并在偃师、孟津设有分店,把烟压成的硬块,直接运到分店,随刨丝随出卖,这样就能保持毛烟的色味不变,当地客户均十分满意。

德升成商号约成立于清朝末年,大约在1900年,地点在修武县城,创始人为白嵩高、王荣卿,专营烟丝。因所产的小烟质优价实,烟味芳香,远近闻名。其原因:(一)原料优良。德升成所采购的烟叶,必须是河内县许良镇(今博爱县许良镇)所产的上等烤烟,保证了烟丝的质量始终优佳,赢得了信誉。(二)制作规范,讲究配料精足。(三)产品拉开档次,适应不同顾客。德升成商号数十年如一日坚持童叟不欺,货真价实,经营上坚守商业道德,遵守信用,形成了许多顾客千里迢迢来买德升成小烟的兴盛局面。

方盛长商号的小烟有一百多年的历史,开创人为程方盛,河内清化镇人。方盛长小烟分头板、二板、块烟三种。头板烟系中细丝烟,配料按足量标准配制,烟叶全是上等烟叶,多在河南销售;二板烟是上等青烟和一部分黄烟,配料比例略低于头板烟,每百斤用芝麻油13斤,糖、蜜各8两,缺酒,这种烟外销多;块烟是选择一般烟叶,配料与二板烟相同,加姜黄、盐,刨成烟丝后再压块焙干,这种烟主要销至山西、内蒙等地。多少年来,方盛长小烟一直保持着质量不下降、重量不减少、价格不抬高、薄利广销的经营原则,因此,提高了声誉,使生意越来越红火。

百顺泉原名百顺全,以在许良镇开客栈为业。由于客人的点拨和支持,遂把客栈改成水烟驻,百顺全改成"百顺泉",以加工水烟为业。百顺泉水烟总店设在清化镇,分店设在太原府、大同府等地,加工厂设在许良镇陈范村。百顺泉商号制作的水烟为黄色,烟中加姜黄粉和烟筋面,劲重,适合山西人口味。创业时,有雇员几十个,年产水烟10万斤左右,后发展到200多人,年产水烟30多万斤,成了水烟大商。水烟生产出来,直接装箱外运。货物运到分店后,由分销点向周围市县销售。百顺泉的分销店,采取合伙经营,因此名扬山西。清朝中叶,百顺泉的生意是极盛时期,清代末年和民国初期逐步衰败了。

六、竹货贸易

竹货贸易清末达于鼎盛。经营竹货的商家以河内居多。河内县竹园最多,清化镇德泰祥、祥泰永,许良镇福兴西、协兴西都是专门生产和经营竹器的店铺。清化镇,"以产竹器著名,有豫立工场、竹器公司、河南商会等"[①]。转贩

---

① 白眉初:《中华民国省区三志》第三册《鲁豫晋三省志·河南省志》,北京师范大学史地系,1925,第68—69页。

竹子的商人,多把竹子束成筏由水路运至山东、天津等地。民国《临清县志·经济志》记载:"竹由河南清化束筏运至。"①

竹货商以西复兴最为有名。西复兴商号的创始人是许良镇的贺双吉。贺双吉最初开的是一个杂货店,代为经营天然火石。火石产于山西阳城。那时候,火柴尚少,北方乡村引火用的是铁火链和火石。一天,他从山西商人口里得知阳城两个火石矿,无力经营,想卖掉,就出资买了下来。一年后,收回了本钱。他将生产的火石发送到开封、商丘等地,俏销一时,赚了一笔钱。接着,贺双吉又开了一个谦兴多粮行,一个享兴和油房,一个东复兴食品店,这几家商号都由西复兴统一管理。到了他的儿子贺世法时,由于火柴的普及,方便实惠,火石生意日渐萧条,于是将火石厂关闭,改做竹货生意。这时候,竹货很有市场,贺世法就在许良镇设立竹货栈,一面收购竹货,一面直接将竹子运到外地出卖。清化竹货销售东到山东济南、天津,西抵晋城、长治,北至邢台、石家庄,南达开封、商丘。西复兴也成为当时河内一家名商号。

七、杂货贸易

怀庆府地区四通八达,怀庆商人就把北方、南方、东方和山西杂货,长途贩运到各地转卖。

东义和商号于清道光年间(1821—1850年)开业于武陟,创办人黄春潮。黄春潮为浙江绍兴府山荫县人,东义和商号主要经营金华火腿、腊肉、香肠。货真价实,勤俭经营,从此生意兴隆,并迁到木栾店南大街,商号定名为东义和杂货店。为了扩大生意,凡当地人都不录用。所用徒弟多为山西人,并建立了甜咸两作。商品投放市场后,供不应求,顾客连连称好,因此生意由小变大,由少变多,老店拥有场地一百多间房,并在博爱、修武、焦作、获嘉设立分号。清朝末年,帝国主义入侵,军阀混战,地方苛捐杂税,民不聊生,生意逐渐凋敝,民国十四年(1925年),东义和商号的焦作、清化镇分号撤销,民国二十年(1931年)修武分号撤销,从此生意一蹶不振。1948年冬,木栾店解放,濒临倒闭的东义和杂货铺,才真正走上了新生的道路。1956年公私合营时,东义和商号

---

① 民国《临清县志》卷4《经济志·商业》,第49页。

和获嘉分号(义顺号)都参加了公私合营。①

恒义和杂货庄是清化镇上最大的一家杂货庄,开业于清朝初期,东家姓尚。恒义和杂货庄经营的货物有六大类一百多个品种。其中海鲜类有海参、鱿鱼、海米、海瓜、对虾、海蟹、江干等;山珍类有猴头、燕窝、熊掌、口毛等;干果类有大枣、核桃、白果、莲籽等;粉货类有干粉、小粉、粉条、粉皮等;香料类有花椒、大茴、茴香、肉桂、丁香、必卜、良姜等;此外,还有盐、糖、油、酒、蜜等。

恒义和杂货庄做生意重视以德为本,不欺人,不骗人,一丝不苟。"商以信争人,货以质争客。"恒义和杂货庄的货物以质取胜,货物地道,价格公平,许多商品都是派人直接到产地购买。随着生意的扩大,又在天津开了个分店,专门收购海鲜。当时,天津是许多货物的集散地,水陆交通便利,各种货物较多,尤其是海鲜市场,货真价廉。恒义和把杂货庄收购起来的海鲜运到内地销售,搞海鲜批发。恒义和除批发海鲜外,还经营煤油、化肥等,也是清化镇上最早经营煤油、化肥的商店,获利较多。当时,这些商品除在河内销售外,还运至济源、孟县、温县、山西晋城等地销售,远近驰名。

积庆东干果行是清化镇最大的一家干果行,开创于清嘉庆年间(1796—1820年)。创始家族为谢姓。清光绪年间(1875—1908年)开始经营干柿,成立了积庆东干柿行。清化镇柿子质量上乘,品种主要有八月黄、鬼脸青、火罐柿、小柿等。鬼脸青是泡吃的,食而脆甜。火罐柿是放哄柿吃的,一直放到腊月。小柿主要是做醋,酸味大。八月黄主要是加工柿饼,具有个大、含糖多、产量高等特点,加工成的柿饼,个大、味正,无虫糜,没酸味,人称"清化柿饼"。积庆东做柿子买卖,生意越做越大,商号遂改为"积庆东干果行",经营柿饼、大枣、核桃等。积庆东干果行经营的柿饼,远销新乡、濮阳、滑县、安阳及山西晋城、陵川等地。由于新乡、濮阳大枣丰富,来时捎大枣,去时捎柿饼。由于商户较多,积庆东干果行又开了一家客栈,留客住宿。客人来后,把货物往行里一放,就住在客栈里,等货物卖完后,结账捎货回去。积庆东还有一条规定,凡是在干果行存有货的客商,吃饭住宿不收现钱,待货销售出去后统一结账,客人方便了,来客也多了,果行收入也大了。积庆东由小到大发展,由单一经营发展到多种经营和跨行业经营,生意越做越活。

---

① 侯兹寅主编《武陟商业志》,河南省武陟县商业局《商业志》编纂室,1984,铅印本,第10-11页。

南阳赊店镇兴起后,成为豫南的商业贸易中心和货物转运站。市场繁荣,商家汇集。怀庆商人也相继入据赊店镇,择地租房,开店经营铁货与杂货,成为镇上继山西、陕西商人之后出现的又一个商帮。他们设店经营的街道后来就叫杂货街。唐河,清咸丰年间,山西、陕西商人与怀庆商人相继在城关开设太顺贞、太顺亨、正顺声、和合张、大兴源、复义和、复义合等八家,分别经营木材、粮油、时货、煤炭、杂货、中草药,均以批发为主,兼营零售,从业人员多达2000余人(人员均来自老家),生意颇为兴隆。

八、京货贸易

怀庆商人同样有经营京货的。方城万庆祥京货铺始建于民国元年(1912年),财东是孟县赵合乡冶墙镇村崔相亭、崔尽臣弟兄二人。他们弟兄二人集资银元百元左右,来到方城,在县城中大街租赁门面房一间开业,经营梳子、针线、鞋刷等日用百货。3年后,增添各色绫子、白棉布等货物。弟兄二人,早开门,晚关门,笑脸迎客,资金很快上升4倍。5年后,商号门面扩展为3间,有资金1500元左右。设立大掌柜、领事掌柜、财物掌管等,并且收学徒3人。崔尽臣任大掌柜,改以经营绸缎布匹为主,兼营大小百货鞋帽。货源来自汉口、驻马店、许昌等地。1918年,又增赁瓦房9间,店员增加12人,资金达5万元左右,仓库存货价值达11万元,开展批发业务,来货源源不断,仍供不应求。崔尽臣也曾亲自到武汉坐庄大批进货,通过火车运至驻马店,再用马车运到方城。购货利用"汉票",将现款带到方城拐河镇,由上海丝绸商人庞藻设立的久成丝绸行,付款93,000元,开具10万元"汉票",带到武汉久成丝绸行,即可提出3万元货物,既方便有利又安全可靠,购回的货物,达1200多种,日销售货额3000元左右。到1930年,万庆祥发展达于鼎盛,房舍扩大到40间,雇员增到26人,资金达50万元,日销售额达3万元左右,成为方城最大的商号。

此外,阌乡县(今属河南灵宝县)有怀商开设的京货行福玉山号。由于长期在此经营,久而久之,有些原在店中做伙计的,便在当地成家落户。

明清时期,河南并没有被统称为"豫商"的商人团体,但怀商是为数不多的豫籍商人中形成最早、实力最强的一支商人群体。虽然其经济实力远没有山西、安徽商帮那么雄厚,但是它由中小商人组成,集中了民间自由资本,对地区经济的发展起了不可忽视的作用。

首先，怀商用贩运本地区农副产品积累的资本，不少用于置房购地，用于生活享乐。河内县"十载以前，耕犁之田，今为闾屋者不可胜计"①，除此之外，怀商赚到的资本，还用于修建会馆、庙宇、祀神和联络乡谊，举办善事。但也有一部分资本直接投向产业。武陟县布商鲁连城"用市布起富的巨万资本"，独资创办成兴纱厂。他利用往来津、沪的机会，学习了纺纱的一些知识，然后从上海购旧纱锭四千枚设厂，"自为业主，妻掌庶务，子司工务，招族人为职工，有花开工，无花停业"，创设的前9年就盈利10万余元。② 孟县布商号同兴公投资购织布铁机建立织布厂。③ 尽管这是清末民初的情事，但商业资本投向产业，促进手工业向机器生产过渡，对当时河南经济的发展起到一定作用。

其次，怀商长途贩运商品，突破了省县的地方小市场格局，促进了商品通流，使本地区农业生产进一步商品化，在一定程度上提高了小农户的经济收入。"覃怀属邑，一望星罗棋布，而温亦称繁庶，鸡犬之声相闻，击析之响若接，烟火万家，庐舍参差，谁弗羡为太平景象哉。"④河内县"大者数百家，小者亦不减百家，畸零余户亦数十家，屋下之田黍稷芃芃，实坚实好。游牝畜牧，蹄迹交错，鸡狗之声，遝迤相续。家有百亩，计岁所入，百指之需，足以有余"⑤。当时有人漫游河内村落，记下这富足的景象。在整个有清一代，像怀庆府属这样富裕的县，在河南省是不多见的。清道光年间，辉县知县周际华曾说："夙闻孟县民皆富，问其故，则纺织也。"⑥在同等情况下，怀庆府修武县"土瘠民贫"⑦；原武县"族无百口之居，富鲜万金之产"⑧；阳武县"地滨大河，土瘠民贫"，"阳民不习梯航，有老死不轻弃其乡者"。⑨ 从以上正反两个方面说明，农业生产商品化以及商品生产的发展，都与商人的作用分不开。只有抛弃那种视经商"耻为不义""厌商贾"的封建传统观念，才能使商品经济得到发展。

再次，怀商的经营活动，加强了河南地区与外省，以及省内各县之间的经

---

① 道光《河内县志》卷8《疆域志》，成文出版社，1976，第323页。
② 《棉业月刊》第1卷中期，第597页。
③ 民国《孟县志》卷8《社会·工业·棉织业》，成文出版社，1976，第1074页。
④ 乾隆《温县志》卷6《地理志》，收入《温县志》（合订本），2016，第323页。
⑤ 道光《河内县志》卷12《田赋志》，成文出版社，1976，第419页。
⑥ 周际华：《一瞋录》，清咸丰八年家萌堂藏版。
⑦ 道光《修武县志》卷3《舆地志下·风俗》，2011，校注本，第144页。
⑧ 乾隆《原武县志》卷2《风俗》，第30页。
⑨ 乾隆《阳武县志》卷5《风俗志》，第6页。

济联系,京杂货、西货、西药、绸缎、京广时货等商品的输入,与怀药、竹器、粮食、土布、煤的外销,乃至远销国外,对整个中原地区的商品流通、社会经济的发展确实起到了重要的作用。怀商为振兴落后的中原区域经济所作的贡献,已被历史所证实。

以中小商人为主体的怀商,资本微弱,投资于生产领域时,已经是清末民初,比江南等地落后了数十年,这与河南地区农业和家庭手工业牢固结合的程度有关,与自然经济结构相适应,所以怀商资本很难起到改变经济结构的作用。怀商以药商资本为主体,而药材不是工业品,商品药的流通量,不能改变市场商品受自然条件限制的现实,更不能扩大手工业商品生产。因此,怀商的转运贸易主要是为封建经济运转服务。只有那些摆脱了农业的工业品贸易,才能根本改变市场结构,积累货币资本,为资本主义萌芽的产生创造条件。清中期以前,河南地区社会经济中不具备产生资本主义萌芽的条件,与这种商品经济发展的局限性有一定关系。

第三节 怀庆商帮的形成

商帮为了便于在异乡的聚会议事、交流商讯之需,往往在省城、府县城甚至重要的集市建立属于自己的会馆。也就是说,商业会馆是由商人集资建立的活动场所,是商帮的一种表现形式。"在会馆制度存在的岁月里,会馆是帮组织存在的体现和代表。中国的各大商帮无不重视会馆建造。这种建造,在清代乾隆、嘉庆年间,达到高潮。从黄河上下,到大江南北,工商业发达的城市里,会馆如林,而且会馆的数量和规模往往成为其商帮实力的标志。"①

商业会馆是帮发展到一定程度的产物,是商帮的一种表现形式,是由商人集资建立的活动场所。王兴亚先生在《清代怀庆会馆的历史考察》中指出:"会馆是【商】帮发展到一定程度的产物。会馆的建立还必须同时具备这样一些条件:一是相当数量拥有经济实力的坐商,这是建立会馆的民众基础;二是有相当数量的资金来源,这是建造具有一定规模和档次会馆的经济基础;三是

---

① 王兴亚:《河南商帮》,黄山书社,2007,第91页。

有众望所归的代表人物,这是建立会馆的组织保证。"①王兴亚先生的概括可谓精确之至。"依据会馆设置的惯例,先由代表人倡议,而后得到众商的认同、响应,提供资金赞助,选择地点,购买土地,筹备各种建筑材料,雇请人设计、施工,同时还须报请当地官府批准。这一切,都是在共同选出的首事和执事主持下进行的。"②

一、怀庆商帮形成的时间及其标志

怀庆河内商人"千金之家,比屋可数。善封殖者,家累巨万,不止十数而已"③。武陟"邑人之由商起家集资巨万者,颇不乏其人"④。时至清末,"河、武、温、孟诸县经商者,几遍亚洲,不第中国已也"⑤。"怀庆人咸具经商之才,而富冒险之性,十八省内,到处皆有怀庆人之迹"⑥王凤生的《河北采风录》记载:"四民耕读外,商贾居多贩卖药材,散处天下。"⑦形成一支不可忽视的商业力量,从而奠定了成为商帮的基础。

商人形成行帮是为了在外地经商时,团结同乡同行共同对付商品经济竞争的需要,以一定地域为基础组成的。怀庆商人在明代,甚至在唐、宋时期,已经为经销怀药而奔走各地。怀庆商人在本府各地经营时不分彼此,一离开本府,跨进府外的城乡市场,即被视为外地人。在结帮经营的时代,人们称由怀庆商人组成的商业行帮为怀庆商帮,亦简称"怀帮"。然而,作为一个商帮,怀庆商帮的形成则是在清康熙年间。

因为在明代,关于怀庆府商人组织的记载,至今尚未见到,从明代在北京建立的工商会馆中,也找不到豫籍商人的组织,因此,怀庆商帮的形成应该是在商品经济发展、竞争力量加强的清前期。

为维护共同利益,以怀庆府地域乡谊为纽带的行帮公所率先在汉正街出

---

① 王兴亚:《清代怀庆会馆的历史考察》,《石家庄学院学报》2007年第1期。
② 王兴亚:《河南商帮》,黄山书社,2007,第90页。
③ 道光《河内县志》卷12《田赋志》,成文出版社,1976,第419页。
④ 民国《续武陟县志》卷6《食货志》,成文出版社,1968,第248页。
⑤ 郭学忠:《河南辉县地理志》,柏扬工作室,1913,第26页。
⑥ 补天:《说矿祸》,《豫报》(第2号)1907年1月14日。见李浩、郭海编著《晋矿魂:李培仁与山西争矿运动》,山西人民出版社,2001,第130-133页。
⑦ 王凤生:《河北采风录》卷4《河内县水道图说》,清道光六年刻本,第14页。

现。清顺治十三年(1656年),怀庆府商民在汉正街药帮巷兴建了药材行帮公所,作为怀庆府同乡联谊与仕商避暑、寓居和经商之处。此公所成为汉口有记载的最老的会馆①。

怀庆商帮在清康熙年间以商帮的面貌出现,显著的标志就是清康熙二十八年(1689年)汉口怀庆会馆(亦称覃怀会馆)的创建及河南覃怀草帽公所的创建。

汉口覃怀会馆位于循礼门堤内,是寓居汉口的怀庆府河内、武陟、温县、孟县等县药商集资兴建的。1689年,怀庆商人投资置买约25亩的后湖荒地,修建了"怀庆会馆"〔清乾隆年间重修时,改名"覃怀药王庙"(图2-9)〕。主持事务的是怀庆商人贾椿园和陈荆山。会馆的性质是"纯粹怀药营业。凡西货、西药、京杂货商号不准入帮"②。也就是说,怀庆会馆是一个纯粹经营怀药的组织,凡经营西货、西药、京杂货的怀庆商号不准入帮。这表明在汉口的药材交易市场的怀庆药商,已建立了自己的帮口。加入这个行帮组织的,是参与怀药交易的怀庆府属县的商家。会馆的建立显示了怀庆商人在汉口药材市场上所居的特殊地位和影响,也为怀庆商人在汉口进行药材贸易提供了场所和阵地,也标志着怀庆商帮的形成。

图2-9　汉口覃怀药王庙旧影

---

① 朱文尧:《汉正街市场志》,武汉出版社,1997,第24页。
② 民国《夏口县志》卷5《建置志·各会馆公所》,第22页。

汉口怀庆会馆为同行业会馆，即怀庆药商会馆，按照其性质来讲，怀庆府所属各县在汉口从事西货、西药、京杂货经营的商人是不允许加入的。而那些非经营怀药的怀庆商人为了谋求发展，又在汉口的郭家巷创建了河南覃怀草帽公所，后改名为覃怀中州公所。清乾隆四十四年（1779年）集资重修，更名为覃怀中州会馆。章程规定，凡是在汉口经营的怀商均可入帮，但非怀庆籍商人不得加入，从而形成了以地域为单位的商帮组织。

清康熙五十七年（1718年）六月，河南怀庆府河内县药商与陕西西安府华阴县药商共同创建辉县药王庙。①

这说明怀庆商人不仅在辉县药材市场上已经崭露头角，而且作为一个药材商帮组织居于领导地位。集资创建药王庙不仅展示了怀庆商人的实力，而且体现了怀庆商帮的存在。至此，在辉县药材交易大会上的怀庆商人，已建立自己的帮口。加入这个行帮组织的，是参与交易会的怀庆府属县的商家。他们推出自己的代表为帮首，作为怀庆商人的代表，与陕西商人代表同辉县商人代表共同筹划药材交易会的各项活动。为了防止同行业中垄断投机，以及欺诈破坏本业的声誉，为了保护本帮商家的利益，协调内部相互之间的关系以及协调同其他商帮的关系，他们还议订了规章，违者要受到惩罚。此后，在其他地方经营的怀庆商人，亦依据当时当地的情况相继建立自己的帮组织。如，清乾隆四十四年（1779年），怀庆商人在祁州集资修复药王庙的过程中就展示了怀庆商人的实力，体现了怀庆商帮的存在。清乾隆五十七年（1792年），怀庆商人在山西泽州（今山西晋城）旧城东南部的水陆院东巷修建了怀庆会馆。清嘉庆十七年（1812年），怀庆府所属8县在开封经营的商人共同集资在文庙街路北18号建立了开封覃怀会馆。清同治七年（1868年），怀药商人张连堂等30余家商号在天津曲店街购置房产兴建天津怀庆会馆。清同治十一年（1872年）怀庆府所属各县在禹州进行怀药贸易的巨商富贾集资兴建禹州怀庆会馆。周口的怀庆药商也集资在沙河北岸迎水寺修建周口覃怀会馆，以经营药材为主，为行业会馆。而寓居周口的怀庆毡坊业商人集资建造府君庙，为毡坊同业会馆。此外，怀庆商帮在北京建有4处怀庆会馆，在赊店建有怀庆会馆，在吴县建有覃怀会馆，在安徽亳州的老花市建有怀庆会馆，在湖北襄樊的

---

① 清康熙五十七年（1792年）《创建药王庙碑记》，现存于辉县百泉碑廊。

晏公庙与邵家巷中间建有怀庆会馆,在湖北光化县的老河口建有怀庆会馆。相传怀庆商帮在河南建有怀庆会馆的还有信阳、南阳等地,在外省建有怀庆会馆的还有太原、成都、香港、长沙、南京、苏州等地。

总之,至清中后期,怀庆府所属各县的商业日趋繁荣,怀商的经济实力也大有增长,一批拥有相当资金、善于经营的商家,将生意扩大到黄河上下、长江两岸以及辽东半岛。怀庆药商、铁货商、布商、粮商、竹商、钱商的发展趋于鼎盛。

二、怀庆商帮的管理

以清康熙二十八年(1689年)武汉覃怀会馆的创建及其后河南覃怀草帽公所的创建为标志,怀庆商帮以商帮的面貌出现于中国商界。由于怀庆商人经营项目不同,建立行帮组织的时间有先有后,所以其章程也不完全相同。

汉口覃怀会馆为同行业会馆,即怀庆药商会馆,按照其性质来讲,怀庆府所属各县在汉口从事西货、西药、京杂货经营的商人是不允许加入的。而汉口郭家巷的河南覃怀草帽公所的章程规定,凡是在汉口经营的怀商均可入帮,但非怀庆籍商人不得加入。

怀庆商人在经营范围上有其独特性,而且商帮组织、会馆对商家具有较大的凝聚力。尽管不同的会馆有不同的章程,但整体而言,怀庆会馆有一个为各商家共同遵守的规则。

怀庆商帮是怀庆药商全行业负责人经过会议研究、订立帮规而成立的行业商帮。所有怀庆的药材商都是怀庆商帮的成员。怀庆商帮成立的目的是为了防止同行业当中垄断投机以致抬高价格或烂莩出售,以及制造假冒产品,破坏本业的声誉。商帮在所在地设立有负责人——会长。正会长一人,副会长二至三人,由全行业选举为人公正、有声望者担任。会长之下设会计一人,会长及会计的薪金,每年由全行业会议决定,多少不等。会馆一切开支,由全行业分摊,一般是按各商号实收的百分之一、二交纳会费,大商号可自动捐助。①

会长的职责是办理全行业的销售业务,召集本帮商家,按照当地行情共同

---

① 张士榘:《四大怀药与怀帮》,中国人民政治协商会议沁阳市委员会文史资料研究委员会编《沁阳文史资料》第4辑,1991,内部资料,第25—30页。

议定货物价格，不得随意降低或抬高。再则，怀庆药商赴外省购货者，到目的地时，所有到的商号代表首先向当地的会馆说明来意，按会馆制度，按当地药材多少，货色好坏，价格高低，以代表人数平均分购，不能以商号大小和资金多少为标准。这个办法，防止大商号低价多购沾光，小商号少买吃亏。加入怀庆商帮的，无论大小商号，都须遵守帮会规章。违反规章的，经过全行业会议，按情节轻重酌予处罚。情节重的罚其置办会馆内应用家具和建设费用，情节轻的加以批评或令其道歉。

就会馆而言，也更多地保护了商家的利益。会馆设有会首和值年，负责管理本会事务。会首是由当时当地会馆商人中资金较多且有威望和地位的人担任。值年负责具体处理会馆事务。对于本会商家而言：（一）货物运往市场的运费可向帮内借支，待货物售出后归还。（二）货到销售地点，由会馆负责接收管理，如受到货主委托，价格合宜，也可代替出售并收回货款。（三）货物质量好坏不受行店欺哄，不致贬价出售。（四）货主可委托会馆代购商品。（五）怀庆商人住在会馆，一切方便。（六）办事迅速，往返汇款灵通。这些便利使得怀属其他行业商人纷纷托人要求加入怀庆商帮。[①] 如经营杂货、京货、时货等行业的怀庆商人也都参加了怀庆商帮。他们从上海、广州、汉口、天津等大城市进货，带现款购货有些困难，因此请人介绍，要求将药业在各处售货之款留下，他们在本地交款，免去携款的困难和麻烦。他们加入怀庆商帮后，可以长期住在怀庆会馆，免去住客栈的费用。外省外府的药材商人也可以临时加入怀庆商帮。因为买卖药材和其他货物，他们人生地疏，对于货物好坏、价格高低不清楚，甚至有货买不到手或卖不出去，必须取得联系才好办事，等等。所以，怀庆商人在经营的过程中体会到商帮组织的作用和重要性。

如此，怀商制定有自己的帮规，选举有自己的负责人，拥有固定的经费来源，是一个名副其实的商帮组织，为怀商经营的进行、怀商贸易的发展提供了重要的保障，这也是怀商经济长期繁荣的基础和缘由。

---

① 张士榘：《四大怀药与怀帮》，中国人民政治协商会议沁阳市委员会文史资料研究委员会编《沁阳文史资料》第4辑，1991，内部资料，第25-30页。

第四节　怀商的中坚力量

怀药种植、怀药贸易是怀商诞生的物质基础;同时,也正是怀商的经营,才使得怀药遍及大河上下、长城南北,走进千家万户,而且享誉海内外。因而,怀药是怀商经营的核心商品,怀药商人是怀商群体的中坚力量,怀药贸易是怀商经济的主体。①

一、怀商经营的核心商品

怀庆府地区位于河南省西北部,北依巍巍太行,南濒滔滔黄河,地处太行山以南和黄河以北的夹角地带。气候温暖,水源充沛,"田皆腴美,俗谓小江南"②。由于特殊的地理和气候条件,千百年来,以地黄、牛膝、山药、菊花为代表的中药材在这里广泛种植,成为本地独具特色的经济作物。也由于其质地纯正、药效独到,成为保健的佳品和医病的良药,备受历代医家的推崇和赞誉,因而逐渐走向市场。明清时期,在商品经济日益繁荣的前提下,怀庆府的中药材市场得以形成,并走向繁荣。怀庆府的商人群体也随之形成,而且怀药成为怀商经营的核心产品。

据有关史料记载,清乾隆年间河内县城的主要药业行店有广成店、天元店、秀盛店、四聚店、合成店、兰茂店、林茂店、悦来店、恒泰店、义泰店、仁和店、天馨店、永兴店、复盛店、广兴店、天成店、天顺店、泰丰店、天泰店、义顺店、金兴店、合兴店、祥泰店、正盛店、宝兴店、永和店、协盛全、杜盛兴、恒兴、李广盛、尤金正、广泰、合盛、万兴、新台、齐合盛、皇甫万盛、合盛元、盛新、大兴、君兴、鸿茂、复泰、万升、万寿等百余家。③ 由此可见怀药经营的规模。这里所论仅为怀庆府府城河内城的怀药经营状况,并不包括河内县所辖各集镇的怀药经营状况。而当时河内县所辖的清化、西向、紫陵、柏香、崇义等各大镇,药材市场也相继形成,日趋活跃。此外,作为四大怀药产地的武陟、温县、孟县等县

---

① 参见程峰、任勤:《怀药与怀商》,《焦作大学学报》2008年第3期。
② 金履祥:《资治通鉴前编》卷1《禹贡》注文,文渊阁四库全书,第332册,第19页。
③ 武敬义、邓学敏:《沁阳药材行栈简介》,中国人民政治协商会议沁阳市委员会文史资料研究委员会编《沁阳文史资料》第4辑,1991,内部资料,第40—42页。

城,同样是药材行栈林立,中药店铺遍地。从事药材经营的药行均拥有一定的资本,设有场地、货栈以及招待设施,从事代客买卖、包装、托运业务,从中收取佣金。如河内县城东关的三兴公药材行,城内的协丰药行、源记货栈行等,都是规模较大的药行,从业人员四五十人,怀药收购旺季,日雇佣加工人员多达百人以上,每天成交怀药高达十万余斤。而经营药材的药庄有雄厚的资本,一般在全国主要城市设有分号,在一定程度上有实力操纵市场。如协盛全、杜盛兴等药庄,资金高达一百万两白银,他们在武汉、天津、长沙、祁州、禹州等地均设有分庄,操纵市场,谋取高额利润。①

清末以后,战乱频繁,河内中药材贸易已渐衰落,至民国年间,城内主要药业行店还有同丰药行、和丰药行、协丰药行、协兴药行、复兴药行、三兴公药行、三兴药行、吉庆药行、胜利成药行、永盛合药行、济通药行、道清三分栈、源记货栈;保和堂、刘氏堂、永春堂、同合堂、致和堂、万全堂、义和堂、同春堂、万春堂、和合堂、春合堂、济世常;乔二师药店、长春药店、联丰药店、万胜北药店;利民药房、钧记药房、振华药房、宏济药房等 50 余家。② 虽然是已渐衰败,仍能显示出其繁荣时的景象,相较于其他行业,怀药经营依然占据优势地位。民国年间,河内县城的其他行业,如城内的石印作坊计有 25 家、书社 14 家。

怀商在本地的经营主要是怀药,但同时兼营粮、棉等物品;而怀商在外埠的贸易基本是经营怀药。协盛全、杜盛兴等药庄均是经营怀药起家,他们在武汉、天津、长沙、祁州、禹州等地的分庄,依靠药源和行情信息,互为调运大宗药材。武汉、禹州、祁州的怀庆商人,主要是以怀药为主,经营药材生意,因而,怀药也就成为怀商经营的核心商品。

二、怀商群体的中坚力量

怀庆商帮以本地所产的四大怀药和山西的铁货为依托,以自己独特的经营之道,步入商海之林,参与竞争,并且在竞争中发展壮大,清乾隆年间,已颇具规模。时至清末,怀商足迹几遍亚洲,其中,以经营四大怀药为主的怀药商

---

① 武敬义、邓学敏:《沁阳药材行栈简介》,中国人民政治协商会议沁阳市委员会文史资料研究委员会编《沁阳文史资料》第 4 辑,1991,内部资料,第 40—42 页。
② 武敬义、邓学敏:《沁阳药材行栈简介》,中国人民政治协商会议沁阳市委员会文史资料研究委员会编《沁阳文史资料》第 4 辑,1991,内部资料,第 40—42 页。

人成为怀商群体的中坚力量,尤其是怀药商人在外埠的经营,不仅为自己赢得了丰厚的利润,而且使怀药走进千家万户,享有崇高的声誉。

协盛全药店是河内刘村(今博爱县清化镇刘村)李氏开设的商号,兴起于清乾隆年间。起初只是收购、贩卖怀药,后设立加工作坊,逐渐成为以经营怀药为主、兼营其他药品的巨商。① 当时协盛全在江南和北方的大中城市内纷纷设立分店,达到一百多家,广及河南、河北、天津、上海、湖北、湖南、四川、江西、陕西、山西等10个省区,其协盛全药店总店设在开封。京汉铁路通车后,总店迁到武汉。铁路未通车前,各分店按水系安排。长江水系有重庆、上海、汉口,汉江水系有老河口、岳阳、汉中、安康,洞庭水系主要有湘江、长沙、湘潭、衡阳,赣江水系有吉安、樟树、南昌、九江,淮河水系有漯河、周口。这样,便于水、陆两运。② 此外,山西的党参、黄芪和东北的人参、鹿茸等直接进到武汉,由武汉分发给各分店。协盛全商号经营药材的分号,有河南禹州协盛全、辉县协盛全、河北祁州协盛全、湖北汉口协盛全、老河口协盛全、天津协盛全、江西南昌协盛全、吉安协盛全、湖南长沙协盛全、陕西安康协盛全以及怀庆府本地的清化镇协成和、焦作镇协成复、修武协成复、武陟协成和等等。

杜盛兴商号的奠基人是博爱邬村杜氏。清康熙时,杜家人推车跟着本村的"来盛公"销售怀药,到祁州(今河北安国)赶会。后来,来家看杜家人诚实可靠,就给他些银子,让杜家人代销点怀药,杜家遂逐渐有了积累,便自己设店经营,取名会盛兴,又叫杜盛兴。由于经营有方,至清道光年间,主营麝香、朱砂、黄芪、党参,成为巨商。在汉口,杜盛兴是经销怀药最大的药商,又是经销朱砂的批发商,为了向世人昭示自己的实力,独出心裁,在龟山扬起朱砂放风筝,谓之红风放风筝。无数的风筝在红风中荡漾,上下飞舞,为繁忙的药材交易会增添了欢乐的气氛。这种盛大广告宣传活动吸引着全国各地的药商,大大提高了自己的声誉,加上他们讲求信誉,服务周到,货真价实,其经营业务不断扩大,销售额与日俱增,成为汉口药商中的巨商。据称杜家巷的房舍,资金达60余万两。同一期间,怀庆药商协盛全也在快速发展,占有全济巷,资金达

---

① 陈立武:《协盛全发家史》,载政协河南省博爱县文史资料征集研究委员会《博爱文史资料》第2辑,1987,第75—79页。
② 博爱刘村李氏家族理事会:《刘村李氏家谱·刘村今昔考》,2000,铅印本。

百万两以上。①

武陟巨商鲁连城,清光绪初年开始做生意,先是肩挑,卖针线、绳头、顶针、鞋带之类小百货,后经营怀药,推起独轮车,往返于武陟、汉口之间。不分春夏秋冬,忍受酷暑烈日的暴晒和隆冬寒风的袭击,一个月往返一次。去时带怀药,返时贩布匹,日积月累,成为武陟最大的商家,②后又"创设纱厂,资本巨万,机器精巧,为武陟商界开一新纪元"③。

为扩大怀药贸易,怀商也采取了一系列的措施,如举办药材大会。药材大会,是随着怀药贸易的发展而兴起的,古怀庆府的药材大会系全国著名的药材大会(武汉、安国、樟树、禹州、怀庆的药材大会)之一。怀庆府城所在地,水陆交通,百货屯集,"怀庆素称商国"④。怀庆商人为了促进销售,借助"商国"的优势,每年定期举行两次药材交易会,分别在农历的五月二十和九月初九开始,会期一个月。会址原在城东北沁河滩的柳园里,当地群众称之为柳园药材会,后迁至东关大街,改称九九药材会。届时,不仅河南几十个州县的药商赴会交易,而且全国各地的药商也不远千里云集于此进行交易。西南的云南、贵州、四川,西北的陕西、甘肃、宁夏,南方的湖南、湖北、广东、广西,东南的江苏、安徽、江西、东北的吉林、黑龙江及河北、内蒙等地药商携带自己的药材慕名前来参与购销活动。上海、天津、香港各大药商也前来收购所需要的药材。与会期间,交易的药材主要是四大怀药,此外,还有当地产的远志、车前子、地骨皮、蒲公英等药材。

此外,武陟木栾店传统的九月初一关帝庙会,规模宏大,会期月余。会场在东大街、坊街、南大街向南延伸到南门外沁河滩,过沁河桥向西至县城关和城内,长达四五里。武陟人借助其影响,逐渐将它改造成为药材交易会。经销的药材除怀庆府所产的各种药材外,还有南方药材。与会的有附近各县的大商号,还有北京、天津、济南、高阳、周口、汉口的商家。与会人数盛时累计在5万人以上。由于药材大会促进怀药贸易的作用显著,孟县人于1934年在城内又新起药材大会,从十月十五日起会,会期一个月,止于十一月十五日。药商

---

① 王兴亚:《清代怀庆商人的经营之道》,《石家庄学院学报》2006第1期。
② 武陟县志编委会:《武陟县志》,中州古籍出版社,1989,第524页。
③ 民国《续武陟县志》卷6《食货志》,成文出版社,1968,第249页。
④ 民国《续武陟县志》卷6《食货志》,成文出版社,1968,第248页。

会集，购销两旺，推动了当地怀药的销售，也促进了孟县商业的繁荣。清化镇也巧妙利用八街的端午会进行药材交流，每次会期半个月。① 寓居汉口怀药商人，为促进怀药贸易，每年定期举办两次大型药材交易会，会期定于每年四月二十八日（即药王诞辰）和八月二十日。届时，汉口药王庙张灯结彩，鞭炮齐鸣，还请来戏班，在会馆戏楼唱戏。各药行、药栈同时摆设宴席，宴请各地与会药商，免费为他们提供食宿，以建立长期合作的贸易关系。②

怀商不仅通过自办药材交易会扩大怀药的销售，还积极参与邻近地区药材交易会。祁州药材交易大会是北方最大的药材交易大会。从清雍正时起，定于每年清明节及十月十五日举行，规模盛大，交易月余。与会的怀庆药商为了开拓市场，清乾隆四十四年（1799年）捐资重修了祁州药王庙。清同治年间，800多家怀商结为怀帮，成为祁州十三帮之一，再次捐资重修祁州药王庙。今安国药王庙所存《同治十二年春会至光绪五年冬会客帮银钱捐向琐记》载有怀庆商帮的51家药商的商号名称及其捐资数额，杜盛兴捐资近77两，名列帮首。而且，其他各药帮商号未有超过者。③

禹州自古就是中药材的集散地之一，自清乾隆年间开始，就开始举办药材大会，由每年一会，发展到四月二十八日、八月二十日、十月二十日为止期的三个会期。与会的药商，"内而全国二十二省，外越西洋、南洋，东际高丽，北极库伦"，渐次结为十三帮。怀药商人于清道光至同治年间，集资修建的怀庆会馆，规模宏伟。辉县百泉的交易会，也颇具规模。清初，"每春末夏初，为南北药商交易之所"。清乾隆时，"四方贸易者皆至，南北药材亦聚。十余日始散。后会期定于农历三月十五至四月十三。药材交易从三月二十六至四月下旬"。④ 这些药材交易会成交数额可观，怀药因此销向全国各地，进而打入国际市场，销向印度尼西亚、马来西亚、新加坡、泰国、缅甸、日本、印度、英国、美国、加拿大等地。

再则，怀商之所以成为商帮，也源于怀药行业、怀药商人的努力和实力。

---

① 王兴亚：《清代怀庆商人的经营之道》，《石家庄学院学报》2006年第1期。
② 武敬义、常恩杰：《怀药贸易在各地》，中国人民政治协商会议沁阳市委员会文史资料研究委员会编《沁阳文史资料》第4辑，1991，内部资料，第20-24页。
③ 王兴亚：《清代怀庆商人的经营之道》，《石家庄学院学报》2006年第1期。
④ 王兴亚：《清代怀庆商人的经营之道》，《石家庄学院学报》2006年第1期。

怀商制定有帮规,选举有负责人,拥有经费来源,是一个名副其实的商帮组织,这也为怀商经营的进行、怀商贸易的发展提供了重要的保障,这也是怀商经济长期繁荣的基础和缘由。

由此所知,尽管怀商是包括从事各种经营的怀庆府商人的群体,如寨卜昌的王泰顺经营铁货,许良西复兴先后经营过火石、粮、油以及竹子,但在这个群体中,怀药商人在经营的过程中,使怀商名声鹊起,提起怀商,人们自然地联想起经营怀药的怀庆府商人。在一定程度上讲,也正是怀药商人的发展,才使得怀庆商帮得以形成。从这个意义上讲,怀药商人无疑是怀商的中坚力量。

三、怀商经济的主体

怀商的经营不仅有四大怀药,而且也有铁货、竹货等等,如王泰顺是以经营铁货为主的杂货商号。创始人是清初河内县清化镇寨卜昌王来贡,以肩挑车推到山西阳城贩买铁锅,摆摊推销,后在清化镇开店设铺。历经四代人努力,清嘉庆时进入鼎盛,商号由本地发展到外省,店铺遍及晋、冀、鲁、豫、苏、皖及辽东半岛,多达208处,年收入白银200余万两。① 再如西复兴商号的创始人为河内县许良镇的贺双吉,最初经营杂货,以生产、贩售天然火石为主,先后以谦兴号、亨兴和、东复兴等商号开办了粮行、油房、食品杂货店。随着道清铁路的贯通,西复兴遂经营竹货,购买竹园一百多亩,土地二百多亩,逐渐成为以经营竹货为主的著名商号。此外,清化镇的炮扇业、烤烟业、粮食业、丝绸业等,修武的煤炭业等,也具有一定的规模,但均不及怀药贸易的规模和效益,怀商在全国经营的主要是四大怀药,怀药贸易是怀商经济的主体。

明清以来,怀药贸易规模不断扩大,怀商常年奔波全国各地,运销四大怀药。怀商南到湖广,北达天津,东通齐鲁,西去川陕,并将怀药远销国外。联药帮,建货栈,先后疏通了多条贸易渠道。怀商主要活动地区,除河南本省外,省外区域主要为山西、陕西、山东、湖北、江苏、安徽等省,其中尤以与河南毗邻的山西、陕西两省和湖北省最为集中。

武汉的怀药贸易:怀庆府所产的四大怀药开始打入武汉市场时,先由氾水

---

① 王中廉:《"王泰顺"商号兴衰记》,载政协博爱县委员会文史资料研究委员会《博爱文史资料》第6辑,1991,第77—79页。

经禹州,过社旗,入唐河、襄河,南下到武汉,原在万寿桥起卸货物,后改为在九如桥起卸货物。开始运到的怀药,存放在船中或临近客栈,然后,去寻觅雇主。稍后,交易日繁,货物日益增多,远销怀药的商人急需有一个定居点,便于存放货物和相互交易,也给客人以居食之便。于是,就在九如桥巷新河边建立了三个专业性药栈,即忠兴栈、三合公、三成公。怀商于清康熙二十八年(1689年)破土动工,兴建覃怀会馆,亦称怀庆会馆,后改为"覃怀药王庙"。怀商又在新安街占居有药帮一巷、药帮二巷、药帮三巷、药帮大巷、怀安里等地盘,经营怀药的大商号协盛全占用了一条巷叫"全记巷",杜盛兴使用的一条巷叫作"杜家巷"。在武汉的怀药商人每年还组织两次药材交易大会,邀请全国药商开展药材交易,销售数额也与日俱增。①

天津的怀药贸易:清同治年间,是怀药贸易在天津的兴盛时期。当时,怀庆府的药商,设在天津的大商号有同德药行、协盛全、杜盛兴、新复兴等药材行栈,主营四大怀药,总存货量达万件以上。同德药行在香港等地设有分庄,专门办理出口交易手续。这些怀药商号经营的怀地黄分4、6、8、16至40支以上的为套货,俗称几成单,以几成单为核价依据。加工的元身货,主要是出口,运销国外。小地黄,主要销售东北各省及山东等地。怀山药除经营光货外,并有毛山、切头等货。山药12支以上均是小木箱装,每箱100斤。怀牛膝,分头肥、二肥、三肥、平条,均是木箱装,每件200~300斤。怀菊花分木箱和布包装两种,以此组织出口和内销。这些大的怀药商号除主营怀药外,还创制自己的名优药品。杜盛兴的麝香远近驰名,大雇主是北京同仁堂,成交动辄逾万斤。协盛全所制的"协"字麝香,也极有名望。协盛全还专营朱砂。为了便于联谊和怀药交易,经怀药商人议定,于清同治七年(1868年),在天津市红桥区曲店街,兴建一座规模宏伟的怀庆会馆,专供怀药商人使用。②

祁州的怀药贸易:清康熙年间,祁州春秋两季兴起两次药材大会,从那时起怀药商人就打入祁州市场,由肩挑贸易到车船贩运,由小到大,形成了一支庞大的怀商队伍。怀药商人因注重信誉、货真价实、童叟无欺而远近驰名。例

---

① 武敬义、常恩杰:《怀药贸易在各地》,中国人民政治协商会议沁阳市委员会文史资料研究委员会编《沁阳文史资料》第4辑,1991,内部资料,第20~24页。
② 武敬义、常恩杰:《怀药贸易在各地》,中国人民政治协商会议沁阳市委员会文史资料研究委员会编《沁阳文史资料》第4辑,1991,内部资料,第20~24页。

如,怀庆府设在祁州的杜盛兴商号,除主营四大怀药外,还兼营麝香、朱砂、黄芪、党参等药材,在经营外地药材上,他们强调道地药材的购进,强调成色务好,价格务廉,待人接物以和为贵,赢来了崇高信誉。其业务行销到北京的同仁堂、长春堂,上海、苏州的雷允上、童涵春、蔡同德,杭州的胡庆余堂等全国著名药堂。

禹州的怀药贸易:清康熙二十五年(1686年),禹州兴起了药材大会,经营怀药的商人,舟车节转将怀药打入禹州市场。同仁堂、屈同仁、协盛全等怀药商号相继开业,怀庆药商又于清同治十一年(1872年),不惜巨额兴建怀庆会馆,使怀药商人的经济实力名震禹州,当地有"十三帮一大片,比不上怀帮一个殿"的美誉。[1] 由此可见当年禹州怀庆商帮之强盛、怀药贸易之兴旺。

由武汉、天津、祁州、禹州等地怀商贸易状况可知,怀药贸易是怀商经济的主体,尽管寨卜昌王泰顺的铁货贸易具有相当的规模,许良西复兴的竹货贸易也异常繁荣,然仍不及怀药商人的实力,不及怀药贸易的兴旺。

所以说,怀药的种植、贸易是怀庆商帮诞生的物质基础;同时,正是怀商的经营才使得怀药遍及大河上下、长城南北,走进千家万户,享誉海内外。因此,怀药是怀商经营的核心商品,怀药商人是怀商群体的中坚力量,怀药贸易是怀商经济的主体。鉴于此,本书所述的怀商主要以怀药商人为主,个别兼及其他怀庆商人。

---

[1] 武敬义、常恩杰:《怀药贸易在各地》,中国人民政治协商会议沁阳市委员会文史资料研究委员会编《沁阳文史资料》第4辑,1991,内部资料,第20-24页。

第三章　无惧黄河阻南北
——怀商的贸易(上)

明清时期,怀药贸易历史悠久,怀药经济发达。怀庆府不仅是四大怀药的原产地,而且也是中药材的重要集散地。明清时期,这里的中药材市场遍布怀庆城乡,伸向全国各地,打入国际市场,闻名于中外。怀商不仅在本埠开展怀药贸易,而且足迹遍布全国各地。本章集中论述怀商在怀庆府以及河南各地的贸易状况。

第一节　怀庆府的怀商贸易

四大怀药的普遍种植为怀庆府中药材市场的兴起与形成提供了条件,奠定了基础。唐宋以来,城乡陆续涌现一批药商,或开设药铺,或兴办行栈,开始怀药贸易。明清时期,社会的稳定为经济的发展提供了良好的环境。怀庆府府治所在地的河内县一直为豫西北的政治中心。政治中心的形成与稳固,促进了经济的发展,也带来了中药材市场的繁荣。明代,怀庆府的中药材市场已经初步形成。怀庆府城,经营药材者日渐增多,中药材开始挤入城乡集市和庙会,占据着一定的商业市场。明代末年,怀庆府所辖的河内、济源、孟县、温县、武陟、修武等县的药商纷纷来到府城,开设药材行栈,进行怀药贸易。到了清代中期,府城河内的中药材市场走向鼎盛时期,从而成为全国著名的中药材集散地之一。

一、怀庆府城及各县的怀药贸易

怀庆府城的怀药贸易,是随着怀药生产的发展而逐渐兴起的。起初,仅有一些中药店铺,有的聘有坐堂医生,专为当地群众诊治疾病和供应中草药。明代,怀庆府属县药商纷至府城开行栈,办堂店,专营怀药贸易。到清代中期怀药贸易步入鼎盛时期,怀庆府城药材行栈林立,中药店铺遍地,药材行栈店堂已发展到100多家,主要分布在东西大街、南门大街、东关大街、府前街和勾楼街。

由于统计材料的局限,我们无法推知怀庆商人所拥有的资金及其增长情况,但清道光十九年(1839年)怀庆府城重修药王庙,怀药商人纷纷捐资并镌刻于石,为我们留下来第一手的佐证资料。如《创建三皇阁碑记》(图3-1):

> 庙创于乾隆五十二年初,竣于嘉庆十三年。增修四圣殿、对庭、潇洒阁,竣于道光五年。二十余年功德,前碑所载详矣。维时,三皇阁地基已购,因公捐未充,尚未建造,惟陆续修理河帮周围基址,置买木料砖瓦,于道光十年始议建阁。众曰:工大事繁,必得有人专司。曹宅庚言:药生会止存愚一人,如何能辞其责。遂于是年开工,十一年建立。顾经营非易,需费甚繁,公捐不敷,众字号行店愿出布施济工,继又不敷,众又慨然乐输,始终无懈,以期连成。时维徐新合、马万兴、齐合盛、刘福泰四字号轮流执事,各行店轮流协办,曹宅庚始终与焉,以底于成。十二年,又请郭广合,阎恒昌捐资入会,协力办公,外有杜盛兴捐资,以增工费。嗣修八卦亭、名医牌位十二尊,上下神龛四座、东禅院一所,落成于道光十四年。敬神开光,前后一律,殿宇巍峨,庶足以妥神灵而表虔诚矣。夫事之图始者,靡不乐观其成。计此事前后五十余年,统费五万余金,绝未向他处募化分文,而众字号行店屡屡捐资,不自为德,其踊跃急工,要无非神圣有所默佑也。今工程完备,我等世守药业,饮水思源,以连神庥,春秋祭祀,瞻拜有地,庶几克慰众愿。后之同道君子,于是踵而增之,扩而充之,俾神圣香烟愈久而愈盛,我等尤有期于无穷焉。
>
> 郡城河内学增广生员萧占卿董沐书丹
> 郡城河内学廪膳生员董凤诰董沐篆额

张天泰　马泰丰　邓义顺　马万兴

刘复泰　李广盛　徐新合　郭广合

胡万生　齐合盛　阎恒昌　朱天元

药生会曹位西宅庚氏

住持僧　行梅

徒　福定

徒孙　祥兆、祥瑞

大清道光十九年岁次己亥秋八月谷旦

　　　　　　　　　　　　　　石工　李清江镌刻①

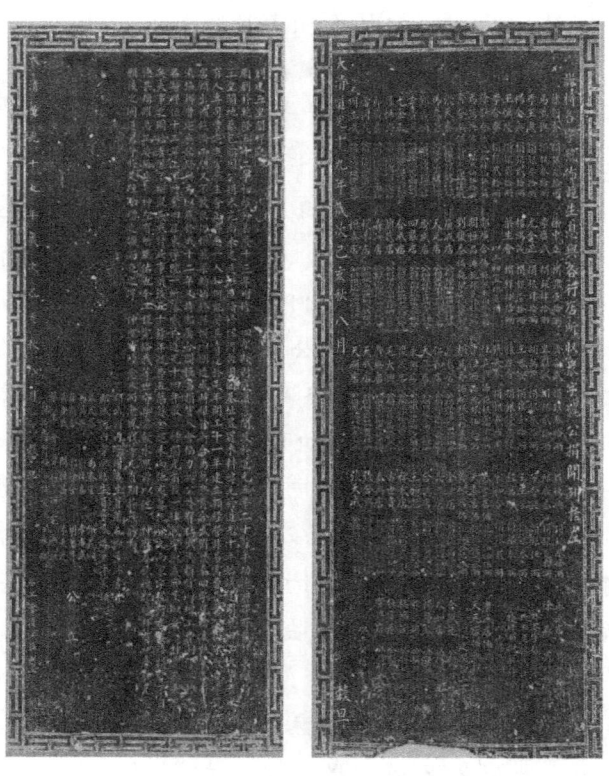

a.碑阳　　　　　　b.碑阴

图 3-1　清道光十九年(1839年)《创建三皇阁碑记》

---

① 清道光十九年(1839年)《创建三皇阁碑记》,今存于沁阳市博物馆。

清道光十九年(1839年)《创建三皇阁碑记》开列有捐资商号与捐银数额。就捐资数额来看,李广盛公捐布施银6073两8钱5分,尤金正公捐布施银3154两4钱5分,罗恒兴公捐布施银2980两6钱3分,邱广泰公捐布施银2437两1钱,张天泰公捐布施银2174两8钱5分,马泰堂公捐布施银2174两8钱5分,雷同义公捐布施银923两1分。这在当时,都是可观的数目。这些捐资数额可观的商人都是家资巨富的富商。基于此,在创建三皇阁时,12位捐资数额较大的商人被众商推为立碑的代表人物,他们的名字即张天泰、马泰丰、邓义顺、马万兴、刘复泰、李广盛、徐新合、郭广合、胡万生、齐合盛、阎恒昌、朱天元,被书于碑的正文之后。

清末以后,战乱频繁,河内中药材贸易已渐衰落,药材行栈店堂虽有减少,但怀药贸易仍较兴盛。至民国年间,城内主要药业行店有同丰药行、和丰药行、协丰药行、协兴药行、复兴药行、三兴公药行、三兴药行、吉庆药行、胜利成药行、永盛合药行、济通药行、道清三分栈、源记货栈、保和堂、刘氏堂、永春堂、同合堂、致和堂、万全堂、义和堂、同春堂、万春堂、和合堂、春合堂、济世堂、乔二师药店、长春药店、联丰药店、万胜北药店、利民药房、钧记药房、振华药房、宏济药房等50余家。1945年11月,沁阳首次解放,县城药材行栈店堂又陆续兴办起来。到1955年,县城计有协兴、协丰、联丰、复兴、同丰、同仁堂、保和堂、同春堂、济通等药材行栈店堂30多家。1956年前沁阳县城中药行栈店堂情况见表3-1。1956年,这些药材行栈店堂分别转入国营和公私合营。

表3-1 1956年前沁阳县城中药行栈店堂情况表

名称	业主	地址	人员数/人	开业时间	停业时间
协兴药行	李晴春	东大街	8	1949年	1955年成立联合总店
联丰药行	樊道珍	东大街	10	1947年	
永盛合	纪奎祥	东大街	6	1949年	
同春堂	纪奎俊	东大街	2	1953年	
万春堂	郝玉成	东关	2	1951年	1954年
永春堂	李家标	东大街	15	1924年	1935年
同仁堂	王成太	府前街	30	1912年	1948年
济通公	李自有	东大街	4	1941年	1943年
三兴公	街办	东关	8	1947年	
万胜北店		东关		1932年	1947年
复兴药行	胡修身	东关	8	1949年	1952年

续表

名　称	业　主	地　址	人员数/人	开业时间	停业时间
协丰药行	黄本良	东大街	13	1948年	1954年
济世堂	郑浚	东大街	3	1913年	
保和堂	杜铭久	勾楼街	30	1898年	1956年公私合营，1958年转为国营
春和堂	张文焕	南门大街	4	1944年	
同和堂	张庭贵	勾楼街	6	1926年	
春和堂	王春华	府前街	3	1954年	
同仁兴	张廷喜	府前街	12	1949年	
胜利成	街办	东大街	15	1946年	1952年
同丰药行		东大街	30	1927年	1946年
吉庆合	王吾典	东大街	6	1938年	1947年
义和堂	赵廷勋	灯塔街	25	1921年	1947年
致和堂	郭文永	府前街	30	1912年	1947年
道清三分栈		东关			1949年

（资料来源：河南省沁阳市地方史志编纂委员会编《沁阳市志》，红旗出版社，1993，第367-368页）

温县的怀药贸易繁荣。民国《温县志稿》记曰："温壤地褊小，人口众多，五谷所入，丰难有余，歉即不足。所赖以集商贾通财货者，惟山药、地黄两项，尚为收入之大宗。"①怀药历来行销全国，清道光年间始销国外。温县城内货行林立，各埠经营怀货庄者亦多为本地人，主要销售口岸有沪、汉、穗、渝、津、湘、苏、杭、西安、香港等地。

"温本弹丸僻邑，无水陆都会之区。城乡各镇商店，均系零买零销，商业向不发达。惟地黄、山药，以温县所出最多，而又最良。富商大贾，在温设庄收买，不下数十家，交易繁盛，为他县所不及。"②自1875年至1949年间，温县城内的知名怀药货行达42家，城内怀德堂药店，后改立安堂，是清咸丰元年(1851年)博爱张茹村人开设的，经营中草药600余种。仅1915年温县城内就有药商21家。按其资金多寡分类，一类：资金现银1.5万两左右，年销怀药50万斤以上者有东林肇的运泰昌、西林肇的三成申、马庄的义盛合、林村的德盛恒。二类：资金现银1万两左右，年销怀药40万斤到50万斤者有西林肇的福顺永、学兴成，东林肇的庆成玉，西小吴的范玉仁，南张伦的刘林中，东南王

---

① 民国《温县志稿》卷首《附物产表》，1986，河南省温县地方志编纂委员会校订本，第11页。
② 民国《温县志稿》卷3《民政志·实业·商业》，1986，河南省温县地方志编纂委员会校订本，第50页。

的三兴仁,晁肇村的协泰玉,赵堡村的晋玉成。三类:资金现银 7000 两左右,年销怀药 30 万斤到 40 万斤者有孟村的长茂祥,大渠河的盛兴魁、兴永盛。四类:资金现银 3000 两左右,年销怀药 20 万斤到 30 万斤者有番田的礼太吉、常店村的郑玉成、南张羌的天兴仁、苏王村的张丰兰。五类:资金现银近 3000 两,年销怀药 15 万斤到 20 万斤者有北张羌的二合堂、计通光等。

此外,民国以来建立的货行还有西南冷村的恒丰合、福兴合、福昌玉、恒昌德、瑞兴永、林兴九,东林肇的四只恒、吉茂荣,马庄的和盛祥、瑞盛茂、六吉常,赵堡的玉继升,大渠河的熙圣祥、福圣常、德盛茂、协和永、安怀义、同升泰,南张羌的富裕德,城内的泰来行,陈卜庄的安怀信。① 1920 年,博爱金城医生周子长在温县城内开设保和堂药店,有坐堂医生 2 人,店员 13 人,经营中药 800 余种,自制多种丸、散、膏药出售。温县西关医生徐生华在城内开同仁堂药店,店员 6 人,经营药材 600 余种。同年,温县朱沟人朱作府在城内开同仁玉堂药店,有店员 10 余人。② 1923 年,温县杨垒人张子杰,联合沁阳、济源、孟县、武陟、温县五县大药商,成立怀药股份有限公司,兼营豫北怀药交易所,集股银洋百万,包揽各县怀药运销,年经营地黄 13,600 篓,山药 9150 件,牛膝 1730 件,菊花 1050 件,总计缴纳税额 17,871 千文(折银洋约 1 万元)。③ 然而,20 世纪 30 年代,温县怀药商号却纷纷倒闭歇业。"近数年来,各项捐派,有加无已,商家因负担太重,纷纷歇业,而怀货庄至今竟无一存也。"④

武陟盛产怀药。清光绪年间,武陟全县年产地黄 6 万斤、山药 5 万斤、牛膝 15 万斤、菊花 2000 斤,主要产地在西陶、大封、小董、大虹桥等乡。此外,还生产瓜蒌、天花粉、益母草、车前子、公英、荆芥等 22 种药材。武陟对外贸易主要以四大怀药为主,曾远销印度尼西亚、印度、香港、马来西亚、新加坡等地,主要由武陟商号文得祥、荣福祥、协和祥、福兴和等经销。每年销往香港、东南亚等地 100 多万斤,经销人在香港高开街长期租赁房屋。每 100 斤怀药在香港销价二十六七块银元,私行可从中赚利 5~7 块银元。天津也开设怀药行向国外销售。1914 年在巴拿马万国展览会上,武陟山药、生地、地黄膏、牛膝、手

---

① 温县志编纂委员会编《温县志》,光明日报出版社,1991,第 409 页。
② 王兴亚:《河南商帮》,黄山书社,2007,第 164 页。
③ 温县志编纂委员会编《温县志》,光明日报出版社,1991,第 409 页。
④ 民国《温县志稿》卷 3《民政志·实业》》,1986,河南省温县地方志编纂委员会校订本,第 50 页。

巾、八元青丝头巾、百丝汴绣等十几种商品展出。1941年太平洋战争爆发,日军、英军在香港激战,怀药经营停滞。①

明清时期,武陟城内和木栾店开设有中药店铺。民国十年(1921年)宁郭镇设世和堂、王盛仁等中药店。民国三十七年(1948年)武陟县中药店92家,分布在木栾店、宁郭、小董、二铺营、刘村、蒯村、谢旗营、小高、大虹桥、大封、乔庙、南贾、西陶、大司马、圪垱店等19个集镇。药店制作的药品有丸、散、膏、丹、药酒等类。药丸有木香顺气丸、桂枝理中丸、归脾丸、人参健脾丸、杞菊地黄丸、六味地黄丸等。②

武陟的物资交流会由古庙会沿袭而来。民国二十四年(1935年),武陟有庙会194处,规模最大的有木栾店农历九月初一会和十月二十会,会期货物以药材为大宗,其余有布匹、绸缎、山货、皮货、竹货、农器家具、地方百杂货、骡马牛羊等。尚有马戏、猴戏、杂耍助兴。参加盛会的有北京、天津、哈尔滨、济南、上海、汉口和豫北各县的商人。大会由东大街、坊街、西大街、南大街向南延伸到南门外沁河滩。过沁河桥到旧县城(老城),长达四五里,赶会者络绎不绝。③

孟县的药材交易主要为生地(即焙干的地黄)、牛膝、菊花、山药,即四大怀药,其中生地种植、销售均占首位,品质较佳,具有菊花心、油性大、药力强、耐贮藏、入水沉、疗效高的特点。当时孟县缑村、上段和谷旦以东为地黄主要产区,年产量约500万公斤,每到9月份或10月份地黄收获季节,经过挖掘、挑选、分等次进行火炕焙制,呈干软状态后即进行销售,质量评定系按只数为准,即4只以内1斤称优等,8只以内1斤属中级,12只以内1斤为下等,以下为混杂。药商利用各地药材大会,如河南禹州、百泉,安徽亳州,河北安国,湖北汉口等地,将其投入市场,行销全国,经营方式是设商贩和行店,武桥、岑村、南董、杜村、缑村、东韩、南庄等处均设有代客收购站,武桥郝凤丹、北董张兆春、缑村薛昆复、东韩李树华均为有名气的生地庄经理,多行销广州、上海、天津、汉口等地的洋行,然后外运香港、马来西亚、日本、新加坡、菲律宾、印度等国家和地区。据说,生地在马来西亚作为至高无上礼品,女儿出嫁要以红布包

---

① 武陟县地方史志编纂委员会编《武陟县志》,中州古籍出版社,1993,第338页。
② 武陟县地方史志编纂委员会编《武陟县志》,中州古籍出版社,1993,第473页。
③ 武陟县地方史志编纂委员会编《武陟县志》,中州古籍出版社,1993,第318页。

装几块生地陪嫁,含有吉祥之意。较大的生地购销业务多集中在三春荣、三鼎堂、太丰恒等药材庄,货款很少进行现金清算,常常通过保太昌、三裕公等钱庄办理汇票。①

清末民初,孟县城乡医药经营主要是中药,当时共有中药栈91家,从事经营者有400余人,品种有1000余种,其中以三春荣药栈名气最盛,被誉为药商之首。三春荣创于1880年,以东韩村的李雅三、县前街的毕义春、南街的宋绍荣合资开办,各取名尾一字而得商号之名,以主要经营名贵药材著称。所经营药味主要有怀货、川货、广货、东北货,除怀药生地、牛膝、菊花、山药外,还有川货川贝母、川黄连、川练子、西货当归、当参、甘草、大黄,广货广皮、桂枝、肉桂、存朴,东北货人参、鹿茸、辽五味、辽细辛,门类繁多,品种齐全。从1934年农历十月开始,以三春荣为首,曾在县城举办了为期一个月的全国性药材大会,连办4年。广生堂药店是建于清中叶的一家老店,至民国初年,伙计30余人,门面房3间,仓库30多间,账房3间,门诊3间,经营药材品种达1000多味,进货来自汉口、山西、禹州等地,以货真价实取得信誉。此外,20世纪30年代前期,还有三鼎堂中药栈也较出名,兼营少量西药。

1947年至1956年资本主义工商业改造之前,孟县与医院并存的个体药店、诊所有63家,其中城内10家,如东大街的延令堂、广升堂、三义合,西大街的周众堂、诚春堂、庆仁堂、跻世堂、健康西药房、民生药房、路绍祖药店。1956年,随着对资本主义工商业改造的推进,遂将诚春堂、庆仁堂、跻世堂、三义合、健康药房、路绍祖药房改造为国营店,其他药房于1956年前后相继消失。②

二、怀庆药商的经营方式

怀庆药商是怀商的主体,在当时,从事怀药经营的有药行、药庄、药堂(店)、药栅、行栈、牙行等之分。

(一)药行。药行均拥有一定的资本,设有场地、堆栈以及招待设施,有信誉至上的商业道德,从事代客买卖、包装、托运业务,从中收取佣金。如河内县城东关的三兴公药材行,城内的协丰药行、源记货栈行等,都是规模较大的药

---

① 孟县志编纂委员会编《孟县志》,陕西人民出版社,1991,第382-384页。
② 孟县医药志编纂室编《孟县医药志》,1983,油印本,第115页。

行,从业人员四五十人,怀药收购旺季,日雇佣加工人员多达百人以上,每天成交怀药高达10万余斤。

(二)药庄。药庄有雄厚的资本,一般在全国主要城市设有分号,在一定程度上有操纵市场的实力。如协盛全、杜盛兴等药庄,资金高达100万两白银,他们在武汉、天津、长沙、祁州、禹州等地均设有分庄,依靠药源和行情信息,互为调运大宗药材,采取囤迟卖快的方法,牟取暴利。

(三)药堂(店)。药堂(店)是中药材零售门店,有坐堂医生,医药结合,并加工丸、散、膏、丹。在经营之道上,凭借药优、价廉、品种全、疗效高、炮制严、讲卫生等特点取得信誉,赢得市场竞争力,如怀庆府保和堂,从业人员30余名,以货真价实、童叟无欺、讲究质量、待人谦和、医疗技术精湛,在人民群众中享誉数十年。

(四)药栅。药栅从药庄、药行批发出来怀药,然后小批量出售给行商。主要分布于府城的东西大街、府前街、南门大街和东关大街。府城药商联合成立药生会,捐资修建药王庙。当时,清化、西向、紫陵、柏香、崇义等各大镇,药材市场也相继形成,日趋活跃。

(五)行栈。就是专门经营中药材的场所。行栈设掌柜数人,分别负责行栈的主要事务。下设司账、帮账数人,负责行栈对内、对外财务结算工作。从业人员又分内把式和外把式。内把式在行栈与药商接洽业务,外把式对外联系业务,所有内外把式必须精通业务,善交际,有口才,能够察颜观色,及时把握对方心理状态。

(六)牙行。又叫经纪人、经手人,是药材交易的中介,在药材交易中起着重要作用。凡是从事药材经营的卖方,事先要向牙行说明出售药材名称、产地、数量与最低价格,买方事先也要向牙行说明购买药材和药品的品种、成色、数量与规格以及最高价格,牙行按照双方要求进行联系。这是当时市场管理赋予牙行的一种特殊的权力和功能。不通过牙行不能成交。这些牙行,既有丰富的交易经验,又有识别药材的能力,只要一看货物,就能作出准确判断,按质议价,因此,买卖双方都能接受他们的裁定。另外,有时买方因一时资金出现某些问题,不能如数付清款项,牙行可代商家支付或替买方承担。交易成交后这些牙行收取一定的佣金。

怀商在药材交易中,还形成了一些行话,现辑录如下:

（1）议价。经手人征询买卖双方，对价格无出入时，在复看大样后定盘成交。

（2）叫价。对大宗或贵重药材，经手人在双方接近成熟时，乃邀同至行里当众折中叫价。

（3）围盘。喊盘之后，卖客嫌价低，不愿成交或不愿如数交割，三天之后，买客如愿加价，由经手人从中拉拢，谓之"围盘"。

（4）逞盘。买卖双方都不愿接受经手人喊出的盘子，三天之后，无法拉拢，谓之"逞盘"。

（5）跟盘。同一规格之货，甲客或乙行做出的盘子，乙客或乙行愿意随行，谓之"跟盘"。

（6）退货。除怀帮红码货外，一般从成交之日或发货之日起，先开计码小票，三天之内如发现货物不符，可以退回，谓之"退货"。

（7）放盘。某一品种喊价之后，三天之内同行不得另做价；但辛亥革命后，同行之间当天就"放炮"（即放盘），造成同行之间的矛盾。

（8）放秤。议价或喊盘之后，若买主嫌价高或货湿，经手人商请买方每担或每件酌情"放秤"若干斤。

（9）放期。行家对于货款的交割，原定月底、半月总结，由于月有旺淡，药有滞俏，遇到淡月而又是滞货，卖客不愿让价，就只有放长兑现的月期，谓之以"放期"。

（10）贴佣。行家经手间，买卖双方议价无法拉拢的时候，为争夺往来迁就成交，将佣金贴进去，谓之"贴佣"。

（11）望交。如客家货到一部分，做了价格，另一部分在途，而买客贪进，卖客可以预售定下交单，谓之"望交"。

（12）围皮。因成交时件数过多，不能一一退皮过秤，经过经手人，由买卖双方指定一件退皮，其余照此标准推算，谓之"围皮"。

（15）发货、转货。货存甲行，不能脱售，可听客家转于乙行，费用由客方负担。

（14）借水行舟。货款延期不付，并推托货未出售，有时货主通过打听学徒才得真底，其间给予学徒以小费。

三、药材大会

怀药大会，是随着怀药贸易的发展而兴起的，古怀庆府的怀药大会系全国五大药材大会（武汉、安国、樟树、禹州、怀庆药材大会）之一。

在药材行栈遍及怀庆城乡的同时，怀庆府城兴起了一年两次药材大会，分别是农历的五月二十和九月初九。怀庆商人敬奉药王孙思邈，农历的五月二十相传为药王生日，九月初九为药王祭日。两次药材大会会期均为一个月。会址原在城东北沁河滩的柳园里，当地群众称之为柳园药材会，后迁至东关大街，改称九九药材会。

药材大会，到底起于哪个朝代，尚无充分的历史资料可资查证，据一些片断史料和一些老年人的回忆可知：

沁阳城外东北的沁河堤旁，有一片柳树林，群众称之"柳园"。药怀大会因开始是在此举行，故得名"柳园药材大会"。后因时局不宁，会中常发生骚乱，加之沁河洪水影响，该会址又迁移到东关阁外。

柳园药材大会，是在四大怀药声誉影响下兴起的。鼎盛时期，成为全国性的中药材交流大会。届时，西南的云南、贵州、四川，西北的陕西、甘肃、宁夏，南方湖南、湖北、广东、广西，东南的江苏、安徽、江西，东北的吉林、黑龙江及北方的河北、内蒙等地药商慕名前来，参与购销活动。上海、天津、香港各大药商也前来收购所需要的的药材。全国药材集中于一地，其品种多达千种。在铁路未通、交通不便的条件下，西北大批药材先由黄河水运，后转沁河北上运至沁阳；四川等地的药材经长江运至老河口，再舟车节转运抵府城；临近州、县的药农、药商肩挑、驴驮、车推，也将自己的药材运来大会销售。然后药商们再从会上购回自己需要的药材。①

药材大会贸易均遵循《怀庆药材行规》：大会怀货期款八个月。生地大菱皮十三斤，加称三斤。中菱皮八斤，买三十斤加一斤。提膝皮十二斤，膝肉皮八斤。毛山药箱皮无价皮三斤。公议秤银每百两小于苏州七钱。生地收购用大秤二十两，每百斤折七十斤，银两为八折扣，即所谓"七折八扣"。会前，怀

---

① 武敬义、朱瑞贵：《沁阳药材大会概述》，载中国人民政治协商会议沁阳市委员会文史资料研究委员会编《沁阳文史资料》第4辑，1991，内部资料，第31-32页。

庆府城各大药材行栈捐施银两,筹备大会招待费用,昼夜备办酒宴招待各地商户。夜幕降临,府城药业行栈门前张灯结彩,招徕生意;药王庙内有大戏助兴,宫灯高挂,光焰烛天;各方药商朝拜药王,香烟缭绕,鞭炮声不绝于耳,古城成为不夜之城;镇台衙门派出兵丁日夜巡逻,维持大会秩序,保护客商安全。作为全国中药材五大集散地之一的怀庆药材市场,成交额动辄逾万元,对繁荣怀府经济曾起过积极的作用。据记载,参加历次药材大会的有陕西省的延安、绥德,甘肃省的平凉,山西省的太原、长治、晋城、赵县、汾城、运城,河北省的邢台,山东省的昌邑,湖北省的汉口,河南省的永宁、偃师、洛阳、开封、巩县、杞县、鄢陵、许昌、洛宁、临汝、滑县、修武、新乡、济源、孟县、温县、武陟、辉县,以及察哈尔、上海等地客商。后来,由于战乱频繁,药材大会由盛而衰,终告停办。新中国成立后,人民政府为了活跃经济,促进物资交流,恢复了原来的药材大会,将会址改设在沁阳城内人民广场,会期改为农历六月初一和九月初九,为期均半个月。药材大会由工商部门主持,吸收公安、文教、卫生、税务等部门参加,组成大会秘书处,下设管理、交易、宣传、治安、总务等股,分工负责,会间有大戏助兴。1952年的六月初一大会成交额即达21.1亿元(旧币,折合人民币21.1万元),九月初九药材大会成交额为48.8亿元(折合人民币48.8万元)。一业突起,百业俱兴,沁阳市场很快繁荣起来。后来,由于社会体制变革,沁阳的药材大会于1956年停办。

此外,武陟木栾店有传统的九月初一关帝庙会,清化镇人也巧妙利用传统八街端午会进行药材交流,每次会期半个月。

四、怀药贸易的管理

明清时期,河南商帮主要有两个:一个是由河南彰德府武安、涉县商人组成的彰德商帮;另一个是由河南怀庆府河内、武陟、孟县、温县等县商人组成的怀庆商帮,即"怀帮""怀商"。清康熙年间,怀商形成庞大的药商队伍,常年奔波全国各地,运销四大怀药。

怀帮成立,建设会馆之后,对怀属商人好处极大,举其重要者而言:(1)货物运往市场的运费可向帮内借支,待货物售出后归还。(2)货到销售地点,由会馆负责接收管理,如受到货主委托,价格合宜,也可代替出售并收回货款。(3)货物质量好坏不受行店欺哄,不致贬价出售。(4)货主可委托会馆代购商品。(5)怀帮商人住在会馆,一切方便。(6)办事迅速,往返汇款灵通。

当时,怀药经过加工后,根据各市场的销路,按质按量运去出售。山药是挑选又肥又大、两头整齐的加工。做成成品以后,选择好的装箱首先运往上海、广州、浙江、香港等市场,其次为武汉。好坏都有客人收购。生地在加工以后分支头出售。大约每斤6至8个头,还有10至20个头的,也有24至40个头的,其余称小生地,价格低。支头大的多是运往上海、广州、浙江、香港;汉口是支头大小都能销售;天津、济南、营口、西安、湖南、四川一律销售次货。牛膝从种植到收获都要经过技术管理和加工。怀牛膝的特点是根部身长肥大,比川牛膝力量大。装箱运往市场以前,挑选肥大的每5至6根捆成一把,用红棉绳捆,一斤左右,这种好货运往上海、广州等市场,绝大部分销于上海;其他市场销售的是次货。菊花春季栽种,秋季成熟收割,收割不能超过霜降;经霜打后就变成粉红色,还得用硫黄熏成白色的才好出售。收割时用剪子把花朵剪下来,焙干晾透,装箱运往销售地点。

在收购时,各产地都有牙行组织,经牙行介绍,双方议价成交,牙行并抽取佣金。怀货庄(收购怀药的生意)去产地收购时,必须得通过牙行介绍才能收购。

当时,怀药商人为了垄断怀药市场,先将款贷给药农,以低价从药农手中收货,待拥有大量货源后,又以"上吐下泻"的方式,将产地收购价提高,把市场价压低,以此来控制药农长途运销和外商来产地收购,并以汉口为基地设分庄于外埠,货物调运仍由怀庆总号掌握,经常保持货物总量的三分之一为调度标准。价格均由总号通过成本核算,一般以30%为毛利标准操纵市场。总号和分号之间每旬互相通信一次,分庄和分庄之间每半月通信一次,如有特殊情况,可写加班信或拍电报,时时掌握市场动态,掌握怀药货源,掌握主动权,掌握货源吞吐量。在业体之间,尽管表面上保持和睦相处,彬彬有礼,实则想方设法地抑制或压倒对方,已达到获得高额利润的目的。全国在武汉的药帮,发往买方的药材,一般从成交之日或发货之日起,先开计码小票,三天之内如发现货物不符,可以退货。怀帮以红笔号码,只允许复秤,不予以退货,唯怀帮可以拒不执行退货的规定。

五、怀商商号

商号是商品经济发展到一定阶段的产物,是社会需要和社会认知的综合信任体,并有一套规范的组织程序和管理制度。明清时期,怀庆府出现了诸如协盛全、杜盛兴、寨卜昌、西复兴等一批知名商号。这些怀商商号通过遍布各地的网络进行贸易,不仅促进了怀庆地区与全国各地的商品流通,发展了地方经济,而且也把怀庆地区的各种特产销售到全国各地,使怀庆特产誉满华夏,创造了独具特色的商业文化。

(一)河内杜盛兴

杜盛兴是河内邬庄(今博爱邬庄)杜氏开设的商号。杜氏是明洪武年间从山西移民到河内邬庄的,以农业为生。杜家历六世而至杜堂,杜堂以上名讳已不可考,杜堂遂被认定为河内邬庄杜家之始祖。清咸丰六年(1856年)杜生彩的《创建家庙碑记》曰:"邬庄之有杜氏,其始迁之祖不可考,至本支所自出者自讳堂始。"①(图 3-2 为邬庄杜盛兴杜氏家祠)

图 3-2　邬庄杜盛兴杜氏家祠

明中叶以后,社会经济异常繁荣,怀庆府地区商业更是发达。其时,杜堂有子三人,次子杜世荣于农闲时节以在清化镇推车运输货物贴补家用,后专给本村商号"来公盛"推车售药赶祁州药会,历经杜光言、杜加让、杜有方,杜家稍有发达。至杜堂六世孙杜兴信、杜兴谟时,商业运输已颇有经验,兴信、兴谟又诚实可靠,受人尊重,"来公盛"就助金百两,让二人附带捎点货物销售,积资渐多,加上祁州药会的历练,以至于发迹,遂创名为"盛兴"商号,以取"盛"

---

① 杜生彩:《创建家庙碑记》,清咸丰六年(1856年)。现藏于博爱邬庄杜氏祠堂。

之"兴旺、旺盛"之意和兴信、兴谟之"兴"。因东家姓"杜",又名"杜盛兴"。清咸丰六年(1856年)《创建家庙碑记》即云:"我曾伯祖兴信以赤手起家,与我曾祖兴谟同怀竞爽,锱铢积累以致饶裕家隆。"

  清道光年间,杜氏生意兴盛,已是当地有名的商号。杜盛兴主营四大怀药批发,还经营名贵药材如麝香、朱砂、黄芪、党参。麝香总店设在四川灌县,朱砂货栈设在湖南长沙,黄芪货栈设在甘肃临洮,党参货栈设在陕西双石铺。杜盛兴总店设在邬庄(图3-3),设立总掌柜一人,司账2~3人,学徒20~30人。杜盛兴生意统一管理,除朱砂、党参外,所属商号都由总店统一定价,每年正月十六开盘,由总号唱价,各行随之,药价稳定,全国各地一个定价。杜盛兴商号货真价实,童叟无欺,远近驰名,成为著名的怀商商号。杜盛兴家传经验良方仍存,见图3-4。

a

b

图 3-3　邬庄杜盛兴总店

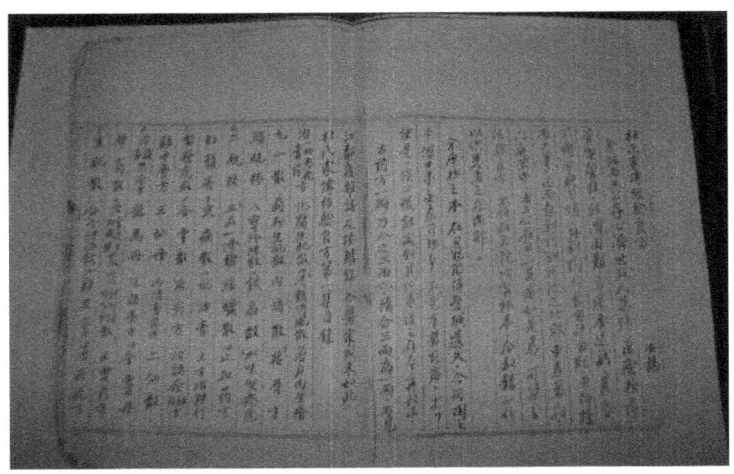

图 3-4　杜盛兴家传经验良方

附：杜生彩《创建家庙碑记》

我杜氏系出刘累，自得姓受氏而后历汉晋唐宋，代有闻人，如汉之延年、晋之杜预、唐之如晦、宋之杜衍，皆彪炳史册，照耀千秋，兹以谱牒失传，不敢妄有攀附。邬庄之有杜氏，其始迁之祖不可考，至本支所自出者自讳堂始。生世显、世荣、世扬；世荣，我纨袴子弟，生光言、光福、光先、光间、光祖；光言，我三世祖，生加让、加位；加让，我太高祖，生有方、有伦、有学；有方，我高祖；我曾伯祖兴信以赤手起家，与我曾祖兴谟同怀竞爽，锱铢积累以致饶裕家隆。隆日起生我祖成恩，嗣先业罔敢失坠。我显考万华与我叔父万荣分理家政，昕夕不倦，基隆业厚，视前代弥复有加。我曾祖未有子息，我祖考援一门双祧之例，以我父为之嗣，我父又难于嗣，生彩承嗣。我叔父先有子生金，旋以殇逝。我族兄生光承嗣。自曾祖以来，率薄于自奉而急于振施仁浆义粟沾溉姻邻族党，不可枚举。每有公私义举，辄倾囊佽助，不复知金帛为己有。生彩兄弟继之，亦不敢坐拥厚资以负我先人遗意。二十年来兴修省垣，修葺贡院，武陟设立河朔书院，京都创立覃怀会馆以及协济通仓，接济军饷。祥中两次河工皆争先乐输，不遗余力。本年补休郡城，仍捐资二千金以资保障。用是仰邀优叙恩纶叠沛，生彩议叙都司职衔，我曾祖父、我祖父诰赠武功将军，我父、我叔父、我伯兄诰赠昭武都尉。重维朝廷深重之恩国家优渥之泽，微我祖余荫庇佑，何以得有今日，古人身受爵秩，作庙器铭彝鼎，勒天子之休命而垂诸不朽……善于亲归美于祖。君子反古复始不忘其所由生也。岂躬逢盛典而敢视为缓图，爰卜地于居室之东建立家庙五间，中三间为堂，左右各一间隔以墙。北为夹室，南为房堂。南檐三门，房南檐各一门，阶五级。庭东西庑各三间，东藏遗衣冠，西藏祭器，庭缭以垣，南为中门，又南为外门，右偏设一侧门。堂后楣以北，设二室，敬涓吉旦奉主入祠，躬亲馈奠妥侑先灵。凡在子姓，靡不跄跄济济，恪恭承事，礼成而退，庆溢闾闾。且夫爵赏不可以幸邀，宠荣不可以虚被，□功宗德不可以一日忘富贵，福泽不可以无功享。惟我祖考积善累德，历有年所绵绵延延终致盛大，虽不获身享其隆而赐爵受封，显荣焜□使子若孙皆得以并受其福□□□酬报勋庸而昭兹来许矣。独是盛衰倚伏之理，若循环，然古之识微见远者，安而不忘危，存而不忘亡，治而不忘乱，诚有见于盛隆难保而持盈，保泰之心不可一日而弛也，当兹丰亨豫大之时，深虞盛满盈溢之惧计，惟有夙夜忱勤，增修其德，上以答朝廷栽培之恩，下以继祖宗艰大之业，使世世子孙有所观法，是则生彩之志也夫，是则生彩之责也夫。咸丰六年岁次丙辰十一月吉日裔孙生彩谨识。

赐进士出身、诰授中宪大夫、兵部员外郎、加三级随带加一级高倬填讳

郡庠生增广生齐勉之书丹

安昌阁锡玉勒石①

(二) 河内协盛全

协盛全是河内刘村(今博爱清化镇刘村)李氏开设的商号,创始人是李九锦、李九帛、李九丝、李九绸。起初,弟兄四人忙时种植,闲时烧砖制瓦。由于砖瓦生意时好时坏,同时看到清化镇商业又十分繁荣,为了生计,于是李氏兄弟停止砖瓦生意,为河内张茹集(今博爱张茹集)皇甫氏的药材生意作佣工。当时,皇甫氏做药材生意,雇人运货,李氏兄弟受雇推车送货,来往于天津与怀庆之间。一来一往一个多月,去时送药材,回来载海货。长年累月,不分寒暑,又忠实可靠,办事机灵。后来,有了点积蓄,就在村里开起个小药店。皇甫家考中举人,就将生意交给了李家,两家由此成为莫逆之交。李氏接管药店之初,仍是在收获季节只搞收购,加工另找加工作坊。由于毛货与正品差价很大,到李氏三代孙时,便自办起药材加工厂,将收购来的怀药加工后再出售。李氏在清化刘村设立药材总店(图3-5为刘村协盛全故居李氏家祠),在开封、武汉设立分店。后将总店设在开封(图3-6)。清咸丰、同治年间,太平天国运动爆发,南北交通受阻。聚集汉口的大批怀药不能向南运送,南货药材也不能北运,江南怀货脱销,江北南货短缺。积压的药材几乎分文不值,协盛全抓住这一时机,在南方以低价收购南货。几年后,南北交通恢复正常。李氏将所收存的南货抢先运往开封、北京、天津等地,卖上个好价钱,一下子发了大财。接着,收购了亏损倒闭的药店40余处,分店达到100余家,分布在天津、武汉、长沙、上海、香港、茂州(今茂县)等地,除继续经销怀药外,该号所制协字麝香,亦极有名,且专门经销朱砂,资金在100万两以上。

---

① 杜生彩:《创建家庙碑记》,清咸丰六年(1856年)。现藏于博爱邬庄杜氏家祠。

a

b

图 3-5　刘村协盛全故居李氏家祠

图 3-6　协盛全总店(开封)

协盛全分店有清华协成和、焦作协成复、修武协成复、武陟协成和等。

协盛全的药材生意，一直延续至新中国成立。经过社会主义改造，协盛全总店及所属各分店，都公私合营。协盛全的招牌持续二百多年，他们的经营方法和对药材的加工、炮制技术，至今仍在民间流传，这无疑是一种宝贵财富。协盛全的继承者乃李九丝之后，李九丝的曾孙李腾广、李腾全、李腾锡、李腾先、李腾汉、李腾美等兄弟六人，有四人经营怀药，并分别立店号为协盛全、协盛东和协盛西。这些店号，多分布在湖北的汉口、湖南的长沙、江西的九江口，至今那里还有他们的店铺遗址以及他们的后人。

(三) 孟县三春荣

孟县三春荣药栈是以孟县缑村镇东韩村的李雅山(三)、城内县前街的毕义春和南街的宋绍荣，各取一尾字而得名。三家兑合资金而兴办，每股500两银子，共同40股，地址在县城内南街。创建于清光绪六年，即1880年。

三春荣药栈的经营范围，主要是怀货生地、牛膝、菊花、山药。其他有川货如川贝母、川黄连、川山甲等，西货如当归、甘草、大黄等，广货如广皮、桂枝、肉桂、厚朴等，东北货如人参、鹿茸、了五味、了细辛等等，种类俱全。

三春荣的经营方式是互通有无，调剂余缺，全国各地均有"跑水"，如上海、宝鸡、禹州、长沙、重庆、成都等。三春荣以四大怀药为主，择优出口，远销国外。随之三春荣驰名海内外。

三春荣在经营四大怀药方面有自己独特的一套方法。如：三春荣把收购的地黄分成等级，大的地黄用于出口，中等地黄销于上海等地，剩下的"底结"销于四川自贡井盐区。因为，自贡井盐区拉盐水的水牛，长饮盐芦水，内热大，用怀生地清热。大的地黄价格昂贵，小的地黄同样可用。就这样，怀庆府一带所种的地黄，虽等级复杂，统可由三春荣销出，从而赢得了很高的声誉。

孟县地处交通要道，历代万商云集。孟县商界借东晋兴起的老君会、大唐中期的药王会(即药材会)之盛名，从民国二十三年(1934年)起以三春荣为首，组织举办了药材大会，会期一个月，自农历十月十五日至十一月十五日。每当会期，万商云集，众药居首，笙歌弹唱，马戏、杂技、戏剧昼夜助兴。药材大会办得极为排场。远来各帮客人，各持帮货名贵，相互交换。药商客人有东北帮带来东北药材名贵佳品，广帮带来两广药材之特产，川帮带来西南地道之药材，西帮带来陕甘特产众药。互通有无，相互交换，各取所需，生意称心。佳期最长达两月有余。三春荣趁势扩大经营,每次药材大会净利润都在 20 万元以上。孟县远近各行业也都为发迹之时,但收利有别。每次大会的交易额更是无法统计。

孟县药材会连续举办三次,后因日寇侵略而中断。日军所到之处皆一片荒凉,药材生产没有保障。每到会期,各帮客人不能限期到达,使得孟县药材盛会于 1938 年在战争的灾难中萧落。

帝国主义对经济的残酷掠夺,连年的战争破坏,更使三春荣难以支撑门户,经营状况因而急转直下。再则,三春荣连遭火灾,也使经营雪上加霜。1939 年至 1940 年前后,三春荣在重庆、长沙、武汉、陕西三原的诸分店连遭火灾,损失都在三四百万元以上。1940 年 8 月 13 日,国民党在长沙码头放了一次大火,连烧了七天七夜,烧死的人不计其数。此次大火烧毁三春荣整整一大船药材、四大船黑木耳,价值 400 多万元。三春荣最终在战争的火海中衰落。

"三春采的长生药,三鼎尽炼不老丹",此是三鼎堂门上的对联。三鼎堂是三春荣药栈的一个水柜,继发于三春荣之后,于民国九年(1920 年)建立。当时的东家乃是东韩李振国的祖父李绍续,掌柜是沁阳人潘士哲,后又换为孙村的李有秀。资金在当时是一千块现洋,店内有 20 余人,即掌柜、账先、站柜、切药炮制、蹬碾、座堂先生、厨师等。

三鼎堂以赊销、记账等办法来垄断市场,博得相当的信誉。东家李绍续对货物很是讲究。要求三鼎堂的经营必须有就有、无就无,炮制遵古,不好不能上柜,各色上号,后来又印各药物的图样,标名产地、功能、主治、用途、用量等。对顾客远接近送,生意做得称心如意,财源发达。三鼎堂除经营中药材味味俱全外,还经营一定范围的西药。

三鼎堂的末期,东家小辈以假充真,名声自溃。加之日寇进中,连年混战,三鼎堂为避兵荒马乱,被迫迁往猴村,随之而告终。①

(四)修武大德生中药店

大德生药店是修武县最有名的中药店,位于修武县城内东大街路南(现修武县中医院处)。大德生药店由郭良图(字嘉献,今博爱县金城乡南马背村人)、史贯之(字一吾,今博爱县金城乡史庄人)、杜道周(字菲堂,今博爱县金

---

① 孟县医药志编纂室编《孟县医药志》,1983,油印本,第 109—113 页。

城乡邬庄人)三家各出500元银元(作为股金),合资创建。

大德生药店成立后,为了弥补资金的不足,由杜盛兴麝香庄作保,采取先进货后付款的办法,从北京大量批发各种道地药材进行销售。在具有一定规模后,派人参加在全国各地举行的中药材大会,并派专人常驻安阳、禹州、亳州等中药材集散地来采购药品,甚至不远千里,到云、贵、川等省采购道地药材。特别是严把进货质量关,凡伪劣药材一律不进。通过这些措施,大德生药店的药远近闻名。大德生药店遂由单纯的门市零售进而兼营批发,垄断修武的中药行。

大德生药店鼎盛时期,最多有21人,一般在15人左右,最少时有6~7人,并有一套严格的管理制度。每人每天的工作时间都在十几个小时以上,晚间所有人员(包括掌柜、老板、学徒等)都要参加中成药的制作或急需药品的炮制,直到深夜。

大德生药店的员工分掌柜、老板、坐堂医、司药、采购等,表现好的,按级别升迁。如:1942年郭良图去世后,郭良纯接任掌柜;史荣之为门市部负责人,被称为老板;郭良纯原为账房先生,由范宏杰接任,赵克宽负责采购,范宏杰、程大儒为司药;程鸿宾为账房副手,后任司药史金章是早期的学徒,后升任司药。

药品管理是保证药效的一项重要措施,大德生药店对此制定了一系列完整的保管制度,设专人负责,并不时检查,以防霉变、虫蛀、鼠咬。出药(批发或装斗)时都要过筛或挑拣,以去其杂质。因霉变、虫蛀等因素失效的药品,则坚决抛弃不用。为防有些用蜜、醋等炮制的药品因放置过久性味减弱或变质,就采取制量少、勤炮制的原则。一次炮制量,少则够用三五天,多则够用十来天,个别的随用随炮制。

经过以上这些措施,大德生药店便以货真价实、药效显著而声誉鹊起。

(五)孟县保和堂

保和堂创建于清光绪二十四年(1898年),财东是孟县南庄乡田寺村的杜有白。杜有白于清光绪十二年(1886年)考中进士,曾在广东任知县10余年,后弃官从商。先在孟县城内东大街开了个绸缎店,商店字号为裕丰益;又在杜村开设裕兴昶怀货行,从事四大怀药的收购、加工、外销;后在禹州开药材行,并向上海、西安、汉口和广州等地派出坐庄老板。由于善于经营,获利甚丰。

随后，在怀庆府城内勾楼街购买一家破产的店铺，经过整修，得门面5间，三进院落，前后共36间房屋，其中楼房21间，取名保和堂。整个药店分三部分，即头柜零售药材、药品，二柜为中药批发，后院为药材加工。药店兴旺时，设内掌柜3人，内外科坐堂先生3人，采购2人，从业人员达40余人，资金达9000两，是怀庆城内规模最大的一家药店，也是当时河南境内少有的大药店。

六、怀商遗存

（一）济世慈心——怀庆府城的药王庙

明清时期，怀庆府商业繁荣，贸易发达，商铺林立，怀商建筑随处可见。令人遗憾的是，这些建筑或毁于战争，或毁于旧城改造。目前，怀商故里最著名的建筑遗存就是沁阳城内的药王庙、博爱圪挡坡的孙真庙以及焦作李贵作的药王庙。

据文献记载：古怀庆府的药王庙，坐落在河内县城内东北隅，坐北朝南，占地面积2800多平方米，为各方药商朝拜药王、洽商怀药贸易的中心。

药王庙创建于清乾隆五十二年（1787年），初竣于清嘉庆十三年（1808年），整个建筑群由山门戏楼、钟楼、鼓楼、牌楼、厢房、潇洒阁、三皇阁等建筑组成。

山门戏楼，面阔三间，进深三间，正面重檐外廊，灰筒板瓦顶。正中开设大门，两边外廊下增设栅栏。正面飞檐，下横悬"药王庙"金字匾额，每字高七尺余。戏楼为单檐，悬挂二匾分别书写"登春台""古今一脉"。在戏楼两边各有耳房一间。

通过戏楼是青石铺成的甬道，在甬道左右，矗立着钟楼、鼓楼各一座，方亭式建筑，小巧玲珑。钟楼悬匾"舞鲸"，鼓楼悬匾"泣鹤"。甬道两旁种植着迎春、桂树、梧桐、蜡梅、香柏等花木。

木牌楼横跨甬道，四柱三间三楼，庑殿顶，巍巍壮观。四柱下设须弥座形青石台基，台基上浮雕仰莲，青基红柱，引人注目。主楼斗拱九踩四下昂，昂嘴圆雕龙头。次楼斗拱七踩三下昂，昂嘴圆雕凤凰头。上下枋间安置华板，华板双面高雕盘龙、行龙、丹凤朝阳、狮子绣球以及蝠、鹿等祥禽瑞兽图案，雕工精细，富有灵性。木牌楼结构精巧，造型雄伟，加上通体沥粉贴金彩绘，显得富丽堂皇，被河南省列为古代牌楼精品。这种融中国石枋艺术与古建顶饰艺术于一体的建筑物,是不可多得的建筑珍品,也是古代怀药文化、怀药经济繁荣昌盛的重要标志。

通过牌楼,甬道两侧是面阔五间、进深一间的对庭,对庭为单檐硬山圆宝顶,勾连厢廊楼阁式建筑,飞檐下悬吊垂柱斗拱,雕刻精细,彩绘栩栩如生。

沿甬道拾阶而上,有宽大的平台为月台,月台后有卷棚、四圣殿。卷棚面阔三间,进深一间,单出飞檐,正面三间通装隔扇,隔扇浮雕云龙图案,为宫廷式样,表现了药王庙不凡的地位。屋内正中泥塑金妆孙真像,像后有屏风龛,龛内绘《河内山水图》(长卷),是由清代著名画家怀庆人莘凤诰绘制。卷棚后是四圣殿,卷棚与大殿由天沟泻水连接。四圣殿面阔三间,进深三间,殿内两侧各设神座,神座上分别彩塑医界四圣像。卷棚和四圣殿内还悬挂许多金匾名联,墙面柱身几无空处,宫灯排列,烛光通明。

四圣殿后是方正宽大的后院,院中心起八角台基,上筑八角形潇洒阁,俗称八角亭。该亭单出飞檐,宝珠饰顶,飞檐下镶"潇洒阁"匾额。

庄重巍峨的三皇阁坐落在药王庙的最北部,面阔五间,进深五间,重檐歇山,绿色琉璃瓦覆顶。阁内正中彩塑神农像。据言,当时主事建庙者认为,神农尝百草,分辨五谷,发现草药,应该是中草药的鼻祖,所以,金妆神农像于三皇宝阁。三皇阁的上层面阔三间,进深一间,彩塑天皇、地皇、人皇三皇像。三皇阁沥粉贴金彩绘,富丽堂皇。

药王庙在建筑装修上,无论木刻透雕、浅雕、彩绘、彩塑,还是人物故事、锦禽花卉、祥龙瑞兽、山水风光,构思巧妙,布局严谨,形成了一条自然完美的艺术画廊。

药王庙,在历史上曾为振兴怀庆府经济、开发怀药市场起过积极的作用。但自清末以后,就屡遭破坏,目前,除木牌楼、东西对庭幸存外,其他建筑均被拆毁。药王庙的木牌楼屹立于石台基上,除了建筑格局引人注目之外,其"济世慈心""恫瘝在抱"的匾额尤为赫然。"济世慈心"是药王庙木牌楼的正面楷书的浮刻匾额,其背面为"恫瘝在抱"匾额。(见图3-7)"济世慈心"就是表明怀商以慈善之心来济世,来救济世人。"恫瘝",即痌瘝,指病痛,比喻疾苦;"在抱",即在胸怀。"恫瘝在抱"就是把别人的痛苦当作自己的痛苦,就是把人民的疾苦放在心上。这既展示了怀商的情怀和胸怀,也是怀商精神的象征。

a.正面

b.背面

图 3-7 怀庆府药王庙牌楼

河内,作为怀庆府府治的所在地曾是四大怀药的第一集散地。药王庙乃是怀庆府乃至全国的药材贸易中心。当时,以药王庙为中心,每年举办两次怀药大会。怀药大会,起于何时不详,每年举办两次,分别是农历的五月二十和九月初九,会期均为一个月。每届大会,药王庙内热闹非凡,大戏助兴,大摆筵席,大殿和卷棚周围,挂有 48 盏牛角宫灯,金碧辉煌,邀请全国药商开展药材交易。随着四大怀药声誉不断提高,交易范围日益扩大,销售数额也与日俱增。所以说,怀庆府城的药王庙,是怀药经济繁荣昌盛的重要标志,也是怀药商业文化的源头。

(二)圪垱坡的药王庙

圪垱坡的药王庙也称孙真庙(图3-8),位于今河南博爱县城西北约7.5公里太行山之阳的圪垱坡(因其山形稍孤异,故称"圪垱坡")。由坡下登阶18级至亭上,亭额曰:一天门。亭后沿坡之上,缀植松柏,青葱郁翠,间以亭阁,饶有风趣。再登360余阶,到孙真庙。由殿旁左右门而进,眼光殿巍然迎门而立,高约丈许,两旁凿岩为阶约30余级。由殿后越岩而上10米许,达玄帝宫,宫前柏树两株,约为百年之物,立庭前观,左右两坡平均辅翼如左右臂。再攀岩而登高约13.33米,有灵霄宝殿踞于山巅,殿前岩若帽形,其旁有一大石,石面平坦可容20人之座。再上,地皆平坦,驻足远眺,竹林、村落、田野尽收眼底。

图3-8 博爱圪垱坡的药王庙

日军侵占期间,圪垱坡毁于日军之手。

药王庙分两进,中隔一庭,大殿锦帐幬中藏孙真人之像。两旁诸神罗列,状颇威严,每年正月初一至正月十六,四方士女,群集其处,求医问卜者,络绎于道。

博爱圪垱坡一带如今仍流传有"领羊"的习俗,据说是当地百姓为感谢孙思邈救命之恩而采用的一种祭奠形式。据老辈人说,那是一个浩大的活动,有上百人参加,表演种种民间艺术,如狮子、老虎、旱船、高跷等等,一行上百人举行一个"领羊"仪式,具体来说就是把一只羊放在祭坛上,用酒浇它,让它打颤,就是"激凌",这就是"领"的意思。羊一打颤,就算"领羊"成功了,然后返回。如果羊不被"领",就算是祭祀不成功,就得继续来,用酒不行就用凉水,反正羊是要"领"的。

《博爱县志》曾记载:唐高宗李治永徽元年(650年),黄河中下游流域发生瘟疫，医药学家孙思邈闻讯来到今博爱县月山寺西侧、丹河东岸的圪垱坡，挂牌行医，为群众治病。他以怀药为主要原料，大量制造屠苏酒等防瘟药剂，广为散发。当时用于制药的野生怀药供不应求，孙思邈便带动当地百姓广泛种植怀药，用于制药防病，不但扑灭了瘟疫，而且还在当地丹河、沁河两岸形成了民间种植四大怀药的传统。① 唐永淳元年（682年），孙思邈病逝于圪垱坡，享年141岁。宋徽宗崇宁二年（1103年），孙思邈被追封为"妙应真人"，因此后世又称他"孙真人"。当地百姓为纪念孙思邈遏制瘟疫流行、推广怀药种植的功绩，便在圪垱坡依山修建了药王庙，长年祭拜，并规定每年农历正月初一至正月十六为庙会，天长日久便在庙前形成了一年一度的药材大会。

（三）李贵作村的药王庙

李贵作村的药王庙（图3-9），原名为昭惠王行宫，位于焦作市山阳区中星办事处（原山阳区百间房乡）李贵作村，始建于宋代，据传说是药王孙思邈行医、著书的居所。药王庙大殿面阔三间，进深一间，另有厢房数间。大殿坐北朝南，柱梁与其他木结构，简单粗糙，接口处紧密，有近于宋末元初的建筑特征。在大梁、柱子和墙壁上都有龙舞彩画，两窗为方口木式，殿门为四开隔扇。殿坡陡立，殿正脊左右有青龙两条，中间有砖刻牌位，记载庙主姓氏。

图3-9 李贵作村的药王庙

殿正脊两头的原龙头已被砸掉，现有的是复制品。两青龙色泽鲜艳，刻画完整。大殿的平台西侧有三通重修碑记，其中一通是清嘉庆十九年（1814年）的重修昭惠王行宫碑记。为全国重点文物保护单位。

据清《药王救苦忠孝宝卷》记载，孙思邈第一次来到焦作李贵作村居住了8年，后又数次来此居住，累计达28年之久。相传，613年，孙思邈在此处亲手

---

① 博爱县志编纂委员会总编辑室编《博爱县志·附录·轶事》，中国国际广播出版社，1994，第831—832页。

种植千头柏,并结草为庐,凿井取水,上山采药,下山炮制,往返于太行山、王屋山之间,施药救人,遍搜民间药方,为后来撰写《千金要方》《千金翼方》等医药论著奠定了坚实的基础。

第二节 开封府的怀商贸易

一、开封府怀商贸易概述

开封"居天下之中,平区四达"。明清时期,开封是河南省会、开封府治所在,以祥符县为附郭,省、府、县三级官署衙门聚集一地。不仅是政治中心,也是繁荣的经济都会。

明代的开封,城周 20 里,"为街者六十有九,为巷者五十有六,而胡同则四十有二"①,共计街巷、胡同 160 余条。然而,明末李自成围攻开封,统治者掘开黄河大堤,河水吞没开封城,明代繁华的街市荡然无存。无奈,清代的开封重建于废墟之上。清顺治《祥符县志》记载,明代开封之"坊街市巷,民居星罗……自壬午河决沦陷,旧所有者百不存一,迩来官署民厘创构未半"②。清代开封城的修建仍依明代旧制,城周 20 里,但由于积水在城中形成多处水坑,如龙亭坑淹没了周王府,还有徐府坑、包府坑、马府坑等,清代开封城的实际面积比明代小了许多。③

明代开封的商业、手工业在很大程度上是为以周王府为中心的诸多王公贵族服务的。其繁华商业区集中在大小山货店街、钟楼、鼓楼、大隅首、城隍庙街的店铺,而清代则逐渐散布于城内各街,以满足一般居民日常消费为主。

开封的商业经营,粮食是最重要的商品之一。清光绪《祥符县志》"市集"条记载该城主要的粮食市场有四:"曰西门杂粮市,曰南门杂粮市,曰曹门杂粮市,曰北门杂粮市。"④"居货"条下另外记有:"市籴谷米曰坊子,旧在宋、曹二

---

① 顺治《祥符县志》卷2《街巷》,第 11 页。
② 顺治《祥符县志》卷2《街巷》,第 10 页。
③ 邓亦兵:《清前期开封城经济初探》,《史学月刊》1986 年第 2 期。
④ 光绪《祥符县志》卷9《建置志》,第 58 页。

门、州桥及京山府前、柘城府前,今在东西南北四门及县前街。"①宋门、曹门均在城东,州桥在南门内之汴河上,京山府在西门内。明代周王府占据城区的北部,故粮食市场分布于东、南、西三个方向,北门没有粮食市。清代周王府邸荡然无存,开封东、西、南、北四门及城中均设有粮食市场。

除粮坊之外,清乾隆《祥符县志》还开列了其他居货之商的分布变化,如"布帛店旧在西大街、钟楼东、鼓楼北及大隅首东西街,今多在布政司街;巾帕店,旧在钟楼东,今多在老府门西";"纸店,旧在山货店(街),今多在土街";"茶肆旧在茶食王角,今多在各官廨前及街巷口";等。② 而清光绪《祥符县志》所记居货之商的分布,与乾隆志相比略有变化,并增加了油店、果子、海味、洋布洋货等店铺。

清代中叶是开封商业的发展时期,因为各地商帮在开封所建的众多会馆可为佐证。清光绪《祥符县志》卷一《实测县城图》中标有十几座会馆的位置,计有浙江会馆、山西会馆、江苏会馆、安徽会馆、江西会馆、两广会馆、两湖会馆、山东会馆、八旗会馆(又名直奉会馆、冀宁会馆),以及天后宫(即福建会馆)、覃怀会馆(即怀庆会馆)等,都属地域会馆;炉食会馆、盐梅会馆则为专业会馆。③ 安徽会馆、江苏会馆、两广会馆、八旗会馆等均建于清道光年间;两湖会馆建于清咸丰七年(1857年);覃怀会馆为清嘉庆十七年(1812年)河南怀庆府属八县商人集资筹建,清光绪、民国年间增修扩建。清末、民国年间开封又陆续兴建了更多的会馆。④

在开封的商品市场上,山陕商人在开封经营的主要有金融、粮食、烟草、皮货以及酒、油等业。汴绫是开封著名的手工业产品,彰德府的武安商人在开封经营绸布业者为数不少。而怀庆府商人向以经营怀药著称。怀庆府各县所产药材甚丰,种植亦广,尤以地黄、牛膝、菊花、山药四大怀药驰名全国。在开封经营药材的怀庆人不仅量多,而且资金雄厚,开封药业几乎为他们所垄断。清乾隆以后,协盛全将药材总店由清化迁至开封,直到京汉铁路通车,协盛全总店一直设在开封。铁货业、竹货业等其他行业,怀庆商人也多涉足。为"聚乡

---

① 光绪《祥符县志》卷9《建置志》,第60页。
② 乾隆《祥符县志》卷6《建置志》,第55—56页。
③ 光绪《祥符县志》卷1《舆图志》,第1—6页。
④ 王兴亚:《明清河南集市庙会会馆》,中州古籍出版社,1998,第206—207页。

人,联旧谊",清嘉庆十七年(1812年)在开封的怀庆商人决定在文庙街路北、菜胡同路南建立覃怀会馆,创建人为刘元凯、郝景俊,其费用由府属河内、温县、孟县、武陟、修武、济源、阳武、原武8县商人共同捐助。从清道光十八年(1838年)至清道光二十五年(1845年)先后三次买房78间,义地71.8亩,理监事多为富商巨贾。清光绪十八年(1892年),怀庆药商同仁中、同仁福捐资修建大殿一座并陪廊两楹。1924年,怀庆商人又集资增修大楼一座,中建戏台,至此成为一座完整的会馆。会馆有会首和值年,会首负责财产管理,值年处理会务。1931年成立怀庆同乡会,设立理事、监事,会员达六七千人。会员入会需交纳会费2元,全年交纳24元,作为日常会务开支。怀庆同乡会虽然也有其他成分的人参与,但为数最多的却是怀庆商人,并且出现了同仁中、同仁福等较大的商号,成为开封众多外来商帮中人数最多的帮口。

二、开封同仁堂药店

(一) 开封同仁堂药店的创建与经营

清道光年间,河南怀庆府人郝氏扬与阳武县的任某合资开设开封同仁堂。他们以每月30两白银,租赁开封东大街东头路南的房子30间(其中市面营业房4间)为店舍,前店后作,经营中药饮片和成药。郝氏扬自幼在中药店学徒,谙通药店经营之道。在他的精心经营下,药店生意日益兴隆。后来,同仁堂由郝氏扬之子郝培基掌管。清光绪年间,发展到鼎盛时期,全店员工达50余人。

民国初年,郝培基之子郝子鸿继承父业,管理药店。此时,任某后裔弟兄6人均嗜鸦片,家道日衰,频频向店中索取红利,寅吃卯粮,入不敷出,最后要求抽走任家全部资本。经中间人说定,同仁堂向银号贷款8000银元偿清其资本。从此,同仁堂由郝家独资经营,有资金约合2000银元。随后,郝子鸿也渐染鸦片嗜好,不如上两代人那样苦心经营,生意渐不如初,月营业额只2000银元左右。

1933年,郝子鸿50余岁,告老还乡。其长子郝景俊学徒未满,无法接替,而店中青年员工杨自新年20许,已出师,且聪明能干,深受郝子鸿赏识,因将药店交由杨自新经营。1936年春,同仁堂毗邻一杂货店失火,殃及药店,杨自新和一员工于火灾中丧生,店堂付之一炬,贵重药品、细料全被烧光,仅剩后作存货,约值一两千银元。郝家要杂货店赔偿损失久不成,便起诉上告,直到南京。杂货店主依仗有人有钱,买通官府,致使郝家败诉,同仁堂元气大伤。

火灾之后,同仁堂店堂由房主林家重建,郝景俊任经理继续经营,其胞弟郝廉卿也进店学徒,全店员工 10 余人。郝景俊虽力图重整家业,无奈当时兵荒马乱,苛捐杂税繁重,经济凋敝,民不聊生,同仁堂经营至无起色,店员工资勉强维持,还时有亏损。1947 年,郝氏弟兄两人为扩大经营,与同行竞争,决定由郝廉卿在鼓楼街东头路北开设分店——安仁堂。安仁堂有员工五六人,经营由同仁堂统一管理。后因用两个字号多有不便,一年多后安仁堂也改名同仁堂。两店虽经努力,营业额仍呈下降趋势。1956 年,同仁堂以 8000 元(人民币)资金参加全行业公私合营,纳入中药行业统一管理,郝家二兄弟均为私方代表。东大街同仁堂并入东隔壁同仁兴药店。"文革"中,鼓楼街同仁堂改名开封市药材公司鼓楼街门市部,1981 年 12 月重新恢复同仁堂字号。

(二)开封同仁堂药店的经营特色

开封的中药店一般都以经营饮片为主,能销售成药的只有葆予堂、协盛全大药店等几家有名的老药店。同仁堂从创办起就以销售自制丸、散、成药为主而独树一帜,成药销售占总销售额的 70%,并以质量上乘、疗效显著、品类齐全著称。该店共有成药 200 余种,按对症分为脾胃类、暑湿类、燥火类、眼目类、妇科类、儿科类等。销量较多的有十几种,其中蜜丸有马玉丸、天王补心丹、归脾丸、人参健脾丸等,散剂有一捻金、七粒散、红星丹、紫雪丹、牛黄至宝丹等。店里不设坐堂大夫,员工熟记各类成药功能主治,问病售药。成药除本地外,还行销山西和豫东南的睢州、宁陵、鹿邑、柘城、夏邑、永城以及黄河以北的延津、原阳、封邱、滑县等地。

开封同仁堂药店严格质量管理。同仁堂药店四代相传,历时 140 余年,在开封久负盛名,是和其过硬的技术和质量分不开的。郝氏扬临终遗训,教子郝培基要珍视前辈创业艰辛,好自经营,药材必遵古炮制,质量要精益求精,不得丝毫苟且,并嘱将此遗训世代相传。后人谨遵遗训,身体力行,对员工严格要求,使同仁堂一直保持良好声誉。同仁堂制胆南星定转九年,质量上好,曾有一例可知其品质:1956 年,烟台某内行顾客慕名来到同仁堂,备述自己跑遍东南十几个城镇未能买到转九年的胆南星之苦,恳求帮助。店员取出所存胆南星,并据实相告才转四年,未敢上市。顾客嗅其味,观其色,仔细查验,连说:"才转四年已到如此程度,难得!难得!"遂全部买去。以后老药工相继退休,后继乏人,同仁堂就不再自转胆南星,所用胆南星皆从药市购买。

(三)开封同仁堂的名药

开封同仁堂有一味独创名药——马玉丸。关于马玉丸,有一段真实的历史故事。清光绪年间,回民马玉常自带处方到同仁堂配制一种丸药。久之,引起掌柜注意,遂使店员将处方留底,以备马玉不慎丢失处方,仍可为之配药。马玉知后颇为感激。如此持续多年,及至马玉两鬓斑白,念及同仁堂多年配药之情,愿将处方相赠,并称此为祖传秘方,医治五劳七伤,可奏奇效。同仁堂照方配制出售,果然灵验,此药名声不胫而走,患者争相购买。郝家感马玉赠方之谊,为此药取名马玉丸。马玉丸在开封一直畅销不衰。后经离店员工将配方传出,其他药店争相仿制,但销量远不及同仁堂。公私合营后,马玉丸未再生产。此外,同仁堂的痧气丹、鱼鳔丸、女金丹也颇有名气。①

第三节 卫辉府的怀商贸易

一、卫辉府的药材贸易

明代卫辉府的社会经济状况相对而言比较落后,其"城池既狭,人烟又稀,土田少沃"②。不过,有些县的经济条件相当不错,如辉县:"其地肥饶,不费耕耨,故其人心怠惰";"其土沃腴,其气温燠,其草木研秀,其生物蕃滋,而山阳又其佳处也,鱼稻、梅竹、泉石之盛为尤"。③ 以土地肥沃、气候温和、水源充沛、物产丰富为特色,而且不需要付出太多的劳动,谋生容易。再如新乡:"土美气完,其水陆之所产者,甲于他邑"④;"其地颇膏腴,民多游惰,往往急私缓公,逐末弃本"⑤。因为土地肥沃,农业无须投入过多,人力多转向商业。但到了明后期,卫辉府经济出现逆转,甚至土地也发生退化,由沃变瘠,"壤地褊

---

① 民建开封市委员会:《开封同仁堂药店》,载安冠英、韩淑芳、潘惜晨:《中华百年老药铺》,中国文史出版社,1993,第439-442页。
② 王士性:《王士性地理书三种》卷3《江北四省·河南》,上海古籍出版社,1993,第280页。
③ 刘赓:《重修七贤观记》,载嘉靖《辉县志》卷1《风俗》,第9页。
④ 正德《新乡县志》卷2《土产》,第17页。
⑤ 梁问孟:《御史邑人梁问孟序》,载乾隆《新乡县志》,成文出版社,1978,第3页。

瘠……昔所称土地饶美,而人民殷富者,安在哉?"①

清初卫辉府的经济状况较前代有所衰落。清康熙四十二年(1703年),皇帝西巡返京时经过河南,为沿途所见深感忧虑:"自入潼关,见阌乡以及河南府民生甚艰,而怀庆少裕。至卫辉府则又艰苦,赖薄有秋成,尚能糊口,倘遇歉岁,必至流亡。"②豫西北各地相比,卫辉府最艰苦。清雍正七年(1729年),清世宗说:"前闻豫省缺雨,而卫、怀一带尤甚,朕心日夜为之忧虞。"③省内相比,卫辉府、怀庆府灾情最重。清乾隆年间也曾有过类似情况:"去岁夏秋以来,各直省多晴雨应时,秋成丰稔。惟豫省卫辉一属,雨泽愆期,未能一律赶种秋麦。"④与全国相比,卫辉府情况最差。清乾隆五十年(1785年),河南巡抚何裕城向朝廷专门报告卫辉府水利情况时说:"卫河历汲、淇、滑、浚四县,滨河田亩,农民筑堤以防淹浸,不能导河灌田。辉县百泉地势卑下,而获嘉等县较高,难以纡回导引。其余汲县、新乡并无泉源,只有凿井一法,既可灌田,亦藉以通地气,已派员试开。"⑤所属滑县"居异兖之城,其土壤坟至今半为塉草而长沙如漠","幅员虽广,然地瘠民贫"。⑥封丘则明显衰落,"平衍沙卤,无山林衡鹿之利,无数泽鱼蜃之饶……土力疏薄,其产不丰……地瘠民贫"⑦。卫辉府八县中,获嘉是较贫困的一个:"卫属邑八而获之瘠较甚。"⑧所谓"获邑土瘠水咸,物产绝无珍异"⑨。卫辉府中,唯有辉县的经济状况最好:"地多泉壤,足润南亩。"⑩水利优势保障着农业生产。清道光十五年(1835年),卫辉府知府耿省修说道:"余昔从事京曹,遇友自豫至者,盛称辉邑山川之秀美,风俗之敦庞,甲于中州,心窃向焉。迨今夏四月奉命来守沫邦,甫下车,见所辖各邑,或土瘠而民贫,或地冲而俗敝,或遭癸酉岁兵燹之余,民气犹未全苏。惟辉邑则沃饶

---

① 顺治《卫辉府志》卷1《图考》,第1页。
② 嵇璜:《清朝文献通考》卷136《王礼十二》,第6040页。
③ 《世宗宪皇帝朱批谕旨》卷126之16,雍正七年四月二十七日,第421册,第467页。
④ 爱新觉罗·弘历:《御制诗集》5集卷11《降旨加赈河南去岁被水旱睢州卫辉各州县诗以志事》,第1309册,第409页。
⑤ 赵尔巽等:《清史稿》卷129《河渠志》4,第3834-3835页。
⑥ 康熙《滑县志》卷5《食货志》,第5、25页。
⑦ 康熙《封丘县续志》卷3《物产》,第10页。
⑧ 乾隆《获嘉县志》卷6《赋役上》,第1页。
⑨ 乾隆《获嘉县志》卷9《物产》,第8页。
⑩ 王凤生:《河北采风录·凡例》,清道光六年刻本,第1页。

富庶,比户可封,深喜风俗敦庞之说为不谬。"①"辉邑则沃饶富庶,比户可封",可能源于中药材的种植以及百泉药材贸易的进行。

辉县东靠卫辉,西与山西陵川交界,南临获嘉,北同林县(今河南林州)、壶关相接,东南和新乡毗连,西南与修武为邻,自古为豫北通往晋东南要道。辉县处于太行山与华北平原过渡地带,地势北高南低,山区、丘陵、平原、盆地俱见。气候温和,土地肥沃,水资源较丰。动植物种类繁多,尤其是中草药资源丰富。药用植物近600种,其中常用药材150余种,主要有党参、沙参、丹参、元参、苦参、华山参、天冬、麦冬、黄精、当归、红花、何首乌、知母、续断、枸杞、补骨脂、马兜铃、杜仲、女贞子、牛膝、丹皮、白芍、黄芪、山萸肉、玉竹、百合、白术、蕙苡、五味子、连翘、紫胡、银紫胡、远志、黄芩、黄柏、防风、天麻、仙茅、淫羊藿、仙鹤草、白头翁、瞿麦、地榆、旋复花、荆芥、紫苏、薄荷、桃仁、酸枣仁、柏子仁、火麻仁、天南星、冬凌草、射干、刘寄奴、苍耳子、佩兰、半夏、泽泻、藿香、半支莲、龙胆、蛇床子、决明子、升麻、栝楼、天花粉、三棱等。②

民国初年,辉县中药店、铺83家,从业173人,有大来龙、大来恒、元泰、永年堂、同兴和、蔚生恒、福生堂、景汤、济生、益寿10家药店,以大来龙、大来恒、元泰生意最为兴隆;集镇以峪河同仁堂规模较大,从业10人。此外,还有药材行栈7家。民国二十七年(1938年)日军侵占辉县,大部分中药店、铺停业。新中国成立前夕,辉县县城中药店只有大来恒、祥泰(原元泰)、同兴堂、永年堂4家。③

辉县丰富的中药材资源以及百泉繁荣的药材贸易,成就了百泉药材交易中心的地位。

百泉药材大会是由地方组织的一年一度的全国性药材交流大会,因在每年农历四月举行,所以百姓简称"四月会"。与河北安国、江西樟树一起成为全国著名的药材交流大会;又与安徽亳州、广州清平、广西桂林、成都荷花池、西安康复路、甘肃陇西、河南禹州、河北安国、江西樟树的药材市场一起并称"全国十大药市",素有"春暖花开到百泉,不到百泉药不全"的美誉。

辉县百泉在县城西北5里,东距汲县50里,东南距新乡40里,为卫河之

---

① 耿省修《〈辉县志〉序》,载道光《辉县志》,"序"第1页。
② 辉县市史志编纂委员会编《辉县市志》,中州古籍出版社,1992,第118-119页。
③ 辉县市史志编纂委员会编《辉县市志》,中州古籍出版社,1992,第561页。

源,故亦称卫源。百泉每年有两次大市集:一为天爷会(亦称蟠桃会,或无梁庙庙会),会期为农历三月初三,仅1日;二为药材大会(亦称四月会),正式会期为农历四月初一至初十,如将会前筹备及会后绵延之时间计入,约有1月之久。

据记载,百泉药材大会是由隋朝兴起的百泉卫源庙会演变发展起来的。隋大业五年(609年)河内太守张定和依据众议在百泉湖北的苏门山麓创建庙宇一座,祭祀卫源河神——灵源公,形成了每年三次祭祀的定例,庙会也随之兴起。至唐高宗李治在位期间(650—683年),庙会更为兴盛,交易品种也渐次增多,尤其是药材品种的加入,庙会的规模越来越大。太行山区历来盛产药材,百泉又"东连齐鲁,西控三晋",药材贸易便成为卫源庙会的一项重要内容。卫源庙会延续到明洪武八年(1375年)得到了官方的支持。明洪武八年(1375年)卫源庙之石柱上,有清乾隆四十三年(1778年)山西泽州闻喜县珍珠行之刻记,载曰"明洪武八年御祭于四月朔八日,令起大会,以报神功,闻喜商出桌生理"。

明洪武八年(1375年),地方官在农历四月初八亲祭神灵,各地药商齐集百泉,药材交易演变成百泉庙会的主体。药材交易已成规模,卫源庙会遂演变成"百泉四月交流大会"。即此,全国各地药材大宗上会,各地药商购进卖出,调剂余缺,互通有无,交易大会盛况空前。

百泉药材大会,药商势力之增大,当在清康熙五十七年(1718年)以前。清康熙五十七年(1718年)河南怀庆府河内县药商及陕西西安府华阴县捐款创建的药王庙,内祀神农以及华佗、韦慈藏、孙思邈三真人像。另据清光绪《辉县志》记载:"四月初八日祭卫源神庙,四方贸易者皆至,南北药材亦聚十余日始散。"[①]可见药材大会,自古以来并非专以药材为交易,但药材之成为大宗交易物品至少当有200余年之历史。

每次百泉药材大会均人声鼎沸。自东街南门入,则两旁摊铺栉比,货列面前。赶会者摩肩接踵,拥挤不堪,大街一段为农具区,顺延以至于南街。过南街口为土制、挂货、杂货区。复往北行,路西另成一大市场,因其街道盘旋蜿蜒,俗称磨盘街,为京货或洋货区。再者为南货药材区。南货药材区以北以至

---

① 光绪《辉县志》卷4《地理志·风俗》,第32页。

小麓荒郊为山货药材区。棉织品如毛巾、棉带之类,复在山货药材区北,支布为帐,以蔽风雨。土布区则在山坡之列,布贩铺设地摊。乡间妇女则每人怀抱一二匹,或坐或立,以待买者。说书及杂技场多分布于街后之隙地,搭棚设台,经行其侧,丝竹鼓锣之声不绝于耳。① 赶会的行帮,依商业的种类区分,是谓之行,如药材行、皮货行等;依商人本籍区分,是谓之帮,如怀帮、陕帮。行帮数目,历年不同,随各种商业之盛衰隆替而增减。据民国二十二年(1933年)调查,主要者共有23行623家,其中药材行即有178家。参与交易的不仅有当地的药农药商,还有来自附近各县和河北、山东、山西、陕西、安徽的药商,以及经营其他货物的商人,而且规模越来越可观。各商由来地方,包括5省42县,内计河南27县,587家;江北6县,19家;山东5县,10家;山西3县,5家;安徽1县,2家。② 抗日战争前,百泉协新、协兴、玉生昌、中和昌、贵生恒、协胜勇、顺兴7家药行和辉县县城几家大药店垄断辉县药材收购市场。③

至民国初年,会期为农历三月十五至四月十三,四月初一至初十为正会期,药材交易三月二十六日直延长到四月下旬。

百泉药材交易的货物不仅药材一项,所以药材大会的主要组织除百泉药王会外,尚有临时商会之设立。

药王会是清嘉庆九年(1804年)在药王庙由药商们自发组织的服务于药材交易活动的组织机构,具体成员由百泉村药帮会首和棚下会首组成。所谓棚下即指各地的大商号,他们在药材大会上张幕设棚,在棚下营业,所以称"棚下"。棚下会首包括老会首和值年会首。老会首由广字号的山西太谷帮、河南怀庆帮及彰德帮等实力最强的老商号担任。值年会首,由外地药商每年从棚下推选若干人组成。

药材大会期间,药王会由外地药商推荐会首主持,与百泉村会首共同领导会务。而闭会之后,由百泉村药帮会首主持日常工作。药王会的职责,一是解决棚口间、药铺间、药摊间等一切交易的纠纷,以及货物的真伪、货色的纯杂、

---

① 刘桐先:《河南百泉的乡村市集》,《乡村改造》1936年第5卷第10期。李文海主编《民国时期社会调查丛编(二编)·乡村经济卷(中)》,福建教育出版社,2014,第835-841页。
② 刘桐先:《河南百泉的乡村市集》,《乡村改造》1936年第5卷第10期。李文海主编《民国时期社会调查丛编(二编)·乡村经济卷(中)》,福建教育出版社,2004,第835-841页。
③ 辉县市史志编纂委员会编《辉县市志》,中州古籍出版社,1992,第563页。

斤称的盈缺等问题;二是负责交易货款的清算以及会费的收取;三是负责适时召开各药行、大杂货棚下会首会议,商议大会有关事宜,如组织药商祭祀药王活动等等。①

药王会的经费,系各药行所纳之会费。会费依行号的大小分为四等,甲等3元,乙等2.1元,丙等1.2元,丁等0.7元。山货挑担商不纳正式会费,但须购买会证,称为"小帖",帖价0.5元。

临时商会成立于民国十八年(1929年),是以政府官员为主、有关商会和组织为辅组成的临时机构,其职责主要是制定商会章程、维护大会秩序、保障交易安全、指导大会的实施进程,确保会规的有效贯彻和执行。② 临时商会产生后,增选京货行、布帛行和杂货行等有关方面代表各一名,参与临时商会的领导与事物管理,改变了以往单纯由药商主持大会的格局,但属于药材交易的事物仍由药王会处理。所有参加药材大会的商人均向临时商会缴纳会费,亦按资本大小自数角至二三元不等。药商亦为临时商会的会员,故除向药王会纳费外,尚须向临时商会交纳约与前者等量的会费。药商虽纳两次会费,临时商会虽愿取药王会之权而并之,但药王会组织严密,决不因此动摇。③

百泉药材大会历经600余年,形成了一定数量的行帮,其中最富有影响力的行帮有广字号的山西太谷帮、陕西西安帮(华阴帮)、河南怀庆帮(河内帮)、河南彰德帮、河南禹州帮、河北安国帮、江西樟树帮、安徽亳州帮、山东东阿帮等等。④ 百泉药材大会行帮形成的鼎盛时期为清末至民国时期。当时南北药商云集,各地行帮林立,具有明显的时代与商业特色。但河南怀庆商帮的形成则在清代初期,而且处于领导地位。

怀庆府临近辉县,每当庙会来临,众多的怀庆商人纷纷满载药材前往交易。在河南各地与会的商帮中,怀庆府商人最多,怀庆帮和彰德帮的大商号往往被推举为会首。

清康熙五十七年(1718年)六月,在辉县的河南怀庆府河内县药商与陕西

---

① 张有新:《钟灵百泉》,中州古籍出版社,2007,第257页。
② 张有新:《钟灵百泉》,中州古籍出版社,2007,第258页。
③ 刘桐先:《河南百泉的乡村市集》,《乡村改造》第5卷第10期。李文海主编《民国时期社会调查丛编(二编)·乡村经济卷(中)》,福建教育出版社,2004,第835-841页。
④ 张有新:《钟灵百泉》,中州古籍出版社,2007,第261页。

西安府华阴县药商共同捐资创建药王庙,并同会立石《创建药王庙碑记》。《创建药王庙碑记》曰:

> 盖闻《戴记》有云:能御大灾则祀之,能悍大患则祀之。凡有功于民生,未有不千秋庙食也。药王济世活人,功补造化,远非御灾一时、悍患一方者比。岂独业医者所当祭祀,即行散药商亦当顶礼恐后矣。溯医之为道,自神农尝百草而药性辨,黄帝岐伯相问而病源明,雷公立法煅炼而炮制定。自是而后,代有佳人。华真人、韦真人、孙真人继出,性禀清宁之正,术通天地之穷,发前人未泄之秘,开后世灵妙之佳,以故医学随地庙祀。兹共城西北隅苏门山麓,每春末夏初,为南北药商交易之所,独无庙以妥神,众商顶礼无地,固心所歉然不安也。爰公同立议,捐资储金,创建庙宇。择诸商中之精能干办者董其事,卜地资福宫东边,聚材鸠工,建殿三楹,中塑三真人像,逢会瞻拜,报神功也,歆神德也。金妆丹垩,巍然焕然,落成之日,理宜勒石,因序其事之始末,以为后之南北药商劝。
>
> 督工药商李世荣。陕西西安府华阴县药商、河南怀庆府河内县药商,仝会立石。住持道人栗和贵。
>
> 大清康熙五十七年岁次戊戌孟夏①

辉县药王庙的创建说明怀庆商人不仅在辉县药材市场上已经崭露头角,而且显示出怀庆药商在辉县百泉药材大会中的地位,即作为一个商帮组织居于领导地位。

1931年,辉县药王庙统计资料显示,与会怀庆府商人计103家:沁阳38家,武陟43家,温县8家,博爱7家,孟县3家,修武3家,原武1家。其中药商54家:沁阳26家,武陟18家,温县6家,孟县2家,修武1家,原武1家。②

百泉药材大会曾经出现过波折。第一次在清乾隆十五年(1750年),因乾隆皇帝行将游览百泉,百泉为之大兴土木,修筑行宫,恐遭偷盗毁坏,遂将药材大会移至辉县东关举办。清乾隆十六年(1751年),辉县城关人士坚持药材大会继续在东关举行,而百泉乡绅村民据理力争,最终会址仍定百泉。第二次在

---

① 清康熙五十七年(1718年)《创建药王庙碑记》,现藏于辉县市百泉碑廊。
② 王兴亚:《河南商帮》,黄山书社,2007,第184页。

清嘉庆七年(1802年),药材诸商将药材大会迁至新乡县举办。其原因是清嘉庆六年(1801年)百泉的地主和房主任意抬高房屋、地皮的租赁价格,把持包揽药商的日用伙食,说行者(即经纪人)乱收佣钱,致使外来药商不满,遂经众议商定,自次年起移至新乡举办。其后,百泉村民郑士俊、牛振邦、陈均等人出面,呈文请求官绅调解,并派代表赴怀庆府邀请药商;清嘉庆八年(1803年)又赴禹州做劝解邀请工作,诚恳接受药商提出的各项条件,成立药王会组织,订立会规五条,恪守信用,①清嘉庆九年(1804年),各地药商陆续返回,怀商数十家更延至清嘉庆十年(1805年)始返。② 其《复会碑记》记载:

> 药商复会百泉于嘉庆八年四月初十日,蒙诰授奉直大夫,知卫辉府辉县事、加五级纪录十二次。张通示晓谕一纸,详勒于后:
>
> 据百泉士民郑世俊、牛振邦等呈称缘百泉四月古会由来已久。嘉庆七年,药客诸商迁移新乡,□生等□留劝请于本年四月,饬照旧行商复会百泉。生等与各商均感鸿恩无已矣。为此,叩乞计粘单一纸四开:一房屋地基俱各照旧生理居住,不许彼此易换;一房屋地基赁价亦各照旧规,不许多收少取,以后凭价永无增减来由,主去由客;一行客日用火食由客自便,地主、房主永不许把持包揽;一全蝎麝香任客货买货卖,永不许独立行市;一本处山货药材,无论远迩,散行行店,凡说行者,设有官秤、腰牌,领秤说行,贴钱一千,违者不许说行,查出禀官究治等情到案。据此,合行出示晓谕,为此示仰百泉士民商贾人等知悉,自示之后,尔等各宜遵照会规行商、立会,不得妄滋事端。如有不□,即指名禀究,各宜凛遵勿违,特示。诚恩商行□官士同同,足见谋事成全之。若规章并列,主客共议,永杜异日不齐之争。公议既定,通示且详,主遵会规,客尽行商,兹值全会咸在,除再为公议皆同,各无异说,主客各尽其礼,外相应敬神献戏,勒石详纪会规,永垂以志不休云。
>
> 会首:牛太、赵起福、郭良、郭三寿、史发魁、朱文光、祝彬、陈国宝等

---

① 张有新:《钟灵百泉》,中州古籍出版社,2007,第255页。
② 刘桐先:《河南百泉的乡村市集》,《乡村改造》第5卷第10期。李文海主编《民国时期社会调查丛编(二编)·乡村经济卷(中)》,福建教育出版社,2004,第835–841页。

大清嘉庆九年岁次甲子孟夏之吉
药商:王加魁、张乾、□士冠
士民:□□□、郑世俊、陈牛勺
住持道人:金正富　仝立①

清道光二十七年(1847年),订立药王庙会章程,药材大会自此稳定下来。

第三次在清宣统三年(1911年),有不法药商散布谎言,声称百泉药材大会即将停办,将改在卫辉府举行,并发放卫辉药材交流大会的请柬,邀请各药商改至该府集会,致使不少药商茫然无绪,百泉药材大会难以如期举行。百泉村民得悉消息,立即由百泉药商会首主持,由陈镕起草宣言,说明真相,热诚邀请各药商。辉县知县王建新也出面斡旋,经过多方努力,药材大会又在百泉如期举办,众药商始复迁至百泉集会。②

二、辉县大来龙药店

辉县大来龙药店,是明末清初怀庆人在辉县南关开设的第一家大型药店。房60余间,门面4间,从业20余人,前门店后作坊,收购批零兼营。民国以来,资金日趋雄厚,除从百泉药材会大宗收购中药材外,还常到郑州、天津、汉口、新乡、禹县等地进货,有时还到湖广、云贵采购,经营中药300余种,并代客加工中成药。大来龙讲究真材实料,切、炒、炙,炮制工艺认真严格,自产自销小儿惊风散、千金牛黄丸、全羊益气丸、牛黄化毒散、玉花膏等60余种丸、散、膏、丹,疗效甚佳,誉满城乡。司药人员以"站柜留心、细审药方"为座右铭,态度和蔼,彬彬有礼;凡来店批发,随来随办,早晚不误;远路药商可免费食宿钱;财不足可暂赊欠。经营有方,生意兴隆,日久不衰。民国三十年(1941年)四月十五日夜,侵辉日军火烧大来龙,经营300余年的药店化成灰烬。

大来龙药店焚毁,至年底,掌柜宋道儒、宋道芳、王世德等人牵头集资,在原大来龙药店旧址又盖新房36间,门面6间,原班人马,一分为二,各占一半,开设大来恒、同兴和两家药店。传统经营,生意又渐兴隆。生产中成药有四消丸、木香槟榔丸、活血调经丸、藿香正气丸、七制香附丸、丁香丸、活血顺气丸、

---

① 清嘉庆九年(1804年)《复会碑记》,现藏于辉县百泉碑廊。
② 张有新:《钟灵百泉》,中州古籍出版社,2007,第255页。

杜附理中丸、六味地黄丸、救急丹、生肌散、百保丹、益母膏等近百种。其中,大来恒生产医治黄水疮的一扫光、医治烧疮的玉红膏和医治大肚痞的北铁丸等药,疗效最佳,药到病除,颇负盛名。

另外,清咸丰年间祥泰药店由大来龙药店分出,初名"元泰",建于南关中路路东。除百泉会上购进彰帮、怀帮、祁帮、太谷帮等大药行的药材,还出外采购。但资金不如大来龙雄厚,在八九十年的竞争过程中,远不及大来龙。民国三十年(1941年)大来龙被日军烧毁,元泰生意大兴。民国三十三年(1944年)元泰改字号为"祥泰",成为辉县最大中药店。

1952年3月,大来恒、同兴和、祥泰、永年堂等四家药店联营,成为"德生联营药店"。1960年并入医药公司。1984年,辉县中药厂在南关西街路南挂起"大来药店"招牌,顾客络绎不绝。①

三、新乡白仁堂

新乡白仁堂药材店原于清嘉庆五年(1800年)创办于河南武陟,由白有全创办,1937年辗转迁至新乡。百余年来,该店以中药材的营销为主要业务,兼制丸、散、膏、丹等成药,在当地颇有声望。

白有全祖居河南武陟县木栾店,初创药庄时,主要经营传统的中草药。白有全以武陟盛产的药材为货源,乡邻们先将药材赊给他,待销售后再付款。白仁堂以四大怀药为主,其中又以怀山药为龙头,每年冬秋之季药材成熟后便大量收购,按传统方法进行加工。加工时雇工多达40余人,时间历时3~5个月,然后将加工好的成品打包装箱后发往外地,主要是发往天津、广州等地;待销售后,返回时再将广州、天津等地的药材采购回来在武陟销售,基本上是每年往返一次。由于资金有限,人员紧张,当时白仁堂药材庄除维持家庭基本生活开支和少量流动资金外所剩无几,在同行中影响不大。

第二代继承人白起银和第三代继承人白文渊继承家业之后,在药庄原有经营传统中药的基础上,开始制作丸、散、膏、丹等多种中成药,基本实现了前店后作的格局,整个生意有了较大幅度的发展,在同行中有了一定的影响。但是由于当时兵荒马乱,尽管经营很努力,生意仍十分萧条。

---

① 辉县市史志编纂委员会编《辉县市志》,中州古籍出版社,1992,第563-564页。

1913年春,由于天气久旱不雨,生意又十分不景气。第四代继承人白蒿清无奈携全家将药庄迁至修武县北位村。在此,白蒿清、白士旸、白思喆父子三人购买民房10间,重新开业。由于经营有方,以诚取信,加之刻苦钻研、勤学好问,不但能对各味中草药遵古炮制,而且对一般常见病症能切脉开方、对症下药,在当地赢得了信誉,营业额较前有了较大提高。为扩大经营范围,白家于1924年对药庄所用的柜台、货架进行了整修和补充,至此白仁堂药庄初具规模,进入创建以来最兴旺的时期。

20世纪20年代末期到30年代中期,由于社会局势不稳,白仁堂药材庄经常遭到土匪和地痞的敲诈和勒索。特别是1927年白蒿清被土匪绑票,为赎人用去大洋2000多元,使该店元气大伤,白蒿清又一病不起,到次年谢世。尽管白仁堂有白士旸、白思喆兄弟二人日夜操劳,然终是生意萧条,时有亏损,难以维持。1935年白士旸的儿子又被土匪绑票,为赎人白家几乎倾家荡产。修武县白仁堂被迫关门停业。

1937年春,白士旸、白思喆兄弟二人将白仁堂药庄由修武县迁到新乡市同庆里重新开业。为避免土匪再找麻烦,将药庄更名为仁之恒药材栈,仍经营中草药材加工炮制,此时品种已增加到700多味。

为打开经营局面,白士旸坐堂看病,白思喆带领其子侄站柜台售药,并由第六代继承人白忠仁负责采购和推销业务,先后与天津、北京、郑州、武汉、广州等地客商建立了密切的供需关系,初步形成产、供、销一条龙的经营模式,从而使药材店进入了第二个兴旺时期。1949年新乡解放后,仁之恒药材栈继续发展,并于1956年随着全行业实行的公私合营,纳入了新乡市医药公司。改革开放后,在有关部门的关怀下,白仁堂药材店于1984年9月重新恢复了老字号。

在药材加工上,白仁堂药材店严格执行传统加工工艺,牢记古训,遵古炮制;在服务态度上,恪守职业道德,维护患者利益,决不以次充好,以假乱真,做到货真价廉;并积极培训人员,使中医中药事业不断得到壮大。①

---

① 孔令仁、李德征:《中国老字号(玖)·药业卷》,高等教育出版社,1998,第176-179页。

第四节　禹州的怀商贸易

一、禹州药材贸易概述

禹州地处伏牛山东麓，境内有具茨山、箕山，全境山区、岗地、平原各占三分之一。山岗盛产野生药材数百种，平原地区药材种植历史悠久，盛产南星、附子、白芷等。禹州药材质地优良，享有盛名，具备发展药材的地利优势。西关每年三月骡马古刹大会，禹州及毗邻的汝、密、登等诸州、县药农肩挑、畜驮、车推山货药材赶会，撑棚结市，与客商面议成交，年复一年，孕育了药材市场雏形。

明洪武元年（1368年）朱元璋诏令全国药商来禹州集结。明崇祯十七年（1644年），药商在禹州筹建栈驿，清康熙二十五年（1686年）另起药市于城内南街，时有晋商专营海南参、血竭、沉香、羚羊角等珍贵药材。因此类药材多系进口，又为撑棚交易，故而号称"洋货棚"。清乾隆十三年（1748年）密县洪山庙药材会因地处荒山坡，经会首议定，将洪山庙药材会迁并禹州。于是，禹州药市规模增大，充盈城内数街，药棚遮天蔽日，昌盛非凡。清乾隆二十七年（1762年）三月，药市由南街迁至西关，成立药商会，每年设春、秋、冬三个会期，分别以四月二十日、八月二十日、十一月二十日为止期。会期，药商云集，除进行现货交易外，并按信誉结算上一会期账目。

随着药材集散地的形成，因其规模之大、货源输入之广、交易数量之巨，仅会期经营的棚商已经不能适应现实的需要。因此，药商纷纷分业立号，开设行栈常年经营。清乾隆三十年（1765年）至乾隆六十年（1795年）间药商经营行业达400余家，城内居民十有七八以药业为生。其经营方式，有巨商开设的药庄，有代客买卖、收取佣金的药行或药栈，有拆整卖零的药棚，有专营地产药材的山货行，有经营名贵药材的洋货棚，有长途贩运药材的行商，有制售中成药的丸散店、铺，等。同时，从属于药材行业的辅助性行业，如切药加工、拣药、丸散包装（糊盒、吹瓶）、打包及从事搬运的脚行等也相应崛起，从而形成了完整的药材经营体系，实为药材市场的鼎盛时期。药材业突起，带动百业俱兴，京广杂货、饮食服务、钱庄银号等应运而生，形成了庞大的经济市场。

长期的药材交易和药商的互相竞争，城区出现了以类或区域性的行帮组织。以类为帮的如甘草帮、茯苓帮、党参帮等，以区域或同乡为帮的如怀庆帮、老河口帮、汉帮、宁波帮、江西帮、陕西帮等。有的帮口为标榜其经济实力，集资兴建会馆客驿，作为本帮聚议谋事、迎宾送仕的联谊场所。如山西药商之山西会馆、怀庆药商之怀庆会馆。至各药帮联建之十三帮会馆，则为禹州药材业的商事团体代表机构。清咸丰年间（1851—1861年），药材市场曾因时局动荡一度不振，但仍有药业190余家，从业人员5000余人。

民国初期，药材市场复振。民国十二年（1923年）《禹县志》采访稿记载，"当时禹县县城内共有药庄300家，钱庄15家，京货30余家，杂货200家，其余大、小生意约500家，药商居百业之首。"①民国十八年（1929年）药业仍有285家，其中药行81家、药庄20家、药棚91家、丸散铺70余家、中药铺23家，从业人员6185人。民国二十二年（1933年）部分药行迁往郑州，药庄设在外省的分号、庄客也相继撤回或改营他业。民国二十五年（1936年），药业减至199家，从业人员下降为1918人，资本245万元（银元）。民国二十七年（1938年）六月，日本侵略军占领开封，战事逼近郑州，迁郑药商返回禹州，加之黄泛区灾民纷纷来禹州谋生，各行各业从业人员剧增，药业一度复苏。民国三十一年（1942年）局势较为稳定，药材交易重新恢复。据1942年12月《河南银行通讯》（第3卷）记载："药店种类庞杂，交易亦大异其趣，计分药行、药棚、洋货棚、山货棚、药庄、丸散店，合计150余家。"②民国三十三年（1944年）四月，日本侵略军攻占禹州，大部分药材行关闭，与外省交往中断，市场萧条。抗日战争胜利后，药商重操旧业，药材市场有所恢复，至1947年药材行业恢复至190家，从业人员1395人。新中国成立后，尤其是1956年实行对资本主义工商业进行社会主义改造，公私合营，国家对中药材实行上下垂直调拨，药材经营业务统一由国营医药公司购销。③

禹州中药材市场，为全国著名的中药材集散地之一，是中药材流通的枢纽，自然为怀庆药商所关注。怀庆商人依靠人力车推、肩挑和牲口驮运携带怀药相继进入禹州市场，不仅将药材运到禹州销售，而且还在禹州开店经营，同

---

① 杨继伟：《清至民国禹州药帮初探》，硕士学位论文，厦门大学，2005。
② 杨明庚：《发展中药市场，振兴禹县经济》，《禹州文史资料》第2辑，1986，第16-17页。
③ 魏迺俊、谢寿山：《禹州中药材集散地史话》，《许昌文史》第1辑，1986，第46页。

仁堂、屈同仁、杜盛兴、协盛全等均在此设立店铺。为维护自己的利益，聚集在禹州的怀庆药商，建立了自己的商帮组织——怀庆商帮。为规范管理，制定了帮规，也显示了怀帮的成熟。禹州怀庆会馆曾规定：

  凡收徒弟，非亲友所托则拒；收为徒者，由二掌柜训示；做生意软似棉，能说千句话，不舍一分钱；十年读出个秀才，十年学不出买卖；生意何尝无学问，必须操心勤动脑；起早睡晚打扫卫生，下苦功夫练写字，接待客人看眼色，上午搓纸捻、刷洗水烟袋，下午擦灯罩，晚上提前给掌柜和客人铺床叠被提便壶等，一年学徒不能在柜台上营业，三年以内没工钱，四年开始年底给一次压岁钱和一顶绫子帽壳，成绩突出的再加一件大布衫。①

清同治二年（1863年），禹州药商为反对车行欺行霸市联名上书禹州官府，请求知州马宽夫予以制止。马宽夫当即批复，予以查禁。为此，禹州药商立永禁开设车行德政碑一方，碑记曰：

  同治二年

  禹药会场旧在密冶洪山庙地方，山路崎岖，药物难运。至乾隆十七年间，众首事以禹州道路平坦，搬运较易，且人朴风古，请众商人迁禹作买作卖，往来脚运，俱听客便。不数十年间，商贾辐辏，遂称胜区。第年远时久，人情不无变迁。迨乾隆四十年间，忽有议开车行希图巨利者，众商不便。鸣于前任黄州尊，蒙恩禁止，立碑为记。迄今又数十年矣，今春复有不鉴前车，私开车行，而蹈故辙者，众等公呈理诉，蒙马郡侯断令："率由旧章，即行裁撤，以后永远禁止。"商民感德，无不稽首称颂。语云莫为于前，虽美不彰；莫继于后，虽美弗传。两贤侯其后先济美者欤！受将呈词金批并载贞珉，以垂不朽。是为序。

  诰授朝议大夫调署禹州正堂马宽夫马大老爷永禁开设车行德政，具禀商人武生屈栋材，贡生许廷献，职员于存礼、郜桂云，监生雍参亭等，为恳恩示禁以利商民事。缘禹州药材大会，百年有余，各处买卖客商运送货物，需用大小车辆，均系自行雇觅，照时议价，无不平

---

① 孙彦春主编，《禹州中药志》编委会编：《禹州中药志》，光明日报出版社，2006，第213页。

允,向无车行之设。且乾隆四十年间,经黄州尊严禁车行,有卷可查,并断令在西关庙会场立有碑记,以示永远,商等至今蒙福。乃至正月间,忽有人在辛安隅开设公顺隆号车行,四门招揽大小车辆,均归伊行,高抬价值,多取行用,大有居奇之势,以致外路车不敢来,本处车不能走,商等货物难以运送,受累不浅,心实难甘。为此,粘呈碑文,沥恳大老爷体恤商民,示禁车行,则世感德无既矣! 上叩批:案已断定,车行业经裁撤,并有前立碑记可查,嗣后如有开设,尽可呈请传究,毋庸再行谕禁。

同事:乾泰恒号、俊兴成号、孙万盛号、杜盛兴号、永春源号、大盛元号、福聚公号、宫有记号、申三成号、全盛都号、屈同仁号、永德谦号

暨药商会同立石　　借用山西会馆立

大清同治二年清和月谷旦①

碑末署同事商号12家,其中杜盛兴号、屈同仁堂都是怀庆药商开设的。屈同仁堂的东家便是武生屈栋材,是这次上书的主要组织者。可见怀庆药商在当时禹州药商中已居于相当重要的地位。聚集在禹州的各地药商,为了维护本集团的利益,纷纷组成了以地域为基点的帮口,如山西帮、江西帮、祁州帮、天津帮、亳州帮、金陵帮等,而在此经营的怀庆药商所建立的怀庆商帮,则为禹州十三帮中的著名商帮,而且实力雄厚,居禹州十三帮前列,可以怀庆会馆的规模为佐证。

自清嘉庆年间始,寓居禹州的药商行帮在禹州相继建成了山西会馆、怀庆会馆、十三帮会馆、江西会馆等,尤其是山西会馆、怀庆会馆、十三帮会馆,集中建于禹州城西北隅,呈"品"字形排列,巍峨壮观,各具特色,是药业经济交流、社会活动、祭祀聚议的中心,也是行帮实力的展现。

怀庆会馆,位于山西会馆东侧,占地十五亩,坐北面南,是怀庆药商集资共建的联谊之所。始建于清道光年间,落成于清同治年间。会馆由影壁、山门、戏楼、钟楼、鼓楼、左右配殿、拜台、拜殿、大殿构成,布局完整,巍峨壮观。大殿全部以红、黄、绿彩釉琉璃瓦覆顶,木结构斗拱,装置别致,其形之美、其势之

---

① 清同治二年(1863年)《诰授朝议大夫调署禹州正堂马宽夫马大老爷永禁开设车行碑记》,见孙彦春主编,《禹州中药志》编委会编:《禹州中药志》,光明日报出版社,2006,第258-259页。

伟,居于诸会馆之首,素有"十三帮一大片,比不上怀帮一座殿"之美誉。由此可推测,怀庆药商在禹州药材市场的实力与影响。

第五节 归德府永城的怀商贸易

归德府永城县地处豫东边陲。万全堂在永城县城东门内路北(现中山街),在永城国药界首屈一指,而且在永城县商业中也是资本雄厚、声誉最高的商号,从而赢得顾客的信赖。

一、永城万全堂药店

万全堂药店,为清代河南怀庆府河内县田姓所经营。由于历史悠久,其来永城经营药业的时间传说不一。一说是清乾隆二年(1737年)河南怀庆府田氏,推土车来永城沿街乞讨,遇一儿童病危,经田氏诊断服药,日渐痊愈,继而康复。经众资助,立药业谋生,遂立"万全堂"为号,专营中药零售。另一说是怀庆府田氏系一草药汉子,经常贩运四大怀药到辉县的百泉、安徽的界首、河南的禹县等地的药材大会去贩卖。清光绪丙戌年(1886年),田氏去禹县卖药,行经巩县回郭镇,见一50来岁男子倒卧路旁,痛哭流涕。经询问,此人姓杜名万发,系河南省永城县车集人,是一位江湖郎中,外出行医两年有余,积得纹银25两,前一天夜晚被强盗劫去,连回家的路费也没有了。田氏听后,深表同情,慷慨救助,赠其龙洋(银元)5枚,作为路费,并请他到镇内饭店中小饮。谈及永城的中药销路情况,杜某告诉田氏永城没有一家正式药店,只有几位老中医自诊自售药。由于资金缺乏,交通不便,一剂药往往缺好几味,要到邻县才能配齐。因路途往返耽搁时日,患者病情加剧,造成不应有的死亡。田氏听后,为之心动,便说出自己打算到永城开药店之想法,并请杜某帮忙解决店房,打开局面。杜某一一应允,回永城后积极准备,就绪后,便亲往怀庆,通知田氏。清光绪丁亥年(1887年)九月中旬,田氏带领子侄二人,雇手推车四辆,运药到永城营业。在永城东门内路北租赁胡姓门面房2间,择吉开张,立店号"万全堂"。对于"万全"两字,流传着两种解释:一是万全堂之中药应有尽有,很少缺味,有万样俱全之意;二是在万全堂买的药,不要担心假、错,吃药万万安全。

二、生意兴隆，扩大经营

万全堂以经营中药为主，兼卖怀庆产之铁锅，资金约两千元（银元）。清光绪二十一年（1895年），老掌柜70余岁，突然中风不语，星夜被送回故乡，万全堂由其子田怀继续经营。田怀深谙经商之道，又恪守信誉，事业心较强，是一个很有商业头脑的企业家。他不但善于理财，又善于捕捉商品信息，掌握市场行情。数年后，万全堂便生意兴隆，盈利大为可观。为了扩大经营，清光绪三十年（1904年），田怀出高价购买了胡家、吕家、井家三姓连片之宅基地，建造门面房3间，院子三进（前窄后宽），房屋27间，格局是前店房—中厂房（作坊）—后仓库（新中国成立后，堂屋梁上犹丹书"光绪甲辰年菊月上浣建"等字样）。此外，还增营天然漆与桐油。田怀鉴于永城之酱油、醋多是个人业余生产，技术不过关，质量低劣，小商贩多从商丘大有咸菜店贩卖，他便聘请山东师傅，生产酱油、香醋。商品上市，便誉满四乡，供不应求。至清宣统二年（1910年）万金堂资本已超过万元，是永城最有经济实力之商号。民国二年（1913年）四月，田怀积劳成疾，医治无效逝去，厝棺于东关帝祖庙，民国二十五年（1936年），始运回沁阳。

三、讲求信誉，童叟无欺

田怀病故后，由其子田寿松出任万全堂之总管（业主）。他跟随父亲20余年，在经营商业上，不逊于其父。他大胆改革，使万全堂之生意蒸蒸日上。民国八年（1919年），他意识到万全堂营业项目庞杂，势必影响专业发展，为了集中人力、财力做好中药生意，毅然撤销铁锅、油、漆等商品买卖，主营中药；继续改进、提高酱油、醋的生产质量。精选原料，创造性地生产"口蘑酱油"。该酱油味道鲜美，香气浓郁，色泽金黄，为饭菜佐料的上品。香醋制作顶真，用纯高粱、大麦曲为主料，熬制时加上八大味、玫瑰等香料，酸味重，后味浓。酱油与香醋不但畅销永城，邻近数县也多争来购货。

民国时期，永城已有同仁堂、同德堂、鸿丰堂、同丰堂、万春堂……十数家国药店相继开业。万全堂为了争夺市场，垄断药业，对商品质量、数量、炮制、包装上都很讲究，并开辟了上海、镇江、禹县、界首、亳州、百泉为主的进货渠道。如遇冷僻、奇特之药，便想方设法，不惜重资，不远千里也要弄到。群众说:"不到'万全'药不全。"这就是对它的高度评价。万全堂进货有一个标准,不计较价钱高低,必须是道地药材。如怀庆的四大怀药,浙江的寸冬、元宝贝,四川的黄连、川贝母,云南的三七,青海的大黄,甘肃的当归,东北的人参,等等。万全堂的采购员,都精通药典,深知药材的产地、质量,凡收割、贮藏不当者,他们一眼即能看出。一次有一药贩来上门售货,采购员指出茵陈一药收割太晚,已失药效,举出俗谚:"正月茵陈二月蒿,过秋收割当柴烧。"又指出枸杞不是宁夏产之西枸杞,而是当地枸杞,因果小、浆少而子多也。贩药人无言可对,心甚惊服。

万全堂每次药到后,便石印广告,介绍品名、产地、质量、价格,张贴四乡、外县,招来顾客。万全堂售药,最讲货真价实,童叟无欺,决不以次充好,更不少斤缺两。永城各药店的包装,多是多味药混装一包,独有万全堂每味药包一包,叫作各包。包装纸用五色有光纸,上印万全堂字号,有的介绍药名、产地、性质、功能以及用药方法和禁忌,有的印单方,也有的印有预防疾病的卫生常识。这种包装,手续烦琐,浪费纸张,占用时间,而万全堂始终如一,博得群众的赞许。

万全堂为了开辟药源,就地取材,鼓励支持农民种药。采取先付定金、保征收购的办法,省去外地购药之苦。例如:给顺和药农挂钩种补骨脂,与城药农挂钩种白菊花、白芍,等等。

万全堂制药,要求严格,恪遵古训,宗旨是:"誓不以劣品弋取厚利";"药业关系性命,尤为不可欺";"采办务真,修制务精"。在操作方面,"无论师徒,进作坊前务洗浴净身,除去'秽气',方可制作"。在制作过程中,务必严守"配方独特,选料精良,遵古炮制,一丝不苟"。还有,炮制虽繁,必不敢省人力;品味虽贵,必不敢减物力。原则上是"质为上,信誉第一"。所以,万全堂自制产品,味正质佳,疗效好,使广大用户信得过。

万全堂为了多卖药,凡永城县之名医,都给他们提取推荐费,即医生诊病后,开方签名,顾客往万全堂买药。账房下名字和金额,一季度一结算,按钱数给予不同的报酬。万全堂还设立了煎药房,凡城内病人吃药,药房负责熬好,派人送药上门,给患者提供了方便。

万全堂集有很多良方、秘方,有买药者交方审阅,认为有参考价值的处方,便迅速誊抄下来。据传,万全堂有各类疾病处方12册,共一万多例。正如对联所写:"万有余方能济世,全无一人不回春。"可惜这些处方在县城沦陷时遗失。

第六节 河南其他府县的怀商贸易

周口(今河南周口市)又名周家口,明代称周家店,是清代河南著名商业名镇,位于河南省东部。明代属开封府商水县,清代属陈州府,为商水、淮宁(今河南淮阳县)、西华三县所分辖。贾鲁河自西北而来与沙河、颍河在此交汇,穿镇而过,形成三岔河口。沙河以南属商水,沙河以北属淮宁,贾鲁河以西则属西华县所辖。

周口的兴起约在清康熙年间,周口商业的繁荣,主要得益于其地理条件。颍河、沙河与贾鲁河在此交汇(图3-10),东南流入淮河而达于江南。贾鲁河,俗名小黄河,发源于开封府新郑县,经朱仙镇过扶沟县东北,汇溹、洧二水,由西华县毕家口入淮宁境,径刘家埠口、李方口、彭家埠口,下至周家口入沙河。

图3-10 周口贾鲁河、沙河、颍河交汇处

清乾隆至清道光年间是周口商业最繁盛的时期。"周家口为镇江商品由

运入淮之集散场。市分河南、河北、河西三部。"①周口的商业主要是河南东部与江南商货的转运贸易，其输出商品以陈州、开封二府所产农副产品为主，输入则以江南所产绸布、杂货为主。粮食是周口集散的最大宗的商品，主要由颍河南下经淮河销往江南。在河南粮食输出中，大豆占有很大比重。酒曲也是周口输出的重要商品之一。收麦踏曲，然后贩运外省销售，主要也是由山西商人经营的，周口的药材业主要由河南本省商人经营。沙河北岸的覃怀会馆，应是怀庆府商人所建，怀庆商人向以经营怀药著称。覃怀会馆，即沙河北岸迎水寺，原占地30余亩，建有山门、东西配房、僧室、禅堂、大殿，塑有岳飞、张显、汤怀、王贵四人之像，故又名四圣会馆。② 此外，周口府君庙则系寓居周口的怀庆毡坊业营建，为毡坊业同业会馆。

赊旗镇又名赊店、赊旗店，位于河南省西南部的南阳盆地，是清代河南一个著名商镇，属南阳府南阳县。关于其商业状况，该镇"南船北马，总集百货，尤多秦晋盐、茶大贾"③。"赊旗镇为汉口、老河口货物上行之销路。"④民间亦有"拉不完的赊旗店，填不满的北舞渡"之谚。

六陈行、花粉行、驼盐行都是赊旗商业中较重要的行业，茶叶、杂货也是赊旗转运贸易之大宗。粮食是赊旗商人经营的重要行业。河南是清代华北主要的粮食输出区之一，每年至少有上百万石的粮食输出。棉花是河南种植最多的经济作物，明清两代均有较大规模的输出。棉花也是赊旗商人经营的重要商品之一。山西商人经营的茶叶是经由赊旗转运的大宗商品，这些茶叶主要销往俄国、蒙古。清代前期晋商采买的茶叶主要产自武夷山区，茶叶由产地陆运至江西河口镇，由信江水运入鄱阳湖，转长江至汉口，然后溯汉水北上。杂货是赊旗转运商品的又一大宗。杂货行是周口山陕商人经营的最重要的行业。赊旗山陕会馆前的南北长街名瓷器街，瓷器当也是该镇转运的大宗商品。绸缎、布匹、皮货、水烟等也是赊旗镇南北转运的商货。赊旗会馆中设有药王殿，药材也为该镇商人经营的重要商货之一。《重兴山陕会馆碑记》所镌捐款名录中，陕西药帮捐款为200两。大黄是陕西所产著名药材，清乾隆年间的一

---

① 林传甲：《大中华河南省地理志》第四十七章《商业》，武学书馆，1920，第94页。
② 周口市地方史志编纂委员会编《周口市志》，中州古籍出版社，1994，第599—600页。
③ 光绪《南阳县志》卷3《建置》，成文出版社，1976，第287页。
④ 林传甲：《大中华河南省地理志》第四十七章《商业》，武学书馆，1920，第94页。

份奏报称:"大黄产于陕西,聚于湖北汉口,向来多系江西客人由楚贩来福建省城及漳、泉等郡发卖销售。"①福建的药材行户也说,"各样药材俱由江西樟树镇贩运来闽销售。但江西亦不产大黄,闻得陕西泾阳县为大黄汇集之所,转发汉口、樟树等处营销"②。汉口、樟树都是重要的药材集散市场,大黄从陕西到汉口应是经由赊旗转运的。又据清光绪年间的记载,从赊旗运往禹州的药材有专门的"秤规"。③ 禹州是河南的药材集散市场,这里聚集有"十三帮"药材商,尤以河南怀庆帮药商实力最强。④ 从赊旗发往禹州的药材应来自汉口、樟树等南方药材市场;同样,在禹州聚集的北方药材也会经由赊镇运往汉口等处。

---

① 《乾隆五十四年四月初四日伍拉纳等奏折》,转引自方行:《中国经济通史·清代经济卷》,中国社会科学出版社,2007,第1127页。
② 《清高宗实录》卷1382,乾隆五十六年七月。
③ 牛白琳:《平祁太经济社会史料与研究》,山西古籍出版社,2002,第504页。
④ 许檀:《清代河南的商业重镇周口》,《中国史研究》2003年第1期。

第四章　无惧黄河阻南北
——怀商的贸易（中）

"怀庆人咸具经商之才,而富冒险之性,十八省内,到处皆有怀庆人之迹。"①清王凤生的《河北采风录》亦记载,怀庆府"四民耕读外,商贾居多。贩卖药材者,散处天下"②。

明代中后期,怀商已逐渐形成规模,在省内跨州县活动的同时,还远走省外甚至海外进行贸易。由黄河流域而淮河流域,而长江流域,而汉水流域,而赣江流域,而珠江流域,遍及江西、福建、浙江、湖南、湖北、广东、四川、重庆、甘肃、陕西、山西、河北、安徽、江苏、辽宁、山东、宁夏和香港、澳门等地,而以江西、湖南、湖北、四川、河北、陕西的人数为最多。

异地经营的怀商为了维护自己的利益,在怀药贸易比较集中的地方自发地组织起来,这种组织或曰"怀帮",或曰"怀货庄",所有怀药商人都是怀帮成员,其聚会的场所为会馆。清康熙二十八年(1689年),怀商在汉口建成怀庆会馆(亦称覃怀会馆。清乾隆年间,改名覃怀药王庙),制订行业规则为"纯粹怀药营业",凡西货、杂货商号不准入帮,可以作为怀商形成的标志。会馆的专业性,可看出药商有足够多的人数和足够多的财力。之后,怀药商人又陆陆续续在北京、天津、济南、亳州、光化(在今湖北老河口市)、襄樊、成都、西安、太原、泽州(今晋城市)以及河南的禹州、开封、周家口等地,设立商号,修建会馆。他们或为坐商,或为行商;或主营,或兼营。据不完全统计,在祁州,设有

---

① 补天:《说矿祸》,《豫报》1906年第2期。
② 王凤生:《河北采风录》卷4《河内县水道图说》,清道光六年刻本,第14页。

杜盛兴、协盛全、申三成、协盛西、生和成、崇兴寅、人和敬、广升瑞、义聚祥、长兴公、泰顺茂、杜双和、谦益儒、茂盛永、天和顺等商号。在天津,设有杜盛兴、协盛全、新复兴、同德药行、仁兴西、怀仁堂、卫生堂、全盛祥、宝心堂等商号。在湖北汉口,有杜盛兴、协盛全、协盛西、怀帮茂记、同德、三盛行、三春荣、义盛合等商号;在荆州,有杜同兴、麟兴伯等商号;在老河口,有协盛堂、杜同兴、公兴大、崇德堂、平心堂、元善堂等商号和怀药庄。在四川的灌县、松潘、理县杂谷脑、茂州、南坪,设有协盛全、杜盛兴、长兴、路恒兴、协兴永、明兴昌、荆生茂等商号;在灌县,设有协盛全、杜盛兴等香号;在金川,设有盛兴香号。在重庆,怀商5家,计有三春荣、义圣(盛)合等商号,以山药、牛膝、知母为主售药品。在上海,设有协盛全、杜盛兴、同兴隆等商号。在江西樟树,设有协盛全、协盛和、德盛全等商号;在南昌、抚州、吉安等地,设有协盛全等商号。在陕西安康,设有协盛瑞、四美元、四美福、公兴大等商号;在汉中,设有协盛全、四美福、义和兴、新福堂、公兴大、瑞生堂等;在凤县,设有恒益东、万太兴、益生长、全盛兴、同顺昌、明顺昌、福盛西、协太裕、和顺永、复义长、朱致中等商号,经营党参等。① 在甘肃临潭,设有杜盛兴、复生荣、永隆全等商号;在舟曲,设有荆生茂等商号;在成县,设有复兴聚、德仁堂等商号;在文县,设有协兴永等商号,经营党参和冬虫夏草;在岷县,设有恒泰店、泰记、协盛西等商号,经营当归、大黄、红芪等中药材。在山东济南,设有颐寿堂、德隆栈、广德栈等;在济宁,设有杜盛兴、德胜、泰顺芳、德茂祥等商号。在安徽亳州,设有钜兴瑞等商号。而在这众多的行商、坐商商号中,杜盛兴与协盛全最为著名。

第一节　湖北的怀商贸易

湖北地处南北陆上交通和东西水上运输的交汇地区,承东启西,接南转北,向称九省通衢,从而为商业的发展和繁荣提供了便利,汉口、沙市、宜昌、老河口、襄樊等商业重镇次第兴起。汉口、沙市为重要的道地药材集散地,老河口、均州更设有湖北药材稽征税卡。湖北水陆交通运输的完善,使湖北与外省

---

① 吴凯、郭柏川:《名贵药材——凤党》,载中国人民政治协商会议陕西省凤县委员会编《凤县文史资料》第3辑,1983,第106-111页。

经济联系日益广泛,而这些种类繁多的道地药材通过汉口市场,销往有关省份,其他地区的道地药材等物品通过汉口市场也进入了湖北各地。

怀商进入湖北则大致有两条线路:一条为怀庆府(或孟县)—温县—郑州—新郑—襄城—禹州—南阳—新野—襄阳府—荆州—公安,或从南阳直到光化(老河口)。另一条为怀庆—新乡—延津—祥符—许州—罗山—麻城—武昌。① 怀商进入湖北后,以汉口、襄樊、光化为根据地,沿着湖北江汉水路网络,逐渐渗透到湖北各商业县镇和药材产地及集散地。在汉口,怀商积多年之发展,先后建成怀庆会馆和覃怀草帽公所两个商人会所,明清一府在一地建立两个会所,可看当时怀商实力之大。在房县,怀商主要参与种植并经营黄连,并创办了以中和义药店为代表的商铺,以及河南会馆的经营和建设。在荆门,怀商主要经营药材,于清光绪年间联同南阳帮、许昌帮修建中州会馆;在沙市(今荆州市沙市区),怀商创办了以杜同兴(其虎骨酒、佛手露酒、五加皮酒等远销省内外)、麟兴伯(主营饮片药酒)为代表的商铺药店②,他们主要是将怀药等北方药材贩运到沙市进行销售,而在沙市购买四川以及南方药材运销到北方。杜同兴药店另在江陵县(今荆州市江陵区)、松滋县等地还开办有分店③。在老河口,怀商创办有协盛堂、杜同兴、公兴大、崇德堂、平心堂、元善堂、同升堂、永兴盛、信诚、彭兴记等药店,其中协盛堂经营的中药质量、数量及营业面积均居在老河口第一④,为鄂西北区域药材吞吐之中心。在清嘉庆十四年(1809年)修建老河口的怀庆会馆时,仅捐银的怀庆商户就有400家,可见当时怀商之经营实力。在郧县,怀商创建有河南会馆。在均州,怀商组织同乡会,创建有怀庆会馆和参与创建河南会馆。在襄樊,怀商创办有怀庆会馆,参与创建河南会馆。在天门,怀商主要经营中药材、丹丸、膏药等,还创办了以全顺德药店、协顺兴、全顺恒为代表的药店⑤。在随州,怀商捐银参与创建河南会馆。在界首、黄石、南漳、随州等地都有怀商活动。鄂城中州会馆的楹联

---

① 根据黄汴《天下水陆路程》(山西人民出版社,1992)汇总而来。
② 湖北省沙市地方志编纂委员会编《沙市市志》第4卷,中国经济出版社,1999,第425页。
③ 荆州地区地方志编纂委员会编《荆州地区志》,红旗出版社,1996,第761页。
④ 罗淦:《协盛堂药店的经营与管理》,载中国人民政治协商会议老河口市委员会文史资料研究委员会编《老河口文史资料》第15辑,1984,第45-50页。
⑤ 陈玉祥:《岳口全顺德药店的兴衰》,载中国人民政治协商会议天门市委员会文史资料委员会编《天门文史资料》第3辑《工商经济专辑》,1988,内部资料,第157-160页。

曾写道:"望乡思洛下才人,贾谊上书忧汉室";"列坐话江南旧事,张仪无地与怀王"。茶季到来,怀商等河南商人成批到恩施,销售土布、棉花,收购茶叶、药材。如湖北竹溪县,"商多来自陕西、山西、河南、江西"①。在宣恩,怀商坐商仅有蒋云高、宋药客等两家商号,经营药材、茶叶等,大多怀商以行商方式贩来土布、棉花,然后收购药材、茶叶等土产;每年庆阳坝茶季,怀商前来购茶,一年收购茶叶数万斤。但凡创办会馆的地方,怀商都已形成了较大的经营规模和较强的经营实力。

一、汉口的怀商贸易

汉口古称夏口,自明代成化元年(1465年)因汉水改道而肇始。至明末,汉口即成以商业闻名的新兴市镇。经清前期的恢复发展,至清乾隆、嘉庆之际,商品市场呈现出前所未有的繁荣。② 汉口"江汉之交,其天然形势,当为商务一大都会"③。汉口"不特为楚省咽喉,而云、贵、四川、湖南、广西、陕西、河南、江西之货,皆于此焉转输,虽欲不雄天下,不可得也"④。汉口交通便利,各地商贾咸集于斯,货栈、商铺、商行、钱庄众多,商贸发达,市场日趋繁荣,商业行帮会所如雨后春笋。其中,最有力量者为八大行帮,即盐行、茶行、药材行、粮食行、棉花行、油行、广福杂货行、纸行。而早在明代,武昌、汉口就是赫赫有名的药材集散地。到了清代,汉口的药材行业分工专业明细,因经营规模大小而分为号、行、店、铺。清末民初,"汉口的药铺一百五十三家,参号药房二十三家,药材行八十二家,茯苓行十家,制药栈二家,医馆三十六家"⑤,并统计"药材行,凡二十余家,年贸易额约三百万两"。⑥ 其时,在汉口河南帮(怀商)的有50余家,以药材业势力最大,年贸易额约为二千五六百万两,其输入品以大豆、胡麻、小麦、牛羊皮、药材、油类、黄丝、烟叶、煤为大宗。⑦ 汉口开埠后,成

---

① 同治《竹溪县志》卷14《风俗》,第2页。
② 王葆心:《续汉口丛谈·再续汉口丛谈》,陈志平、温显贵点校,湖北教育出版社,2002,第205页。
③ 民国《夏口县志》卷12《商务志》,第1页。
④ 刘献廷:《广阳杂记》卷4,中华书局,1957,第193页。
⑤ 民国《夏口县志》卷12《商务志》,第8-9页。
⑥ 民国《夏口县志》卷12《商务志》,第12页。
⑦ 王保民:《汉口各行帮业及其贸易》,载《武汉文史资料》编辑部《武汉文史资料》总第56辑,1994,第81-84页。

为京广杂货和西方日用品的集散地。民国初期,又成为华中地区国产布匹、绸缎、鞋袜、服装的批发零售市场。

(一)药帮巷

明清时期,汉口市场繁荣,百货纷呈,各省商贾群集于斯。明崇祯年间,一批河南怀庆药农携带自产的怀药到汉口汉正街永宁巷以下、流通巷以上一带摆摊销售。怀商吃苦耐劳,生意越做越好,越做越大,时间一长,广为人知。怀庆府在此经营药材的商人越来越多,杜盛兴、协盛全、三春荣、义盛合、怀帮茂记、三盛行、同德、双合义、源昌等商号也在此相继开业。由于实力雄厚,怀货庄自然而然发展成一个商人的帮口组织,即"怀帮"。药帮巷(图4-1)因此而得名。

图4-1 药帮巷

同时，怀商又在九如桥巷新河边建立了3个专业性药栈，即忠兴栈、三合公、三成公怀货庄。繁盛时，药帮巷聚集药材行70余家，药铺100多家。随着药帮巷声名鹊起，大批外帮商号来此接地气、拜药王，药帮巷也就由此慢慢向外拓展衍生出药帮大巷(图4-2)、药帮一巷(图4-3)、药帮二巷(图4-4)，乃至药帮三巷(图4-5)，药帮巷邻近的九如巷、沈家庙、大夹街等也自然而然地成了药材市场，最后形成了汉口的专业药材市场。由于商业发展，四巷不敷使用，怀商又另觅地建房成巷，名之怀安巷，取旅汉安居乐业之意。后房屋增多，街道延长，分别名怀安里和怀安一里，但还统称怀安一里。另外，怀庆商号杜盛兴由于业务扩展迅速，杜家药材仓库不敷使用，便将药材堆放成在巷道里，因东家姓杜，该巷便命名为杜家巷。怀药商号协盛全，购买了一条巷子叫全济巷，药材堆集如山。清康熙二十八年(1689年)，怀庆府在汉口的药材商在药帮大巷集资兴建药王庙，名之曰怀庆会馆①，标志着怀庆商帮的正式形成。怀商帮规规定，怀庆府只有纯粹经营中药药材的商号才有资格加入，非经营中药材的商号不得加入。为此，其他商号又联合在汉口郭家巷设立覃怀中州会馆，规定凡怀庆府在汉口经营的商号均可加入为会员，但外府商号概不得加入。

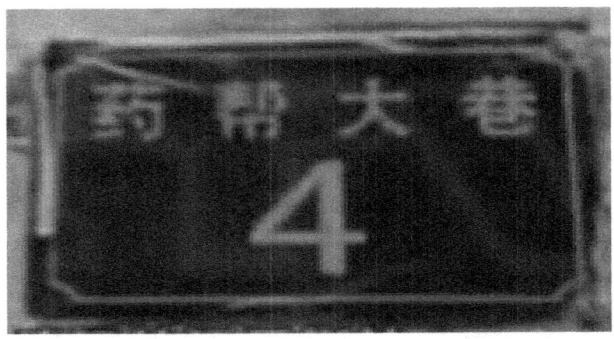

图4-2　汉口药帮大巷

---

① 许智:《硚口史话·药王庙与豫成园》，武汉出版社，2003，第248页。

图 4-3　汉口药帮一巷

图 4-4　汉口药帮二巷(原图"药"字残)

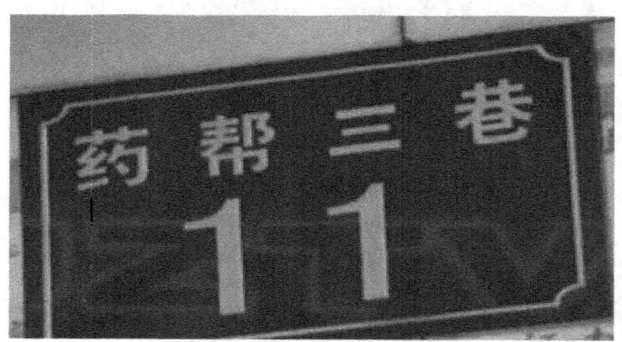

图 4-5　汉口药帮三巷

随着怀庆药商生意越来越大,各地来汉口的药帮以及本地从事药材生意的商人也都汇集于此,展开激烈的竞争,分割市场,彼此之间壁垒森严,形成了怀(庆)帮、广(东)帮、河北祁帮(安国帮)、川帮、浙帮、西帮(山西陕西帮)、汉帮(湖北帮)、汉中帮、江西福建帮、云贵帮和天津帮等,其中怀帮在清初已具势力,基本囊括了北方山药、生地、怀菊、怀牛膝等货源。由于各地药商云集,遂使该地有"药材香过岭"的美誉。

(二)药王会及药材交易大会

药王庙为汉口著名的商业会馆,是怀庆药商为了祭拜神祇聚宿、谋议商情、计策交易、联谊叙情、抵御风险、保护乡党、堆放药材之方便捐资而创建的。

举办药王会是药业同业公会会首的主要任务之一。每年阴历四月二十八日的药王诞辰日,药业同业公会都要在覃怀药王庙举办祭祀活动。

药王会期间,怀商还自己组织药材交易大会。届时,覃怀药王庙门前牛角宫灯高悬,彩旗招展,大殿和卷棚周围也挂满牛角宫灯;药王庙内香烟缭绕,鼓乐齐鸣,鞭炮声震耳欲聋,一派节日盛装。同时,为了招揽商民,特意请来怀梆、汉剧等著名戏班,在会馆戏楼演出剧目。主办方还率领与会客商及百姓向药王敬香膜拜,隆重祭祀药王。各个药行、药货栈同时摆设宴席,宴请各地与会客商,免费食宿,以期建立长期合作的贸易关系。药材交易大会期间,各地药商云集,各药号各显其能,展示经济实力。杜盛兴药号不但将药材堆满杜家巷,还为了向世人彰显其商业实力,别出心裁,独辟蹊径,在龟山将朱砂用风车扬起,染红天地,同时再趁势施放各彩风筝,谓之红风放风筝。无数的风筝在红风中荡漾,上下飞舞,既为药材交易会增添了欢乐的气氛,又提高了商号的声誉,可谓一举两得。

(三)怀商贸易发展

明末清初,一些河南怀庆府的药农带着自产的怀药来汉口销售,因汉正街商户不容,便首先到汉口保寿桥一带的僻静小巷住下来,就地出售中药材。久而久之,渐成规模。为了储存怀药和招待那些初来乍到的新的商户,他们在此周边最先修建药商宿舍和药栈。清顺治十三年(1656年),怀庆商人在汉正街药帮巷兴建了药材行帮公所,成为汉口有记载的最老的会馆①。又经过三十余年的发展,至清康熙二十八年(1689年),怀庆商人又修建怀庆会馆,以聚怀商人气,以缔怀商同心,并定期集中议事,以协调彼此间的商业行为,保持本行业的市场优势。河南人由此开启了汉口药帮的序幕。此后,山陕会馆、岭南会

---

① 朱文尧:《汉正街市场志》,武汉出版社,1997,第24页。

馆、宁波会馆、江西公所、徽州会馆、金庭公店、湖南宝庆会馆、黄州会馆(帝主宫)、汉镇杂货业宝善公所等,才先后在此修庙、建桥、开行栈、办商铺、修民舍。由此出现了汉正街上第一次大规模的商业扎堆经营效应,并成为汉口第一个较大规模的药材集散地。① 清乾隆三十年(1765年),怀庆会馆改名为"旅汉河南覃怀药商药帮会馆"。随着公所、会馆的设置,围绕其周边形成的药帮大巷、药帮一巷、药帮二巷、药帮三巷、怀安里、怀安一里、杜家巷、全济巷等,说明了怀庆商帮的强劲发展势头。尽管一时间药帮巷里"群帮林立",但怀帮的"帮主"地位始终无人可与抗衡。从药王庙建筑的大气上,就可窥见怀帮财大气粗之一斑。各商号每年都要举办各种活动,如药材业开市迎财神祭祀活动、请秤以昭公允活动及新张店号业主向大字号药号(行)投帖仪式,都由怀帮在药王庙主持,这足以说明怀帮在汉口药材业的龙头地位。

在药王会和药材大会期间,展品多属热俏药材,并基本囊括了北方山药、生地、怀菊、怀牛膝等货源,大会期间所订购之怀货,均包送包运,并货包上以红笔标明数量,不得退货。清末民初,汉口药材市场的药材堆存于药王庙,由此可见,各帮对怀帮的信任。

在汉口,经营药材比较著名的商号有杜盛兴、协盛全、茂记、同德、三盛行、三春荣、义盛合、义圣会、忠兴栈、三合公、三成公、双合义、源昌、协盛西等。怀商经营不拘形式,根据自己的实力灵活经营。药店属生药批发性质,其货源多向市内药材行购进,亦有在外地采办,经整理加工分档。商号一般分大、小2个档次,大店备货较全,花色700~1000余种;一般夫妻小店花色约100种,经营常用品种。药铺以饮片为主,规模也有大、小之别,有前店后厂员工70~80人的大店,药味花色有1000余种;有夫妻小店,药味花色200~300种。根据行规,制订帮规,规定怀庆商帮的山药、地黄均以95斤作100斤计算;怀货佣金为九四扣,即按售货价格每100两扣除佣金6两作为行栈的收益。当时,怀商著名商号杜盛兴,资金达60万两白银;协盛全,资金达100万两白银。

会馆建立后,每年定期举行两次药材交易会,进一步扩大了怀商的影响,大大促进了怀药在汉口的销售。为了垄断怀药市场,杜盛兴、协盛全、三春荣等大商号不但革新管理,还频出新招。如他们利用药材产地和乡党乡情优势,

---

① 皮明庥:《武汉通史(宋元明清卷)》,武汉出版社,2006,第438页。

直接与怀庆药农挂钩,先将钱贷给药农,条件是收获后的药材以预定的较低的价格卖给商号,这样既保证了药材能有充足的货源,又降低了支付的成本,还可以有效地控制药农的长途运销与外商来产地收购。待拥有大量货源后,又将当地收购价提高,把市场售价压低,即所谓"上吐下泻"之法,来抵制药农、小商贩远途运销和打击外地怀商收购,如坐庄者以每斤5角钱收购了万斤以上怀药,如果外商每斤出5角5分收购,他们就随即涨价5分和1角收购。① 这就是所谓"坐庄没有啥,只要会涨价,就算本事大"的真实含义,以此巩固其垄断地位。货物调运经常保持总量的三分之一,在途与到埠的怀药各上三分之一为调度标准。价格由帮会总号通过成本核算,以30%为毛利的标准,根据收成和销售量结合运费操纵价格涨幅。毛利的计算是将运费和息金也计算在成本之内。怀庆商帮信息灵通,一般每10～15天互通情报一次。在汉口的各个药帮,在交易中实行退货制度,双方约定发往买方的药材,自成交之日或发货之日起,先开计码小票,三天内发现货物不符,可以退货。唯独怀庆商帮例外,它以红笔号码,只允许复称,不予以退货。汉口怀商采取定期举办药材交易会的方式促进药材销售,大大地提高了怀庆药商的声誉,扩大了怀药的销售。

二、襄阳的怀商贸易

(一)襄阳的怀商贸易概述

明清时期,襄阳府辖襄阳、宜城、南漳、枣阳、谷城、光化、均州等县,其东连江汉平原,西接川陕,南通湘粤,北达宛洛。水路流通,转运无滞。其中,光化县的"老河口在鄂省之西北部……地处汉水(即襄河)中游之左岸,控川、鄂、豫、陕四省接壤地区交通之孔道,西通汉中,南达武汉,四方辐辏,人物殷阗,遂使商旅往来,至为繁盛……老河口繁盛之主因,首当归功于汉水。良以汉水发源于陕南,蜿蜒流入鄂境,以汇注于长江。流域所经,产物丰美,而支流纵横,益令舟楫航行,范围广阔"②。为"四省物资集散地",明末至民国成为汉水流域货物集散地,向有"小汉口"之称。尤其是汉中府治南郑县、城固县等县的

---

① 任玉章:《四大怀药销售》,载宋土生主编《中华怀药》,中国人民政治协商会议河南省武陟县委员会,2007,第60-69页。
② 《平汉铁路老河口计划支线经济调查报告》,《平汉铁路月刊》1936年第79期。

药材和土产山货大都是通过汉水运达湖北光化县老河口镇,然后由老河口镇分水运、陆运,销行山西、河南、山东、河北等省。老河口成为汉江流域重要的商品流通型城镇。

襄阳府南北为巴山、秦岭环绕,土产山货、中药药材资源丰富。有名贵及道地中药材如杜仲、牛黄、半夏、蜈蚣、天麻、龟板、鳖甲、麦门冬、苍术、射干、桔梗、南沙参、柏子仁、酸枣仁、全蝎等。尤其是老河口,道地药材有麦门冬、半夏、蜈蚣、山楂、甜地丁、山豆根、蒲公英、香附、苍耳子、白茅根、艾叶、半支莲、车前草、夏枯草、青蒿、茵陈、益母草、翻白草、南鹤虱等几十种。

丰富的土特产品的集散,水陆交通的便利,使老河口市场极为活跃,成为鄂北第一商场①,外地商人纷纷趋利而至。为维护同乡、同行商人的利益,各省、府、州、县纷纷成立自己的帮会组织,于是有八帮(江苏帮、抚州帮、黄州帮、武昌帮、山西帮、陕西帮、湖南帮、河南帮)三典("典"即当铺。"三典"是鸿昌、顺和、聚兴)的组织。民国八年(1919年)后,麇集于老河口的客商,已由原来的八帮三典扩大为十三帮,以至于形成汉阳帮、陕帮、江浙帮、黄州帮、山西帮、武昌帮、湖南帮、怀帮、福建帮、杭州帮、河南帮、四川帮、江南帮等十三帮。民国十五年(1926年)后,老河口市场开始走向衰落。但怀帮、河南帮等不但没有萎缩,还得到了进一步的发展。当时,怀商有协盛堂、杜同兴、公兴大、崇德堂、平心堂、元善堂、义成、信诚、同心、同顺、陈记、文记、恒泰、聂记、茂记、恒信、昌记、慎昌、宏昌、协记、宏庆、宏泰、新泰、合记等药店。在老河口怀商借"神灵偶像"与同乡同行之谊,以募捐收厘金所得之资,于清嘉庆十四年(1809年)修建怀庆会馆,其时仅捐银的怀庆商户就有400多家,可见当时怀帮之繁盛。

怀庆会馆坐落在新马路原光化县盐仓库,坐东向西,砖木结构,仿宫殿建筑形式,两殿一戏楼,飞檐斗拱。参与修建的河南会馆,又名中州会馆、大梁书院,位于两仪街,坐西向东,建于清嘉庆中期,为仿宫殿建筑形式的砖木结构,两殿一戏楼,飞檐斗拱,雕刻则属一般,戏楼两柱有一对联:尧舜生,汤武净,齐桓晋文皆丑末;天地篷,日月灯,宇宙人间亦戏场。

---

① 湖北省志贸易志编辑室编《湖北近代经济贸易史料选辑(1840—1949)》第1辑,1984,第315页。

怀商在老河口不单经营药材、土产,还从事多种经营,既有钱庄生意(民国后期有4家怀商钱庄),又有京广杂货生意(如张国槛的永森茂),还有铁货生意、盐业(如裕泰盐号)、桐油生意(如张汶川的信昌茂),且多有成就。

此外,在均州城,时有各帮大小商号110余家、帮会10余家,其中怀商商号组织同乡会,创建怀庆会馆,并参与修建河南会馆。在襄樊,水路交通方便,商务素称发达,而樊城向系经济重心,外籍客商以江西、河南两省为多,其间资本较大的商号有1340家,怀商创办有怀庆会馆,并参与修建了河南会馆。怀商已具有较大的经营规模和较强的经营实力。

(二)老河口协盛堂①

协盛堂商号,即河内刘村(今属博爱)协盛全分店,开办于明朝末年,从事中药材与中成药的批发和零售,另兼营上海的龙虎牌人丹和虎牌万金油等。店址坐落老河口谭家街(现胜利街),坐南朝北,门市部5个,各类房间140多间,门市业务人员30多人,外地采购联系人员20多人,加工炮制人员20多人,仓库保管10多人,批发业务人员8人,炊事、缝纫、磨坊等勤杂人员10多人,掌柜、经理、会计、相公(店员)等十几人,搬运码堆工人几十人。② 协盛堂实力雄厚,每逢旺季进出库商品,其交易的药材总是沿谭家街路口起至江沿船渡码头止的500米路段内双码排列,跨越几个街口。协盛堂管理严格,制度规范,药材质量上乘,门市零售的各种药材都是选择上等的药材加工炮制的,炮制时一丝不苟,从不马虎。在品种上最全,抓药分量足。

协盛堂人事管理严格,不允许分店录用当地人员。凡所用人员一律由总号招收,并在总号学徒三年,然后视才任用,分配到各分号。管理层分工明确,大掌柜主持全面工作,二掌柜负责财务和日常事务,三掌柜主管业务往来,制药先生负责膏、散、丸、丹等成药加工。各负其职,各负其责,互不干扰。每隔三五年,各地掌柜统一由总店轮班调换,避免掌柜坐大。店内职员,不准拉帮结派,不准吃喝嫖赌,不准偷拿卡要,不准徇私舞弊。违者,或扣罚工资,或直接予以开除。职员借支,须报备总店同意方可,通过会计借取,分店不得私自

---

① 罗淦:《协盛堂药店的经营与管理》,载中国人民政治协商会议老河口市委员会文史资料研究委员会编《老河口文史资料》第15辑,1984,第45-50页。

② 李国顺:《老河口"协盛堂"药铺》,载襄樊市政协文史资料委员会编《襄樊文史资料》第12辑,中国人民政治协商会议湖北省襄樊市委员会文史资料委员会,1993,第68-69页。

做主。

协盛堂宽严相济,奖惩兼用:根据技术高低及入店时间长短划等分级付酬;年终根据盈利多少,因人酌情发放奖金;每天门市结算营业额之零头尾数,均不入账交柜,分发给职工为小费(零花钱);职工收入可以入股,年终按股分红。除了这些规定外,协盛堂福利也颇为优厚,如每逢端午节、中秋节、春节,职员每人定制一套新衣服,冬天每人发一双鞋袜;工作三年可以安排一次探亲假,假期为半年(自愿放弃休假者,工资双倍);职员如生活困难或遇意外事件急需用钱的,东家无偿借支(经核实,确实无力偿还者,可以免除债务);在外地店员家属,总号每年派人走访一次,如有困难,总号帮助解决,免除了各店人员的后顾之忧。

协盛堂经营灵活,制药技术科学合理。常年有业务关系的,可以赊销(不计息);对待顾客以礼相待,童叟无欺;严禁商店购买假冒伪劣产品,以假混真,以劣充优(购进药材严加分级,次等劣等药品,另行处理,不在店内零售);药材加工一丝不苟,且有专门技师配料,杜绝粗制滥造(切片炮制同样配有专长技工);配备专业技工检查,不合格产品,立即销毁。

协盛堂由于秉行货真价实、取信于民的商业经营信条,在群众中赢得了崇高的声誉。其业务范围,上至安康、汉中,下至武汉、广州,东至河南,西至房县、保康及四川。由于协盛堂有自己的专业经营团队和加工团队,经营的中成药膏、丹、丸、散都是自己研制的,质量可靠,药效性能稳定。尽管某些药品价格比其他药店要高,群众还是情愿到该店买。群众说"高价买正品,花钱不上当"。其研制的金不换药膏、灵宝如意丹、八宝拨云散、虎骨酒、五加皮酒,在全国享有盛誉。

三、荆州的怀商贸易

"荆州控天下之脊口上游之势,左吴右蜀,襟江带沔……舟车鳞集。"[①]明清时期,荆州府辖江陵、公安、石首、监利、松滋、枝江、宜都等县。其历史悠久而最称繁荣的当为江陵沙市。江陵沙市是西南诸省北上中原的必经之地,又有长江航运之利,加上周围的江汉平原农产品丰富,故历来商贸发达。"沙头,

---

① 光绪《荆州府志》,"序"第1页。

古江津也,一曰沙市。蜀舟吴船,欲上下者,必于此更易,以故万舫栉比,百货蚁聚,实九省冲要区也。"①沙市"西接蜀江,北通襄汉,百货充牣,万舫鳞集"②。"沙市南阻蜀江,北倚江陵,地势险固,为舟车之会……尤为繁盛。列肆则百货充牣,津头则万舫鳞集。"③明末清初,外籍商人在沙市按籍贯逐渐形成汉阳帮、武昌帮、黄州帮、四川帮、湖南帮、河南帮、南京帮、江西帮、浙江帮、福建帮、徽州帮、太平帮、山陕帮等十三帮,分别经营匹头、百货、海味、棉花、粮食、山土杂货、药材等。至清代,在商业方面沙市继续保持着明代"市半商贾"④的发展势头,市区街道多冠以行业之名,并开有夜市,从而成为江汉平原、洞庭湖平原的又一物资集散中心。河南商人来沙市贸易者也非常多,怀帮经营药材,南阳帮、许昌帮经营骡马、牛羊皮、红枣、烟叶、草帽等,还有部分人经营饮食业,如麟兴伯酒店经久不衰。

荆州不但交通发达,商业繁盛,而且土产药材也很丰富,生产和常用的中草药材共550余种,隶属152个科⑤,明代以来,沙市已成鄂西、南、北中药材集散地。清光绪二十二年(1896年),沙市已有药材行160多家。怀商多将北方药材贩运沙市销售,在沙市购买四川以及南方药材运销北方,对沟通南北道地药材起了极为有益的作用。清嘉庆二年(1797年),河南河内人杜继雨来沙市开办杜同兴中药店,以零售为主,其虎骨酒、佛手露酒、五加皮酒等远销省内外,雇工三五十人。麟兴伯酒店开设于清嘉庆元年(1796年)以前,有近两百年历史,以饮片药酒为主,该店先卖山西汾酒,后因运输困难,运费高昂,改卖河南赊旗镇酒。民国二十八年(1939年)武汉沦陷后,南北药材于沙市集散,武汉大批怀庆商人也转营沙市。怀商杜同兴药铺比较有名,全盛时期有帮工12人(管事1人,副管事2人,发药4人,制药4人,炊事员1人),只营药,不行医。其自制的寒凉膏远近闻名。杜同兴药铺管理严格,"先在本县物色雇工,经庄园试用考察合要求者,送外地当学徒,三年期内只供膳食,每天干活十六小时,无探亲假,出师后,年工资四两白银,三年一次探亲假。回家时所带衣

---

① 乾隆《江陵县志》卷23《名胜·古迹》,第6页。
② 光绪《江陵县志》卷9《建置六·乡镇》,第1页。
③ 光绪《荆州府志》卷4《地理志·乡镇》,第1页。
④ 范植清:《湖北古代经济述略》,《中南民族学院学报》1989年第1期。
⑤ 荆州地区地方志编纂委员编《荆州地区志》,红旗出版社,1996,第763页。

物,必在店堂公开收拾,经管事人检查,回乡后不能先回家中,先到老板庄园报到,由管事人逐件清查后,才能回家,否则以违规论处"①。药材都以零售为主,多为农民、小贩运来,均为现款买卖。为拉拢生意,经营山货、药材之货栈、行家经常要为客商代垫旅费。农民、小贩多住行里。对于大客商,行里安排专人接待。湘潭协盛西也在沙市设立坐庄,收购药材。

在沙市的怀商为了共同的利益以及加强联络,互相支持,以免受人欺侮,遂联络在沙市的河南商人,在兴圣街(现市教育局宿舍处)出资建立中州会馆,置会首和董事、会产。中州会馆,"轮奂巍然,足称美备。即其经费之充裕,知其商务之殷繁,且其款项均由捐集而成,亦足知善贾之多财矣"②。中州会馆每年三月初三、九月初九做财神会,喝会酒,演会戏,以联络感情,共庆"生意兴隆,财源茂盛"。若本帮客商遇难(如翻船、遭劫等)或同乡流落沙市,生活困难,会馆亦可以资助旅费回家或照顾生活(过年时对困难同乡还发"米飞子",即凭证领取食米的纸条子)。还建有寄园,同乡死后可厝放本帮寄园,待运老籍安葬。③

四、安陆的怀商贸易

(一) 安陆的怀商贸易概述

明清两代,安陆府辖钟祥、京山、潜江、天门,而尤以天门水陆交通便利,商务繁荣。天门商业又以县城、岳口等最为繁荣,县城及岳口等均有汽车、轮船直通汉口,货物易于运输,故营业日形发达。而且当地土产、中药材资源又异常丰富,"向多出产桐、柏、药材、柴炭等物,外贩往来络绎"④。道地药材有天门冬、射干、丹参、半夏、苍术、桔梗、龟板、鳖甲、蜈蚣、柴胡、百合、鸡内金、土鳖虫、蝉蜕、皂角刺、益母草、地骨皮、莲须、蛇床子、茺蔚子、蒲黄等。

天门岳口,是汉江下游的重要港口和物资集散地。它地处水陆要津,顺汉

---

① 任兴山等回忆,方恒生整理:《沙市国药业店员工人早期的一次罢工斗争》,载湖北省总工会工运史研究室编《湖北工运史研究资料》第 1 辑,1984,第 77—80 页。

② 彭泽益:《中国工商行会史料集·光绪二十二年沙市口华洋贸易情形论略》,中华书局,1995,第 964 页。

③ 湖北省沙市市地方编纂委员会编《沙市市志》第 4 卷,中国经济出版社,1999,第 422 页。

④ 章学诚:《湖北通志检存稿》卷 24《食货考》,载《章氏遗书》,民国十一年(1922 年),吴兴刘氏嘉业堂刻本。

水而下可直达武汉,逆水而上可达襄樊和老河口市,既是天门的南大门,又是天门市、仙桃、潜江三县交界的政治、经济、文化中心,素有"小汉口"之称,历来受到富商巨贾和兵家的重视。因此,陕、甘、晋、豫、赣、闽等外省客商都纷纷来此经商,栈行店铺竞相排列,酒楼茶社鳞次栉比,一派繁荣的景象。以怀商为主的河南商帮主要在天门经营中药材、丹丸、膏药等,另外,还贩运水果、红枣、柿饼、烟叶、牛羊皮、锅碗等商品。在此经营的怀商全顺德、全顺恒等中药材商号,精制各种膏、丹、丸、散等成药,供应病人服用和中医生批购,同时还收购当地的药材,运到汉口出售,促进了当地经济的繁荣。

(二)岳口全顺德[①]

全顺德,清河内县刘村(今属博爱)李氏创办于明末天门岳口,经营道地中药材和丸、散、膏、丹,收购、加工、批发、零售产购兼营。清末民初,店员60多名,年销货额约80余万银元,利润约24万银元。经营产品1000余种,著名产品有八宝珍珠散、清凉散眼药。因经销药品道地,产品疗效好,销路日益扩大,一时汉江南北慕名求药者不绝于途。经营其药品的商业客户遍及天门、潜江、沔阳、蚌湖、熊口、黑流、竹滩、毛嘴、赖场、抄洋等地100余家中成药店、药铺。

全顺德店规同怀庆府其他药店店规一样,雇佣家乡人,总店培养;批发零售各设管事,钱、账、物专人负责;批发流水一日一清,账、物、款相符;东家不参与经营,委托掌柜管理;东家到店,一律按宾客相待,不得在店支钱,只提供路费。同时,东家还规定了合理的福利制度:店员三年返乡休假一次,休假由业主来函通知;每年春、秋两季财务核算,定额红利后的超额利润,实行二八分成。

由于管理有方,全顺德的业务范围不断扩大,中西成药、万金油、治虫砒霜都一并兼营,而且还在湖南衡阳建有"全顺东"分号,在汉口大夹街设水客办事处,扩大业务网点,组织货源,推销药品,使经营范围遍及长江南北。同时,乐善好施,每逢传统节日,照例向市民和新老客户免费赠送雄黄、管仲、朱砂、香药、药膏、丸散、仁丹、八卦丹、济众水等急救药品,让顾客随时取用;每月初

[①] 陈玉祥:《岳口"全顺德"药店的兴衰》,载《天门文史资料》第3辑《工商经济专辑》,1988,第157-160页。

五、十五专门招待地方中医先生;凡百姓、地方每有急难,常捐赠款项,救人急难。

五、郧阳的怀商贸易

(一)郧阳的怀商贸易概述

明清时期,郧阳府辖郧县、房县、竹山县、竹溪县、保康县、郧西县、上津县等。郧阳山场辽阔,林木茂密,为土特产品及中药材提供了广阔的生存环境。其中,道地药材如金银花、连翘、黄姜、麝香、杜仲、黄精、天麻、玉竹、射干、何首乌、柏子仁、酸枣仁、天门冬、桔梗、苍术、北柴胡、山楂、五味子、女贞子、乌梅、天花粉、远志等40余种,驰名中外。而且,伴随着农业与手工业的发展、商品交换的日益频繁,到这里经商的人越来越多,形成了地区性的行帮会馆,怀商不但经营土特产品和中药材,而且还经营钱庄。在郧县,怀商以经营钱庄为主,并联合其他河南商人,兴建了河南会馆。在房县,怀商以经营中药材和土特产品为主,同时还进山租地,种植黄连。其方法为:在最初几年,春夏两季带着布匹、药材进山,沿路出售。尔后到黄连棚间闻苗、薅薅草,秋后回家。第四年上山守棚、管理,直到收获。怀商连同在房县经营的河南商人,兴建河南会馆,会员最多时达到200人。

(二)房县中和义药店①

中和义药店由沁阳人杨明溪与湖北谷城人钟瑞成合资创办于民国二十一年(1932年),资本200元,流动资金最高时达到两万元,店址城西关(现在的老药材公司),经营面积楼房3间、围屋正厅3间、厢房4间。杨明溪任董事兼经理,职员14人。以经营中药材为主,兼及土特产品,如黑木耳、白木耳、匹头、食盐、鹿茸、麝香、熊胆、珍珠、虎骨、豹骨等生意。

机构设置合理。该店设铺面、药库、司药间、账房、客房、宿舍,老板负责财务、接洽生意等业务;帮柜负责抄写账目清单;老药工负责店铺拣药;司药工分一刀、二刀;大师傅(炊事员)办理伙食;客人住宿,由学徒接待。职员各司其职,各负其责。

---

① 盛佩唐:《"中和义"药店》,载中国人民政治协商会议湖北省房县委员会文史委员会编《房县文史资料》第2辑,1990,内部资料,第163-166页。

纪律严明，严格管理。不准嫖赌，不准打架斗殴，否则开除。选用和培植亲信负责重要事宜。学徒工三年期满，方可拣药，但还必须由老药工监督。

福利丰厚，薪酬设置公平。按技术高低、工作态度付酬，每月兑现。有技术的年薪80元，一般先生不少于50元，比其他药店高6~8元。店员另有分外补贴，叫"小伙号"，就是由老板摊本。经营土特产品，同样按技术高低分红利，年人均30元左右。生活上，待遇人人平等。每年四月二十八日的药王会，东家款待所有店员，以及与本店有合作关系的医生。

营销策略上，童叟无欺，重视信义，对熟客、生活艰难的病人，赊账销售；价格制定上，比其他店便宜，并将药价编密码（市1、中3、无3、二4、价5、海6、上7、得8、仙9、丹10）；与当地名医建立良好的业务合作关系，逢年过节赠送礼品。而且善于把握时机，如民国三十二年（1943年）二月底，一批四川药客，携带47副药挑的药材（价值万元），计划到老河口销售，但老河口已被日寇占领，他们欲在房县就地出售。但很多药店要么资金不够，要么对销售前景悲观，迟迟不愿接手。杨明溪审时度势，倾其所有流动资金全部买下，不到一年翻倍脱手，赚得对本红利。

质量上，要求采购的药材道地，遵古炮制，不得出售假冒伪劣产品。尤其在药物炮制、加工的每一道工序上，不得偷工减料，如：洗桔梗、防风，夏季洗冷水，冬季用温水；大黄不能用水泡，只能用刷子洒水，润至三四天，一斤药一大碗水润完为止。因此，别家的大黄吃五钱不泻，而中和义的三钱就可泻。有该用盐、酒、醋、糖做副料的，绝不缺一，不敢马虎。还有像鳖甲、龟板之类生药，不准出售给病家。因为有的病人吃后反复呕吐，所以一定要用沙炒熟制，绝不准草率从事。

服务态度上，对顾客热情招待，奉烟递茶，随到随拣药。对急诊病人（经过三五个医生会诊者），随来随拣，不分白天黑夜，且一味药一包，防止差错，避免给病人带来危险。对待过往药客和较远的顾客，无偿安排食宿。

由于经理杨明溪善于经营，规模不断扩大，民国二十九年（1940年）又在军店铺开一分店，铺号"义和永"，店员由3人增加到17人（其中分店3人），活动范围越来越广，东至谷城、光化，南至宜昌，北至陕西的安康都有往来。一时间，在房县城内三关及境内各乡无不驰名。当时营业情况是每天三潮，即早上城边，中午30里开外，晚上城内，购药者总是络绎不绝。店铺前熙熙攘攘，药臼叮当,呈现一派繁荣景象。

第二节　湖南的怀商贸易

湖南气候温和湿润,河网密集,土地辽阔,自然条件得天独厚,明朝时就有"湖广熟,天下足"①之美誉。清康熙三年(1664年),湖南建省后,又有"湖南熟,天下足"的说法。农业的发展,带动了商品经济发展;商业经济的发展,又促使了商业城市的繁盛和商业交通的完备。

湖南处长江流域之中游,水系一向发达,湘江、资江、沅水、澧水等经洞庭湖入长江。至明清两代,已形成四通八达的天然水道网,构成了一个庞大的内河运输网。明清商业发达,商贾借舟楫之便与长江的上下游交流频繁,在一些交通口岸、要冲,形成了颇为繁荣的商业中心。

怀商分两路从南阳、麻城入湖北后,一路为陆路,即从汉口继续南下,经武昌—岳州(或入洞庭湖)—长沙—湘潭,到衡州;一路为湘江水路,即从沙市入洞庭湖,沿湘江逆流而上,到达湘潭、衡阳等地。因此,有清一代,湖南的重要商业中心,有长沙、常德、岳阳、湘潭、衡阳等处。

湖南药材资源丰富,又是朱砂的重要产地。怀商非常重视开拓湖南药材市场。杜盛兴专营朱砂,派人在长沙、常德等地大量收购朱砂,分送到祁州、武汉、天津等地的杜家商号。同时,杜同兴在药材产地凤凰县创办分号,大量收购药材。湖南桃源县,"黔、蜀、闽、广、江、浙、陕、豫之商毕集"②。华容县"上通黔蜀,下达鄂汉,水陆商贾,多闽、粤、豫、皖之人,旧有六帮之号"③。

在湖南,怀商基本上是沿着湘江水道布局设点的。怀商的药材行和药材号多集中在生产药材和水陆交通比较方便的湘潭、长沙、衡阳等地,先后出现了东协盛、西协盛、南协盛、协盛西、全复堂、杜盛兴等药号,其中,长沙的东协盛、西协盛,湘潭和衡阳的协盛西以经营四大怀药、全部常用药材和兼收土产药材,在湖南药材市场占有一席之地。

---

① 梅莉:《两湖平原开发探源》,江西教育出版社,1995,第136页。
② 道光《桃源县志》卷3《风俗》,第7页。
③ 光绪《华容县志》卷1《风土》,第15页。

一、长沙的怀商贸易

(一) 长沙的怀商贸易概述

长沙商业源远流长,历商、周、汉代至唐,出现了"市北肩舆每联袂,郭南抱瓮亦隐几"①的盛况。明时,长沙"民物丰盈,百货鳞集,商贾并联,亦繁盛矣"②。清康熙三年(1664年),置湖南省,长沙即成为省会。至清乾隆年间(1736—1795年),长沙已是中国南方的重要商埠,商贾云集,百货流通,成为汉口镇和佛山镇之间的重要交通枢纽和商品集散地。清乾隆《长沙府志》记曰:"旧志:士多廉隅,民尚朴素,勤于农桑,拙于商贾,而今亦不胜其变矣";昔日,长沙"男子勤耕,女子勤织,分也。今则男子不事耕耘而趋贸易"。③ 清嘉庆年间(1796—1820年),长沙"百殖繁昌,商贾云连"④。清同治年间(1862—1874年),长沙"秋冬之交,淮商载盐而来,载米而去,其贩卖皮币金玉玩好,列肆盈廛,则皆江苏、山陕、豫章、粤省之客商也"⑤。清光绪末年,粤汉铁路湘鄂段修成后,长沙之商业地位更加重要,逐渐成为湘省货物进出口之总汇。

长沙交通便利,水运发达,商业为全省之冠。清前、中期,长沙药材市场已十分繁荣,有大小药店有100多家,分属江西帮(以金银、药材为主)、江苏帮(以酒酱、药材为主)、怀帮(以药材为主)、福建帮(以烟为主)、广东帮(以药品及牙科为主)、湖北帮(以药材为主),并产生了许多老商号,如清康熙初年创立的劳九芝堂药号、清康熙六年(1667年)创立的西协盛、清康熙十三年(1674年)创立的东协盛和清康熙十五年(1676年)创立的南协盛(一说创办于清顺治年间,早于劳九芝堂)等等。当时,这些药号就以生产中成药而闻名,如劳九芝堂的附桂紫金膏、参桂鹿茸丸,西协盛的金橘露药酒等都是行销的名牌产品。清末民初,长沙中药材业发展到鼎盛时期,时有"三芝四协"(三芝:九芝堂、福芝堂、寿芝堂。四协:东协盛、西协盛、南协盛、北协盛)对峙称雄

---

① 杜甫:《暮秋枉裴道州手札率尔遣兴寄近呈苏涣侍御》,《杜甫诗集》,吉林大学出版社,2011,第127页。
② 崇祯《长沙府志·风俗卷》。
③ 乾隆《长沙府志》卷14《风俗》,第2页。
④ 湖南省地方志编纂委员会编《湖南省志》第二十六卷《民俗志》,五洲传播出版社,2005,第228页。
⑤ 同治《长沙县志》卷16《商贾》,第12页。

之说。

(二)协盛商号

长沙药材业开设最早,但声名最著者却以外帮居多。据史料考证,在长沙开店坐庄的怀商为怀庆府协盛全商号的分号,即西协盛、东协盛、南协盛。东协盛、西协盛经营生地、怀山、牛膝的批发业务,基本上垄断了四大怀药在长沙的销售。协盛店各有特色,如东协盛以经营中药饮片著名,西协盛以制作金橘露药酒闻名。望城县民歌《隔河望见郎上街》的唱词曾曰:"'劳九芝''东协盛'的虎骨酒提他两三瓶。"①由此可知,东协盛产品的闻名。

近人程千帆曰:"湖南省城由德润门直上坡子街,商贸四五百户,为会城繁富之区。其间牌记最久者如西协盛、东协盛、劳九芝堂、詹文裕、詹有乾、詹彦文等,远者二百余年,近亦百数十年。""西协盛、东协盛:药店名。旧时长沙有四大药铺,名曰东协盛、西协盛、南协盛、北协盛。南协盛原址在南正街。北协盛在北正街中段,今仍旧名。东协盛在坡子街口,一说在东茅街。西协盛原在坡子街,解放后搬到西长街,改名西长街药店,八十年代又改回原名,仍在西长街。"②长沙"国药业共计一百余家,分本、西、淮(应为怀,原文有误——引者注)、苏、北五帮,有行号之别,行家营批发,号家做门市。号家以本帮占多数,西帮次之,淮帮计东协盛、西协盛两家。"③怀商比较注重门面,中药店的厅堂内都设置有假山水池,饲养金鱼,培植花草,陈列老虎标本和各种名贵药材,悬挂名人字画,装饰古雅,使顾客一踏入店堂便有"药到病除"之感;而且聘请名医坐堂,推选道地药材,备货齐全,炒、研、烘、炙,炮制认真细致,故商誉日著,生意日增。

长沙火神庙始建于明万历五年(1577年),始名火宫殿。清乾隆十二年(1747年),东协盛、西协盛药号联同余太华金号、李文玉金号、公和酱园、九芝堂药号、福芝堂药号、寿芝堂药号(俗称老八董或老八家)等商号集资重修。并将农历六月二十三日定为火神爷的生日。每年这天,各方筹资举办隆重的

---

① 湖南省文化厅:《湖南民间歌曲集成》第2册《隔河望见郎上街(猎山歌)》,湖南文艺出版社,2008,第509-511页。
② 程千帆:《程千帆全集》第7卷《闲堂文薮》,河北教育出版社,2000,第269页。
③ 《中国经济年鉴》编纂委员会编《中国经济年鉴》第3编第14章《商业》,商务印书馆,1936,第149页。

祭祀仪式。民国三十年(1941年),火宫殿成立以老九芝堂、西协盛药号等为董事单位的新董事会,决定募集资金重建火宫殿。

晚清以来,庙会祭祀分官祭和民祭。官祭由长沙府主持,湖南巡抚主祭,长沙、善化两县文武官员数百人参加。民祭由民间社团主持,绅商、民众数百人参加。① 祭祀以后唱戏酬火神,戏多为湘剧,如《目连救母》《岳飞传》《白兔记》等大型剧目。同时,一些说唱艺人也在这里卖艺献技,如唐仁芳的《济公传》《施公案》,廖夔的《三国演义》《岳飞传》,长沙弹词名家周寿云、舒三和的《七侠五义》《五美图》等,开创出湖南曲艺最为兴盛的局面。

(三)会馆与条规

怀商联同河南武安帮、中州帮等在善化十铺福胜街创建中州会馆。清光绪《善化县志》载:"中州会馆:在十铺福胜街。坐东朝西,前抵官街,后抵沈姓房屋,南前抵王姓铺,屋后抵朝阳巷,北抵灵官庙、蔡周二公祠。"② 会馆坐东朝西,进门为戏台、方坪;正栋为关圣殿,左为文昌宫,右为财神殿,中为翠波阁;后进中为大雄殿,左为雷祖殿,右为杜康祠。怀商药业祀奉药王孙思邈。每年农历四月二十八日纪念药王诞辰,药业人员聚会吃寿面或喝寿酒,以资联络。为了巩固团体,维护同行、同乡的利益,怀商药材行和药号订立行规、店规,如规定商号经理人,由号主雇用,以三年为期,异地交流。上下任交接时,谓之换班。店员也有任期,期满也异地交流。③ 店员生活简朴,粗茶淡饭;工作期间,不经允许,不得出门;三年可回原籍探亲一次,置办的行装必须经店号老板查验。

民国初年,怀商等五省药帮于黎家坡仁寿宫创立药业公会,供奉孙思邈为祖师,并设神农像一座。五省药帮药业公会同样订立有规条,规范行业管理,其职能主要是登记新开业或复业的会员,办理对外联系的一切事宜,调解仲裁同行涉及的内外纠纷,议订价格,摊派税捐。若有违反,轻则罚以唱戏、办酒席、罚款,重则禀官究办、革出本行。如凡新设商号,必须向行会捐纳牌费,方准设立。这些行规对提高行业、店号的信誉和职员的职业道德,严格开业制度,防止因市场饱和而产生恶性竞争,规范市场交易秩序以及中介商即牙行行

---

① 孙文辉:《草根湖南》,岳麓书社,2009,第132-136页。
② 光绪《善化县志》卷30《祠庙·会馆》,第11页。
③ 彭泽益:《中国工商行会史料集》,中华书局,1995,第530页。

为,统一度量衡器,努力维护交易的公正性、公平性等方面起到了积极的作用。同时,怀商还参与订立《生药店条规》等规约。

二、湘潭的怀商贸易

(一)湘潭的怀商贸易概述

湘潭位于湘江下游西岸,北通江汉,湘江、涟水、涓水、靳水流贯境内,航道畅通,轮舟络绎不绝,沿湘江有数十处天然深水码头;而古驿道又分五路,通向毗邻县、省,为粤、桂通往北方的古商道必经之地。明末即形成商埠。相邻各县的药材、蓝靛、竹木、稻谷,也多经湘潭直销汉口,再转江浙,盛极一时。"湘潭自前明移县治以来,杨梅洲至小东门岸,帆樯檣集连二十里,廛市日增,蔚为都会,天下第一壮县也。"①"城外沿湘十余里皆商贾列肆及转移执事者肩摩履错。"②清嘉庆、道光年间,湘潭城厢内外,市面大兴,码头由明末十余处增至嘉庆三十七处,商市由八总扩至十九总,"计一总积银几二百万两"③。湘潭富甲全省,"凡摊捐皆倍列县"④,有"金湘潭"之美称。

湘潭"商分七帮,街分十总,人肩摩,夫担争,行者不遑趾,居者不暇餐,廛密善焚,弥火弥盛。郊野之外,闻都邑之宫声焉"⑤。"时湘潭之商贾,分闽、粤、苏、浙、湘、赣、豫七帮,各有会馆公所,一切钱账业规之纠纷,统归处理。各帮领袖,必捐五品顶戴,与官场互通声气,遇清廷有庆典,则通衢张灯结彩。街分十总,斗巧眩奇,日縻万金不惜,四乡来观者,人山人海。"⑥

湘潭靠近药材产区,且水陆交通方便,亦为全国重要的中药材集散地,历有"药都"之称。明中叶以后,各地药商肩挑背负到湘潭摆摊设行,粤、桂、川、赣、闽等省往来交易的络绎不绝;至清乾隆初年,经营药材的字号更是多达百余家,从业者已达400余人,成为道地药材的集散地⑦,时有"药不到湘潭不

---

① 光绪《湘潭县志》卷11《货殖》,第1页。
② 光绪《湘潭县志》卷6《赋役》,第1页。
③ 光绪《湘潭县志》卷11《货殖》,第5页。
④ 光绪《湘潭县志》卷6《赋役》,第11页。
⑤ 光绪《湘潭县志》卷11《货殖》,第3-4页。
⑥ 朱羲农、朱保训:《湖南实业志(一)》,湖南人民出版社,2008,第369-370页。
⑦ 张贵君:《现代中药材商品通鉴》,中国中医药出版社,2001,第35页。

齐,药不到湘潭不灵"①之说。清道光二十年(1840年)至民国七年(1918年)是湘潭药材市场较繁盛时期,湘潭成为湖南最大的药材集散市场。湘潭药材行商号时有所谓"八堂"之称,即全美堂、崇谊堂、崇庆堂、崇福堂、福顺堂、聚福堂、怀庆堂、公正堂。其中,怀庆堂是怀商的组织。汉口、沙市沦陷后,怀商纷纷南下湘潭经营,怀商在湘潭达到兴盛。如全复堂药店,是怀庆药商在湘潭开设的药店。该店经营怀药,其所遗留的资料对于怀药的性能、交易、银两折扣与期限,以及度量衡大小均有明晰记载。药材行业务上对于扣价、扣秤、扣现、比期等方面,都有统一规定。这些规定叫行规。扣价,按药材几大产区商品划分作出规定,如怀货类的当归、党参等,因其数量较多,价格较高,规定为九一扣,即按价打九一折计价。

(二)湘潭协盛西②

协盛西位于十二总正街老岸,即唐家码头对面。湘潭,由于水陆交通,四通八达,无不便利;加之明代中后期,湘潭为输转之枢,商务繁盛,全国药商云集,渐成全国重要的中药材集散地。邻近16省及印度、缅甸等国药材也大多集散于此,因此,协盛全便雇单轮大盘车到湘潭销售。同时,再购进川、湘、广、浙、赣等地药材,运返河南销售,每冬往返两次,每次雇工五六人。如此辗转经营,颇有盈利,便先创店于长沙。由于湘潭药材市场活跃,行、号集中,便于经营管理,遂于清康熙十三年(1674年)前后,到湘潭创业,取名"协盛西地黄药材"。但民国二十九年(1940年)其经营药材的引票上却注明:"本店开设三百余年。"据此推算,该店明末已在湘潭经营,或是指总店已创办300多年。协盛西主要经营各种中药药材、膏丸丹散、花露药酒,特别是虎骨酒、金橘露、驱风散、痱子散,畅销全国,远销香港、澳门、东南亚等地。民国三十三年(1944年),湘潭沦陷,协盛西停业。抗日战争胜利后,恢复经营,一直坚持到1956年的公私合营,改名为国营韶山路药店。

营业场地。店门前置一空地,铁花栏杆围护住,栏杆嵌店名"协盛西药号"。店门为石库门,厅堂两侧分置柜台,各呈曲尺形,曲尺柜台书:"地道药材,货真价实。"堂联上书:"常觉心中生意满,须知世上苦人多。"店面设计为

---

① 湘潭市民间文学集成编委会编《中国谚语集成湖南卷湘潭市分卷》,1988,内部资料,第17页。
② 安冠英、韩淑芳、潘惜晨:《中华百年老药铺》,中国文史出版社,1993,第427-430页。

传统的前店后坊,药店分设营业间、饮片柜、丸散柜、中药材批发部、货房和加工场。开业以后,由于讲究诚信,选料上乘,加工精良,业务发达,获利不少。久之,积累益多,人员也陆续有所增加。至清光绪年间,总店职员达到了50多人,协盛西声名大振。

人事制度。除远近无欺、公平合理的公平交易原则外,协盛西人事制度不仅仅是沿用中国传统的商号制度,更强调只用家乡人(河内、武陟人)。掌柜(经理)由商号东家聘任。同任两人,轮流管店。这是协盛西独创的双人掌柜制度,有利于管理和监督。掌柜之下,设上街(外掌柜)1人,专司进货;批单2人,处理批单划价;账房2人,负责账务、银盘及往来信札;饮片柜设业务4人,丸散柜3人,主配药抓药;切制、拣药各3人,主药材加工;药酒2人,主制药酒;保管8人,管理库房;勤杂4人,主管庭院卫生等;厨工2人,负责员工饮食。学徒逐年增加,一般同时有2~3人。掌柜一年两次用书面向东家汇报营业情况,盈利规定每年二月初八汇给东家。职员进店,实行推荐制度。先在总店实习培训2年,经考试合格,方能到分店任职。学徒3年期满,根据其表现或所长,分配工种工作。

讲求商誉,货真价实。注意商品质量,把住进货关。强调道地药材,严守古法炮制,注意片型规格,不经筛拣的药物不得上屉。成药加工,严格按制药程序,不偷工减料,不粗制滥造,不以假充真,不以次代好。

服务态度。尽量体贴顾客,方便群众,如店堂设置座凳,专供顾客休息。每到寒冬,丸散柜备有暖酒壶,让顾客喝上热酒,使顾客到店里颇有宾至如归之感。

营销策略。协盛西的虎骨酒,名气很大,当年能与同仁堂的史国公酒媲美。为了进一步扩大协盛西在万商云集的湘潭的影响力,也为了证明所产虎骨酒货真价实,民国中期,协盛西特意购买一只小老虎置于店门前空地的笼子里。为制造出轰动响应,协盛西特聘请当地士绅和官僚、晚清举人陈光照主持老虎见面会,为协盛西的虎骨酒开坛,并揭开老虎笼的红盖头。湘潭市民闻风而至,一时观看老虎的人络绎不绝,协盛西之名如日中天,老幼皆知。特别是引来了湘潭城的儿童,虎骨酒供不应求,成为协盛西商业运作的非常成功的一大范例。

职员工资。职员工资,按年计算,以银两为单位,每7两7钱折合银洋10元。工资标准,根据职责大小、职位高低、工作能力而定,掌柜为250~260两,外掌柜(上街、营业间负责人)160两,批单100两,一般职工40~80两不等,学徒

5两。

职员福利。福利分两种,一种为包药费(外水),一种为红利。包药费系向顾客按购买金额抽取,集体所有,按人平分。红利分配系上交完商号东家利润的超额部分,按二、二、六分配,即二成上交商号东家,二成分给职工,六成留作店号积累。职工分红部分,掌柜二成,八成按职工工资差额分配到人。民国二十二年(1933年),协盛西获利9万元,职工分红19,000元,其中2个掌柜各获3000元,3个小掌柜各得1000元,一般职工平均得360元。在店工作期间,职员生活用品,由店方统一办理。老板、朝俸、账房、信房、学徒,规定每月理发3次,由店开支。每年发给蒲扇、雨伞各1把,油鞋1双,茶叶、黄烟都由店开支。朝俸、账房,每天晚餐规定备白酒半斤。冬日御寒,朝俸等人烧木炭盆,伙房伙计烤地炉煤火。除缝纫工资自费一半外,其他概由店里开支。明确规定探亲假,职员平时无假期。掌柜工作满2年,可回家休假1年;一般职工工作期满2年,只能回家休假半年;学徒工不在此列。休假期间,工资、路费一律照发;同时,允许职员免费携带少量的日常保健药品,如藿香正气丸、附桂紫金膏、痧药丸、眼药等回家。

店规严厉,守则严明。凡从业人员,不经允许不得私自外出,不准游街串巷,不准在外居宿,不准赌博嫖娼,不准盗窃财物。违者,一般给予批评、教育或警告。重者或屡教不改者,俟其回家探亲抵家一月之内,书面通知其本人,予以除名。为防止店员聚赌嫖娼,进而危害商店声誉,规定工资不付现款交本人,按月提存账上,年终汇寄总店(即河内刘村,今博爱刘村),再分别转交其家属。

民国十九年(1930年),聘任魏秉朴为经理。此人胆识过人,善于经营,大胆起用人才,他先在沁阳设立货栈,大量收购家乡道地四大怀药等药材,经加工后运来湘潭销售;又兼营坐商业务,在甘肃岷县,河南禹县,湖北沙市、武汉、广州等地,设立坐庄,专收道地药材,转手买卖,谋取高利。全店资金,由民国十九年(1930年)的2万元(银元)增至民国三十二年(1943年)的30万元(银元),职工由20人增至60人。这时,魏秉朴被任为总经理,分店业务员提为经理,形成经理负责制。由于历任经理认真负责,药号实业蒸蒸日上,尤其是韩起、魏秉朴、孙孝廉、皇甫珍秀先后主持店务后,积极经营,大肆扩充营业。除经营咀片(即饮片)外,开始了中药的全面经营,先后在长沙、衡阳设立分店。在湖北汉口、甘肃岷县、河南辉县设立专庄(相当于经销点),在重庆、禹县、祁州、彰德、广州、上海、郑州、宁波等地设立代庄,采购全国各地药材。至1943年,资金拥有30万元,员工增至60人。这是协盛西业务发展的鼎盛时期。

三、衡阳的怀商贸易

(一)衡阳的怀商贸易概述

衡阳为湘南重镇,人杰地灵,物华天宝,古称"寰中佳丽";且衡阳循骑田岭入广东,溯湘江西达黔桂,北通武汉,东出江西,居南北之要冲,扼荆吴之咽喉;同时,地处湘蒸二水之会、湘江之北岸,上下游之船只都以衡阳为停泊地,且湖广等地的土特产品、海货、粤盐等,均在衡阳分由水陆运转,故交通位置相当重要。明清盛时,湖广之间的商务茂盛,衡阳的交通运输更为频繁,肩挑背负过南风岭的络绎不绝,每年不下10万人。银钱、典当、绸缎布匹、杂货、药材、纸张等各种经营应有尽有,其中,绫罗绸缎的经营,以河南帮(怀商)为最早。药材行至民国时,药店有49家,总值168,122元,营业额324,340元,出售丸、散、膏、剂及切片之药材。① 日寇侵华,汉口、沙市相继陷落,大批药商南下衡阳,怀商也南下衡阳经营。衡阳名医宋伯尧曾坐堂协盛东药店,施回春妙术,救治垂危病人无数,被四乡人民称为"宋半仙",医界誉为"圣手",公认为衡阳四大名医之一。以怀商为代表的河南商人在衡阳建有中州会馆,以联络同乡。

(二)衡阳协盛西

衡阳协盛西,是协盛全东家李福纯于清咸丰二年(1852年)拨纹银3000两挂牌于衡阳铁炉门(南正街),为湘潭协盛西之分店。初创时期,租用门面房100多平方米,职工10多人,前店配方零售,后店加工成药、饮片,经营中药饮片、中成药二三百种。至民国十八年(1929年)后,崔定之、郝广升先后出任经理,他们增拨资金,大胆经营,多方开拓,开办坐庄于四川、武汉、云南、贵州等地,收购道地药材,精工制作虎骨酒、史国公酒、参桂鹿茸丸、十全大补丸及驴、虎、龟胶等29种中成药,畅销衡阳、祁阳、耒阳、常宁等湘南各县,成为湘南优质名牌药品。尤其是虎骨酒,酒味浓郁,色泽晶莹,口味纯正,具有驱寒、活血、强筋、壮骨等明显疗效,月零售量达300多斤。加工的饮片色鲜、片匀、剂量足,深受顾客信赖,日营业额达100多银元。1942年,职工增至50多人,业

---

① 朱羲农、朱保训:《湖南实业志(一)》,湖南人民出版社,2008,第456页。

务扩大,精心加工的虎骨酒、牛黄清心丸及驴、虎、龟、鹿胶等 39 种中成药销往广西、广东、云南、贵州等省,门市零售月销售额达 400~500 银元,批发月销额达 300~400 银元,年营业额达 8000~9000 银元,比湘潭、长沙的协盛西药号多一倍左右。① 1954 年,协盛西响应政府号召,与华中药店合并,走上公私合营的道路,从而打破了两百多年独资经营的传统格局。衡阳协盛西之所以百年不衰,兴旺发达,有其独特的经营管理模式。

首先,厘清权责,按规经营。为避免东家(股东)干预经营,将所有权与经营权分离,即东家不管经营,经理负责具体业务。东家的权限和职责是:制定店规,选派经理(一般为 2 个)和决定员工去留;管理和分配股东股息和红利;听取经理汇报经营管理情况。规定经理按月向东家汇报经营管理情况,每年秋季进行一次大盘点,结算盈亏,3 年进行一次总结算。总结算后,由东家召集经理开会,决定店内盈余分配和职工考级调资。同时还规定,股东及其子弟,不得私自到店;职员返乡探亲,先到总店报备,违者不予报销路途费用。凡学徒员工,首要熟悉各项店规和学习技术业务,如在前柜学加工炮制,抄成药配方;在批发柜学识别药物真假和生产行规。凡总店制定的所有规章制度,如离店必须请假,不得私自做生意,不准带家属住店,等等,均须无条件遵守。经理越轨,员工也可向东家直接反映,经东家查实,视情节严重,酌情处理。职员、经理的工资、红利同于湘潭协盛西。

人事方面,各店员工和学徒,均由总店培养。分店独立核算,自负盈亏。药店实行严格的经理负责制,所派 2 个经理,不分正副,轮流主持店务。经理的权限和职责:对店内职工有安排调用权;对失职和违规人员有提请辞退权;对员工考勤、提级和红利分配,有提出建议权。所有柜台服务、财务、加工、泡制以及成药制作等部门,都实行责任制,做到各守其位,各施其责。

其次,药德至上,质量第一。② 协盛西自成立之日起,即书"修善无人见,存心有天知"条幅并悬诸中堂,以此作为药店之行事准则。要求职员在药物加工过程中,该炒的炒到黄而不焦,该炙的炙到润而不燥,当泡的泡至酥松,当煅

---

① 黄隆顺、李武昌:《协盛西——湖南衡阳中药店》,载孔令仁、李德征等:《中国老字号(玖)·药业卷》,高等教育出版社,1998,第 236-239 页。
② 衡阳市民建联、工商联文史办:《协盛西中药店史话》,载中国人民政治协商会议湖南省衡阳市委员会文史资料研究委员会编《衡阳文史》第 11 辑,1991,第 181-186 页。

的煅至透熟，凡炒、炙、泡、煅不到功的，一律不准上柜。对所下辅料，如醋、酒、盐水、蜂蜜、姜汁等，也不得有半点虚假。在切片方面，尤重质量和美观，如天麻一定要切得明亮如镜，黄芪、甘草等要切成片似柳叶，怀山药片要切成粉白如雪，务使药片摊在纸上，黑白分明，令人产生欣慰感和信赖感。前台售药，如遇某味处方上写得不甚明了，须持店内专用笺向处方医师求证查明，方可发药。专用笺格式如下：

征询药名专用笺

○○药师大鉴：兹有××先生/女士

经您诊断处方第　行第　味药名写得不甚明了，恐怕发错，特请写示清楚，以便发药为荷。

协盛西药店

年　月　日

同时，要求一位拣药师拣药时，按处方逐行逐味依次排列；另一位拣药师复核，并盖上私章，以明责任。对缺味药，或药的规格、等级，不符原处方者，要如实向病家说明，不许顶替欺骗。药号所生产制作的膏、丹、丸、散等中成药，要选择正货投料，剔除下脚次货。制作丸药不用火烤，而用日光曝晒，以免烤焦丧失药性。制药酒，不用酒泡浸药，而用铜罐盛酒煮药，过滤密封，存放一年以后才出售。真正做到货真价实、童叟无欺。该店为研制出道地正宗的虎骨酒，购买来其他药号研制的各种虎骨酒，细加品尝，比较其口味、色泽、浓度、疗效，从中找出其不同点加以改造和创新；同时，搜集五六百种虎骨酒配方，选择其中最佳配方，进行泡制。泡制过程中，酒用60°以上的汉汾；虎骨则取之用重金购来的活虎，遵法熬制成胶。对所用其他配药，也是精益求精，如川乌、草乌等，先炒炙去毒，后用汉汾酒封缸浸泡。在制蜜下酒过程中，也一定要选用优质白蜜。其炼法是将优质白蜜入锅加热煮沸，不断用瓢器搅拌，使水分蒸发。炼蜜要适度，不老不嫩，炼好后，用纱布丝罗过滤，按量掺入酒内，徐徐澄清。成品产出后，每百斤再掺入小金橘酒数斤。因制作的虎骨酒，药味香郁，色如琥珀，入口绵甜，具有显著的驱寒活血、强筋壮骨之功效，故誉满全国，畅销港澳、南洋等地，与汉口叶开泰虎骨追风酒齐名天下。

再次，服务周到，营销手段独特。协盛西为招徕顾客，想群众之所想，急群众之所急，处处予顾客以方便，如常备沉香粉、三七粉、琥珀粉等，以减少病家麻烦。根据病人买药无固定时间的特点,营业从早上七点到晚上九点。夜间,设有救急窗口,凡急病叩门求药者,不拘时间,随到随拣,即使新春初一,也不例外。凡春节叫门买药者,一律燃放爆竹,以示吉祥。每逢夏天,则在店门口,大量施舍凉茶,因之深受群众好评。

为了扩大社会影响和提高声誉,协盛西重金购买老虎,门前圈养参观。用骨时,当众剥制。同时,还特邀当地报社记者现场采访、报道,以及当地士绅百姓监督,在衡阳引起轰动,虎骨酒远销香港和东南亚各地。虎骨酒成了拳头产品后,也带动了其他咀片和各种成药的生产和销售。如质量很高、疗效很好的却一向无名的补脑汁、当归精、参桂鹿茸丸、金橘露等,也傍着虎骨酒的名气,蜚声外埠,经群众服用后,疗效明显,销量成倍增长。协盛西当时生产的杞菊地黄丸,因略含酸味,曾引起怀疑。为解病家之惑,经理征得东家首肯,特将配伍杞菊地黄丸专用浙江枣皮的秘密公布于众,以示独家所创,选料道地,有利于药效。通过这一举措,加之用者实践认证,销量日增,名闻遐迩。

为开拓业务、提高竞争能力,协盛西还在全国著名的药材市场和工商业经济中心,如天津、汉口、郑州、重庆、广州、湘潭等大中城市,均设有往来点。有的常年驻庄,有的委托当地经纪行商代购,也有的根据商品信息和病家需要,临时派人往外采购。因此,店内货源充足,花色品种齐全,既不大批积压,又很少缺味,在同业中具有较强的竞争力。

第三节　江西的怀商贸易

江西自秦汉开发以来,以其优越的自然条件和地理位置,受到历代统治者的重视。《江西农工商矿纪略》载:"江西物产丰饶,民质勤苦,水陆交通,运输便利,只以腹处内地。"①尤其是赣江横贯全境,拥有完整的水系,大小河流有2400余条,北临长江,南可通过大庾岭商道连接岭南广大地区,是我国南方水陆交通的要冲。同时,江西又是我国中药资源十分丰富的地区之一。据统计,江西有中药资源2061种,其中药用植物1901种,216科,占总中药资源的92.2%;药用动物146种,96科,占总中药资源的7.1%;药用矿物14种,占总中

---

① 傅春官:《江西农工商矿纪略·序》第1册,1908,石印本。

药资源的0.7%。珍稀名贵药材(属于国家重点保护的动植物和稀有贵重品种)有穿山甲、虎、豹、猴、灵猫、梅花鹿、蛇、獐、三尖杉、天麻、杜仲、厚朴等。[①]丰富的药材资源,形成了江西商人的经营优势。同时,又吸引了全国各地的药商到江西进行药材买卖。

明清至民国,南昌地域先后出现10,000余家中药店,分属樟树帮、南昌帮、怀帮、徽州帮等帮口,著名的药号有黄庆仁栈、同仁堂、卢同仁、协盛全等等,而协盛全即为怀商药号。协盛全店址在书坊街,东家时为李西芝,职员有28人,门市和批发俱全,营业曾盛极一时,南昌沦陷时垮台;抗战胜利后复业,在"三反""五反"运动后停业。协盛全道地的五加皮酒,在社会上具有相当高的信誉和影响。为了维护本店的声誉,协盛全采取对成药饮片采取另加包装的办法。即当顾客持郎中开的药方来药店抓药时,先由店员拣称,再由老师傅核对药方以防出现差错。核对时如发现有误,经手人轻则要受到呵斥,重则要受到经济惩罚乃至解雇。经核查无误后,店员随即将拣好的每一种饮片用广告宣传包装纸另行包好。包装纸上均有铅字印刷的药品名称、性能、作用、产地以及本店的店名等。(如图4-6、4-7所示)

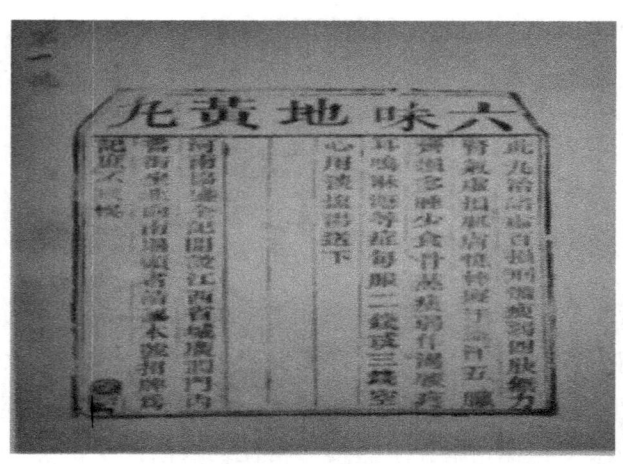

图4-6　江西协盛全六味地黄丸包装纸

[①] 江西省地方志编纂委员会:《江西省志》,方志出版社,1999,第94页。

图 4-7　江西协盛全乌鸡白凤丸包装纸

樟树居赣江中游,袁、赣二水合流之下。樟树依凭赣江,上接广东以至海外,将南洋名贵药材源源运来,再转销全国各地,下连鄱阳湖、长江,将重庆、汉口等内地药材集中至樟树镇,西部利用袁水之便,将湘潭连成一线,延及滇、黔。这样通过内河就把全国各大药材集散地和著名产地联在一起,组成一个庞大的药材信息交流及药材输运网络。怀商有数十家在此经营,著名的有协盛全、协盛和、德盛全等,其中,协盛全以店规严格、经营认真著称。赣中津要吉安,药材资源十分丰富,其中车前子和枳壳最为突出,属上乘的药材。民国时期,吉安城内有药店40余家,较有名气的中药店有开元、同仁、协盛全、永康、仁济、浩记、胡同仁等。其中,协盛全即为怀商开办。它采取的是前店后坊、自己加工炮制自己销售的方式。现吉安市制药厂为1956年公私合营时,由协盛全药店等几家中药作坊组成。抚州是药帮"建昌帮"发祥地,擅长传统饮片的加工炮制,以药材集散交易著称。城内药铺林立,怀商协盛全在此以经营零售咀片(即饮片)著名。

一、樟树的怀商贸易

樟树镇位于江西清江县赣江东岸,有"八省通衢"之美誉。清同治《清江县志》曰:"清江全境四通八达,水陆交冲,扼省会上游,为心腹要地。""其镇市以樟树镇为最著。阛阓千家,商贾四集。"①"水陆交冲,商贾云集,为南北川广药物所总汇。"明万历时期,樟树镇已是"烟火数万家,江、广百货往来与南北药材所聚,足称雄镇"②。至清康熙、乾隆时期,樟树药材营销达到全盛,四海药商纷至沓来,"集于樟镇,遂有'药码头'之号",成为与河北安国、安徽亳州等药市齐名的"天下三大药市之一",成为全国性的药材贸易集散地。

当时在樟树进行药材买卖的方式大致有三种:一种为行商。一般在药材收获季节收购后,运到樟树推销,如四川的"附片客",河南的"地黄客",湖北的"茯苓客",安徽的"枣皮客",浙江的"白术客",福建的"泽泻客",广东的"广皮客",湖南的"雄黄客",等。一种叫坐庄。一般是外地药材产地派驻樟树的代表,专门负责采购本地不产的药材,如赣州的庆仁庄,历年都要在樟树购进药材三四千件之多。一种叫开店。以销售店主家乡所产药材为主,如河南怀庆府人开办的协盛全、协盛和、德盛全等药号。

至清道光初年,樟树镇有 5133 户 12,165 人,药业人员在 4000 人以上,制药专业技术人员 300 人以上,还有许多外地人员来此交流技艺的。樟树镇被誉为药都,以至于清道光《清江县志》曾说:"市人多异民杂处,有客胜主之患。"迄今民间还广泛流传着"药不过樟树不齐"和"药不过樟树不灵",以及"四十八家药材行,还有三家卖硫黄"的俗语。

樟树作为药业交易市场,与河北祁州(今河北安国)齐名,号称"南有樟树,北有安国""南樟北祁"。樟树镇有药材行、号、店、庄近 200 家,全镇 30%以上的人口从事药业。外地药商在樟树经营者日众,仅怀商在樟树就有商号10 余家,著名的有协盛全、德盛全、协盛和等,有一二百年的历史。另外,在樟树三皇宫药圩东侧,修建药王庙一座,为怀商在樟树的活动场所。每年农历四月廿八日,三皇宫(药王庙)举行盛大庙会,樟树药界同仁按行号组织分别聚餐庆贺,彼此交流药材行情和调剂余缺,并请戏班演唱戏曲,热闹非凡,历时达半月之久。③ 每到地黄生产季节,大批怀庆府"地黄客"源源不断将地黄等珍贵药材运销到樟树,以求垄断市场。

---

① 同治《清江县志》卷 2《疆域志(上)·图记》,第 9 页。
② 王士性:《广志绎》卷 4《江南诸省》,中华书局,2006,第 279 页。
③ 《江西省商业志》编纂委员会编《江西省商业志》,方志出版社,1998,第 134 页。

怀商协盛全栈,既是外省籍药商中的著名代表,也是怀商的著名代表,专营怀货和西北药材(为专营川、陕、冀、豫等地所产药材的西北号)。协盛全东家李延川原为行商,每到地黄成熟季节,将收购的地黄车载肩挑到樟树,销售完毕后再带回当地的特产,周而复始,生意越做越大,资本越来越多。随着樟树药市越来越繁荣,药材吞吐量越来越大,就在樟树投资开办协盛全栈,初期专门协助怀庆行商存放、销售地黄、怀山等怀货。随后,自己雇人经营,专做地黄生意。协盛全的全盛时期,几乎控制了樟树的地黄市场。为取信于民,保证质量,对所购药材都要进行认真的拣选,根据制药需要,有的去皮、芯、核、芦头,有的去头、足、筋、膜、眼、翅,有的去泥、沙、杂、石、苔鲜。按质分级、分档,炮制的饮片不仅外形精美,而且质量高于同行,在樟树药市樟树帮占据大半个天下的不利环境中,亦占有一席之地,实属难能可贵。

第四节 川渝的怀商贸易

四川是我国中药材的主要产区之一,居川、广、云、贵四大药材产区之首。其生产区域极为广泛,主要产于号称"百药灌丛"的川西北高原、山地及四川盆地周边的丘陵地带,尤以江油、合川、灌县、宜宾、江津、中江、巴中等县尤著,所产品种既多,产量亦富。四川药材种类繁多,药用植物有3200余种,产量占全国1/3以上。其中,松香年产1000多吨,居全国第五;乌桕产量居全国第三;中药凡冠以"川"字的,也都是以四川生产的为好,如川黄连、川贝母、川续断、川槿皮、川楝子、川芎、川椒、川牛膝、川厚朴、川杜仲、川石斛等,均是四川特产的名贵道地药材。药用动物类资源有麝香、鹿茸、豹骨(金钱豹、雪豹、云豹的)、虎骨、熊胆、猴骨、熊骨、九香丸、蝉花等,皆为名贵药材。其中,麝香主要集中于川西高原,产量占全国的80%。"灌县之所产大黄(称为凉黄)、川芎,雅叙之黄连,灌县松潘之虫草,灌茂金之贝母,三台之党参(即所谓台党)、合川之杏仁(以鹦鹉嘴者最佳)为最有名。"[①]以及川牛膝、附子、杜仲、天麻、冬虫夏草、麝香等,均是在国内外畅销不衰的道地药材。

民国时期,四川药材分为三大产区,即以中坝为集散地的龙门山产区、以

---

① 蒋君章:《西南经济地理》11《药材》,商务印书馆,1945,第108页。

灌县为集散地的阿坝产区、以雅安为集散地的西康产区。另外,宜宾、万县、合川也是当地药材集散地。尤其是万县,为下川东药材集散中心,每年从怀庆等地输入怀药、枣仁、茯苓等药材百余种,除供本埠药铺配方外,大部转销下川东各县。"凡云南、甘肃、陕西、青海、西藏等地一部分的药材,以及西康省的药材,多经陆路,前来川省集中,因此四川实在是西南药材的生产名区而又兼集散中心。"①

正是药材资源的丰富和水路交通的相对便利,明清至民国时期,怀庆府商人陆续入川,并沿着茶马古道和沿江市镇设置商业网点,经营药材。在成都,有怀商荆生茂等商号。在重庆,怀庆府商人组成十三帮之一帮——怀帮,并设置河南公所,联络情谊,互通信息。在广元,怀商行商在此营销怀山药、怀生地、怀牛膝、甘草、枣仁、柏子仁、苍术等药,购回北方欠缺的药材,以谋地区差价。在康定,每到药材采购季节,怀商行商便到西康经营药材贸易,运来关东茸、高丽参、人参、龟胶、鹿胶等名贵药材,销售后收购西康鹿茸、麝香、熊胆、牛黄等药材,运销外省。在四川金堂,怀商行商及本地药铺经销怀山、怀牛膝、怀生地、潞党、枣皮等。在灌县,怀商也成为当地之一帮,并专营香号,垄断麝香营销。在松潘、杂谷脑、茂县、南坪等地,怀商都成为当地颇具实力的商帮,有的商号左右着当地的政治局势,垄断当地的名贵药材贸易,控制着地方财政和经济命脉。比较知名的商号有重庆的属于广土字号的三春荣、义圣会等,灌县的杜盛兴等,南坪的协兴永、杜盛兴等,懋功新街(县城)的盛兴号等,茂县的杜盛兴、协盛全、王长兴等,理县杂谷脑的杜盛兴、协盛全、义德志、张太常、汤洪发等,松潘城内的杜盛兴、协盛全等,甘孜丹巴县章谷屯(清代为小金县管辖)的杜盛兴分号(属懋功盛兴号分号),靖化(今金川县)的盛兴号等商铺,理县薛城镇的盛兴号分店和协盛全号分店等,皆历史悠久,资本雄厚,主要业务是收购麝香。

一、阿坝的怀商贸易

(一)阿坝的怀商贸易概述

阿坝(指今阿坝藏族羌族自治州)位于四川省西北部,境内峰峦叠嶂,沟

---

① 蒋君章:《西南经济地理》11《药材》,商务印书馆,1945,第104页。

壑纵横,药材资源丰富,其中,麝香、冬虫夏草、川贝母、南坪党参、羌活等为道地药材。贝母、麝香、虫草被誉为阿坝"三珍"。药材是阿坝民族贸易的主要输出物,每年通过杂谷脑市场输出的药材约有大黄数十万斤,麝香300余公斤,贝母2300余公斤,羌活12.5万公斤,木香14万公斤,虫草500余公斤。

明清时期,药材由私营商业收购。重庆、成都、灌县、绵竹等地的大商号,分别在松潘、南坪(今九寨沟县)、茂县、理番(今理县)、阿坝(指今阿坝县)、懋功(今小金县)等地设分号或委托代理商,从事药材收购。收购方式多为实物交换,以茶、盐、酒、土布、大米等物交换药材,亦用货币收购药材。每年药材产新旺季,重庆、灌县(今都江堰市)等地药材商号,派人到州内各地收购,多以商号、栈房为中心,随到随收;卖药者往往还将药材运到灌县交货,脚钱另付。清嘉庆至道光年间(1796—1850年)阿坝境内有专事经营麝香的协盛全、杜盛兴两大香号(图4-8为杜盛兴麝香庄商标),经营麝香二三百年,运销国内外市场,享有很高声誉。

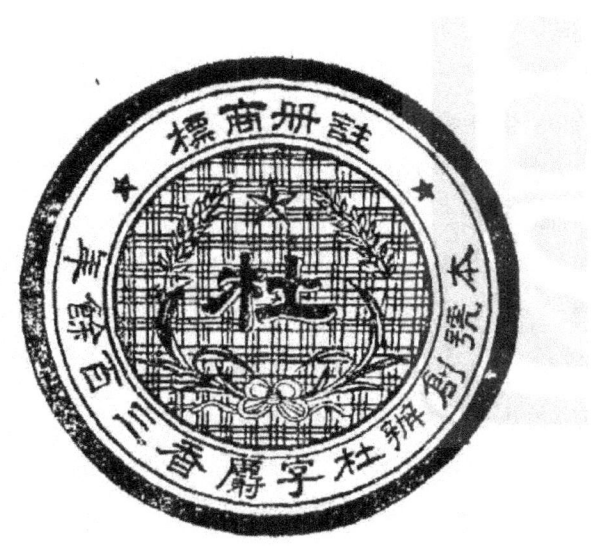

图4-8 杜盛兴麝香庄商标

清乾隆至民国三十八年(1949年)年间,阿坝先后有近百家中药铺,大多分布于松潘、杂谷脑、阿坝、茂县、汶川、懋功、南坪、靖化等县或镇。各商号经营年限不尽相同,有开业百余年经久不衰的,也有开业不到三年生意萧条破落闭门的。开办较早且长盛不衰的有清乾隆四十一年（1776年）开张的金川怀商"盛兴号"等四家商号。清末民初，外来从商者增加，松潘城内有坐商百余户，行商、小贩1200余家，杂谷脑镇和茂县形成转口贸易。外地商贩按籍贯结为不同的行帮，各帮均有清规戒律，上通官府，下解纠葛，以维护自身利益。松潘有怀帮、陕西帮、甘肃帮等。南坪有西帮、南帮、怀帮等。懋功、靖化有怀商盛兴香号分号。清朝初年，商道上遐迩驰名的"四大茶号""两大香号"，均设置于商道贸易中心松潘城内。清末民初，松潘、理县、懋功、茂县等地商业繁盛，怀商经营的香号资本仅次于茶号，年收购麝香近300公斤，加工封装后运至省外商埠销售；同时，还兼营其他名贵药材。河南的怀商设骡马店栈，用骡马、牦牛作运输工具，从成都、灌县、重庆和西北地区的甘肃、青海等地驮运生活物资（包括烟草）进入松潘县、阿坝县和理县的杂谷脑市场，以及现今马尔康境内的马塘、卓克基、松岗及大小金川等处以期货和现货两种方式与农牧民进行交换。而杂谷脑的怀商杜盛兴和协友权（应为协盛全），既垄断进出商品物资，又控制牲畜驮帮运输。

松潘，古松州，位于四川省西北部、阿坝州的东部。"松潘左连秦陇，右达川边，上抵青海，下接茂威，顺流而下径趋成都"①，素有"川西北茶马互市通衢要道"之称，是川、甘、青三省边界最大的贸易集散地。"松之关外，芒芒草地，纵横数千里，梯商航客结队往来，与黄河、青海一带吐蕃交易，俨然一大商埠。"②"夫松潘地处边徼川蜀西北之门户，而众郑龙之藩篱。东连龙安，南接威茂，西画吐蕃，北极洮岷，四塞之地也。"③"夫松潘区域毗连草地，万山罗列，特开商埠，物产丰富，牧畜繁孳。"④明初，松潘县城即有外地行商经营，多来自陕西、甘肃、河南怀庆府等地。经营药材和麝香的商号较多，但"松潘商号以河南帮杜盛兴、协盛全两家开设最早，信用夙著。此外亦有小商号数家及零星小贩专以收买麝香为业，香号之外则为杂货商"⑤。松潘商帮多为专业经营，如陕西人经营茶叶，怀庆府人经营药材，灌县人经营药材。至清末民国年间，形

---

① 民国《松潘县志》，"志叙"第1页。
② 民国《松潘县志》，"志叙"第3页。
③ 民国《松潘县志》，"序"第4-5页。
④ 民国《松潘县志》，"序"第6页。
⑤ 四川省阿坝藏族羌族自治州松潘县志编纂委员会编《松潘县志》，民族出版社，1999，第1010页。

成六大茶号、四大商号、两大香号,其中两大香号即怀商杜盛兴以及协盛全香号。

松潘颇产药材,人工培植之药材有大黄、党参、当归三种,产量大约 5 万公斤。动物类药材麝香和鹿茸更是名扬中外,"麝香在阿坝年产四百两,外销称草香,……南坪年产百十斤左右",松潘每年"收购毛壳麝香二千余斤,鹿茸七八百对"。① 全由怀商麝香号收购,大都运销上海、广州、香港和国外。民国二十年(1931年),怀商势力坐大,代替了由本地和外地商人组成的西帮(包括青海帮、甘肃帮、陕西帮),成为主导当地政治经济生态的主流商帮。怀商会馆设于松潘县城卫岩下的药王庙,供奉财神赵公明,每年农历三月十八日办财神会,四月二十八日办药王会。怀商主导创办了山货业、药材业公会。民国三十年(1941年),日军轰炸松潘城,两大香号杜盛兴、协盛全遭受严重损失,从此停业。

杂谷脑市场是阿坝地区三大市场(阿坝、松潘、杂谷脑市场)之一,处灌县通往马尔康"四土地区"、阿坝草地、懋功、靖化的必经要道。明清以来,杂谷脑市场就是川西北药材集散中心,其地设有专门收购零星药材的庄口。在杂谷脑市场贸易的药材有麝香、虫草、贝母、鹿茸、熊胆、牛黄等名贵中药和羌活、木香、大黄、柴胡、赤芍、木通、黄芪、党参、五甲皮等大宗药材,共 50 多种。另外,马尔康、小金、金川、草地及甘南、俄洛一带的药材也在此集散,贸易所及范围 300 公里以上,杂谷脑的香号有二三百年的历史。② 至清末民初,商贩云集,有坐商、小贩百余户,季节性行商和赶烟会者众多,大都以物易物,照价折算。时河南怀庆府人以经营麝香为主的有五大香号,即杜盛兴、协盛全、义德志、张太常和汤洪发,这些香号以经济实力垄断了理县市场名贵中药材和珍禽异兽皮毛。其中,杜盛兴和协盛全资本最为雄厚,在杂谷脑有 300 年以上的历史,一直经营到 1949 年。

茂县位于松茂古道上,其商业地位仅次于杂谷脑。凡由灌县运至松潘的货物,或由松、茂地区运出的货物均须经过茂县,因而行庄商号甚多。清光绪年间,茂县即有商贩数百户,其药材已开始外运,时大宗药材有麝香、贝母、鹿

---

① 四川民族调查组编《四川省阿坝州藏族社会历史调查》第37卷,民族出版社,2009。
② 李有义:《杂谷脑的汉番贸易》,载《亚洲民族考古丛刊》第4辑《西南边疆》第15期,南天书局有限公司,1987,第1—10页。

茸、虫草、羌活、大黄等①。清末民初,茂县商业兴盛一时,麝香号有王长兴号、杜盛兴号、协盛全号、协兴永号等,它们均为怀商经营的分号。长兴号、杜盛兴号、协盛全号这三家麝香号都是河南大商人开的分号(在杂谷脑亦设分号,此处原系从杂谷脑分来),收购的麝香最初行销河南齐州(应为河北祁州)、禹州,民国初销上海、香港等地。据说三个商号的老板都在上海、香港等大城市开有商号、矿厂、五金行。每年要运出麝香一二百两(斤)②,其余的小商人以及附近集镇的商贩,大都为杜盛兴、协盛全商号的代理或附庸。也有少数是采取现金贱价收购,把采购来的麝香就地进行粗略的加工炮制,即经过成都、重庆再转销至上海、天津、香港和南洋等地。③ 据调查,茂县的商业"自逊清康熙时,信兴公、德记两商号(光绪间停业)发轫而后,贩茶、米、油、绸、缎、布匹、铜铁制品、陶器、哈达、栏杆叶烟,入山易牛、羊、皮毛、麝、药产、野兽皮者渐多,但除日用零星交易之外,多为陕甘商人及川省内县人所经营。现在……香号之大者为河南帮之杜盛兴、协盛全,以收买麝香为业"④。

懋功是传统中药材产区之一,药材资源丰富,有虫草、贝母、羌活、木香、鹿茸、麝香等名贵药材,年输出药材约20万银元。清嘉庆年间,外地商贩进入懋功经营。清末,专营名贵药材的怀商盛兴号进入懋功,其他帮的恒兴号、矢发长号、福源公号、铜兴号、裕兴昌号等也陆续进入。这些商号经营者经济实力雄厚,在政治上也有一定的地位,有的担任团总、保正等,对当地的政治经济有非常大的影响。之后,盛兴号又在盛产羌活、大黄、麝香、花椒、贝母、鹿茸、五倍子、牡丹皮、茯苓等药材资源的章谷屯(今属甘孜丹巴县)设点收购麝香和药材,销往灌县、成都、上海、广州等地。

---

① 国家民委《民族问题五种丛书》编辑委员会、《中国民族问题资料·档案集成》编辑委员会编《中国民族问题资料·档案集成·〈民族问题五种丛书〉及其档案汇编·中国少数民族社会历史调查资料丛刊》第78卷,中央民族大学出版社,2005,第6页。

② 国家民委《民族问题五种丛书》编辑委员会、《中国民族问题资料·档案集成》编辑委员会编《中国民族问题资料·档案集成·〈民族问题五种丛书〉及其档案汇编·中国少数民族社会历史调查资料丛刊》第78卷,中央民族大学出版社,2005,第6页。

③ 李有义:《杂谷脑的汉番贸易》,《亚洲民族考古丛刊》第4辑《西南边疆》第15期,南天书局有限公司,1987,第1—10页。

④ 国家民委《民族问题五种丛书》编辑委员会、《中国民族问题资料·档案集成》编辑委员会编《中国民族问题资料·档案集成·〈民族问题五种丛书〉及其档案汇编·中国少数民族社会历史调查资料丛刊》第78卷,中央民族大学出版社,2005,第6页。

南坪地域辽阔,家植和野生药材资源达上千种,年产党参达万余斤,名贵药材有虫草、贝母、天麻、麝香、熊胆、鹿茸等。这些药材,先运至甘肃文县碧口,然后再用木船运至重庆,转运武汉、上海、广州等地销往国外。清光绪年间,该地即有外地商人在此经营药材。到此经营的怀商有协兴永、明兴昌号、盛兴号代购代销点以及李春荣、孙叔璋等经营的商号。民国二十五年(1936年)以后,以协兴永号为代表的怀商逐渐兴旺,经营竞争超过陕西、甘肃商人组成的西帮,成为南坪药材经营的主要商贾群团。至民国三十八年(1949年),时有工商户78户,其中药材业15户。

靖化盛产贝母、胡麻、麝香、熊胆、羌活、五倍子、雪灵芝、鹿茸、虫草、牛黄、大黄、丹皮、赤芍、秦艽、木香等药材,但商业近乎为零。清乾隆四十一年(1776年),靖化为懋功厅绥靖、崇化二屯。在政府倡导下,外来经商的日益增多。怀商杜盛兴商号创办于绥靖屯,既贸易麝香,也诊病配方,治病救人。在此期间,先后形成了裕丰、盛兴、万胜、大顺四大商号,各拥资10万元,运销药材和畜产品。每年七八月间,有"背二哥"上千人,从绥靖屯将药材、皮张运到灌县、成都等地,由商号转销。

(二)杜盛兴与协盛全香号

松潘的协盛全香号(号址在今松潘银行附近)和杜盛兴香号(号址在今松潘中队附近)分别成立于清嘉庆年间和清道光年间,杜盛兴香号为灌县杜盛兴香号的联号。此后,这两个香号分别在松潘的杂谷脑,懋功的绥靖屯、章谷屯、新街,茂县的凤仪镇等地,成立分号、分店,经销麝香,并兼营牛黄、熊胆、鹿茸等名贵药材。

香号资金雄厚,管理严格,经营灵活,垄断当地药材贸易,左右地方政治经济。两大香号收购麝香,也收购牛黄、熊胆、贝母。麝香产于松潘、茂县者质量优良,称大路货;产于大小金川者,质量较差,称小路货。在松潘,仅麝香一项年输出价值就在百万元(银元)以上。其中,每年收购毛壳麝香2000余斤、鹿茸七八百对、贝母30,000余斤。抗日战争期间,麝香每0.5公斤收购价为420~450元(银元)。其中,杜盛兴香号年收购毛壳麝香500公斤,协盛全香号年收购麝香350公斤。两大香号把带皮壳的毛团麝香收购集中,发湿后切除多余的皮肉,挖出香仁,经过制作调配,精细加工成每两一个(十六进位称),称作一园;再以十六园为0.5公斤,装扎成封,贴上香号封签,盖上号章后运至天津、上海、广州、香港等地或寄到约定的商埠出售。协盛全的香主销国内,杜盛兴的香远销外商。同时,他们还在上海、天津、香港设立分号,随时报告市价的涨落。香号的销路很大部分是出口,其营销业务和价格直接受到国际市场的影响。

在川西北,经营麝香生意的多半为怀庆府人,当地人称之为"北帮",垄断了当地整个麝香贸易,小香号都是他们的代理,或是他们的附庸。他们收购麝香有两种方法。一是放款于行商。一般来说,行商专指行走于藏区的小商贩,他们熟悉藏人的生活习俗,懂得一些藏语,常年奔走于藏区贸易。香号事先贷款或赊购一些日常生活必需品给他们,运到藏区农、牧场进行以物易物的交换,待货物交换后,用收购来的麝香还清借款和赊购的物品。为确保双方贸易的顺利进行,他们把自己所至之处的土司、头人都称为自己的主人,且每次都必给土司、头人一定的礼物,并住宿于土司、头人的家中,而土司、头人及其属下的藏民对他们也称作自己的汉人。用这种关系得到土司的保护,所以交换也非常活跃。当时理番县市场上的雷友三、张独元两人,就是杜盛兴香号在此地的代理人,他们从杂谷脑总号支得钱,收到麝香以后再转给商号。茂县协盛全香号,则是先放款(包括预售日用百货)给"药夫子"(挖药的人)或"吊骡子"(捕麝取香的人),届时以交麝香、鹿茸作抵偿。结算没有时间约束,香号根据药价的贵贱程度,一般在药价的价位较低时才折价,所以这种高利贷又叫"高足黄"①。一是收购现货。药材交易没有固定市场,而以商号栈房为中心,随到随买,也有春天预付定金(包括实物),年底交货结算。贸易时,杜盛兴秉持"交易和平,尤重信义"之原则,态度也"不似内地商场之刻薄,盖习惯使然耳"。杜盛兴香号则别具一格,发行兑票,可到该号有联系的城市兑现。麝香的交易大部分是以物易物,香号在成都、灌县买好布匹及少数民族所喜好的日用物品运到杂谷脑,用来交换当地百姓的麝香。而少数民族的商人,也大多结成商帮,与香号建立联系。两者之间交易,一般靠信用,不用文书证明。香号预先交付他们一些钱,约好几个月后或一年后用药材或事项来偿还。这些商人都很讲信用,到时他们一定来偿还。史载:"麝香、贝母、虫草等贵重药材都

---

① 中国科学院民族研究所四川少数民族社会历史调查组编《羌族地区近代经济资料汇辑》,1963,初稿,第47页。

不在药市上直接买卖,而是由大的药材商号来收购,小号口买的这些药,也归于大的号口中;小号口在大号口中领取二三百两银子到外收购,然后交给大号口,从中可得一些报酬。光绪十几年时,本地有一大号名曰'盛兴号',本地麝香名药全归它收购。其总号设在上海,还运一部分出国。那时一年约出麝香几百个,每个有一二两,通常的一个只一两四五。全州一年则可出麝香十多担,约有千余斤,这个数目不小。当时羌族挖药人中以拴麝香的人为首,一个月拴几块,或用枪打,或用绳套。他们一般是在庄稼收割完后,就上山打猎、挖药,作为副业,而本身还是以农业为主。"①

香号在川西北经营,必须与地方士绅合作。如果双方不能就利益分配达成妥协,地方士绅就可能阻挠当地人来交换麝香。香号派人到产药地去时,亦会遇到阻挠。另外,他们从成都灌县运货物来松潘、杂谷脑等地时亦不会有安全保障。因此,香号与地方上的关系十分紧密。实际上,麝香的价值很高,偶有一次意外损失就很大,如损失几个茶包子,所值不过数百元,但损失几个麝香包就会以万元计。如杜盛兴、协盛全在杂谷脑,利用千丝万缕的经济利益链条,将自己的势力、影响或者代理人渗透到政府机关。其渗透方式:最初地方因经济、财政危机,不得不向香号借款,而香号为了赢得政府的保护,尽其所能借款给政府;政府则为了赢得香号信任,则以各种地方税收作抵押。当借款达到相当数目,而政府又不能归还的时候,政府就会邀请香号的人出任地方财政或税务机关的职务。如此,香号就取得了地方财政经济权,从而间接地把持了地方的政权。虽然香号表面上是经营商业,但地方政府无形中要受他们指挥。如在抗战前,杜盛兴香号就有一个经理被委派为本地一个区的区长兼保安团总,当红军进攻杂谷脑时,因组织地方武装抵抗,被红军杀得落花流水,大败亏输,此人兵败逃回河南。红军撤走后,此人从博爱再回杂谷脑,因阻击红军有功,被推选为杂谷脑商会会长兼理番县财政局主任委员及牙税局局长。②

民国三十年(1941年),日军派飞机27架,轰炸松潘城,炸毁八九十间铺

---

① 国家民委《民族问题五种丛书》编辑委员会、《中国民族问题资料·档案集成》编辑委员会编《中国民族问题资料·档案集成·〈民族问题五种丛书〉及其档案汇编·中国少数民族社会历史调查资料丛刊》第78卷,中央民族大学出版社,2005,第42页。

② 李有义:《杂谷脑的汉番贸易》,《亚洲民族考古丛刊》第4辑《西南边疆》第15期,南天书局有限公司,1987,第1—10页。

面,工商业遭受严重损失,幸免者大多难于重建开业,而杜盛兴、协盛全这两大香号作为战争的牺牲品,从此停业,但其他地方的分号、分店基本上维持到1949年或者是公私合营,方才结束营业。

(三)南坪协兴永号

南坪协兴永为河南博爱张树德等人创办的商号。早在民国初期,张树德就与同乡姚广平、张伯荣等联手创办商号协兴永,后因经营不善解体。民国十三年(1924年)前后,张树德与弟张树梧、长子张立勋在南坪重新创办协兴永商号。

南坪地处四川西部,东与甘肃文县毗连,南与平武相邻,西与松潘、若尔盖交界,北与甘肃临洮宕昌接壤,森林茂密,土地肥沃,气候温和,适宜各种药材生长。南坪所产党参个大体胖,枝条柔软,嚼之化渣,肉质细嫩,其心呈菊花状,具有人参之功能,为药中佳品。特别是南坪刀口坝(今南坪安乐乡)的党参(业内简称"刀党")质色优良,疗效显著,驰名国内外,畅销各地。协兴永在此地收购刀党、黄芪、白芷、当归、沙参、菌灵芝、虫草、贝母、珠苓、獭肝、熊胆、鹿茸、牛黄、猴结、豹骨、熊骨、麝香、蛇胆等贵重药材,通过甘肃文县碧口镇的仓库做中转,或经白龙江、嘉陵江运到重庆朝天门,继而从水路转运到上海等地;或转往西安销售,在西安采购布匹等日用杂货销往甘、川。特别是以"刀党"盛誉远销上海、广州。由于经营有方,协兴永资产迅速增长,经营范围扩大,生意分布于南坪、成县、文县、武都、上海、西安、成都等地,为当地著名商家,被誉为"南坪第一家"。

协兴永商号管理方法独特,放弃传统的东掌制度,东家全面介入商号管理。如张树德之弟张树梧经商数十年,常辗转于武都、文县、南坪一带,而以居甘肃文县碧口镇居多,此地乃水陆交通要津,中药材之出川及日用百货之入川均须途径此地,而张树梧坐镇碧口镇,掌协兴永商务运输之重任。张树德之子张立勋立足于南坪、松潘一带,奔波于险山恶水之间,以内地之布匹百货,换取当地之药材土产,运至甘肃文县碧口镇,交付其叔父转运西安、天津、上海等地。

民国二十五年(1936年)后,以协兴永号为代表的怀帮逐渐兴旺,经营竞争超过以吕雄为首的陕西等商户组成的西帮,成为南坪药材经营的主要商贾群团。

被视为生意"南坪第一"的协兴永,并没有忘记"达则兼济天下"的古训,秉承了怀商积极参加当地建设、热衷集资行善的优良传统。据《南坪县志》记载,"民国十九年(1930年),为传递信件,松潘县派人到南坪办理邮政业务,委托商号张立勋以商会负责办理。经办业务仅限于收寄单挂号、双挂号及平信,汇兑只限于小额汇票,由邮差带至甘肃省文县汇兑"[1]。步班邮路有两条,即松潘转南坪到文县,由文县转南坪到松潘,每七天一班。

二、重庆的怀商贸易

重庆是清代四川最大的商贸城市。至清乾隆时,府治巴县已是市廛店铺鳞次栉比。"坊厢廛市傍壑凌岩,吴、楚、闽、粤、滇、黔、秦、豫之贸迁来者,九门舟集如蚁,陆则受廛,水则结舫。计城关大小街巷二百四十余道,酒楼茶舍与市阓铺房鳞次绣错,攘攘者肩摩踵接。"[2]"邑当三江要冲,百货骈集。"[3]"重庆地当水陆交通要冲,不仅为川省对外贸易之输出入总口,内地贸易之最大集散市场,即滇、黔、甘、陕、康邻近川省各地之进出商品,亦多以重庆为转运口岸,故商业之盛,在西南各都市中,殆无出其右者。"[4]

"重庆为川药贸易门户,各种药材交易,咸集中于此。"[5]运销的药材,以黄连、茯苓、半夏、防风、党参、大黄、黄芪、甘草、白芍、鹿茸为大宗品种,以天麻、麝香、虫草、当归、川贝母、川芎、麦冬、附子等100余种特产为主要品种。重庆药业按其经营分为三类,即字号、行栈、铺户。字号分山土字号和广土字号,山土字号专卖四川土药,广土字号则收买土药、出售他省药材。行栈分广药行栈(专营介绍进口之药)、土药行栈(专营介绍出口之土药)、零售土药行栈(零售土药者)。铺户分捆药铺(专售生药与熟药铺)、咀片铺(熟药铺售卖熟药者)。因经营不同产地的药材,药业又分为洋、广、怀、浙数帮。各字号行栈均有帮口,怀帮属于广土字号。重庆素有"上下两条江,左右十三帮"之说,行帮的历史比较久远。清乾隆初年,怀庆商帮继江西临帮到渝做生意,成为重庆市最早

---

[1] 四川省阿坝藏族羌族自治州南坪县地方志编纂委员会编《南坪县志》,民族出版社,1994,第528页。
[2] 乾隆《巴县志》卷2《建置》。
[3] 同治《巴县志》卷1《风俗》,第123页。
[4] 四川省政府编《四川省概况》,四川省政府印,1939,第75页。
[5] 江昌绪:《四川药材之产销概况》,《四川经济月刊》1936年第5期。

的行帮之一。

　　清代重庆药材业十分活跃,药材业行帮也最为突出,有"药七帮""药六帮""药十三帮"之分。"药七帮"属本地帮,"药六帮"属外省帮(即江西临帮、广东帮、浙江帮、河南怀帮、陕西帮、湖北汉帮),统称"药十三帮"。重庆药材市场在清末民初被樟帮、广帮、怀帮、浙江帮、陕西帮、汉口帮垄断。怀帮即河南怀庆药商组成的商业行帮,怀庆药商大多原在西安、宝鸡、汉口等地设立庄号,他们观察到重庆市场药材品种多、质量好,北方各省需要量也大,于是纷纷到重庆或设立商号,或贩买各种药材,把河南、河北、山西、山东所产之怀地黄、怀山药、枣仁、潞党参、怀牛膝、枣皮、阿胶等四川缺少的药材运到重庆,又把四川重庆的药材运到西北各省,从中谋利。民国时,先后到重庆荣昌县采购的怀商商号有义聚和、德泰茂、义顺永、公聚源、正德泰、恒顺德、得庆祥、长聚祥、晋义兴、孔德和等。据1934年的调查,在重庆有怀商三春荣、义圣(盛)合、德仁堂等5家。他们多经营怀药,并以地黄为主。同时,怀商还先在武汉将西北、华北、河南、湖北等地所产药材贩运至四川出售,然后从四川运回川芎、当归、川陈皮、贝壳、川牛膝、半夏、羌活、大黄、天麻、虫草、麝香、麦冬、黄连、厚朴、泽泄、附子、甘姜等。

　　由于怀商在重庆实力因素,未能修建会馆,但也修建了河南公所(杂货),作为自己活动的据点。其组织与会馆相似,设执事一人,每年改选一次,连选连任。帮首由推举产生或轮流担任,多为著名业主,因而只是兼挂头衔,负责组织处理内外事务。帮内同业自主经营,自负盈亏,形成一个松散的药商集团。其主要作用是互通信息、联系业务、协调业务上的矛盾,使之联合成为一个大的行业组织。怀帮的实力比起临、广两帮相差甚远,亦未集中建栈,无法操纵控制市场,但他们修建的河南公所,通过公所协调相互关系,统一购销价格,不私自抬价压价,在药材业的激烈竞争中保存一席。

三、灌县的怀商贸易

　　灌县即今都江堰市,自古为西通阿坝地区之重镇,为松茂古道的起点(松茂古道起于灌县城西,贯通于岷江上游,止于松潘县,古称冉珑山道),岷江的航运终点也在此地,所以,松潘、理县、懋功、茂县、汶川、灌县的药材,以及及甘肃、青海的部分药材多在灌县集散;川内所需的粮食、茶叶、盐等物资也由此运人。上海、广东、浙江、江西、河南、陕西、重庆各帮在此设庄,购买山货、药材。"灌县为成都平原西北屏障,水利起点,以及通松、理、茂、懋、汶各县孔道。药材市场甚大;由松、茂以内草地运出之羊毛、羊皮、野牲皮、药材等,均在灌成庄。而由灌运入之茶、布匹、干菜、铜铁器具等,亦以此为集散市场,故贸易额至大。"①

清末民初,灌县药业非常繁盛,商贾云集,素有"小成都"之称。"邑西上通松、茂、大小两金,凡以药材、碱盐、牛羊、茶叶交易者,俱以灌城为汇兑,故商贾辐辏喧闐,有小成都之称。"②清光绪《灌县乡土志》载:"商务以药为大宗……药品虽多,除邑产外,大半出自后山,所谓松潘、茂州、懋功五屯(俗称大小两金)是也,总归于灌邑发售,远则出洋,次则行销各省,余则散售蜀中州县。"③据民国《灌县志》称,灌县"县城与各乡市集,综核之城内外,廛肆罗列,有银号数家,东街尤百货骈闐,商贾麇集,以贩运药材、羊毛者特多,行销渝、宜、汉、沪,岁值约十万元,鹿茸每年一市价亦二三万元,麝香赤金为数复夥"④。

当时,松潘、理县、马尔康、茂县、杂谷脑以及甘肃文县所产的麝香,在灌县集散,称"灌香",又称"川香""西路香",带羊腥味,出香率45%左右。经营麝香的杜盛兴、协盛全、路恒兴香号均为怀商,他们以灌县为川西收购终点,所购麝香经加工后运回河南转销全国。据《灌县医药志》记载,明朝中期,杜盛兴商号派人骑牲口到西北、西南经营药材,他们先达甘肃临洮县驻庄收购麝香,后逐步扩展,设庄于四川松潘、茂县等地。清同治年间,始到灌县开设杜盛兴药号,因灌县为药材集散地且水路交通便利,即以灌县药号为麝香收购总号。还兼营牛黄、熊胆、鹿茸等生意,店址在城关中东街,同时还在松潘、理县杂谷脑、茂县、懋功等县地设有分号。分号以下,或设分店,或委托行商代购,或定期派专人收购。民国年间,总号职员15人,各分号、分店2~3人。年经营毛壳麝香一二千斤,所收麝香全部运至灌县加工为成香,打上"杜"字火印,销往上海、天津、北平等地,再出口英国、法国、日本等国家。协盛全系兼营,每年收购

---

① 四川省政府编《四川省概况》,四川省政府印,1939,第76页。
② 民国《灌县志》卷11《风俗志·商贾》,第3页。
③ 光绪《灌县乡土志》卷2《商务》,第33页。
④ 民国《灌县志》卷4《食货书》,第5页。

七八百斤,并在杜盛兴建立分号的地方也建立分号,以抗衡杜盛兴,所产麝香销往湖北、湖南、江西等地。当时的麝香界曾有谚语曰:"协盛全牌子好,杜盛兴牌子硬。"路恒兴年经营五六百斤。其管理方式还是传统模式,杜盛兴、协盛全、路恒兴三家雇员,全由总号安排。在各站的职员,三年回家探亲一次,期为一年,假中工资照发,若遇婚、丧、嫁、娶,总号均有馈赠。这些香号资本雄厚,基本上垄断了川西北麝香、鹿茸、虫草、贝母等名贵稀有中药材的贸易。同时,他们还在上海、天津、香港等地设有分号,杜盛兴所产麝香大多销往海外。抗日战争后,从这些香号中走出来的学徒,有三四十人从事麝香贸易,但经营规模一般很小。川芎,产灌县石羊场,为道地药材,其加工后分为贡芎(每斤18~28个)、芎王(每斤30~40个)以及统芎(每斤40~60个)三等,年出口都在100万斤以上,产量在四川药材中占第一位。协盛全等怀商多从事川芎贸易,但一般经营芎王这个级别。另外,在重庆怀商也经常到灌县销售怀货,采购川药材。

第五节 安徽的怀商贸易

明清时期,安徽商品经济空前活跃,中药材作为商品也进入市场,但基本形式是药农自采自售。清道光之后,中药才真正作为商品进入市场,店铺随处可见。安徽中药材资源丰富,著名的道地药材有祁术、蕲蛇、宁前胡、山茱萸、殷半夏、宣木瓜、宣黄连、太子参、凤丹、茯苓、天麻、霍山石斛、海螺望春花、潜厚朴、舒半夏、咸秋石、春柴胡、颍半夏、亳菊、亳芍等。

因有淮河的舟楫之便,安徽与河南的交通以水路为主,且主要以安徽正阳关(即东正阳镇)和临淮关为中转点。而正阳关和临淮关商旅往来,四方辐辏,为淮河中游的重要物资集散地。正阳关"东接淮颍,西通关陕,商贩辐辏,利有鱼盐,淮南第一镇也"①;临淮关"商贾云集,百货辐辏","向来河南货物由颍河、涡河舟运至此上岸,陆路至浦口,发往苏杭;亦有苏杭绸缎、杂货,由浦口起旱,至长淮雇船运赴颍、亳、河南等处"②。

---

① 嘉靖《寿州志》卷1《舆地纪·坊乡》,第11页。
② 光绪《凤阳县志》卷3《舆地志·市集》,第13页。

怀商在沭阳经营有三和公药栈,在寿县正阳关建有河南会馆,在颖上有大昌烟草公司、万顺、东和、永大等商号。此外,在阜阳、界首、砀山、蚌埠、蒙城、宿州等地,都有怀商活动的印迹。

一、亳州的怀商贸易概述

"亳为中州门户,南北交途,东南控淮,西北接豫。""涡河为域中之襟带,上承沙汴,下达山桑。百货萃来于雍梁,千樯转输于淮泗。其水陆之广袤,固淮西一都会也。"①陆路交通也十分便利。陆路方面,怀庆—管城—祥符—杞县—柘城—亳州;也可由开封向东,经陈留—杞县—宁陵—归德,到达亳州。亳州商业的繁荣,主要得益于其地理条件。进入清代,随着社会经济的恢复,亳州地理条件的优越性更得以显现。

亳州盛产中药材,其中,以亳白芍、亳菊花、亳桑皮、亳花粉、颖半夏为佳,颇受药商青睐。每年重阳节,亳州黎民借朝拜华祖庵的庙会,摆摊售卖药材。久之,南北药商辐辏而至,购售南北药材,明末清初,亳州遂成为与河南禹州、河北祁州、江西樟树齐名的中药材集散市场。

亳州有药材行、栈数十家,资金雄厚,门面堂皇,门前金字大招牌上大书:"川广云贵浙,西北怀山土,道地药材。"每逢药材大会,怀商的坐贾、行商沿黄河船运开封,转惠济河入涡河舟运到亳州,经营各处道地药材。亳州又是"百货汇于斯亦分于斯"的富庶繁荣之地,各地汇集于此的药材堆积如山。怀庆药商为便利经营,遂联络河南其他府的商户集资营建河南会馆等②,以联络同乡。

二、亳州钜兴瑞

清末民初的亳州,商贸鼎盛,市场繁荣,药材吞吐,川流不息。怀商孟县人袁克山每到药材大会期间,遂将山药、牛膝、地黄等怀货一车一车、一批一批地运往亳州,每次货到,即销售一空。袁克山看到亳州药材市场如此繁荣,遂改行商为坐商,创办钜兴瑞药号,主要经营中药材。③

---

① 光绪《亳州志》卷1《舆地志·形胜》,第59页。
② 安徽省地方志编纂委员会:《安徽省志·医药志》,方志出版社,1997年。
③ 冀光主编:《话说老亳州》,颜语、林琳绘画,安徽人民出版社,2006年第82—83页。

钜兴瑞药号资本充盈,生意兴隆,有职员30余人,业务模式灵活多变。不但经营怀货,还经营亳州地产药材,远销上海、天津、广州等地,然后再从沪、津、穗、杭等地,购进川、广、浙、云等热门药材发到亳州销售。经销的药材因质量上乘、药性纯正,乐为医家所用,遂兴旺发达起来,其生意红火一直持续到新中国成立初期。

钜兴瑞药号完成原始资本积累后,一面扩大经营,一面整修门面。整个院落为砖木结构,分为三进院子,一进院为临街门楼(图4-9),主要是用来存放药材;二进院,门楼一座,东西为厢房。(图4-10)东厢房是账房先生工作和生活起居的地方,西厢房是谈生意、会客的地方;三进院为后院,正室系两层合瓦楼房,筑就蠹檐,以里八根柱、外八根柱为支撑,东西是对称阁楼,阁楼后边也各有建房供佣人居住。院子之间有腰厅(即过道)连通,总共约有50多间房子。除了前、中、后院外,还有东西两个跨院,为东家生活起居的地方。

图4-9 钜兴瑞药号的门楼

图 4-10　钜兴瑞药号的正房、厢房

袁克山之子袁少五,亦有经商之道,守业中创业,大有父风,其资金实力在亳州中药业界排行中列为第 2 位,较亳州商业首富高凯三仅次一档。第三代袁存禄子承父业,继续从事药材生意。

第六节　江南的怀商贸易

明清时期,江浙作为全国经济最为发达的地区,经济发展迅速,各类商品齐全,商品交易十分繁忙。富庶的江南,吸引了全国各地商人前来,各呈其长。在众多的药材商人集团中,怀商的人数虽然不多,但经营的药材不可或缺,而关税档案也显示了河南药材大量输入江南,说明药材业是河南商人的重要行业。怀商在江南的活动,构成了明清商业史的重要篇章。

一、江南的怀商

上海是商业发达城市,其药材市场的来货分怀、汉、川三帮,驻沪药商各省皆有,但河南、四川等省驻沪最多,大多在内地采购药品到沪销售。在上海,怀商有杜盛兴、协盛全、德生、同兴隆、三成申、育生德、公和昌、嘉广生、慎大、智丰、玉和园、义聚成等商号。其中，杜盛兴号于清咸丰五年（1855年）开办于上海小东门；民国十二年（1923年）时，股东经纪人为杜霙、杜豫，申请商标名称为金泰安，经理为仝子昆，"杜"字麝香名扬药界。（图4-11）三成申、育生德、义聚成经营的西芪，双缚成把，其货直长，糯软而无细枝，细皮皱纹，外色嫩黄，枝干调匀，体软如藤，切片断面呈菊花心，兼有金井玉栏杆之纹，味甜鲜洁，带有绿豆气，等级有面、顶、上之分，并在芪头面盖有牌号烙印，深受沪、江、浙大城市及海外用户欢迎。

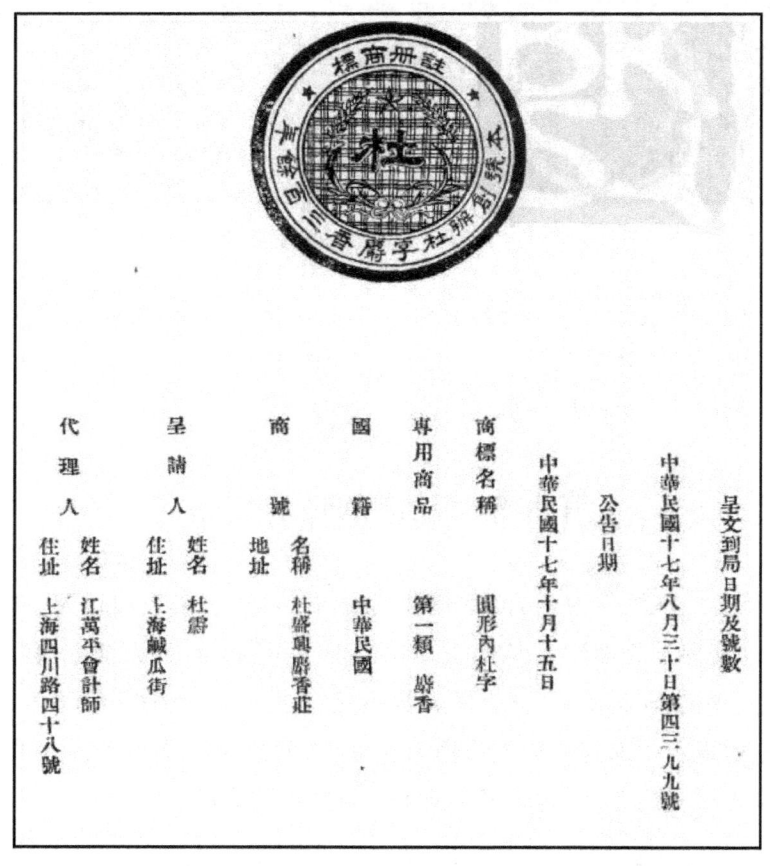

图4-11 "杜"字麝香商标

江苏商业发达，中草药资源丰富，苏薄荷、茅苍术、明党参、太湖百合、土鳖虫等都是著名的道地药材。怀商在这里经商的特别多，根据清同治九年（1870

年)豫商与山陕商一起在苏州设立北货码头碑刻可知,仅河南捐款的商户就达44家,比晋商或陕商都多,显示出河南商人相对雄厚的实力。苏州位于太湖平原中部,"地形四达,水陆交通,浮江达淮,倚湖控海"①。清朝前期,苏州是全国经济文化最为发达的城市:"东南财赋,姑苏最重;东南水利,姑苏最要;姑苏人士,姑苏最盛。"②苏州曾为明清时期天下四聚之一,刘献廷《广阳杂记》曰"天下有四聚,北则京师,南则佛山,东则苏州,西则汉口"③,而且"市廛鳞列,商品麇集,集中山海所产之珍奇,外国所通之货贝,四方往来,千万里之商贾,骈肩辐辏"④。而苏州又为东南药材市场之最,四方药商慕名而来,纷纷开店设铺,形成了富有特色的各种药铺,产生了诸多名医名店,进而形成了不同的帮口。在其同业公所所立的《药皇庙太和公所记》碑刻记载:"讲求采药之道地,考博炮制之精良,勿苟且而欺心,毋作伪而造孽,尽心尽力,利物利人。"⑤怀庆药商杜盛兴、三合公、义盛永等商号在此坐庄经营怀货和药材,并从安徽潜山、浙江长兴合溪及江苏淮阴、江阴、太仓、常熟等地收购大宗药材。如当地的雷允上、童涵春、蔡同德等药号所用麝香,只认杜盛兴品牌,其他一概不问。清光绪年间,怀庆商人到此营业达到顶峰,为睦乡谊、举公益、立条规、议行事联合集资在苏州山塘街建筑覃怀会馆,作为落脚、贮货、集议、活动的场所。另在清乾隆三十七年(1772年),作为河南商人的一部分,还在苏州天启桥西集资兴建了中州会馆。会馆的建立又为怀商行商提供了便利的经营条件,促进了怀商队伍的进一步扩大。在丰县,怀商有泰顺店、三义店、陈合兴店等,并建有河南会馆。在江苏其他地区也有很多怀商,如在徐州,怀商以经营药材、五金居多。在沛县,怀商有毋全泰、王泰顺、三盛永、益兴协、全泰明记烟店、德全厚糟坊等商号。在南京,有马祥兴菜馆,并与河南商人在南京大经路修建中州会馆。在沭阳,有三和公等商号。在连云港,有三和兴、同庆和等药号。三和公药店,批发兼零售,孔仲安创办三合兴后交给孔庆桂、杨子久、郭宪宝管理,资本多达数万元。1956年,三和公药店与县医药公司合营,私方代表为李善

---

① 光绪《苏州府志》卷2《疆域》,第20页。
② 沈寓:《治苏》,载贺长龄、魏源等编《清经世文编》卷23,清光绪十二年思补楼石印本,第59页。
③ 刘献廷:《广阳杂记》卷4,中华书局,1957,影印清光绪三十四年铅印本,第193页。
④ 沈寓:《治苏》,载贺长龄、魏源等编《清经世文编》卷23,清光绪十二年思补楼石印本,第59页。
⑤ 清光绪十八年(1892年)《药皇庙太和公所记》,载江苏省博物馆编《江苏省明清以来碑刻资料选集》,生活·读书·新知三联书店,1959,第223-224页。

凤、王康元。

浙江也是近代商业发达地区,且中药资源也非常丰富,白术、元胡、玄参、杭白菊、杭麦冬、杭白芍、浙贝母和温郁金浙八味和薏苡等道地药材享誉国内外。杭州自南宋建都原来,经济兴旺,商业发达,药市鼎盛,药铺林立,各地道地药材源源不断地运到杭州销售。民国二十六年(1937年)前,杭州时有药行10家,怀商有其三,即杜盛兴、复兴合、同泰生麝香字号,以赊销为主,赢得众多商户的青睐。杭州胡庆余堂、叶种德堂,湖州慕韩斋药店,其所用麝香全部购自杜盛兴麝香号,而成交额动辄逾万元。在绍兴,有二合公、义盛德等字号,经营甘菊、党参、黄芪、山药、地黄、牛膝等豫产药材。

二、新浦三和兴

清光绪末年,连云港新浦大浦港口兴起,众多商人汇集于此从事食盐、土特产贸易。在沭阳开办三和公药铺的东家孔仲安(名庆康)看到此地商业繁荣,却没有药铺诊病治病,即看中行情,遂于民国十二年(1923年)投资一万多银元创办三和兴药店。① 前店后坊,门面三间,经营自制的丸、散、膏、丹及中成药业务,并延请坐堂医生悬壶问病。他善于经商,逐渐积累,设沭阳三和公、新浦同庆和药店,蔚为大观。

药店开张后,孔仲安自任经理,聘马修亭为掌柜,招聘职员、学徒、采购、制药人员若干,开始生产经营。门面四五人,药草发售十二三人,饮片加工四五人,总计二三十人。另有厨师、杂工若干。三和兴经营的药材、药品有2000多种,常用的有400多种,为东海、赣榆、沭阳、灌云一带规模最大、品种最为齐全的一家药店。由于其所经销、配制的药材品种多、质量好、信誉高,深得人们的好评,以至盐城、宝应、高邮等地的药商、药铺纷纷前来三和兴订购河南、河北等地的药材。

三和兴精选道地药材,遵古炮制。药材由采购员从上海、郑州、武汉、天津等地购进,看货订购,非道地药材不进,如购买的麝香,非杜盛兴麝香不进。常驻上海、天津采购员各一名。制作的药品有丸、散、膏、露、曲、酒等剂型。在药

---

① 杨东野:《三和兴——江苏连云港中药店》,载孔令仁、李德征主编《中国老字号(玖)·药业卷》,高等教育出版社,1998,第8-12页。

品制作过程中,严格按药方配药,加工时尤注重筛选,如有的药材斩头去尾,只用中段,以期达到药物的最佳药效。丸药制作主要采用两种做法:一种是把药面拌好,再加上蜂蜜,用手搓成药丸,称为蜜丸;再一种做法叫作水丸,即把水均匀地撒在面上,然后用箅子晃,制成如绿豆大小的丸药。此外,还有面糊丸,即别甲丸。在制作的药物上,有的还做成锭子形,如治疗小孩积食消火的牛子膏块,小巧玲珑。三和兴先后自制的成药很多,有饱和丸、藿香正气丸、逍遥丸、安宫牛黄丸、绿宝散、眼药、眼膏、冰硼散及各种膏药等,自制的鹅毛管眼药、锡盒眼膏,专治老人烂眼,一用即愈,效果良好。其精制的饮片亦达到"黄花柳叶片,乌药像铜钱,附子飞上天,槟榔不见边,半夏鱼鳞片"的要求,且整齐不碎,无灰屑,并能保持饮片鲜艳光洁。

三合兴管理严格,层级分明。学徒学习期间,蹬碾槽、拾药包、摊膏药,得样样精通。学徒满三年,根据技艺能力,或上柜装药,或发货,或药片加工。上柜配方还须练好刀功,切的饮片,要求薄而均匀,且不得有碎片。上柜配方初期,还需在头柜、二柜的严格指导下进行,打的方子也要经他们审核。① 商号设掌柜五六名,三掌柜管营业。二掌柜负责交际,大掌柜总理一切,其他小掌柜为部门负责人。掌柜可入股分红,每年一次,多少不等。生活费用,商号统一分配。店员不许带家属,不得有盗窃、嫖娼等不良行为,违者开除。回家探亲,店员伙计二年一次,掌柜一年一次,学徒三年一次,假期半年。端午节、中秋节、春节三次宴会犒赏,表彰先进,鞭策落后。财务方面,每日一小结,三年一清点。根据盈利多少,按事先约定的股份分红。②

三和兴秉持诚实不欺、方便病人的服务宗旨,在民间赢得了良好的信誉,时有"信誉满淮海,声名扬苏鲁"之称。药剂包装科学合理,每味药都单包,包上贴有服药说明书,注明药物的性味、功能、禁忌、剂量和煎制投放的先后次序,并附有药物图形,便于病家核对。配方时,只要将这些小包集中到一起,就成为一剂中药。抓取方便,既清洁卫生又剂量准确。最后再用大纸把整剂药包起来。如果药里渣滓太细需要过滤,包里还附有一只小筛子,处处替客人着

---

① 马占仁:《三和兴药号解放前的十五年》,载俞素娥、曹寿田:《私企旧事》,连云港政协文史委,2001,内部资料,第220-223页。
② 郁州:《国药老号新浦三和兴旧事》,载俞素娥、曹寿田:《私企旧事》,连云港市政协文史委,2001,内部资料,第224-227页。

想。为方便病人及时就诊抓药,三和兴药店还聘请地方名医任坐堂医生,如王云门、顾铁侬、郭荣轩都先后在此坐堂。这一措施,颇受民众欢迎。

由于经营有方,生意兴隆,与馨祥酱园、生庆公茶园一起被人们誉为新浦"三不倒"。1956年,公私合营为中药加工厂。

第五章　无惧黄河阻南北
——怀商的贸易（下）

第一节　陕西的怀商贸易

陕西地处西北地区，南北跨度特别长，气候差别大，中草药产量大、品种多。其中，陕北所产甘草特别有名，关中各县也都有药材生产，著名的有礼泉地黄，蒲城的防风、远志、麻黄，华县的党参，等。不过，药材最为丰富的还是陕南及商洛地区，为中药材的天然宝库。尤其是柞水、镇安、平利、紫阳、旬阳、岚皋、汉阴、石泉、城固、宝鸡、南郑等县所在的秦岭、巴山山区，种类繁多，产量丰富，其所产药材以质优量大而被冠以"西口药材"的美称，品种达 500 多种，其中凤县所产之党参，安康、汉中、汉阴所产之杜仲，洛南、澄城所产之秦艽更为道地药材之代表。[1] 再如，乾州所产的"最著者为红软柴胡，即所称西柴胡，为国药中地道佳品，产量颇丰，运销四川等省"[2]。

因药材丰富、道地，陕西成为西北地区药材集散地，并形成多个集散中心。从明清到民国，素有"集四方商贾重货""西北药阜"之称的三原药商达 300 余家，主营当归、党参、黄芪、枸杞、大黄、甘草、羌活、秦艽、冬花、玄精石等"药中之王"。清末民初，西安东关不仅药材货栈十分发达，且药材批发商（时称拆

---

[1]　《陕西特产》，《陕行汇刊》第 7 卷第 1 期。
[2]　民国《乾县新志》卷 5《业产志·物产》，第 6 页。

货铺)以及加工作坊也迅速发展,至民国二十九年(1940年)东关地区专营或兼营药材业务的行栈已达31家,批发商和切药商达46户。凤翔为"关西经济都会",时有"旱码头"之称,清同治以前,车马辐辏,商贾云集,"为一郡精华之地"①,集中了甘、宁、青三省及陕西省内千阳、陇县出产的党参、柴胡、黄芩、枸杞、牛黄、麝香等中药材资源,时有药材庄和零售配药、小宗加工批发的中药店60多家。这些药材集散中心都有怀商行商的经营活动,如德生、原开太、信之和、长春堂、同昌久、庆茂等。在三原,为禹州帮;在西安为怀帮;在凤翔,为河南帮,并修有山陕河南会馆。

自清代中叶,怀庆商人深入秦巴山区,或为坐商,或为行商,收购药材。在西安,河南商人分洛阳帮、怀庆帮,且怀帮建有中州会馆和中州西馆。如有"世医丁氏"之称的清末外科名医丁鸿钧(1836—1919年),世代以医、武为家风。其祖为乾隆末年迁至西安的怀庆人。清咸丰八年(1858年),丁鸿钧中武举,红顶。丁鸿钧继承家学,医、武兼习,颇有造诣。中年后以诊治跌打损伤及各类疮疡疾症为主,兼营药材生意。因掌握祖辈世传"金疮接骨"之术,名扬甘、宁、青一带,求医者常年盈门。丁鸿钧还好施乐善,赈急济困,颇得佳誉。在石泉,怀庆商号在清嘉庆年间建有河南会馆(东门外),供奉伏羲。在安康,怀庆商号在清光绪年间建有中州会馆。在大荔,怀商小商人不计其数。在永寿,河南帮(怀帮)成立有河南同乡会。在山阳,怀商数十户在县城办起一批商铺,经营药材、食品、烟酒、京广杂货,著名的商号有刘姓的德泰源、张姓的广济生、周姓的同仁生、陈姓的恒丰大、何姓的天泰丰、黄姓的同仁和等。② 在洛南,"营商各户,近则……远则晋、豫两省之人为居多焉"③。石坡镇,由于明清时期河南怀庆府人在此经商的特别多,素有"小怀庆"之誉④,石坡镇药材业商号有复顺协(1200银元)、庆丰号(1000银元)、长盛公(700银元)等⑤。复顺协山货行货真价实,老少无欺。庆丰号轻利重义。长盛公中药铺炮制精良,以质

---

① 张兆栋:《守岐公牍》,转引自陕西省地方志编纂委员会编《陕西省志》第29卷《商业志》,陕西人民出版社,1999,第293页。
② 山阳县地方志编纂委员会编《山阳县志》第2章《商贸》,陕西人民出版社,1991,第178页。
③ 佚名:《岐山县乡土志》卷3《实业》,1937,铅印本。
④ 何金铭:《陕西农村小城镇》,陕西人民出版社,1989,第280页。
⑤ 范石:《石坡镇民国时期商业之起伏》,中国人民政治协商会议陕西省洛南县委员会编《洛南文史》第9辑,1996,第131-138页。

取胜,切、碾、捣、炒、泡、渍、浸、炙等炮制过程认真细微;抓药时,配方严格,份量把关,保持药效,群众深信不疑。同时,服务热情,诚招天下客。他们大多在铺面门口摆放桌椅长凳,准备一些茶水、烟袋,供过路客商休息;客人上门,热情招待,树立"顾客至上"的观念;顾客选货,营业员必须做到百问不烦,百拿不厌。在紫阳,有怀商福纪祥,收购生漆、桐油、花椒、茶叶等山货到老河口出售,贩回土布和机制"洋布"在紫阳批发零售。在沔县,怀帮开设药业铺,经营药材。在南郑,怀商协盛全、四美福、义和兴、新福堂、公兴大、瑞生堂、永兴东、永盛魁等商号专门经销中药材,零整批发兼出口,并建有河南会馆。在凤县,唐藏、隘口、南星等地有周顺昌、鸣凤昌、福盛锡、协泰裕、元利德、恒益东、万泰兴、德泰祥、益生长、全兴成等怀商商号,主要经营党参,并在双石铺建有河南同乡会。在宝鸡,怀商经营有诚顺和①、和盛裕等药店、药铺,建有河南会馆。在安康的"河南帮,主要来自博爱县人,从业50多人,于光绪年间,在慈善巷建中州会馆,成为城内河南商人、丝织工人的集会场所,主要经营生丝、药材、茶叶"②。怀商有协盛瑞、公兴大、四美福、四美元、德丰祥、复兴久、源兴德等商号。在镇安县,民国初、中期的云盖寺药铺,多由豫商(怀帮)经营,并在县城设有中州会馆,以联络同乡。在丹凤县龙驹寨,河南商人组建河南会馆。在长武,民国十三年(1924年)以后,河南省的温县、修武、沁阳、南阳等9个县市的客商到长武经商,形成了仅次于"山西帮"的"河南帮"。至抗日战争时期,据不完全统计,河南帮约40户商号,从业150多人。③ 河南商人在陕西各地建立的河南会馆(中州会馆、怀庆会馆),主要为河南商人的集会场所,以联乡梓、固乡谊、祀神明、敬祖先、资贫困、助病弱、葬逝者、祭亡灵和相互保护、协调竞争。在会馆内部,人们操乡音,叙乡情,演乡戏,食乡味,依乡俗,过乡节,集于会馆的同乡人大都有如归乡梓之感。为此,会馆不惜重金按照家乡的建筑风格,甚至用家乡的建筑材料在移居地构建会馆,会馆成了移民乡井。

---

① 安冠英、韩淑芳、潘惜晨:《中华百年老药铺》,中国文史出版社,1993,第478-487页。
② 安康市地方志编纂委员会:《安康县志》,陕西人民教育出版社,1989,第384页。
③ 巨崇武:《解放前的长武商业》,载中国人民政治协商会议陕西省长武县委员会文史资料委员会编《长武文史资料》第3辑,1988,第62-84页。

一、汉中的怀商贸易

（一）汉中的怀商贸易概述

汉中为川陇要道，据汉水上游，自古交通便利，商务繁盛。陆路西通甘肃、四川，水路有汉江东流，经沔县（今勉县）、南郑、城固、洋县、石泉、紫阳、安康、洵阳至白河入湖北，复经老河口、襄阳等地至汉口入长江。1938年武汉失守后，传统水路受阻，由西北运往重庆的物资，或由华双公路经徽县运至双石铺，再由双石铺转陕川路入川；或由嘉陵江水运直达重庆。这些商路都要经过南郑，南郑遂成为豫、陕、甘等省货物进川的中转站。

明清以来，汉中商业迅速发展。汉中"西则陆通陇、蜀，东则水达鄂、皖。商贾辐辏，货物山积，虽繁盛不及长安，亦陕西第二都会，尤以东关及县东十八里铺为最"，"东关商业多在河道开行，店屯货物，为大批发行者有山（山西）、陕、怀（怀庆）、黄（黄州）、江（江西）五帮"。①

清乾隆年间，怀商相继到汉中开设店铺经销中药材。至清末民初，汉中有中药店铺22家，具有社会影响的约有10家，其中，永兴东、永盛魁、协盛全、四美福、义和兴、新福堂、公兴大、瑞生堂等怀庆药商，不但专门经销中药材，还零整批发兼出口，同时采取薄利多销和赊销方式销售，并在药王庙建河南会馆（今汉中市二中处）。勉县城乡有商号约100多家，怀商多开药业铺等。另外，宁强、略阳、镇巴、留坝等县都有怀商的经营活动。

（二）汉中公兴大中药店

公兴大中药店（简称"公兴大"），明末清初怀庆府温县田、李、王三家始创，有300多年历史。清代中叶，三家分治，李家经营公兴大于汉中东大街窦家巷口。清同治二年（1863年），因战争因素，药铺迁东关关井巷西（今汉中东关正街186号），以中药加工、零售为主，兼营小批发业务。店门之上题写"京广川浙地道药材"匾额，堂内正中题"中州公兴大"招牌。民国二十八年（1939年）10月，汉中遭日寇飞机轰炸，公兴大部分房屋被敌机炸毁坍塌，此后，老板李乡亭重书"公兴大"。据抗战结束时统计，公兴大有员工20余人，其中站柜台9人，加工炮制4人（包括炒药1人），研眼药面1人，做丸药1人，对外联系

---

① 民国《续修南郑县志》卷3《政治志·实业》，第3-4页。

业务、送药打杂等4人。公兴大十三代中医传人李先桥，医德高尚，被誉为"李善人"。

公兴大前为店铺，后院为加工作坊，既经营汤剂饮片（调配处方），又制售膏、丹、丸、散。饮片加工，刀法规范，长短、粗细、厚薄大体一致。因刀锋缺口或切刀不利，将饮片切成毛刺、碎片者不得上架。顾客前来抓药，调剂处方，讲究四门八柱（即先抓四味中药定四个角，再抓四味定四个方位），注重色彩搭配（即按处方所列中药的颜色搭配成一定的图案）。药品配伍，店员两位，一看处方，一看药品，唱核校对，确认无缺、无误后，包装并加盖朱印，以示负责。加工成药时，选材道地，用方精良，炮制遵古，配伍严谨。公兴大自制自售中成药达50余种，分四类，即蜜制丸类：知柏地黄丸、金匮肾气丸、山楂丸、戒烟（鸦片）丸、健脾丸、八仙丸等。水丸类：藿香丸、消积保中丸、退翳还眼丸、沉香化气丸等。散剂类：一念金、三黄散、七厘散、百灵丹等。膏剂类：金不换、太阳膏（贴眼用）、白膏药、笋壳眼药等。这数十种中成药，疗效显著，名播陕南、川北，深受群众信赖，产销常盛不衰。

公兴大常对穷苦人家免费施药，不图谋利，只求传名。对于极贫家亲人故去，施舍棺木敛葬。有一次，药铺附近人家失火，殃及数户，周围房屋均焚，唯该铺无恙。人们视此为积德行善后的因果报应所致，于是公兴大有神灵保佑在民间广为传诵。从此，该药铺又蒙上了一层神秘的色彩，故而名声远播，生意愈加兴旺。加之该铺药材纯正，炮制讲究，品种齐全，疗效显著，在社会百姓中信誉日增。清末民初之际，公兴大进入其发展的鼎盛时期。

药铺号规严明，如有违犯号规者，均予以调号或解雇。所有店员不得染指吃喝嫖赌毒恶习，如有违背，立即解雇。禁用外籍人，店员多为怀庆府人；抗战后期，始用外籍人，但须有保人作保。店员要勤于事业，早起晚睡，服从管教，听从安排，尊敬师长。新招店员要从搬药、泡洗、切片、炮制药做起，待识别药材名称、了解药性、熟悉配伍禁忌、能背诵常用处方汤头，经二三年磨砺后才能出师，经老板和师傅考察合格后，方可到店面站柜台经营。店员对待顾客，须笑脸相迎，笑脸相送。客人进店，要主动打招呼，不得怠慢，一请坐，二看茶，三递烟，尔后再询问对方需求。对客人要毕恭毕敬，无论对方如何挑剔，不得与其发生争执，否则轻者处罚，重者解雇。

1956年，公兴大实行公私合营，改称"汉中县国药零售商店第二门市部"，继续经营中药饮片(调配处方)和中成药,经理李乡亭任门市部主任。1987 年恢复原名。现在,公兴大成为汉中城区唯一保留老字号的商店。①

二、安康的怀商

(一) 安康的怀商贸易概述

安康古称金州,北有秦岭,南有巴山,汉江水流横贯其中,为秦头楚尾之地。其山区特产丰富,药材有党参、黄连、当归、杜仲、黄拍、厚朴、全皮、大黄、玄参、藁本、独活、枳壳、麝香等 50 多种,素有"秦巴万宝山"、"中药材摇篮"和"天然生物基因库"之美誉。其中,产于宁陕的秦党、产于紫阳大巴山区的紫阳党和产于平利的八仙党,各有特色,以平利的八仙党最为著名,杜仲、厚朴也是一度行销国际市场的名牌商品。安康是汉江流域的一个重要城市,得汉江航运之利,成为陕南东部的贸易中心和输出口岸。"城外水陆通衢,舟骑络绎,城内贾商辐辏,百货云屯。"②众多外地商贾竞相来此设栈经营,至清光绪年间形成"八帮云集"(楚、湘、晋、豫、川、赣、闽、秦)、"舳舻上下"的繁荣局面。

在安康,怀商有协盛瑞、公兴大、四美福、四美元、德丰祥、复兴久、源兴德等商号,主要经营土产、药材等,从业 50 多人。清光绪年间,怀商在慈善巷建中州会馆,成为城内河南商人的集会场所。会馆在新城外购买义地,以安葬在安康死亡的同乡,表达对同乡客民的骨肉之情。在旬阳神河口,怀商大多带少量资本,自营小贩,或者帮人当"相公",然后自立铺号,由小到大,固定资本不多,经营方式单凭招牌信用,买空卖空,有专人在汉口、老河口、安康等商业城市"坐站",运布匹几千捆,盐、糖几万斤,并不付现款,只约定时间交粮食和山货土特产作抵。货物运到神河,四乡农民亦不进行现钱交易,全部换成粮食和山货土特产。在紫阳,有福纪祥等怀庆商号。杨应臣、杨天录收购生漆、桐油、花椒、茶叶等山货到老河口出售,然后再贩回土布和机制"洋布"在紫阳批发零售。在石泉,清嘉庆年间怀庆商人建有石泉河南会馆。在平利也有怀庆行商经营药材买卖。

怀庆商人除了从事经营以外,还积极参与地方制度建设,要求地方政府规

---

① 兰芳俊:《公兴大——陕西汉中百年药店》,载孔令仁、李德征:《中国老字号(玖)·药业卷》,高等教育出版社,1998,第 132-135 页。

② 卢坤:《秦疆治略》,成文出版社,1969,影印本,第 59 页。

范、制约地方治安,维护行商安全。如每当货船遇险,就会发生哄抢货物然后乘机勒索货主的事件,为此,清道光十三年(1833年)所立的《紫阳知县严禁近滩小船水夫借机抢捞货物告示碑》①,确保了众商的利益。

(二)安康协盛瑞

安康协盛瑞药号,创办于清末民初,系博爱县协盛全分号。时东家为李本银,货栈(总号)总掌柜为黄金凯。首任掌柜是梅升包,次为云清平、史秀山,店员50余人。该号既买药材加工装"长水"运汉口出售,又向各地批发药材以及零售,其行销范围达安康各县,及川、鄂两省的小药铺和"包袱先生"(自带药物的医生)。

协盛瑞药号以质量取胜,在选料、切锉、炮制方面特别肯下功夫。凡门市用材一律为上品和道地药材,绝不用假冒伪劣产品。遵古炮制,不省略每一道工序,如乌附子忌见甘草,须先泡几天再蒸,蒸过后再晒。香附子要泡制,熟地也如此。切片(锉刀、片刀),视药性而定,当薄则薄,当厚则厚,当斜则斜。如槟榔必须先泡数天,再切得很薄,一个槟榔一般切百余刀,技术高超的药师能切二百四十刀。川芎须切得不薄不厚,要能对上自然生长的菊花心(为了美观)。炒炙(酒、醋、蜜、盐、土、麦麸炒制)要合理,如枳壳用麦麸炒、大黄酒炒,等等。拣药时,先验药物是否有相反。份量与处方要相符合。药拣好后,再与处方仔细核对。粉药在中间,片药在上面,要求上青下白,既漂亮又容易检查。国内外比较驰名的产品是参桂鹿茸丸(行销南洋)、金不换、狗皮膏药、鹿胶、阿胶、虎(豹)骨膏、十全大补丸、人参再造丸、乌鸡白凤丸、乌梅丸、黑风散等。

协盛瑞药号多种经营,既有长水经营,又有批零业务。长水生意,主要为党参、当归、杜仲、藁本、独活、花椒、厚朴、全皮等,党参、当归、杜仲全年二千件左右(每箱或每捆为一件,每件约重二百公斤),藁本、独活、花椒、厚朴、全皮等约千余件,总共三千多件,常年雇工四五十个。该号购买的全为一等产品,次等药材绝不购买。同时,优中选优,留作门市药铺制片零售及供各分号调拨之用。另外,还进行药材批零业务,范围之广,远至四川的城口、万源、达县,湖北的两竹、两郧、房县一带,安康、汉中各县区。批发多为赊销,每年分两次结账。饮片加工,就选用新鲜纯净的道地药材,遵古法炮制,在安康城关40多家

---

① 张沛:《安康碑石》,三秦出版社,1991,第144-145页。

药铺中均获得好声誉。

协盛瑞药号号规宽严相济,(生活上)待人以宽,(业务上)用人以严。店员分"内进"与"外进"两种,但均为怀庆府人。"外进"店员是分号自己选用的,不进柜台工作,不任重要职务,晋职、辞退由分号掌柜决定。"内进"店员的培训、任免都由总号决定,并在总号充当学徒三年。店员(包括掌柜)不得携带家眷;不能"漏柜"(偷盗、贪污);不能夜不归号,如有触犯,报总号或调号或除名。实行双掌柜制,大掌柜短期公出,二掌柜代理当家。

生活待遇优厚。店员工作二年半(掌柜三年),即调回休息半年(掌柜休息一年)。自己所用物品全部带走,回来重新置发。来往路费,全由号上发给。店员伙食、衣物、日常生活用品由商号供给八成,自己付二成。三节(端阳、中秋、春节)除了备办酒席,还给店员送些时令的当用物品。工资支付分内进、外进两种,内进店员工资由总号给其家中发三成,本人在外领七成;外进店员的工资由分号发全,总号不管。内进店员家里如有婚丧要事,都给予应有的照顾。分号掌柜、司账、管药等,根据红利多少分成。①

三、宝鸡的怀商贸易

(一)宝鸡的怀商贸易概述

宝鸡地处秦岭山区,有中药材 1478 种。属国家医药管理局管理的 4 种二类药材中,宝鸡有 3 种。属省级医药管理局管理的 20 种中药材中,菖蒲、当归、柴胡、五味子、大黄、黄芪、生地、当参、杜仲、贝母和白术是其大宗的药材。宝鸡又是在陕西全省仅次于西安的药材商们聚会的重镇,尤其是陇海铁路通车以后,三原药材交易中心转移到了宝鸡。从四川运来泽泻、川芎、川牛膝、寸冬、黄连;从甘肃运来羌活、大黄、当归、黄芪、红花;从宁夏运来甘草、发菜;从山西运来条芩、潞党;从河南运来怀山药、生地;经过河南运来广、浙等地的药材;至于陕西自身,也出产冬花、连壳、党参等,都在宝鸡药材市场交易。② 据记载,清代宝鸡有中药店 11 家,其中创建于清同治末年的怀商诚顺和国药店

---

① 杨良旺、王文秀:《协盛瑞药号的经营特色》,载中国人民政治协商会议陕西省安康县委员会文史资料研究委员会编《安康县文史资料选辑》第 2 辑《安康山货特产市场史料专辑一》,1986,第 8-17 页。

② 佚名:《宝鸡城区的绸布业粮行药材行纸烟行木材行》,载宝鸡市政协文史资料委员会编《金台文史资料》第 9 辑,1993,第 46-47 页。

是宝鸡药材行之冠,在西府和甘肃省一带颇有名声,并在宝鸡县功镇、甘肃徽县设有分号3处,一直营业到公私合营。其祖传的八宝推云散、生肌散,均有较高的声誉。之后,德盛裕、达生堂药店等豫帮药铺相继成立。陇海铁路通车以后,首批来到宝鸡的商人有以李温卿为首的河南帮,他们开设各种行栈、店铺,并以囤积居奇等手段垄断着宝鸡市场,李温卿、李生润还先后担任宝鸡商会会长一职。抗日战争期间,中原地区来宝鸡的难民,多以经商为谋生的手段。

宝鸡凤县乃是党参的道地核心产地。凤县地处秦岭南麓、嘉陵江上游,自然环境优越,动植物资源丰富,其中,中药品种尤为繁多,成为陕西著名的中药之乡。民国初期,凤县隘口、长坪、唐藏、瓦房坝、三岔等地,先后有十余家怀庆药商加工党参,运往上海、天津及东南亚等地,最盛时一年可达千余箱,境内所产党参、杜仲、天麻等数十种药材,每年可产数十万斤,畅销国内。其中,凤县党参类同人参,誉为"凤党"。

明清时期,怀商进入凤县唐藏隘口、南星市场,他们以雄厚的资金,大量收购凤党,转运双石铺,精选炮制,装箱外销。唐藏隘口的怀商药行有同顺昌、鸣凤昌、福盛锡、协泰裕、元利德等,南星的怀商药行有恒益东、万泰兴、德泰祥、益生长、全兴成等。民国七年(1918年)以后,军阀混战,土匪蜂起,怀商被"拉票子",凤党生产,遂步步衰落。① 民国十五年(1926年),汉中怀商再度进入唐藏市场,从此,凤党外贸市场几被怀商独占。这时,怀商在唐藏的有和顺永、同顺昌、永顺西、复兴西、复义长、朱致中等,双石铺有义盛永(杨树本)、同德成(张秉忠)、恭兴成(梁克恭)、顺义生(吴世顺)等商号。这些店铺为了扩大资本,自印五百券壹串券流通市面,便利交易。② 这些药商,一到年底,大闹特闹,高跷、狮子耍个通宵,地台社火远近扮演,从正月耍到二月,方偃旗息鼓,卸将收场。凤县还产麝香,麝香之最大者重一二两,小者五六钱,三四两者偶亦有之,但属罕见,收购麝香的也以怀商居多。

---

① 吴凯、郭柏川:《名贵药材——凤党》,载中国人民政治协商会议陕西省凤县委员会编《凤县文史资料》第3辑,1983,第106-111页。

② 吴凯:《唐藏今昔》,载中国人民政治协商会议陕西省凤县委员会文史资料研究委员会编《凤县文史资料》第7辑,1986,第156-162页。

(二) 宝鸡诚顺和

诚顺和国药店①创设于清同治年间,温县李姓三股与邰阳行家一股合办,主营中药,兼营杂货,如各种糕点、海味、干菜、颜料、纸张、烟茶、文具、调料酱货、香蜡纸表、花火鞭炮等,店员最多发展到 80 多人。李氏最初为行商,从怀庆贩卖怀货到凤县、两当县;之后再从凤县、两当县一带采购西党、凤椒等,到禹州销售;此后,再在禹州、汉口等地购买茯苓、半夏及两广进口的名贵中药到陕西。长年往返,日积月累,经营有年,遂在宝鸡开设药店,行培德担任经理。

号规严格。增任股东李国柱为协理监督店务,建立万金账。店员均应听从经理统一指挥,服从股东代表监督;店员都应同心协力,和睦团结,忠心耿耿做好本职工作。新进店员须由店内人员推荐,并觅具保证人;录用后,若有违规及意外事件,由保证人及推荐人负责。店员可自荐适任的工作,经理考察后,另行安排。自愿离职店员,永不再用。道德败坏或有贪污盗窃行为的店员,按情节轻重,给予警告、批评,甚至开除等处分。学徒不满三年,不允许上柜抓药,记熟药价,背熟十八反、十九畏、妊娠忌服、配方禁忌后,经测验才能上柜抓药。

工资福利。店员伙食费用及患病的医药费,由药店供给;工薪为年薪制,规定月支,不得超额;年终决算后,根据盈余情况,按贡献大小,分别给予现金或物质奖励,即本金股与人力股各半。学徒在三年内无年薪,只给少量的服装费和零用钱。

质量第一,经营灵活。选料精良,配置药品。首选道地药材留作零售,其余按质论价批发销售。遵古炮制,严把质量关。加工炮制,有严格的操作规程。切药的刀口要求一致。加工后,不合格的饮片不能上柜。② 本号批零兼营,经营方法灵活。对困难病号可赊销,缓期交款;对缺钱买药及杂货者,也采用赊销办法,零星取货,收获季节归还贷款。每年收麦多达 100 多石,约合三四万斤。对达官士绅、城区客户,立折供货,分期收款。

管理科学,分工细致。设采购员:掌握药品性能,能鉴别药品真假,直接到

---

① 罗树人:《宝鸡诚顺和国药店》,载安冠英、韩淑芳、潘惜晨:《中华百年老药铺》,中国文史出版社,1993,第 478-487 页。

② 邓绍常:《宝鸡古城的老中药店——诚顺和》,载中国人民政治协商会议陕西省宝鸡县委员会文史资料研究委员会编《宝鸡县文史资料选辑》第 4 辑,1986,第 80-87 页。

产地采购价格便宜的道地药材,并随时向经理反映市场信息和药材余缺,使经理心中有数,从而有效地指挥经营。设调剂员:熟悉"寿世保元"药性400味以及汤头歌诀。因为有些大夫处方上不写药名,只写汤头,调剂员必须很快找到处方出处,按照汤头配齐。设收购员:凡来求售地产药材,不论干鲜一律收购。收购的地产药材,一律及时处理。设司账员:记流水账、分户底账。通过流水账,过入分户底账,每晚结算,日清月结,随时向经理汇报盈亏情况。该店设置现金流水账和赊销流水账,二人分管,分类记载。管现金者称大先生,掌管药店现金收付,购销借贷,商品流通与管理费用、捐税、工薪等;管赊销账的称二先生,负责赊销结算账务,定期派人催收,兼管商品保管账,及时提出防止积压与脱销的意见,以免因药缺影响业务和贻误患者,并经常检查督促对顾客配料加工的丸、散、膏、丹,如期交货。设切药工:知悉各种操作方法和药材药性,以及烈日曝晒、风干与阴干等不同方法。设炒药工:熟悉和掌握不同药种的炮制方法,如九蒸地黄,每百斤必须投足辅料黄酒50斤,一定要做到九蒸九晒;地黄禁用铁刀切,须用铜刀切,不能马虎。设丸药工:丸药有蜜丸、水丸与糊丸之分,究用何法,须遵照古法或按处方医嘱而制。此外,药材设专人保管,每年从立夏开始防治霉变、虫蛀等。保管方法有两种:成包货码垛堆齐,铺垫枕木,排列两行,中间夹放木炭,吸收潮气,保持干燥,防止霉变;名贵药物,如人参、鹿茸及蛤蚧、蜈蚣、土元、蛇蝎等类,用硫黄捂熏、窜熏,用布袋装花椒等。用这些土法,对预防霉变、虫蛀效果很好。设点心工:做点心占用作坊三间,设专人、专料、专用工具。品种有白酥、水晶宁果、芝麻饼、茶食等,端阳节有绿豆糕,中秋节有酥皮与提糖月饼等。

由于经理运筹有方,该药店在甘肃徽县、成县一带产生了深远的影响,业务不断扩展,在甘肃徽县设立分号,命名为诚顺西药店,派王某担任经理。在宝鸡县功镇开设和盛裕药店,由股东李家三代嫡孙李福来经营。县功是关中西部产粮地区,农民平时手中现金短缺,和盛裕药店就采用灵活的经营方式——赊销。平时取货计账,夏收后以小麦作价抵还。这不仅解决了全店人员的吃粮问题,而且为备乱备荒准备了不时之需。这一时期,诚顺和药店发展到了顶峰,全店人员七八十人,货堆如山,店容整洁。每天顾客摩肩接踵,零售批发,络绎不绝。中厅七八名药工搭刀运切;耳房蒸、煮、煅、炒,炉火熊熊;前店后厂,秩序井然。和盛裕药店在该县西街设立分号,命名为"和盛恒",聘请中医大夫杨荣为经理、方其行为副经理。

宝鸡诚顺和药店在 100 多年的经营中,给后人留下了许多宝贵的东西。如其经营中药的经验,炮制质量的规范,至今仍流传于西府一带。特别是中药药斗的编排,是经过多年的反复实践总结出来,按照中药方剂相佐相使、配伍法制等精心编排的。它把常用与冷背中药,前后左右上下,配合得恰到好处。在当时凡是该店的分店或与之有关系的新设药铺,大都是使用这一药斗排列次序。

第二节　山西的怀商贸易

山西地狭人稠,土瘠民贫,农业生产供给不足消费,从明代起,即有大量人口外出经商。商人地位逐渐上升,"经商"观念渐渐被大众所接受。至清代,山西重商习贾风潮更劲,"晋俗以商贾为重"[1],"晋省向称财富之区,实则民无恒业,多半携资外出,贸易营生"[2]。这些重商传统深深地影响了同样地狭人稠并与山西有血缘关系的怀庆府百姓。山西与怀庆府相邻,北有轵关陉、太行陉、古丹道、白陉与山西相通。尤其是从怀庆府城入太行山,过碗子城关,经泽州—高平—长子—襄垣—沁州—祁县—太原,沿线城镇不但皆为营商重镇,而且从明至清该条路线一直是怀商北上山西出西口的主要路线。

一、怀商贸易

(一)怀商积极参加鲍店、解州药材大会。长子鲍店有全国著名的药材大会,每年农历九月十三起到腊月二十三为止,会期 100 天。大会期间,各地商贾云集,药材品种繁多且道地,如川、广、闽、贵各省的道地药材,以及怀庆府的怀地、怀山、怀膝、怀菊花、怀红花、密银花、竹茹、竹叶等怀货,都在此聚会交易,且药效俱佳,外地药商不惜携巨资前来交易。怀商成兴和、同和公等商号及怀庆小贩、药农到此地售货,然后均要购买些党参、连翘、远志、知母、冬花、黄芩、酸枣之类的上党产品。怀庆药商在大会上到处悬挂着怀山药、怀牛膝的

---

[1] 同治《五台新志》卷 2《生计》,清光绪九年续修刻本,第 60 页。
[2] 王乃德、翟相卫:《"丁戊奇荒"与晋商捐赈》,《史志学刊》2017 年第 5 期。

横幅:"山药生长中州土,牛膝疏通四方血。"还有药商用布画着张仲景的巨幅画像,用工整隶书写七言诗赞道:"古往今来第一人,弃官从医称圣人。""怀庆府所产药材很多,但该地药栈亦不少,除大量的发往祁州外,所余个体种植无力外运者只可就近来鲍店出售。当然免不了有些许水分,这就给买方有了借口,开始破除水分即变为结半秤,即1斤半为1斤计算。药农因货到地头死,只可忍痛出卖。从而此办法即变为常例。后来因该四大怀货天旱少产,才改为斤对斤结算。"①解州关公庙古庙会一年两次,每逢农历四月初八、九月十三均举行庙会,会期一个月。大会以交易药材为主,民国二十二年(1933年)以前,东北的人参、西藏的红花、藏香、大黄、冬虫草、四川的麝香、天麻、杜仲、山百合、鸡爪黄连、甘肃的当归、枸杞,河南怀庆府的黄芩、远志、生地,山西太谷的龟龄集、定坤丹以及云贵高原的名贵中药材等,都在庙会上进行交易。参加大会的怀庆药商、商号、游医纷纷到此交易。交易大会期间,怀商还带来地方大戏助兴,如著名的梆子戏演员阎逢春、王秀兰、元元红、白菜心、十三红等到庙会的戏台上为上集赶会的群众献艺演出。解州庙会的土特产比一般集市的货物较为齐全,品种花样众多,可以任人挑选。另外,四月尧庙会、七月五台山会、晋祠古庙会、晋城府城玉皇庙古庙会、高都镇东岳庙古庙会等等,怀商无会不与,兜售怀货。

(二)怀庆商号、卖药郎遍布山西城乡。明清时期,全国各地中药业有了很大的发展,怀庆药号因地理之便也逐次在山西发展。山西临汾附近每年二三月和七八月间,怀庆"卖药郎"到此,不仅卖药,还进行简单的治病,当地人把他们称为"南蛮子"。四月,他们游走到运城附近卖药行医,有时会住上半个月左右,他们也被叫作"南蛮子"。接着,到解州参加"四月会"庙会,购买药材;然后,他们再带着这些药材到各地的村落去买卖。在虞乡,每年三月间也有怀庆"卖药郎"看病售药。每年四五月间,五台山下的繁峙、崞县、定襄一带,"卖药郎"约4个人一组,为人针灸治病,有的还住上两个月左右。在太原,从怀庆来的"卖药郎",既卖药,又针灸,时称"野大夫"。每年四月、九月的解州庙会,又成了这些卖药人交流医疗经验的集中场所。在武乡,怀庆商人主要

---

① 刘崇生:《平遥中药材经营史话》,载政协山西省委员会文史资料委员会编《山西文史资料》1997年第1期(总第109辑),第156页。

以开药店为主,商号有永和堂、永和见、永和祥、永和谦、同仁泰、广和祥、永太和、永春和等,由于医药兼备,对当时武乡的社会医疗有一定的贡献。[①] 在孝义,每年怀商行商到此收购山药,运往河南沁阳加工成光条,即为怀山药,由香港转口外销,年产量达5万公斤。在兴县,有怀商天德堂等商号经营药材。在垣曲,有怀商德盛奎、顺兴和等商号。在运城,有河内太和堂、西大兴等商号。在岢岚,有怀商大德堂、天德堂等商号。清化镇药商杜盛兴在太原设立货栈收购黄芪等等。怀庆商人不单单在以上所列市镇经商,很多地方都有怀庆商人,如潞城怀庆府商家出卖生姜及杂货;代城的怀商德源堂,专门经销图书,并在太原、朔县、繁峙、灵丘、忻县、五台等地设分行,人员多至60余名;芮城饮食业10余户,皆为河南怀庆人经营;永济的各色怀庆商人;霍州玉云斋、秀文斋、武时学等商号书摊,皆为怀庆府人经营;等等。因资料缺乏,很多地方的怀庆药商无法统计,待资料完整,再做梳理。

二、岢岚大德堂药店

大德堂药店,清道光十年(1830年)创业于怀庆府,取"普德天下,济世惠民"之意,定药店字号为"大德堂"。清同治十三年(1874年),齐秉铎又在山西岢岚设立大德堂药店。创始人齐秉铎家学渊源,数世业医,善于博采众家之长,通晓中医各科,尤精于内科诸症。开业之后,由于选药精当、炮制规范、中成药俱全,加之医术高明、买卖公平,颇受当地群众、顾客信赖。

大德堂药店位于岢岚鼓楼附近,前店后厂,四合院落,坐北朝南;正房6间,双层木制,作居室及放成药之用(战乱时上层焚毁,仅存下层的3间);东西厢房各2间,为药材加工作坊;临街门面6间,内设坐堂。由单纯的中药收购发展为收购销售、加工、炮制中成药的生产线,买卖兴隆,蒸蒸日上,其经营的中药材、中成药近销太原、太谷、榆次、忻州、原平等地,远销河北、河南、陕西、内蒙、安徽等地,特别是所生产的全鹿丸、水阳三肾丸、肾脾两助丸,远销华北、华东、华南等地,深得人们称道。大德堂店员何振信于1912年创办大庆玉,前店卖药,后院磨房加工米面,抗战期间关闭。1945年,何振信以"信义堂"之名重开药店,经营多种中草药,还制作各种丸药,延聘远近闻名的老中医南化文

---

① 武乡县县志编纂委员会办公室编《武乡县志》,山西人民出版社,1986,第397页。

坐堂看病。当时店内的流动资金为1200元,固定资产860元。

以德经商,以善售药。大德堂买卖公平,货真价实,童叟无欺,帮贫济困。门面店堂内,专置病人凳子、杯子、炉子、煎药壶、茶具,方便病人歇坐、喝水、取暖。常用处方,如六味地黄汤、补中益足汤、生化汤、四君四物汤处方,写在方木棒上,放在药柜上面,方便患者抓药配方。增添新的服务项目,如问病买药、夜间售药、流动售药、代客加工外配、代客煎药、代客邮寄药品等,深受患者欢迎和称赞。在经营方式上,既可用钱买药,也可用山货、土产、药材换药。贫穷无力患者,或半费或全免。大德堂不仅经营中药饮片,而且丸、散、膏、丹品类齐全,就连药材中所需的糖、醋、姜、枣等药引子也是应有尽有。经营方针,本着市场需要什么就经营什么,什么时候需要就什么时候经营,需要多少就生产多少的原则,根据市场需要,安排生产经营,很少形成库存积压。另外,还专供太原大宁堂土产药材,如收购的黄芪、党参等药材,分出等次,打捆包装。

遵古炮制,质量第一。在加工药材方面,遵古炮制,在制作时,精益求精,做到投料精、做工细、含量足、配方严。凡是投入中成药的原料,不怕价高,但求货好,坚持自采、自养、自种、自制,掌柜亲自过目,选材道地,炮制精湛,工艺独特,货真价实,绝不用替代品。中药材采购,不违农时,保质求量;收购党参、黄芪、冬花等,要求货好,不怕价高。在采制六神曲时,一定要等到每年农历的六月初六那一天,所投入的原材料必须达到6种,其质量要求相当严格。由于大德堂质量可靠,药效显著,引起其他药店冒牌仿制,结果患者吃了冒牌产品不管用。不明真相的患者纷纷到大德堂申诉,要求退货赔偿。大德堂为维护自己的声誉,不惜血本,状告官府,打赢了官司,维护了患者和自己的合法权益。

1956年公私合营,药店转为国营,济世良药"全鹿丸"之方亦无偿奉献国家,载于《中华药典》。①

第三节 河北的怀商贸易

河北中草药资源丰富,种类繁多,分布广泛。野生的中草药以燕山、太行

---

① 齐林生:《岢岚齐家百年药店大德堂》,载山西省政协《晋商史料全览》编辑委员会、忻州市政协《晋商史料全览·忻州卷》编辑委员会编《晋商史料全览(忻州卷)》,山西人民出版社,2006,第325-327页。

山山区为最多,种植以平原地区为主,其中安国最为集中,清光绪《畿辅通志》记载有中草药92种,如人参、元参、沙参、苦参、都参、白芷、黄芩、防风、蓟、续断、远志、黄崖草、白术、苍术、半夏、五味子、木瓜、土鳖(即木鳖)、云实、桔梗、茵陈等等。药都安国,中草药闻名于明初,距今六百多年。明清时期,河北宣化、张家口等地开设茶马互市,成为中国茶叶、棉织、丝织和手工品重要的内外销市场,由此带动了河北城乡集市商业的发展;同时,高产作物水稻扩种,玉米和红薯引种,种棉之地居耕地面积十之二三,棉织业已商品化,交通要冲迅速形成商品集散地,诸多土特产品逐渐商品化,怀帮商人遂就近深入到河北腹地从事商业活动。

一、安国的怀商贸易

河北安国,古称祁州,因药业繁荣而闻名全国及东南亚地区,素有"药州"之称,与河南百泉、江西樟树被称为中国三大药市,安国被誉为"千年药都"。据文献记载,北宋建中靖国元年(1101年),宋徽宗为纪念东汉药王邳彤,立庙祀于祁州南关,历代因袭加封。远近祈祷治病者,络绎不绝,业药者趁机售药,将药王灵异渲染夸大,以期获利。[①] 至明初,丸、散、膏、丹等成药已行销于市,明万历年间加工切药广布市场。清雍正年间(1723—1735年),祁州已发展成为南药换北药、东西拆兑即关东特产药品与西北各地药材交流的总汇市场,成为长江以北最大的药材集散地。清雍正时期进士、祁州人刁显祖《祁阳赋》曰:"年年两会,冬初春季,百货辐辏,商贾云集,药材极海山之产,布帛尽东南之美,皮服来岛夷而贩口西,名驹竭秦晋而空冀北。"[②]清乾隆《祁州志》亦记载:"每年清明及十月十五日,商贾辐辏,交易月余,盖大江以北发兑药材之总汇云。"[③]清道光年间,祁州药商成立了作为招待远道客商和排解买卖纠纷的机构"安客堂",并规定庙期为"春五秋七",即春庙5个月,秋庙7个月,交易全年不断。春庙的正期为农历四月二十八药王生日,秋庙的正期为农历十月十五日药王仙日。客商由少到多,至清道光、咸丰年间,逐渐形成药商帮会,即

---

① 郑合成:《安国县药市调查》,载李文海:《民国时期社会调查丛编(宗教民俗卷)》,福建教育出版社,2004,第143-194页。
② 乾隆《祁州志》卷7《艺文志》,成文出版社,1976,第648-649页。
③ 乾隆《祁州志》卷2《建置志》,成文出版社,1976,第145页。

十三帮。各帮药商携带地产药材汇集祁州,南货换北货,互通有无,所以,十三帮的形成是安国真正成为全国药材集散中心的重要标志。①

明时,怀庆商人将本地的特产四大怀药,以车推肩扛的方式赴祁州赶会贸易。但作为商帮的帮口,则应形成在清朝前期。清乾隆年间,怀庆药商集资修葺了祁州药王庙。祁州药王庙中有一块清乾隆五十六年(1791年)的《重修药王庙碑记》,碑文记载:清乾隆四十四年(1779年),怀庆一带的药商,鉴于庙颓墙倾,集资对药王庙进行了一次修葺。碑文中虽未提到"帮"字,但说明怀庆商人已经组织起来进行共同活动,这实际上是帮的雏形。清道光年间(1821—1850年)怀商商帮正式形成。据药王庙内清同治四年(1865年)所立的《河南彰德府武安县合邦新立碑》碑文记载:"凡客商载货来售者,各分以省,省自为邦,各省共得十三帮。"怀商已成为祁州商帮中的一个帮口。刘华圃、许子素在《祁州庙会——药材市场概述》中列举的"十三帮"有京通卫帮、山东帮、山西帮、陕西帮、古北口帮、西北口帮、关东帮、宁波帮、彰武帮、怀帮、川帮、江西帮、亳州帮等,后来因形势的发展,又增加了广帮、禹州帮以及黄芪帮。② 郑合成认为,怀帮自成一帮,不归河南帮,河南帮分禹州帮、彰武帮、归德帮,但没有怀帮。③ "怀帮专销河南怀庆著名土产。"④参与祁州药材会的怀庆药商有了自己的商帮组织,有了自己的会首,著名的会首一是杜盛兴经理孟斯和,一是协盛全经理程敦武。怀商的经营活动由分散的个体经营发展为结帮经营。清同治十二年(1873年)至清光绪五年(1879年),众商义捐布施碑记首具怀帮商家捐施银钱姓名与捐助银两数目:杜盛兴银50两又银24两又钱24千,永盛魁银20两又银20两又4两,申三成银20两又银20两又银10两又钱6千,广升瑞银25两又银25两又银11两又钱12千,协盛全银20两又银20两又钱2千,杜双合银20两又银20两。(图5-1)

---

① 刘华圃、许子素:《祁州庙会——药材市场概述》,载中国人民政治协商会议天津市委员会文史资料委员会编《天津文史资料选辑》第20辑,天津人民出版社,2014,第194-213页。
② 刘华圃、许子素:《祁州庙会——药材市场概述》,载中国人民政治协商会议天津市委员会文史资料委员会编《天津文史资料选辑》第20辑,天津人民出版社,2014,第194-213页。
③ 郑合成:《安国县药市调查》,载李文海:《民国时期社会调查丛编(宗教民俗卷)》,福建教育出版社,2004,第143-194页。
④ 赵燏黄:《祁州药志》,樊菊芬点校,福建科学技术出版社,2004,第14页。

图 5-1　祁州药王庙清同治十二年至光绪五年众商捐资碑（局部）

在此碑中，还看到其他各帮商家捐款数目，在山东帮的商家中没有一家达到以上任一怀帮商家所捐数额的。山西帮 115 家，只有义谷广升聚银 20 两又 20 两，广茂隆银 20 两又 20 两，庆和银 20 两又 20 两，太谷有恒银 15 两又 15 两，其余都在 3 两以下。京通卫帮商家，捐资最多的是同仁堂，捐银 10 两又 5 两又 4 两，次为徐万方银 5 两又 3 两又 3 两，朱太和银 5 两又 4 两又 2 两，聚丰号银 10 两，义泰局银 2 两又 2 两又 2 两，济生堂银 2 两又 2 两又 1 两。陕西帮捐银商家 19 家，际盛隆银 20 两又 20 两钱 10 千。临潼县大盛元施银 20 两又 20 两又钱 20 千。诚然，这些捐助都是自愿的。这种差别，来源于各个商家在当时所拥有的资金的多寡。

祁州庙会期间，在安国的怀商商户（坐商、行商）达 80 余户，如杜盛兴、协盛全、协盛西、永胜魁、永泰恒、永兴德、常胜、魁盛、太和堂、积德长、申三成、广升瑞、杜双合、生和成、崇兴寅、人和敬、义聚祥、长兴公、泰顺茂、谦益儒、茂盛永、天和顺、德生、原开太、信之和、长春堂、同昌久、庆茂等等，所售药材为牛膝、菊花、生地、熟地、山药、地黄、竹茹等（以上怀庆府产），炉甘石、芙蓉叶、石菖蒲、青黛、骨碎补、荆沥、竹沥、银杏、桑螵蛸（以上河南产），防己、地锦（以上四川产），雄黄（江苏产），朱砂（辰州产），麝香（西宁产），主要销往北京、上海、苏州、杭州药堂；去货以人参、黄芪及其他北方货为主。杜盛兴商号所制麝香成品印有"杜"字，销售以北京同仁堂为最多，去货以人参、黄芪及其他北方货为主。协盛全药庄所制"协"字麝香,亦极有名,并专售朱砂。积德长也以经营怀货和麝香为主,老板秦子祥善辨麝香,以"一看,二手捻,三口尝"的方法名扬祁州庙会。另外,"药商经纪之为怀庆人者亦不少也"①,也就是说有很多药商经纪为怀庆人,专门为庙会服务。

祁州庙会期间,怀商等各帮口会首轮流主持庙会。怀商等各帮口还集资从保定、石家庄及邻近县雇请戏班,分别在神戏台(与药王庙正门相对)、大药市、木货市三台同时演出,昼夜不停,以此炫耀怀商的财力。祁州沦陷后,怀商各商号或迁津,或关闭。杜盛兴、协盛全迁津后,分别改名卫生堂、宝心堂继续经营。

三、永年太和堂

永年太和堂,原名泰和堂,为温县陈家沟陈氏第十二世陈继参于明崇祯七年(1634年)所创建,位于永年县广府老城,以炮制经营中药、药材为主。院落建筑为明柱外廊式,拱形门窗,门脸三间。后在路南购买焦老庆市房一所,里外三院,房三十余间,门脸三间。临街建筑为药号,院内种薄荷等药材。

开店后,代代悉心经营,至清代末年,已是与北京同仁堂、天津达仁堂齐名的药店。太和堂有传家秘方上千种,炮制经营品牌药300多种。

1956年,公私合营,隶属于永年县城关供销社,药店第7代(陈氏第18世)传人陈萍为私方经理,后因种种原因于20世纪90年代停业。

四、热河同仁堂

热河同仁堂,创办于清嘉庆年间,坐北向南,门房三间,中间为药库,后院为厨房,左院为加工厂,批发兼零售。

同仁堂门前左有10米高通天招牌,上写"精选地道药材,秘制丸散膏丹各种饮片一概俱全"。门前两边,由清代高鄂题书曰:"同仁堂拣选川广云贵地道药材,同仁堂遵古炮制丸散膏丹俱全。"柜房抱柱楹联为:"鹤随仙去寻芝草,龙化人来问宝丹。"店内正中匾:"青囊事业。"左壁"怀仁寿",右壁"愿保生"。最初的掌柜有陈兆瑞、夏之时,最后是陈文春,坐堂医鲁楚臣,调剂赵蔼

---

① 赵燏黄:《祁州药志》,樊菊芬点校,福建科学技术出版社,2004,第14页。

庭、鲁宽、崔松森等。

同仁堂质量第一,规定加工丸散,药品清洁无杂质,不卖假、毒、霉、虫蛀等变质药品,药品保证质量。职员要求态度和蔼,工作认真。学徒三年期满,熟悉药性、方剂、医理、汤头、核价、结算等,才能站柜、调剂和问方售药。

民国二年(1913年),同仁堂坐堂为李先生,由于诊术高明,同仁堂营业达到繁荣。后期坐堂医生鲁宝善,宗朱震亭、傅青主滋阴派兼李东垣补土法,擅长妇科,自拟"当归四炭汤",主治妇科痛经、崩漏症;用傅氏"清心莲子饮"治男科,变化无穷,名声大震,被誉为"医界先贤","名重医林"。[1]

第四节 京津的怀商贸易

元、明、清三代相递定北京为首都,使北京成为全国的政治、文化和经济贸易中心,马可波罗称北京为"商业繁盛之城","外国巨价异物及百物之输入此城者,世界诸城无能与比"。[2] 北京是首善之地,各地商贾纷纷涌向北京。来自全国各地的游医、郎中以及药贩也纷纷云集北京,开店设铺,出售各种土产药材。作为拥有道地中药材的怀庆药商也毫不例外地涌向北京,以展所长。

明清时期的天津,不仅是京师的重要门户,更是北方的商业大都会,漕运发达,各地商人、各种货物汇集津门。清乾隆、嘉庆时期,津门出现"繁华热闹胜两江","河路码头买卖广","不种田,不筑厂,赤手空拳即可把钱想","各省宦商晋京者,四方人士来游者,接踵而至,咸善留连"的繁荣局面。[3] 清乾隆四年(1739年),津门出现了天津最早的中药店——润善堂。嗣后,瑞芝堂、桔荫堂、宝心堂、仁育堂、同善堂等先后问世,前店后厂加工和销售中药饮片。

怀庆府交通便利。陆路,经新乡—卫辉—彰德—邯郸—赵州—保定—北京,为河南"西北冲要之路,驿使频繁"[4];或保定—霸州—天津。水路,自河内清化镇西门外小丹河,东北流汇合新河、沙河、门河、洪水河至新乡合河镇与卫

---

[1] 林立:《旧时代热河街工商业简介》,载中国人民政治协商会议河北省承德市委员会文史资料研究委员会编《承德文史》第4辑,1987,第18页。

[2] 马可波罗:《马可波罗行纪》第94章,冯承钧译,上海书店出版社,2001,第238页。

[3] 杨一昆:《天津论》,载张焘:《津门杂记》,丁绵孙、王黎雅点校,天津古籍出版社,1986,第101-105页。

[4]《明实录·明宣宗实录》卷66,中央研究院历史语言研究所,1962,第9页。

河相接,经山东临清接运河,达天津或北京。道清铁路通车后,火车经新乡达道口,入卫河水运达天津或北京;或在新乡转京汉铁路北进北京、南下汉口;或在临清走运河直下江南。怀庆商人正是在此便利的运输条件下,也在清乾隆、嘉庆时期北上京津,开展商业贸易。至清同治年间,怀庆药商在天津达到第一个营业高峰,其标志即是怀庆会馆的创建。

一、北京的怀商贸易

明清时期,北京药铺林立,但中药材却很少是本地出产的,所谓"京师商贾云集,贸易药材者,亦水陆舟车,辐辏而至"①。这些制药的基本原料则是从全国各地几个药材原产地采购的,然后运到北京的各个药栈,京师的各个药铺再派人到药栈购买。因为贩卖药材须在北京崇文门关缴税,因此药栈也多设在崇文门附近。

怀庆药商进京的时间,虽无史料证明,但在清初,北京怀庆籍药商即在前孙公园胡同90号(旧为十间房中段路南)建有怀庆老馆一座,民国后改称沁孟温济武博修原阳九县馆。清道光年间,在潘家胡同11号(旧为潘家河沿路西六号)开建覃怀会馆(图5-2)。清末,怀帮三建会馆于红线胡同3号(旧为麻线胡同路西二号)(图5-3)。潘家河沿覃怀会馆,大门东向,共有北、南两个院落,每院又各分三进院。北院一进有南北房各二间、东房四间、西房五间,二进有北房六间、西房二间,三进有南房五间、西房四间、东房三间。南院一进有北房、西房各二间,东房三间;二进有东房五间、西房四间、北房二间、南房六间;三进院南房六间,东房、西房各二间。全部建筑均为大式合瓦硬山顶。据白继增统计,有清一代,怀庆商人在北京创建的会馆有四个:怀庆老馆(别名:覃怀会馆),为清初创建,地址为前孙公园胡同90号;怀庆会馆(别名:覃怀会馆),清道光年间创建,地址为潘家胡同11号,负责人为王印川、郎少山;怀庆会馆(别名:覃怀会馆),清晚期创建,地址为潘家胡同7号,负责人为王印川、郎少山。怀庆新馆(别名:覃怀会馆),清末创建,地址为红线胡同3号,负责人为王印川、郎少山。不仅如此,怀庆府属县的孟县在北京也建有四座会馆,分别位

---

① 清嘉庆二十二年(1817年)《重建药行公馆碑记》,载李华编《明清以来北京工商会馆碑刻选编》,文物出版社,1980,第93页。

于在宣武门外大街路东新 40 号、珠市口西大街 173 号、石头胡同 75 号、四平园 7 号楼址。① 由此可看怀商实力之强大。在京药商有名的为杜盛兴麝香庄②，驻天成药行，专营银皮麝香，将原装麝香改用尿泡皮包装，使其质量永保黑子黄香。由于质量有保证，尽管售价要比一般货色高出两成，但同仁堂所用麝香还是全归杜盛兴包办，绝不苟且，且随用随取，先用货后结算。著名画家陈瑶生曾在杜盛兴商号做伙计谋生；著名太极拳师陈照丕，漫游到北平，下榻南门外打磨场杜盛兴号内，教授同仁堂乐佑申和乐笃同兄弟二人拳术，陈式太极拳也开始了北京的传播之旅。经理有郭良普等。

图 5-2　北京潘家胡同 11 号的怀庆会馆

（图片来源：郑永福提供）

图 5-3　北京红线胡同 3 号的怀庆会馆

（图片来源：郑永福提供）

---

① 白继增：《北京宣南会馆拾遗》，中国档案出版社，2011，第 72 页。
② 吴建如：《崇文区中药行业历史概况》，载即墨县政协文史资料研究委员会编《文史选刊》第 10 期，第 43—45 页。

二、天津的怀商贸易

天津贸易的发达和交通的便利,使天津中药业出现了繁荣的景象,天津成为我国主要的中药集散地之一。而祁州庙会近在咫尺,每届会期,药商云集,赊购赊进,有利可图。至清道光年间,来自全国各地的商人在天津形成了八大帮。也就是在此时,怀庆商人为扩大怀药贸易范围也开始在天津经营,有的坐庄开店,有的行商售卖,活跃在天津的中药材市场上。清同治年间,怀药贸易在天津达到兴盛时期。设在天津的怀商商号自清至民国年间,据不完全统计,有同德、协盛全、杜盛兴、新复兴、仁兴西、怀仁堂、全盛祥、泰顺理、云合兴、复泰合、锦盛正、泰顺通、东兴口、卫生堂、宝心堂、乐真、隆丰、同和公、源丰等药材行栈、药店数十家,他们专营四大怀药,总计储存货量在万件以上。他们经营的怀地黄4支、6支、8支、16支至40支以上为套货,俗称几成单。加工的元身货,主要用于出口,运销海外各国。小地黄销向国内东北各省及山东一带。怀山药除经营光货外,还有毛山药、切头等货。其中12支以上,用小木箱装,每箱100斤。怀牛膝分头肥、二肥、三肥、平头几种,均用小箱装,每件200~300斤。怀菊花分木箱和布包装两种,分别出口和内销。由杜盛兴经销的麝香,行销到北京的同仁堂、长春堂,上海、苏州的雷允上、童涵春、蔡同德,杭州的胡余庆,其成交额动辄逾万元。"七七"事变后,祁州药商纷纷迁津,怀商商户也纷纷迁津,协盛全、杜盛兴迁津后,分别改名宝心堂、卫生堂继续经营。

怀商同德药行曾将怀药贸易从内地发展到香港,在香港设立分庄,专办出口交易,创制自己的名优药品,扩大了怀药在国外的贸易市场。杜盛兴商号与协盛全商号除经营四大怀药外,还常年经营麝香,其中"杜"字麝香主要供给北京同仁堂,协盛全的"协"字麝香主要供给上海雷允泰。这里,怀药商人已不是单纯地经营怀药,而是根据市场需求不同调整自己的药材经营。

清同治七年(1868年),客居天津的河南怀庆籍药材商逐渐增多,为联络感情、协调关系、议定策略、维护权益,也为解决诸如存放货物、临时住宿等实际问题,药商张连堂、刘相成等30余家商号股东发起旅津怀庆药商集资置买房屋建立了怀庆会馆。这座会馆建筑雄伟,风格独特,分前后两个院落,有房30间,戏楼居中,其规模充分显示了怀庆商帮的经济实力。1941年,怀商成立怀庆同乡会①,推选7名常务委员,2名监察委员和2名评议委员,王煜东、张庆元、史安澜、阎槐青等为常委。会馆的负责人(或管理者)先后是王煜东、王晓旭、张庆元、阎槐青、胡秀珍。会馆成立初,对商业的发展起到一定的促进作用,但随着其性质的变化,反而起到阻碍商业发展的消极作用,也造成会馆的管理混乱,一些主持人借经营业务之机,贪污中饱,谋取私利,致使会馆日趋没落。

(一)怀庆药栈与霍元甲

怀庆药栈位于怀庆会馆内,专营怀货和中药材,清末掌柜(经理)为农劲荪。怀庆药栈经营的中草药,大多从怀庆府用船经运粮河、卫河、运河运到天津。然后,将药材分类整理再批发给各中药铺,药材的搬运、卸船、装车、入库、分销主要靠人力。

农劲荪(见图5-4),名竹,字劲荪,原姓许名农。自幼熟读诗书,颇有学识,且爱好武术,善交武林豪杰。"稍长留学日本,与留日的更多革命志士接触……革命意志更为坚定……膺孙中山先生之命,回国在京津一带活动,网罗武林英豪,积蓄革命力量。"②留学归国后,入职怀庆药栈,以经商为名,居津联络爱国志士、武林英豪,为革命积蓄力量。农劲荪久闻霍元甲大名,洞悉其侠肝义胆,便于清光绪二十三年(1897年)邀霍元甲到药栈工作。③ 闲暇时,农劲荪与霍元甲,或切磋武艺,或谈天说地,"坦胸置腹,赤诚相见,由是成为生死之交"④。农劲荪知识渊博,谈古论今,论理言志,对霍元甲颇有影响。在天津活动期间,霍元甲不但搬运怀药,而且经常赶着马车去送货。时药栈一伙计张凤池,身高力猛,目空一切,处处与霍元甲作对。某次,搬运生地,每包重500斤,平常伙计两人一包,张凤池一人一包。张

图5-4 农劲荪

---

① 天津市地方志编修委员会编著《天津通志·民政志》,天津社会科学院出版社,2001,第465页。
② 余觉安:《精武史料》,《上海体育史话》1989第3期。
③ 王玉柱:《霍元甲与怀庆药栈》,载贾长华编《宝地三岔河口》,天津古籍出版社,2004,第76~80页。
④ 余觉安:《精武史料》,《上海体育史话》1989第有3期。

凤池对霍元甲说："久闻霍兄力鼎千斤,何不趁机露一手,让俺开开眼……"霍元甲不满其日常对伙友趾高气扬,于是一次扛挑两包。张凤池见状惭愧而去。清宣统元年(1909年),英国大力士奥皮音在上海登广告,辱我国人为"东亚病夫"。霍元甲应友人邀赴上海约期比武。慑于霍元甲拳威,对方以万金作押要挟,霍元甲在友人的支援下,答应愿出万金作押,而对方则一再拖延,霍元甲在报上刊登广告,文曰:"世讥我国为病夫国,我即病夫国中一病夫,愿与天下健者一试。"并声言专收外国大力士,虽铜筋铁骨,无所惴焉!霍公之声威使奥皮音未敢交手即破胆而逃,连公证人、操办者也逃之夭夭。其间,击败日本柔道队,为中华民族争得名誉。

霍元甲在怀庆药栈工作四年半后,1910年6月1日于上海创办"中国精武体操会"(后改名"精武体育会")。精武体育会成立不及两月,霍元甲遇害,精武体育会顿时陷入风雨飘摇中。为确保霍元甲创办的精武体育会能顽强地生存下去,农劲荪接任精武体育会会长。精武元老之一卢炜昌君于1919年曾撰文说:"精武会于百计维持中,经无数波折……庚戌秋(1910年)会长农劲荪以会款支绌,特假新舞台开运动会筹款。"孙中山先生赞扬霍元甲"欲使国强,非人人习武不可"之信念和将霍家拳公之于世的高风亮节,亲笔写下了"尚武精神"四个大字,惠赠精武体育会。

(二)全盛祥与清末商法

全盛祥为清末河南怀庆孟县商人阎永仁、阎永图、阎永恭等集资在天津创办的药材商号,阎永图为经理,专营怀货等中药材,运售广东、香港等地。创办前中期,经营有方,诚信待客,加之阎永仁在朝为官,天津各药号与其业务往来不断;后期,因受外界政局影响,以及经营失误等原因,经济逐渐陷入困境。

清宣统元年(1909年)八月初三夜,经理阎永图、副经理李怀宝,因亏欠各商号近八万两,资不抵债,秘密逃走隐匿。与之有债务关系的天聚号等七家商号追债不成,同时又查知,全盛祥在各银行存有的四万余两银子,也提前分批陆续汇到了河南,鉴于全盛祥不是积极退还货款,遂认定全盛祥是存心坑骗,要求商会移文河南怀庆府,勒传当事人到案,偿付货银,并查封阎姓全数财产以备抵押。其呈文曰:"伏思商等开设药材局,所做生意向系批买各帮客货,转手售卖。今伊号买货居大多之数,一旦私行逃走,坑骗货银,商等力薄如绵,将无法以抵偿他帮客货。值此市面奇窘,商业情形已成弩末,全盛祥坑骗巨款,商等力不能支,窃恐市面恐慌,全局因之摇动。"①为此,请求天津商务总会查封全盛祥"全数财产备抵,以维商务而做将来"②。在呈文中,天聚号等数家药材商号还附上了阎永图田房、商号等产业的地点等(阎氏家族家道殷实,除拥有住房百余间、良田10余顷以外,还经营数家商铺和企业,其中仅造纸机器厂一所,每日雇工就达百余人)。当地商会接报后,立即将全盛祥存货查封按市价变卖得不足二万两银,在被欠各商号间"照股均分"。但与全盛祥有借贷关系的大德通、义善源、源丰润等钱庄,也因全盛祥欠款而蒙受了一定的损失,请求天津商务总会主持清偿:"大德通向与全盛祥药材号交易,宣统元年四月,大德通由广州商号电汇天津见电交付平银3000两,言明八月低期,在广州交还,又于七月间由粤电汇天津见电交付平银1万两,当收现银5000两,下欠之款言定九月半期,在广州归还。不料该号东等于上月因债逃逸,被大德通等票号控告。""禀请商务总会将全盛祥所存货物一并查封备抵。""由京津存货变价内提出银1200两交大德通、义善源、源丰润三号收作在津摊分之款。"③

阎永图之所以逃避债务,在于当时全盛祥与官府有一定的联系,即阎永图的哥哥阎永仁时任北京内阁中书,且阎永仁又为股东。此事发生后,阎永仁特致函直隶按察使,称其弟根本不是逃债而是进京筹款还债,临走还留有信函约定天聚号等面谈,但天聚号等却以私逃诬骗禀告商会封存货物备抵,商会也不认真核查就将所存值银4万余两的货物作价19,000两;又私自打开内柜箱子,窃去款物计3万多两银。更图谋要将阎永图送到地方审判厅,先追究民事责任,再追究刑事责任,他们意图不轨,望直隶按察使秉公办理。阎永仁要求天津府过问此事,天津府即饬令商会进行清查。但商会不惧官府势力,依照商业法规及约定,向直隶按察使禀文,申明封存全盛祥时,栈伙张东来在场,根本未挪移一物出栈。然后,将查封的全盛祥的所有存货及财产变卖抵还债主,这在一定程度上弥补了天津药材商所遭受的损失。至于全盛祥所欠大德恒等汇款,商会约集票庄董事、钱业董事、药商董事一再集议,都认为大德恒等款项,

---

① 天津市档案馆、天津社会科学院历史研究所、天津市工商业联合会编《天津商会档案汇编(1903—1911)上》,天津人民出版社,1989,第861页。
② 天津市档案馆、天津社会科学院历史研究所、天津市工商业联合会编《天津商会档案汇编(1903—1911)上》,天津人民出版社,1989,第861页。
③ 中国人民银行山西省分行、山西财经学院《山西票号史料》编写组编《山西票号史料》,山西经济出版社,2002,增订本,第300页。

或系港款,或以粤款,与在津交易者不同,自当划清界限,各追各款。因而婉劝天聚等号,将全盛祥封存的货物变卖后,所得款内提分大德通等三号银1200两,收作在津摊分之款。此外,大德通等不敷部分,应由其自赴上海公廨并案追缴,将来分摊多少,与天聚等号无关,从而使轰动津埠的一起欠债私逃案得以解决。①

第五节 山东的怀商贸易

山东与冀、豫、苏三省为邻,守京津地区之门户,扼黄、渤两海之咽喉,居水陆之要冲,为南北之枢纽,土地肥沃,交通便利,各路货物在此交易频繁,市场繁荣,中药业亦占有一定地位。山东中药材资源丰富,种类繁多,中药资源大致有1600余种,其中药用植物近1300种、药用动物280余种、药用矿物40余种,其中道地药材北沙参、金银花(济银花、东银花)、栝楼(天花粉、瓜蒌仁两种)、香附、阿胶、全蝎等,享有极高的声誉。

怀庆府到山东交通便利,丹河折向东北流,入卫水,直至临清入运河,或南下济宁入苏、浙、赣,或北上达德州,通京津;或木栾店入黄河,顺流可直达济南,又经小清河水运至羊角沟,可转运至东北、朝鲜。近代,道清铁路通车,与平汉铁路交汇于新乡,在滑县道口镇与卫河相连,货物通卫河达临清转运天津。如此便利的条件,使怀庆的怀药和货物能迅速地运达山东,并转运各地,而怀商凭借便利的水运条件,向山东等地扩展业务,并沿运河水系设铺开店建药栈。

据文献记载,明万历年间,河南民间医生徐氏在济南较为繁华的大布政司街开设了颐寿堂,经营有方,远近闻名。在鄄城,有怀庆温县的大川源。在单县,除本地商户外,山西、陕西、河南怀庆等外地商人一度占城内坐商的60%,形成了山西帮、陕西帮、怀庆帮等商业帮会。② 在邹平县,黄山药会期间,河南怀庆等地的著名药行、行商等在黄山脚下设立经营点,高悬旌旗,展销各种道地药材及中成药,并购入自己所需的药材,该地医药堂铺亦纷纷选购各种药

---

① 天津市档案馆、天津社会科学院历史研究所、天津市工商业联合会编《天津商会档案汇编(1903—1911)上》,天津人民出版社,1989,第862-864页。
② 山东省单县地方史志编纂委员会编《单县志》,山东人民出版社,1996,第256-257页。

材。在即墨,有仁寿堂药铺,讲究依古炮制,擅长膏、丹、丸、散,加工精细。仁寿堂药铺兑药时按药方分样,小包分装,包药纸上印有铺号钤记,以示区别,加上经营态度和蔼,童叟不欺,采取赊销和薄利广销等方法,兴盛不衰。[1] 在德州,其药材市场很兴盛,沿运河而来的各地商人在德州从事药材销售、加工、转运等业务,其中最大的是由河南商人创办的颐寿堂药店,该药店以选料严格、制作精良、疗效显著而闻名于运河流域。

一、济南的怀商贸易

(一)济南的怀商贸易概述

济南是粮、布贸易的集聚地,北至德州、临清,南至济宁,为运河通道,漕船往来,贩运百货。元代学者于钦曾在《齐乘》中说:"济南水陆辐凑,商贾所通,倡优游食颇多,皆非土人。"[2]明人张瀚的《松窗梦语》亦说:"洛阳以东,泰山之阳为兖,其阴则青。襟带山海,膏壤千里,宜禾黍桑麻,产多丝绵布帛,济南其都会也。西走赵、魏,北输沧、瀛,而川陆孔道,并会德州、临清、济宁之间。"[3]胶济铁路修成后,货物运输更加便利,出现了"远方之货至,富人争市以博利"的现象。

清代中叶以后,因山东药材资源的丰富和济南交通运输条件的便利,各地药农、药商多来济南寻找市场和货源,济南成为全省最大的药材集散地,并形成了一年一度的药材交易会——"药市会"[4],药商、药农携带各种中药材和中成药来此出售。胶济铁路通车后,到济南药材交易会购销药材的商户更多了,其中,河南怀庆府商户的药材占了较大的份额,如生地、熟地、山药、何首乌、牛膝、天门冬等,经黄河装船运至济南出售,每年近80万斤,先后出现了一批老字号的药铺和药栈,如全盛、永盛、广德、德和、泰兴五大药栈,这些老字号的药铺和药栈多设在药王庙附近,进而也带动了药市的繁荣和兴旺。

怀商是最早到达济南营销怀货的商人,或为坐商,或为行商,进而形成了

---

[1] 杜崇诗:《解放前即墨县的医药卫生概况》,载即墨县政协文史资料研究委员会编《即墨文史资料》第3辑,1987,内部发行,第92-106页。
[2] 于钦撰,刘敦愿、宋百川、刘伯勤校释:《齐乘校释》卷5《风土》,中华书局,2012,第507页。
[3] 张瀚:《松窗梦语》卷4《商贾纪》,中华书局,1985,第83页。
[4] 王志艳:《山东龙山文化——走进山东文明》,黑龙江人民出版社,2006,第144-145页。

济南最早的帮口。如怀庆府河内人在明万历年间(一说清康熙年间)创办颐寿堂药店。清嘉庆年间(1796—1820年),怀商又创办了清代五大药栈之首的全盛栈。此外,还有清光绪元年(1875年)开办的广德栈、民国年间(1920年以后)开办的通济药栈等。① 德隆栈开设在西关盛唐巷内,东家自任经理,从怀庆及辉县、禹州药市进货,经营药材批发。由于得到两广总督毛鸿宾(1863年7月6日至1865年3月7日在任)的支持,加之与府台、县衙、士绅等关系密切,德隆栈在济南盛极一时。通济药栈,由于经营有方,民国十年(1921年)盈余2万元(银元)②;民国十一年(1922年)盈余1.5万元(银元)③。这些药店、药铺,采购道地药材,加工精细,遵古炮制,重视药品质量,深受病患者的欢迎。怀庆商帮等河南商人在济南榜棚街建立了中州会馆。

(二) 济南颐寿堂和仁寿堂

明万历年间(1573—1619年),怀庆府河内县民间医生徐氏到济南行医,见市面药铺极少,很有盈利的空间,就在济南比较繁华的大布政司街(现省府前街)租赁房屋16间(铺面6间,仓库10间),开设名为"颐寿堂"的药店。④ 除作饮片调剂、中成药生意及配制膏、丹、丸、散外,还经营河南水烟。后来又在德州黎明街开设了分号,简称"德记"。颐寿堂自设立以来,讲求信誉,注重宣传,经营有方,加之资格老,因此远近驰名。清道光年间(1821—1850年),颐寿堂东家在院西大街开设分号仁寿堂药店,除经营中药零售外,还兼营河南水烟和毛笔;1930年代,经理为李少青。由于经营有方,知名度很高,时有民谣赞曰:"头戴一品冠,衣穿大有缎。脚踏大成永,手拿有容扇。喝的春和祥,吃的仁寿堂。"但是"吃的仁寿堂"不是指吃的药丸子,而是指仁寿堂的兰花水烟。

据民国三十八年(1949年)调查,当时经理为樊殿高,河南沁阳人,自7岁开始就在颐寿堂学徒,10岁出师,38岁任经理。时有资本57,932元,固定资产38,100元,流动资金123,736元,负债103,204元。本店经营方式系任用店员,

---

① 张树伟:《解放前济南的中药业》,载济南市志编纂委员会编《济南市志资料》第7辑,1987,内部发行,第62-76页。
② 《各埠金融及商况》,(济南)《银行周报》,1921年第9期。
③ 《各埠金融及商况》,(济南)《银行周报》,1922年第237期。
④ 济南市卫生局、济南中医学会:《济南中医药志》,1989,第226页。

共雇用职员 6 人、练习生 1 人。济南战役时,房屋大多被炮火烧毁,账目、货物全部烧毁。民国三十八年(1949 年)临时修缮,铺房暂时营业。①

颐寿堂药店为济南市国药界之最老者,创始于明季,迄今三百余载。开设在城内大布政司街南首路东。其药料向系采办真正地道;炮制汤饮片,遵照世传成法;配合丸散膏丹药酒,谨依家藏秘方。久为遐迩所共许。每有病者,遣人赴该号述明病情,依症发药,弗不药到病除。远方函谈购药,亦皆适合病情,立奏奇功,足见其药料之真传,配合之得法,不惟医界之良辅,实人群之宝筏。但其门面所系旧式,以便四方顾主之易认,不以随时改建层楼,仅营外观者比,愿介绍,特志宣传。②

颐寿堂后期,比较著名的坐堂医生有刘成俭、张子菡、张善忱等人。其中,刘成俭为河内人(1844—1910 年),自幼聪颖,好学问。稍长,随兄赴济南府颐寿堂药店习医,三年师满,便坐堂行医。他继承和发展了王洪绪先生"以消为贵"的治疗方法,既重于内治,也不放弃外用药的疗效;他在《外科摘要》书稿中曾说:"内治者,拔本塞源也;外治者,剪伐枝叶也。内证不治,毒气依然存在;外证不治,服药不能见功……灌其根而枝乃茂,澄其源而流自清。"其著述的《外科摘要》《内科摘要》《刘氏医案》三书稿留传至今。对待病人,不论富贵贫贱、老弱幼残,一视同仁,从不厌倦,在济南府一带名声大振,获赠"医冠齐鲁"金匾一面。③ 张善忱(1931—1984 年),中医针灸专家,原名善臣,济阳人。幼蒙庭训,专攻针灸。1949 年 5 月在济南考取针灸医师后,即在仁寿堂药店行医,正式走上从医的道路。他主编有《针灸疗法》《内经针灸类方》等书,对中医针灸学做出了贡献。④

(三)济南广德栈

济南药会期间,药材堆积如山,到会买卖药材的药农、药商有近万人。很

---

① 《颐寿堂药店》,载山东省卫生史志办公室、济南市卫生局编志办公室编《山东卫生历史报刊资料选编》第 2 辑(济南市专辑),1986,第 25 页。
② 《颐寿堂药店简况》,载山东省卫生史志办公室、济南市卫生局编志办公室编《山东卫生历史报刊资料选编》第 2 辑(济南市专辑),1986,第 241 页。
③ 刘振国:《名医刘成俭、刘九真传略》,载中国人民政治协商会议沁阳市委员会文史资料研究委员会编《沁阳文史资料》第 4 辑,1991,内部资料,第 111-112 页。
④ 山东省地方史志编纂委员会《山东年鉴》编辑部:《山东年鉴(1987)》,山东人民出版社,1988,第 532 页。

多药农看中了这一市场,有资本的药农以及外地客商或独资或合资成立药栈,收购营销药材。清光绪元年(1875年)三月,怀商秦竹虚(孟县人,1934年时的业主)的祖父出纹银15,000两,购置房屋27间,在济南盛唐巷街开设广德药栈,当时雇用人员10余人,其规模虽不太大,但货源晋、陕、甘、豫等地的都有,营业比较兴隆。经营药栈,需用资金较多:赴各地采购药材、长途贩运占用一部分,长年赊销占用一部分,保持一定存货需用一部分。没有庞大的资金链,是不可能维持药栈的日常开支的。这样,三个部分各占用一套资金,因而有需要三套资金之说。1921年,广德药栈盈余2万元(银元)①;1922年,广德药栈盈余2万元(银元)②。1938年,业主为秦蔚生,经理为张矸岑。后广德栈药行,因东家、伙计关系的紧张,遂宣告停业,欠内欠外,勉可相抵。阿胶是我国古老的名贵药材,是由驴皮经煎、煮、浓缩而制成的一种固体胶状的滋补药材,具有疗疾养身的效果。清光绪二十年(1894年),广德药栈股东秦竹虚见济南阿胶发展前途广大,便在东流水街开设广诚堂阿胶店,聘请东阿刘青云(一说赵庆云,一说刘春云)担任经理,负责经营管理,生产的阿胶向河南禹州药会推销,得到较快发展。制胶都用传统工艺,严格遵古法炮制,墨守成规。熬胶的过程,从泡皮、洗皮、剁皮、化皮、提炼到切胶,需要九天,俗称九天贡胶。由于胶店为东阿人经营,一般东阿人来济办事大都投奔胶店乡亲借宿,少者三五日,多至十天半月,店里管吃管住,经营管理相当混乱。加之经营保守,生意萧条,于1929年后倒闭。

药栈前店后坊,制作上分为原料处理、炮制加工、粉碎、提炼裂作、成药包装等工序。以传统验方或秘方加工丸、膏、散、丹、胶、药酒等成药;加工配制,必拣选道地药材,炮制虽繁,绝不省工减料;蜜丸制作,都要经过蒸、炒、煅、烫、制、浸、霜冻等49道工序;搓制成丸后,还要存放相当时间,待燥气去净、药味纯真,方才出售。同时,还可以代客加工,配制各种丸、散。作坊分刀坊和火坊两种。刀坊是对药材进行切、剪、铡、锤、碾等的加工,火坊是办理煅(猛火烧)、炮(急炒)、炙(烤)、蒸、煮、熬等方面的加工。药铺的招牌有"遵古炮制"字样,就是说所有应加工的药材,都要严格地遵循传统古法,施以不同的炮制,

---

① 《各埠金融及商况》,《银行周报》1921年第9期。
② 《各埠金融及商况》,《银行周报》1922年第237期。

绝不能偷工减料，自欺欺人。质量上讲求"炮制虽烦必不省人力，品味虽贵必不省物力"。

东家一般不直接经营，聘任多名掌柜（经理）管理企业。人员有明确分工，各重要岗位均以业务熟练者为骨干，每组有工头。大掌柜负责经营管理，二掌柜、三掌柜轮流站柜台，应酬门面，四掌柜负责饮片加工炮制及中成药加工，大伙计柜台营业，小伙计后厂切药，学徒工三年打杂。药品装斗必经挑选过筛，抓药单包单号，每剂一捆。人事聘用，由大掌柜决定。财务由管账先生负责，两年一小清，四年一大清，每到账期全面盘点，清资分红，利润分红东家得大头，比例为6∶4。在门面，严格把握审方、抓药、复核、给药四个环节。审方，看有无反、畏和剧毒药物，抓药称量准确。有的药方单包单号，核准每味药的剂量、反、畏等，确认无误后方可包扎。审方须有业务熟练的"柜头"承担；抓药要根据处方用量，一剂一称，单包单号，且每味药标"脚注"；复核由"柜头"或大师兄担承，确认无误后方行包扎；给药时再次问清姓名、剂数等，以防给错，一旦发现因错抓药而出现事故者，立即开除出店。

服务态度比较好。对顾客，热情接待，笑脸相迎，起立让坐，递烟倒茶，态度和蔼恭敬，给人以好感。如遇常来顾客、中小客商、名医登门，则招待更甚，或留饭，或住宿，以揽生意。

二、济宁的怀商贸易

济宁地连河南、安徽、江苏，水牵京津、苏杭。古运河的疏浚畅通，运河的城内贯流，使济宁千帆竞至，商贾云集，形成"南北之要冲"，留下"江北小苏州"之美誉。

济宁药材资源丰富，据不完全统计，济宁共有植物、动物、矿物药材398种，其中金银花、猪牙皂、菊花、香附、瓜蒌、白蒺藜、芡实、槐米、蒲草、水蛭等特产，南北驰名。此外，还有遵古炮制的各种饮片和工艺考究的丸、散、膏、丹，都是久负盛名。

在明代，济宁已有药材行栈100余户，零售饮片的店铺50多家，尤其是4户药材行栈在明万历十八年（1590年）被赐为代给国家收缴俸禄的单位后，更是名声大噪，引领河南、河北、山西、陕西、东北、上海、浙江等地的各地药商纷纷前来经商贸易，或住庄，或行商，或合资，或独资，从而在济宁形成了不同的帮口。在济宁,怀商有四家比较大而且非常有特色的坐商药铺,即杜盛兴麝香庄(老板杜松斋,经理杜振九,旧址设在姜店街路西德茂祥药栈内)、德胜麝香庄(老板杜鱼亭,经理刘祝三,旧址设在扁担街路西德盛兴香料店内)、泰顺芳药栈(河南怀庆孙家开办,经理孙敬斋或为程敬斋)、德茂祥药材栈(老板王某,河南怀庆人合资开办,经理杜振九)。杜盛兴麝香庄和德胜麝香庄在全国生意兴隆,名声很大。民国元年(1912年),德茂祥药材栈在宁阳县城设分号同春堂药店。在济宁,他们同山西、陕西商帮联合起来,修建"三省会馆",以联络乡情,信息互传。怀商成员远不止这四家,由于资料缺乏,暂无法一一统计。

济宁药业团体名为"三皇社",各个帮口都为其当然的成员。三皇社还为成员提供各种红白事服务。为了解决本行业人员及家属的后事,或外地药商来济宁时如若遇到不幸,三皇社发起购买义地活动,怀商成员杜振九、刘祝三、程敬斋等不但签名积极支持,还捐款捐物。民国七年(1918年)济宁中药业成立同业公会,怀商成员刘祝三为副会长;同期,济宁国药公会建立,会址在姜店街路东怀商泰顺芳中药店内,公会主要负责中药界事务,维护行会利益。由此可见,怀商在当地的经营实力。

三、德州颐寿堂

山东德州是随着大运河的疏浚通行而成为全国著名的工商城市的,因其临近京畿,地理位置十分重要,明陈亮采《重修德州城记》云:"德州控燕云而引徐兖,襟赵魏而带溟岳,神京藉为咽喉,漕艘由之通达。"①"德乃神京之门户,南北之咽喉也。"②素有"九达天衢""神京门户"之誉称。正是因为适应南来北往各类人员的需要,从明代起,德州已是"四方百货倍于往时"的工商业城市了。另外,德州中药材资源丰富,野生药材有牡丹皮、天花粉、土鳖虫、白扁豆、白花菜子、知母、射干、甜杏仁、桃仁等60余种,家种资源有枸杞、菟丝子、蛇床子、生地、牵牛子、甘草、瓜蒌、薄荷、地肤子等百余种。这为怀商到此经营药店提供了便利的条件。

---

① 陈亮采:《重修德州城记》,载民国《德县志》卷14《艺文志·文外编》,第15-16页。
② 阮以鼎:《重修德州卫记》,载民国《德县志》卷14《艺文志·文外编》,第21-22页。

明末清初,德州药材加工逐渐兴盛并渐趋规范化。怀商河内人徐道同游医至此后,看到德州几无药店,便于清康熙元年(1662年)在德州创设颐寿堂药店①(一说创办于明崇祯年间),从游医改为坐医售药,并取得成功,由此成为德州历史上创办最早的药店。颐寿堂药店挂牌开业初期,因资金短绌,生意一般,药品出售亦只能赖于应诊代售,经营品种也廖廖无几,所得收入仅能维持日常开支。发展至清乾隆年间,到第三代人主管经营时,药店逐渐开始兴隆。清代末年,津浦铁路通车后,遂在德州市内另建分号。

颐寿堂采取前店后场的传统运作模式,门面卖成药,后面作坊加工生产,制售一体,零售为主,经营中药材800多种和丸、散、膏、丹、药酒等200余种。伙计20多名,多数从事加工,少数做买卖。颐寿堂所售成药,皆自己制作。如膏、丹、丸、散等,因选料严格,制作精细,疗效奇特,都享有很高的声誉。凡药品制作均遵古炮制,程序是净选、浸润、切片、炮制、晾晒、制售。全店人员分工明确,前店专管卖药,后场专司制药。所制售中药饮片确保无尘、无次、无杂质。饮片切制,要求甚严,该顺刀的,就不能顶刀;该斜刀的,就不能直刀;该切薄的,就不能切厚;每种药都不能连刀,否则返工。因切制的饮片,厚薄均匀,透明光亮,整齐美观,加之疗效也好,深受患者欢迎。为确保药品质量,采取前店监督后场的监督模式,司售包药时发现问题,掌柜警告后场药工。

颐寿堂广泛结交药商,并与他们建立稳定的供货关系,如祁州、天津、北京、济南等地都设专人联系。在采购药材时,非道地药材不进;购药到店,认真拣选,剔除不合格者。否则,药材不得入库。颐寿堂创造主打产品,以赢得市场,如回生再造丸、六味地黄丸、舒肝丸等,因选料严格、配制考究、制作精细、疗效显著而名噪当时。

颐寿堂除重视药品质量外,还十分重视服务质量。在门市经营上,一直坚持"何时买药何时卖,半夜叫门半夜开"夜间销售制度,坚持贵人用贵药,穷人用贱药的原则。另外,还广设便民服务措施,如代销药品等。民国三十六年(1947年),开始代销北京同仁堂的金鹿丸、上海的六神丸、天津的三鱼牌镇痛片等,大大方便顾客,市场一直畅销不衰。每年仅零售中成药一项收入即可满

---

① 刘子娟、王燕飞:《颐寿堂——山东德州老药店》,载孔令仁、李德征:《中国老字号(玖)·药业卷》,高等教育出版社,1998,第481-484页。

足全店工资、费用等各项开支。

职员任用和管理上,也要求甚严。凡学徒进店,先干杂活,三年徒满,根据技术好坏,再行分配工作,一般是先做挑选、装斗之类的辅助性工作,在熟悉了有关业务知识和技术环节之后,方能站柜台或从事药品生产。这不仅对于提高药品质量具有重要意义,而且也是搞好服务工作的可靠保证。

民国二十四年(1935年),河南沁阳人樊殿高任颐寿堂总经理,该号进入发展的鼎盛时期。对于德州颐寿堂,后人有很高的评价:"始建于清康熙元年(1662年),由河南省沁阳县北关村游医徐道同创设。地址在顺城街路北(现三联街)。清光绪二十七年(1901年)后,在南门外路西(今黎明街)设分号,经理为樊殿高。主营中药饮片和自制膏、丹、丸散数种,雇有从业人员20余人。为扩大营业,广造声势,先后邀有王××、苏虎臣、金洞臣等坐堂医生。该药店为我邑最早设立的中药店。1956年参加公私合营。"[1]"颐寿堂历史最久,系河南沁阳县徐家于明朝后期来德州创办。店址原来建在靠近运河的米市街,清代末年津浦铁路通车后,在市内另建分号。该药堂所售成药,皆自己加工制作。这个药堂善作膏、丹、丸、散,以人参再造丸最有名。该药堂加工药品,选料严格,制作精细,疗效较好,远近闻名。药堂的前面门头卖成药,后面有几间作坊进行成药加工生产。这就是当地人所说的'前店后场'。后场即加工作坊。雇有二十多名伙计,伙计中多数从事加工业,少数作买卖。"[2]

第六节 西北诸省区的怀商贸易

明清时期,西北地区的范围十分广泛,包括今天的陕西、甘肃、宁夏、青海、新疆等地。这里的西北诸省(区)仅包括甘肃、宁夏、青海、新疆4省(区)。明代,西北各地的商业基本上是由山陕商人控制;明末清初,晋帮势力大增;清朝中后期,清政府着力经营大西北,招民垦田,广招商贾,津帮、湘帮、豫帮、蜀帮等各帮口,相继进入大西北地区参与各种商业活动,怀商也毫不例外地参与到西北大开发的建设进程之中。

---

[1] 李其信:《德州解放前后的医药业》,载中国人民政治协商会议山东省德州市委员会文史资料研究委员会编《德州文史》第5辑,1987,第86页。
[2] 傅崇兰:《中国运河城市发展史》,四川人民出版社,1985,第281页。

甘肃兰州自古以来为"陇右襟喉，三秦屏蔽"。清康乾时期，全国实现了大一统局面，兰州商贸活动更加繁盛，各省客商云集于此。怀庆府因名产孟布及怀药的缘故，在兰州经商的人很多，但大多是身背布捆走街串巷零售的行商。药材经营除个别商号外，统为陕西商人。明清时期，很多河南商人还深入到武威，经营土产山货、药材、砖茶等。为了互助互济、团结同乡、和睦乡情，河南帮（包括怀帮）纷纷在甘肃各地组织同乡会，修建中州（河南）会馆。每逢传统会期，如财神会、药王会、关圣会、端阳节、中秋节、冬至节等都要在会馆聚会，庆祝节日，商讨经营策略。抗日战争爆发后，大批包括怀商在内的河南商人到兰州、武威以经商谋生，河南帮一时崛起于西北。在武威，其经济力量迅速超过传统的山、陕两帮，且后来居上。民国三十二年（1943年）秋，武威河南帮利用河南会馆作校址，捐资兴办"私立嵩华小学"（现为武威县第九中学）。敦煌也有怀商活动，他们与直、鲁两省商人组成天津帮，经销药材、杂货，或零售，或批发，尤其是在甘南一带，形成了繁盛的药材怀商。

青海是中药资源的宝库，生物资源丰富，有中药材千余种，特别是麝香、冬虫夏草、大黄、甘草、贝母、鹿茸、甘松等驰名中外。而"商业以湟源、玉树、都兰、西宁等地为中心，凡汉番货物莫不总汇于此"①。随着青海城镇的发展，河南等省客商陆续到青海民和川口经商，但"汉商贸易以口北、山西、陕西人为多，资本颇巨，多设庄行，收购皮毛、土产运销于天津，再由天津贩口洋货布匹销售于青海，买卖之间获利倍蓰，本地土著及汉回多为小本经营，并在各乡村设立小店，每于夏秋之际，派其店伙，分赴各市镇销售货物并收买土产"②。仅川口镇已有外籍坐商20余户。民国三十年（1941年），私营商号70多户，其中较大的有协兴永等，以中药材为主业，兼营杂货。还有很多河南商人因资本较少，经营针线、手帕、丝绸、笔墨等小生意，且主要以肩挑、背负、走乡串户销售，属行商性质。在青海的河南商人因为人数较少，加入了山陕会馆，以此求得生存。据调查，自清初至民国时期因经商或做工在湟源县定居的河南籍有22户170人。

宁夏以枸杞、甘草等药材闻名。在银川，河南商人成立同乡会，捐募经费，

---

① 许公武：《青海志略》，商务印书馆，1943，第80页。
② 许公武：《青海志略》，商务印书馆，1943，第80页。

修建会馆。每逢节日,会馆请戏班子唱戏,各商号的东家和经理都来祭祀,招财进宝。在吴忠,怀商有泰兴恒商号等。在盐池、固原等地有孟县桑坡回民经营皮毛生意,仅在固原就有200多户。

新疆是中西交通要道,驰名于世的"丝绸之路"就从这里通过。入清之后,清政府锐意经营新疆,广招商贾,大批内地商人相继运货进入新疆,形成燕、晋、湘、鄂、豫、蜀、秦、陇八帮。豫帮因道路"过远难致,故豫、蜀无大贾,仅贩药材为生。或设典肆,致其蓄藏"①。因河南商人多以肩挑药担子或贩药材为生,或有开设典肆押当者,所以经营规模较小。但在奇台,河南帮很有名气,有的坐堂行医;有的开设药铺,较早的药铺有西街冯天锡的同兴堂、西门口崔文治的治安堂、戴化廷的隆春堂和尤至正的济生堂;有的在街上摆摊卖药如膏药,如跌打损伤及刀伤药之类;有的是悬壶游走,服务乡里。

一、陇南的怀商贸易

甘肃是全国中药材主要产区之一,而陇南又是甘肃中药材资源的主要产地,药材资源丰富,其中,岷县当归、文县党参产量大,质量好,是闻名中外的出口药材。甘肃的四大名药即岷县当归、文县党参、礼县大黄、宕县黄芪,均出自陇南。

岷县地势高寒,盛产药材,尤其是野生药材,产量大,质量好,所谓"岷当文参"闻名中外,其次是黄芪、大黄、冬花等,均为大宗。岷县当归畅销于香港和南洋群岛等地,大黄输出欧美诸国。每年冬末春初,药商成帮会集于岷县。药材采集之后,转运各地销售。所以,岷县是甘川驿道上的商业和交通重镇。清末民初,岷县有河南帮(包括怀帮)药材商号恒泰店、泰记、协盛西、裕德恒、文竹祥、天和泰、永和丰(永和福)、义聚和、华伦商行、乾泰和等。② 河南帮药号,账务完整,制度健全,东掌分离(东家不在字号担任职务,不参与经营管理),有东家(出资人)、掌柜(经理)、把式(业务人员)、先生(会计)、相公(学徒)。字号一般情况是每家五六人至十数人。外地字号均只搞批发,不设铺面,经营灵活,常年进行发运购销活动,追求营业额。随着中药材行业的进一步发展,

---

① 王树柟纂修:《新疆图志(上)》,上海古籍出版社,2015,第580页。
② 白葆镒:《岷县民国时期的商业字号及有关情况》,载中国人民政治协商会议岷县委员会文史资料研究委员会编《岷县文史资料选辑》第4辑,1997,内部发行,第79-98页。

冀、鲁、豫三省的商人在岷县建立了冀鲁豫会馆,每年农历四月二十八日为药王会,五月十三日为关圣会,七月二十二日为财神会,各地商人前来焚香点灯,顶礼膜拜,以祈求生意兴隆,财源茂盛。

文县药材资源丰富,麝香、熊胆、虎胫骨、鹿茸、茯苓、茯神、贝母、天门冬、枸杞、党参、山药、黄精等堪称上品。文县城有怀商商号,如协兴永等,收购药材、山货,运往外地销售,又从外地运来日用百货,在文县境内销售。碧口为甘肃、四川交界处的主要商贸物资集散地,以怀商为代表的河南商人设有商号,建有会馆。该镇街道铺面毗连,居民大都以经商为主,其中药材庄号为最多。怀商协兴永即在此驻庄经营,东家张树梧(今博爱人),掌协兴永、德仁堂商号商务运输之重任。1950年,张树梧与梁盛朝、邹万方、刘定西在碧口合办联丰土产运销社,1956年公私合营。

成县药材资源丰富,上品药材有霜茯苓、茯神、贝母、天门冬、黄精、枸杞、党参、麝香、熊胆、虎胫骨、鹿茸等。20世纪20年代起,怀庆商人开始在成县创办商号,经营药材生意,有复兴聚、德仁堂等商号。如孟县商人郑恒聚(绰号郑包牙)经营的复兴聚中药店,批发未加工的中药材,兼售由河南禹州所进的膏、丹、丸、散和北京同仁堂的万应锭、蟾蜍锭、惊风丸、七珍丹和如意丹等成品药,除门市零售外,还批发给零售药店和个体城乡医生小药铺;还零售兼批发麝香、牛黄等名贵中药材。协兴永还与孟县孔树仁在此合伙经营布匹百货,兼营药材。

武都盛产多种土特产品,著名的有当归、党参、大黄、红芪等药材等。同时,武都还是甘、川两省物资上下对流的必经之抛。民国十年(1921年)前后,河南行商摊贩陆续来武都,他们携来布匹、染料、纸烟、怀药等,运出药材、花椒、木耳、皮毛等土特产品。有的行商在此地蹲点设号,主营麝香、大黄、优等党参,一般邮寄上海,也有从碧口水运上海,如协兴永分号。清末民初,怀商天义荣、兴盛勇、永盛益在武都商业中占有一定位置。① 怀庆商号经营灵活,信息灵通,深购远销,大小都做,并且深入产地驻庄,预付定金,产新收货,方便群

---

① 李培章、侯锡康:《民国时期的武都工商业》,载中国人民政治协商会议甘肃省武都县委员会文史资料研究委员会编《武都文史资料选辑》第1辑,1987,第76-82页。

众。① 川、广、浙、怀的南药,多由河南等省的花药贩子(即行商,指不定点经营中药材,他们凭仅有的资本,流动购销三味、五味、八味、十味中药材,沟通南北城乡药材交流,为药材配齐品种,满足配方的需要)运进,但价格特高,有"黄金有价药无价"之说。

舟曲出产麝香、熊胆、牛黄、黄芪、桔梗、党参等名贵药材,素有"千年药乡""千年药库"称誉。每逢药材收获季节,有怀庆行商等商贾来此收购、贩运药材。怀庆坐商有荆生茂、刘长春等商号。

临潭出产麝香、鹿茸等名贵药材和洮马。怀商与其他商帮商人将丝绸、棉布、纸张、盐、粮食等商品运入临潭,将鹿茸、牛黄、麝香、洮贝、贝母、大黄、甘草、党参、山药等运出。怀商有杜盛兴、复生荣、永隆全等几家商号专门经营药材,收购鹿茸、牛黄、麝香、洮贝等名贵药材。

康县药材资源丰富,尤其是麝香产量较大,所以,专门兼营麝香生意的怀商商号如杜盛兴、协盛西等常派人到康县收购。

临夏盛产大麻、蚕豆、花椒、桃、杏、名贵药材以及皮毛等,历来是甘肃西南的商业重镇,并有中国的"小麦加"之称。鸦片战争之后,外国资本进入,临夏商业也逐步发展起来。河南、陕西、山西等地商人也随之流入,贩运土布、小百货、副食品等,盈利甚厚,有的还设立了行庄字号。但捐税较重,影响了商人驻庄的兴趣,如有一河南商人到临夏贩卖百货一批,价值4000元,卖了之后,各种税款就算了4000多元。②

另外,怀庆行商还在礼县、徽县、陇西等地采购药材,宝鸡怀商诚顺西在徽县设诚顺和分号,沁阳张学林、温县任恒昌在徽县设立林盛昌药号;在天水,有武陟德生商号,老板郭振海;而平凉,随着抗日战争的全面爆发,平凉遂成为陕、甘、宁、青、新等省的药材转换基地,怀商药店也迁入经营。

二、成县德仁堂③

成县德仁堂为协兴永商号股东博爱张树仁与其侄张立义创办。近代成县

---

① 侯锡康:《武都县的中药材》,载人民政协武都县委文史资料委员会编《武都文史资料选辑》第2辑,1988,第166-178页。
② 党诚恩、陈宝生主编《甘肃民族贸易史稿》,甘肃人民出版社,1988,第62页。
③ 李东轩:《建国前成县工商业见闻》,载政协成县委员会编《成县文史资料选辑》第3辑,2007,第12-32页。

经济落后，各族百姓世以务农为业，生活物资多系自产自用，农闲时采集药材，猎取麝香、熊掌、狐、豹等兽皮。由于不懂贸易，不懂行情，出山售卖，常受奸商欺骗。外地商人入山收购，又常以少数资金骗取大批财物。张树仁等家族成员常年采买药材于民间，深知民间疾苦，能以平等之心对待山民，往来交易，互惠互利，双方满意。

由于成县经营中药材的药店较少，加之山民对他们的信任，20 世纪 30 年代，协兴永商号股东张树仁和其侄张立义在与家族协商后，收购已破产的聚兴成百货商号，将之改为德仁堂中药店。张树仁主持成县德仁堂期间，经商以诚，货真价实，遵古炮制，各味中药均分别包装，以供人辨优劣。张树仁性格直率刚强，从不做违心之事，虽历经磨难，但对权贵者绝不阿谀逢迎，为人光明磊落，赤心对人，所谓无傲气而有傲骨者。在成县任商会会长之时，曾被诬贪污，张树仁乃公开账目，任人核查，并辞职明志。查账结果，无半点瑕疵，众商家皆服，乃力邀张树仁继续任职。张树仁于商界以心明眼亮、决策果断著称，协兴永、德仁堂能由乡野进至上海大都市，乃张树仁的功劳。1943 年，张树仁与其他药商创建成县中医公会。抗战胜利后，张树仁东进上海，经销中药材，川甘之中药材乃经由西安运至上海，销路为之大开，张氏事业遂大有长进。张立义在抗战胜利后赴西安负责中转之事，其时张树仁已东进上海，张氏事业由边远地区发展至大都市，张立义常在川甘地区跋山涉水收购中药材，亦收购家乡之怀药，加工后发往上海，并在西安收购布匹百货发往川甘地区。1946 年，张树桐赴甘肃成县，协助诸兄弟及侄辈共同经营德仁堂药店。在诸兄弟、子侄陆续离开成县之后，张树桐为德仁堂药店经理，与其侄张立志共同经营。张立志初在四川、甘肃交界一带收购中药材，后到成县帮助四叔张树桐经营德仁堂，1955 年独自经营德仁堂，1956 年公私合营，德仁堂作价 2000 元入股，张立志任保健商店第三门市部主任。制药技师陈奉先（河南温县人），善于炮制中药，尤其长于丸、散，其加工炮制之药干净，煎出药汤清亮，药价虽比别人家略高，但群众乐于接受。这家药店除门市零售外，还派人在成、康、武、文等县山区设点收购麝香、鹿茸、牛黄等名贵药材，发至上海、广州出售，赚取巨额利润。

三、徽县林盛昌

徽县地处陇南,气候温和,人民勤劳、敦厚,物产丰富,五谷俱全,素负"小江南"盛誉。同时,中药材资源丰富,如党参、羌活、红花、天门冬、土伏苓、白芨、黄精等名贵药材,曾吸引不少外地客商到此开拓经营。20世纪初,河南沁阳张学林、温县任恒昌由汉口肩挑药材,顺着古栈道,沿着崎岖山径来到河池古郡。从此,怀庆药商便在徽县扎根发展。

当时徽县的商业,主要经营山货、铁货、酒坊、典当、茶叶等。药材铺以土产药材为主。布匹等日用百货几乎没有,外货尤缺。张学林、任恒昌所带物品迅速销售一空。此后,两人遂开设了以国药、布匹为主的批零兼售的铺面,字号"林盛昌"。① 由于他们信息灵、商品全、花色品种新,加之经营有方,一时生意兴隆,昌盛发达,曾吸引了无数冀、鲁、豫商人对徽县的向往,冀、鲁、豫等省来者络绎不绝。

在张学林、任恒昌两人的影响下,慕名而到徽县者日益增多,其中,能列举其姓名的有姬长兴、王连堂、王子厚、杜伊然、吕海务、秦世恒等。1936年红二方面军过境,一般商人由于不了解红军政策,受反动宣传影响,关店闭市,纷纷外逃,即使不外逃的也若即若离,不敢开门营业。怀庆商贾吕海务、秦世恒则开门应市,解决了红军士兵的燃眉之急。林盛昌商店更是热情欢迎,店内还进驻了红军政治部,张学林热情款待,积极襄助,受到了红军战士和干部的好评。

"七七"事变后,冀、鲁、豫相继沦陷,三省逃难群众如潮水般涌进西北及徽县。为了安置家乡人,稳定社会秩序,张学林牵头组织"河南同乡会",并亲任会长。1939年联合成立直鲁豫同乡会,张学林仍为会长。1942年又改名为"冀鲁豫旅徽同乡会"。

由于工作出色,张学林不久被推选为徽县商务会会长,深得县长何世英的信任。同乡会不仅为三省同乡安置就业发挥了作用,而且还为徽县引进入才、技术起了引线搭桥作用。如李景洲(曾任同乡会会长),山东人,医术较好,擅长西医儿科,好客长社交,不重钱财,到徽县不久,就得到张学林等人的赏识,

---

① 孙苾亭:《忆冀鲁豫旅徽同乡会》,载中国人民政治协商会议甘肃省徽县委员会文史资料委员会编《徽县文史资料》第5辑,1985,第14-19页。

开业行医。

徽县地处偏僻,文化落后。文教用品无专业经营,更谈不到就地生产以满足需要。张学林和同乡会见此状况,牵线搭桥,引进济源人高云中、孙安国,高云中、孙安国二人合伙在徽县办起"明友长"文具店,雇用工人,传授制作各种毛笔的技术。接着,又有河南温县的程志和、申有福开设"太兴成"毛笔店。这两家生产的毛笔每年约四万五千支,基本上满足了徽县各乡镇对毛笔的需求,部分产品还运销到两当县和成县。后来,孙安国还到两当县的梁家亚独立开设毛笔店,高云中则又招来同乡耿学颜、李克勤、崔和顺、赵乾道等人为技工,继续从事毛笔制造。几经分离与组合,徽县相继开设了双兴成毛笔店、协生永毛笔店、正生永毛笔店、利文毛笔店,至1949年城内共有毛笔店七家,从事毛笔制作人员达二十余人,年产各种毛笔约十万二千余支,可谓徽县毛笔制造业的鼎盛时期。①

四、舟曲荆生茂

舟曲盛产药材,分布广泛,素有"千年药乡""千年药库"之美誉。每逢药材收获季节,陕西、河南、四川等地行商来此收购、贩运药材,河南孟州解姓行商看见此地缺少坐商经营药材,遂在舟曲古道要塞坪定关创办药号荆生茂。

荆生茂商号,民国四年(1915年)创办,号东委托亲房解洛书任荆生茂第一任掌柜,长达15年。第二任掌柜为刘长惠。荆生茂主营中药材,兼营少量百货。号内设有记账先生(张达)1人,管库(刘长惠)1人,管伙1人,杂务2人,办事员4~7人,专跑上河、官亭、山后等地洽谈定购药材合同,收购现成的麝香、熊掌、牛黄、鹿茸、虫草等名贵药品。号内资金约计7000大洋,周转于城乡之间,每年秋季雇用大量人力,进行当归、大黄、黄芪加工,冬季发往驻陕西、成都、岷县分号处理。

荆生茂号还积极参与地方建设。民国十五年(1926年),舟曲修建南桥。四街两关都有拉运桥木、桥板、"将军"(南北两岸桥柱)的任务。"将军"直径甚大,约有2尺余,长约2丈,如此巨木搬运全由人力,其艰难程度可想而知。

---

① 孙莅亭:《浅述徽县毛笔制造业》,载中国人民政治协商会议甘肃省徽县委员会文史资料委员会编《徽县文史资料》第10辑,1988,第14-18页。

而此项任务分给坪定,由其完成。"将军"的搬运全靠数十人一寸一尺随着叫号声来拉运,十余日才能拉到沙川。荆生茂号内为鼓励民夫尽快把"将军"拉运到工地,出资40大洋,小麦二石,现场造饭。半月有余,"将军"就被运到广坝工地,大桥得以顺利完工。①

---

① 解兴国:《原西固县解放前工商业分布概况》,载舟曲县政协文史资料委员会编《舟曲文史资料》第8辑,2007,内部资料,第39-43页。

第六章　诚信为本利源广
——怀商的经营理念

经营理念是指商人对经营目的的追求和对经营意义的根本看法,是商人精神的核心,是支配商人行为的根本驱动力。早在中国商业形成时期,子贡就提出,经商的关键是把握时机,根据市场变化制定正确的经营方针,"与时转财货",贱则买进,贵则卖出,从中谋利。具有丰富从政经验的富商范蠡则把掌握天时变动规律的"时断"与选择贸易对象的"智能"相结合,概括出著名的"待乏"之策和"积蓄"之理,被后世商人奉为神圣,顶礼膜拜。商祖白圭更是把掌握时机、运用智谋的策略发挥得淋漓尽致,注重运用计谋,以智勇取胜;在商业经营中,他特别强调"智",就是通权变,未战先算,乐观时变,善于决策,并且决策要坚决果断,"趋时若猛兽挚鸟之发"。这些原则对后世商人影响很大。秦汉时代的商人是有财斗力,无财斗智。"贩脂,辱处也,而雍伯千金;卖浆,小业也,而张氏千万"①,这些都是从"比用奇胜"中得来的。这些传统的商业经营理念对商人的经营活动影响深远,为商人的经营决策提供了历史经验和思想基础,使他们把"经商斗智,善谋者胜"作为竞争取胜之道,并予以高度重视。长期以来,在中原地区流行一种说法,"生意有三宝:伙计、门面、信誉高"。第一宝是伙计,就是首先要选好伙计。伙计是商店的实际运作人员,有了好伙计,商店的经营就会得心应手,顺利运行。第二宝是店铺门面,是说店铺的位置、大小及其装修,要合乎当地民众需求。第三宝是信誉,就是以诚信

---

① 司马迁:《史记·货殖列传》,中华书局,1959,第359页。

为本,货真价实,价格公道。①

怀商数百年来,在经营决策的过程中,注重从传统经营管理思想中汲取养料,牢固树立"用户第一""顾客至上""质量是生命"的从商理念,不断强化求实创新、灵活多变、居安思危、敢冒风险等经营意识,以人为本,以义制利,诚信立业,为企业在市场中取得主动权奠定良好的思想基础,形成了一系列符合时代要求的经营策略,表现出了其富有远见的才识和谋略。

第一节　因地制宜　借势发展

怀庆府为中药材的主要出产地,有地黄、山药、牛膝、黄精、党参、山芋肉、天门冬、冬凌草、枸杞子、车前子、菟丝子、洋金花、金不换、蒲公英、薄荷、麦冬、竹茹等上千种。道地药材有怀山药、怀地黄、怀牛膝、怀菊花、怀红花、密银花、卷柏、木通、苍术、山楂、地榆、褚实子、连翘、冬凌草、全虫、柴胡等。唐宋以降,城乡陆续涌现一批药商,或开设药铺,或兴办行栈,开始怀药贸易。明清两代,怀庆中药材市场进一步繁荣,城乡集市和庙会日趋活跃。至清代中期,走向鼎盛。怀庆府城、孟县、河内清化镇、武陟木栾店等地,药材行栈林立,中药店铺街巷遍布,计有杜盛兴、协盛全、协丰、和丰、同丰、复兴、三盛公、运泰昌、三成申、义盛合、德盛恒、恒丰合、福兴合、福昌玉、德生、原开太、信之和、三春荣、三和成、中和堂、仁寿堂、复兴成、福兴永、朴兴永、德盛恒、公和昌、任兴西、魁盛元、盖盛永、二合公、同义公、荣茂常、荣福祥、文德祥等数百家。另外,怀庆府城一年两次(五月十三、九月初九)药材大会、武陟木城九月药材大会、孟县十月药材大会,每次会期一个月,全国各地来此交易药材的各帮药商挤满大街小巷,商户不可胜数,且笙歌弹唱、马戏、杂技、戏剧昼夜助兴,各商帮互通有无,相互交换,各取所需,盛况非凡。

怀商经营的主要项目是怀药,但并不满足于仅仅经销怀药,而是根据市场需求的不同,开拓经营项目,经营顾客最需要的货物,丰富药材的品种,从而达到购销两旺。如西藏、青海的冬虫夏草,甘肃岷州的枸杞,陕西秦巴的党参、柴胡、秦艽,凤县唐藏地区的凤党,兴平的红花,松潘的麝香,亳州的亳芍、亳菊

---

① 王兴亚:《河南商帮》,黄山书社,2007,第246-247页。

等,临潭的麝香、鹿茸,岷县的当归,文县的党参,礼县的大黄,宕县的黄芪,都是他们经营的品种。很多怀商创业初期就不满足于单一怀药的经营,如宝鸡诚顺和国药店创始人温县人李某,到西安、凤翔等府一带贩卖如怀山药、地黄、牛膝、红花等道地怀货,返回时又从凤县、两当一带采购西党、凤椒等,肩挑到禹州销售;再由禹州、汉口等地购买茯苓、半夏及两广进口的名贵中药销售。① 再如杜盛兴、协盛全等著名怀商都是在靠贩卖药材、行医配药过程中积累财富而后开设药铺转化为坐商的,并成就了一番事业。至清康熙年间,怀商已成为具有全国影响的以经营怀货为主的帮口,他们常年奔波于道地药材产地和商业贸易中心,运销怀货,扩展市场。这些道地药材被怀商输送到全国各地,在各地药市占有举足轻重的地位,尤其是杜盛兴、协盛全的麝香,协盛全的朱砂闻名全国。河北祁州药材大会、河南禹州药材大会、安徽亳州药材大会、江西樟树药材大会、山东济宁药材大会都是怀庆药商很有势力的地方。

借力使力也是怀商经营成功的一大法宝。怀商向有艰辛创业、坚忍不拔之精神,独立经营之传统,但他们并不满足于家乡的一亩三分地,而是浮游四海,远贾他乡,以至海外;能独立时则独立,需要与人合作时就合作。如济宁杜盛兴麝香庄(老板杜松斋,经理杜振九)、德胜麝香庄(老板杜亭,经理刘祝三)等商号就是与陕西商帮联合经营的,西北药材、中原怀货无不纳入其经营范围。其生意在全国名声很大。② 宝鸡诚顺和药店就是河南温县商人李某与陕西合阳商人行培德合伙经营的,他们利用当地人的人脉优势和道地药材的资源优势,在宝鸡县功、甘肃徽县设有分号三处,成为宝鸡药材行之冠,在西府和甘肃一带颇有名声。③ 这些借力使力、借势发展的发展方法在清末民初尤为明显。由于怀商实力庞大,经营的药材正宗,买卖公平,深受用户欢迎,还引来一些外省外府的药材商人也纷纷要求加入怀帮,而怀庆会馆也是来者不拒,只要是经营药材的,都热烈欢迎,怀商队伍和经营的药材品种也进一步扩大。

清乾隆以后,怀商发展进入黄金时代,无论营业人数、活动范围、经营行业

---

① 罗树人:《宝鸡诚顺和国药店》,载安冠英、韩淑芳、潘惜晨:《中华百年老药铺》,中国文史出版社,1993,第478-487页。
② 张继武、汪宗潮、张伟:《济宁药材古市的沿革与经营》,载山东省政协文史资料委员会编《山东工商经济史料集》第3辑,山东人民出版社,1989,第200-206页。
③ 罗树人:《宝鸡诚顺和国药店》,载安冠英、韩淑芳、潘惜晨:《中华百年老药铺》,中国文史出版社,1993,第478-487页。

与资本,都在全国商帮集团中占据重要位置,据河南商帮集团之首位。

第二节　艰苦创业　同于农工

怀庆商人出现的时间较早,但真正形成商帮却是在清康熙年间。怀庆商人较之山西、安徽、广州、江苏等地商人,资短利微,但俭朴为多,或劳苦同于农工。这种劳苦精神,不仅集中反映在怀商的创业过程中(可以说没有一家怀商不是经过艰苦奋斗创出来的),而且还反映在他们从事的经营项目怀药、铁器、竹器与水烟等都是量大又重的货物上。怀药年销量在数百万斤以上,都要从怀庆运出,在铁路出现之前,运输主要靠陆路与水路,有相当一部分是通过肩挑、车推和牲口驼载完成的。经营铁货加工制造者,或者设立炼炉,从事铸造;或者设立炉台,锤打制作。这些都是既苦又累的行业。再者就是在清代日益增多的怀庆商人中,虽然也有富有的人家经商,但多数是穷苦人家迫于生活才出来经商的。由于本钱少,为积累资金,起早贪黑,肩挑车推,不怕出大力流大汗,什么都去干。

吃苦耐劳精神是怀庆商人坚不可摧的基石。没有这样坚实的基石,就不能筑起商家的高楼大厦。正是有了这种精神,艰苦创业,才有了怀商的存在和发展。

第三节　相林而栖　伺机而动

西汉司马迁说:"农不如工,工不如商。"他认为,经商是最快捷的致富途径。司马迁《史记·货殖列传》载"温、轵西贾上党,北贾赵、中山",地狭民稠的怀庆地域,自古就商业发达。西汉桓宽《盐铁论·通有篇》载:"魏之温、轵……三川之二周,富冠海内,皆为天下名都。"

怀商通过艰苦创业在当地完成原始积累后,目标清晰,他们的一言一行,他们的所有决策,所有公关活动,所有经营活动,所有整合资源的活动,都无不是为了实现赢利这一目标。受利益驱动,逐渐由省内而省外,由药材大会而道地药材产地,由市井而交通枢纽,由行商售货而坐地起家。怀庆药商每办分号,全由生意情况、地理位置而定,可以说是逐利而动,因利而兴,不为开办而开办,不为扩大规模而扩大规模。每开办分号前,都要充分调研开办地点的交通概况、土产药材的道地性;确定后,选派合格的适合当地要求的号员和掌柜,携带图章并路费及开办费若干前往。至于分号的内部结构和人员配备,则是总号的适当缩小而已。良禽择木而栖,栖就要栖更好的。选择什么样的经商环境,在很大程度上影响着商号的发展。即使商号资本再雄厚,个人能力再强,没有一个更好的经商平台和良好的商业环境,是绝对不行的。怀庆药商开办的顺序,基本首先为药材大会地点,如辉县药材大会、祁州药材大会、济南药材大会、济宁药材大会、亳州药材大会、苏州药材大会、樟树药材大会、禹州药材大会等等;其次为水路交通枢纽,如汉口、湘潭、长沙、南昌、重庆、灌口、老河口、荆州、襄樊等地;再次为商业中心,如北京、上海、宝鸡、天津等地;最后为道地药材产地,如松潘、安康、理县杂谷脑、茂州、南坪、凤县、临潭、舟曲、成县、文县、岷县等地。杜盛兴、协盛全的麝香庄则另有考虑,麝香是高级补品,一般药店根本购买不起,考虑到麝香的消费人群主要是高端人士,他们的麝香庄只在麝香产地设庄收购麝香和在商业城市如上海、北京、汉口和祁州药材大会所在地设立分庄销售,一般市镇根本不予考虑。因此,有的中小药店需要麝香,只能从上海、北京等地邮购,如湖北省南漳陈东升药店,每年总要在上海杜盛兴麝香庄邮购一次,一次邮购1斤(老秤16两)①。同时,杜盛兴麝香庄总店也在不同的时期迁移到不同的地方经营,先迁开封,再移灌口,再迁上海,麝香庄一步一步地走向国际化,产品先后销售到东南亚、日本、法国以及欧洲其他国家或地区;兴盛时,资金高达百万两,执麝香产业之牛耳。原在天津经商的怀庆药商有四五十家,事业兴隆一时。但津汉铁路修通后,药商纷纷迁往汉口长住,就在于汉口的交通便利,能够使他们获取最大的利益。

善观时变是获取生意成功的不可或缺的手段,《客商规略·学做生意要语》曰:"变者,不执一。"怀商在经营活动中,不但脚踏实地,步步为营,而且还善于观察市场行情的变化,即"乐观时变",及时调整自己的营销方略,寻找发展的机会,即"人弃我取,人取我与",从而获取丰厚的利润,在经营中始终立于不败之地。1906年,京汉铁路全线通车,缩短了武汉与华北地区来往时距,

---

① 先培忠、周茂祥:《陈东升药店》,载中国人民政治协商会议湖北省南漳县委员会文史资料研究委员会编《南漳文史》第1辑,1987,第70-78页。

河南北部都纳入以武汉为中心的商业圈,而汉口"形势一年一变,环镇寸地寸金"①,原来经开封、沙河、周家口输出镇江、汉口的货物,改由周家口至漯河由铁路输往汉口,汉口贸易大增,贸易量时占全国通商口岸之第二位。有文献曾记载曰:"京汉铁路使汉口与河南密接,从来天津商业圈之内奄有河南北部者,铁路完成后忽南入于汉口之商圈,且与北京之交通亦趋便利。"②怀商杜盛兴、协盛全、杜同兴、三春荣等商户就是抓住汉口商业繁荣之机,纷纷将总店或主要业务迁往汉口,怀商贸易量一时大增。同德药行还将怀药贸易从内地发展到香港,在香港设立分庄,专办出口交易,创制自己的名优药品,扩大了怀药在国外的贸易市场。

　　市场的繁荣为商家带来了商机,但商机稍纵即逝,经商者必须具有远见卓识以制定经营决策。怀商在竞争中领悟到商机的重要性,均善于发现并抓住商机,从而迅速积累资金,为日后的大发展奠定了坚实的基础。善抓商机是怀商成功的重要法宝。如协盛全的成功就在于善抓商机,从不错过每一个机会,最主要抓住了两次大的商机。

　　第一次商机是在太平天国运动时期。太平天国运动时期,南北交通受阻,商品不能流通,江南的怀药价格猛涨,而江北的南药脱销。当时协盛全在汉口积存有大批怀药,协盛全抓住怀药价格猛涨的商机,把积存在汉口的所有怀药,全部投入市场,不仅使协盛全攫取到了最大限度的利润,而且还以最低的价格购买了大量的南药。政局稳定后,在南药尚未运到北方时,协盛全把战争时低价收购的南药,及时运到开封、北京、天津等地,既缓和了南药脱销的危机,又攫取了最大限度的利润。经过发展,协盛全分店达到一百多家,分布在武汉、长沙、上海、香港、茂州(县)等地,其总店设在开封。京汉铁路通车后,总店设迁到武汉。

　　第二次商机是八国联军侵略中国时。协盛全抓住这个机会,即以低价大量收购四大怀药,屯积起来,待战事结束,将屯积的药材全部运至京津,高价出售,因此获得了高额利润。

---

① 民国《夏口县志》卷9《交通志》,第5页。
② 徐焕斗:《汉口小志·交通志第七》,汉口盘铭印务局,1915。

第四节　童叟无欺　诚信经营

商业经营讲究权变,但"权变"不等于"权术",尔虞我诈只能得逞于一时,不可能得逞于一世。商家只有将诚信放在第一位,才能事通人和,百业俱兴,经营长久。怀商之所以能够百年不衰,就在于其在成长的过程中,以诚信为重,买卖公道,童叟无欺。孔子强调,"民无信不立","人而无信,不知其可也"。孟子要求商人在经营中要做到"市价不二""童叟无欺"。苏颂亦曰:"忠信度量,岂惟士大夫,货殖犹然。"①所有这些理念就是提倡诚信经商,反对商业欺诈行为。

长期以来,"无商不奸"就是人们对商贾的一般看法。为了谋利,他们囤积居奇,弄虚作假,短尺缺两;为了金钱,可以寡廉鲜耻,丧尽天良,可以说无所不用其极。如有的药店经营暗码标价,有的药店同一药品早晚售价不同,有的药商将红花碾成细粉当作朱砂出售,等等,不一而足。但是怀商强调先做人后做生意,主张勤俭、诚信经商,坚持质量第一,是什么药材就是什么药材,不偷工减料,不以次充好,不弄虚作假,宁可做亏本的买卖,也不做砸自己招牌的生意:"宁可赔折腰,不让客吃亏。"在经商活动中,他们主张以伦理道德为先,先有义再有利,讲求"君子爱财,生财有道"的原则,恪守诚信至上,信誉第一,认为以礼待客,才能以名得利。以礼待客,怀商在追逐商业利益的同时遵守道德规范,信誉重于利益,赢得了顾客的尊重,这也是怀商雄踞商界的重要原因。老河口协盛堂、杜盛兴麝香店、衡阳协盛西、湘潭协盛西、德州颐寿堂、亳州钜兴瑞、济南颐寿堂和仁寿堂、济南广德栈、岢岚大德堂药店、安康协盛瑞、宝鸡诚顺和、成县德仁堂、徽县林盛昌、舟曲荆生茂、汉中公兴大、岳口全顺德、房县中和义药店、永城万全堂、怀庆保和堂、修武大德生、开封同仁堂等等均对与之有常年业务关系的客户,可以赊销(不计息);对待顾客以礼相待,童叟无欺;严禁商店购买假冒伪劣产品,以假混真,以劣充优;药材加工一丝不苟,且有专门技师配料,杜绝粗制滥造;配备专业技工检查,不合格产品,立即销毁。房县中和义药店要求采购的药材道地,遵古炮制,不得出售假冒伪劣产品,尤其在

---

① 苏颂:《苏魏公文集》下《附魏公谭训》,中华书局,1988,第 177 页。

药品炮制、加工的每一道工序上,不得偷工减料;营销策略上,童叟无欺,重视信义,对熟客、生活艰难的病人,赊账销售。以诚待人,以信接物,在经营中,童叟不欺,市不二价。不售伪劣商品是怀商的道德准则。凡答应的事情,怀商商户都会守信不渝。松潘杜盛兴麝香号和协盛全麝香号一向秉持"交易和平,尤重信义"的原则,态度也"不似内地商场之刻薄,盖习惯使然耳"①。杜盛兴香号还别具一格,发行兑票,可到与该号有联系的城市兑现。当时,因交通困难,现款携带不便,凡去外地购货办事的,都乐用兑票,而用现款交换兑票还要敷水(补差)。

司马迁《史记·货殖列传》曰:"天下熙熙,皆为利来;天下攘攘,皆为利往。"逐利是商人永远的追求目标,怀商也从来不避讳自己的经商目的和动机。但他们从来不拿黑心钱,即所谓"君子爱财,取之有道"。他们主张"以义制利,利乃从义中生",提倡"仁中取利真商人,义中求财大丈夫"。清朝末年,四川发生灾荒,平民百姓陷入水深火热之中。杜盛兴商号时到灌口、松潘等地采购药材,看到沿途饿殍载道、尸骸满谷,遂将收购药材的所有钱财全部用于赈灾,赤身而返。当地百姓感此义举,遂将次年所生产之药材专售杜盛兴商号。怀商刘某,幼为家境所迫,弃儒经商,从商五十载,足迹遍及粤、湘、鄂、陕等数省,其现存于湖北孝感的墓志铭上曾记载:"其为商,善心计,识重轻,能与时低昂,以故颇富裕。与人之交,重诺言信义,故人乐取其资。"刘某在给子孙的家训中亦告诫道:"善商者,利以义制,名以清修,各守其位,此乃天鉴也。"刘某认识到,要想生意长盛不衰,必须努力去做到诚信不欺。刘某的商号达海堂的号规中有这样的规定:"重信义、除虚饰、贵忠诚、薄利多销、析利于毫末。"一方面要求要计算小利,所谓"析利于毫末";另一方面要坚持做生意"诚信无欺",逐步赢得了顾客与客户的肯定与赞誉。刘某的达海堂掌柜与伙计坚持了这一训诫,把经商之道排列为一守信,二守义,三取利,从而保证了店铺的信誉。怀庆府的贤德堂讲德,仁济堂讲仁。"德"和"仁"都是义的本源。当然,不仅仅是怀商商铺的名称,仁济堂的商业文化就是仁德同修,济世养生,炮制虽繁必不敢省人工;品味虽贵,必不敢减物力。孟县商人张炽昌,贸易关东,与人然诺,坚如金石。这也正是其怀

---

① 民国《松潘县志》卷2《学校·实业》,第39—40页。

商文化精神经久不衰的生命力和真谛所在。

诚信原则。不仅在商号之间、在对待顾客时恪守诚信,而且在商号内部,东家与职员之间,以制定商号规章加以约束,建立起相互信任的内部机制。东家对掌柜、掌柜对职员的工作一般不加干涉,放手让掌柜、职员去经营,账期(即商号的财务大决算,一般为三年,有的为四年)内如果不是人为原因造成的亏损,东家一般不追究掌柜责任,反而百般勉励,给予鼓励,以期重整旗鼓。账期内分红,东家积极兑现承诺,赢得号员信任。有的商号在账期的年会上,各分号的掌柜将账期的账册及所赢利润整理完备带回总号,向东家做年终总结汇报。东家并不审查账册和银子,只让掌柜们在祠堂祖宗牌位前发誓诚信无欺即可,然后将账期账册当众焚毁。号员之间也常讲:"搁伙计要言而有信,要当君子。"怀商张某,将自己经营过程的心得体会和行商知识进行总结,得《生意初阶》800余字口诀式,其中不乏有关节俭、诚信方面的训诫式语句:"商与士,异术而同心;重利义,信义秋之霜。""耍奸可以一日欺市,讲义可以十年致富。""百金之家,然夏无布帽;千金之家,然冬无长衣;万金之家,然粗茶淡饭。""天地生人,有一人莫不有一人之业;人生在世,生一日当尽一日之勤。""慎俭德,保平安。"等等。这些充满怀庆方言口吻的古训和格言等,则更是讲清了经营过程中克勤克俭对于家族兴旺、买卖成功的辩证关系,可谓用心良苦,今人读来亦钦佩不已。由于怀庆药商及职员严于律己,为人诚恳忠厚,行商不欺诈,故人皆愿与之共事。与怀商同为一源的清代晋商在《贸易须知辑要》①写道:做掌柜、大伙计者不可自抬身价,目中无人。下边人如有不是处,亦应以理剖之,则上下欢心,无不服你。如若自以为尊贵,自夸其能,狂然自大,行出坐坛皆遭将之势,众人不但不服你,还要留下唾骂。这些对于做掌柜者、大伙计者不得不思,不得忽视。至于小伙计、学徒,也要尽良心、严要求行事。

商业信誉高于一切。"诚实守信""信誉至上"是成就怀商辉煌的重要法宝,怀商的诚信经营受到世人的称颂。怀商认为,经商虽以赢利为目的,但凡事又以道德信义为标准,对待顾客、商家,无论大小都要以诚相待。只有讲信用,重承诺,不欺不诈,人们才乐于与之交易,永保信誉。可见"信"是立身之

---

① 张正明:《晋商兴衰史》附录二《贸易须知辑要》,山西古籍出版社,1995,第349-350页。

本,也是商业经营的生命线,只有凭借信誉才能不断去占领市场,开拓新的领域。

第五节　严格选才　知人善用

怀商认为,商号经营得好坏,关键是号员(商号职员,简称"号员",其中包括掌柜)是否具备卓越的眼光和能力。东家如果想要自己的商号永续存在并能获得高额利润,就必须拥有一批卓越的管理号员来经营商号。得人者兴,失人者衰。因此,怀商非常重视人才选择和培训,并在用人方面形成了一整套行之有效的遴选机制。不管是遴选掌柜还是选择伙计,都坚持用人不疑、疑人不用、人才筛选、唯才是举的原则。

怀商中的大多数及稍具规模的商户都有一套用人规则,大致归纳为遴选乡邻、择优保荐、破格提升。东家与掌柜都不得推荐使用自己的亲戚为号员,且号员必须是本乡本土之人。入号之人须有引荐人介绍、担保人作保,家世清白,懂礼节,能吃苦,善珠算,精楷书,不怕远行。入号前,由主考人当面测试其智力,试其文字。通过者,择日进号。入号后,总号派资历较深的人为教师,对其进行培养,号员要接受业务技术、职业道德等方面的培训和考察。业务技术包括珠算、习字、抄录信稿、记账、写信等。职业道德训练,主要有重信义、除虚伪、节情欲、敦品行、贵忠诚、鄙利己、奉博爱、薄嫉恨、幸辛苦、戒奢华,并派往繁华商埠,以观其色。根据培训成绩和德才表现,量优使用,过程严厉苛刻,以培养号员对东家的忠诚度及对客户谦恭礼让的精神。培训期间仅提供食宿或少许薪金,普通号员除号务之外,还得负责服务掌柜的日常起居,晚上还得练字,打算盘。在培训期满之后,视其表现可留用为伙计,成为正式号员,领取薪金。掌柜培训更是苛刻。掌柜候选人必须出自学徒工出师者。通过选用乡邻,加深了乡人之间亲情上的维系,增强了商号的凝聚力,所谓"同事贵同乡,同乡贵同心,苟同心,乃能成事"。择优保荐,是录用人时须有保证人推荐,被保荐者入号后倘有越轨行为,保证人得负部分或完全责任。这种择优用人制度,杜绝了人情干扰,优化了人员素质。破格提升,即一旦发现人才,就打破常例,破格提携,委以重任。东家主事者也是靠选拔制度选用的,废除长子继承制,把家族中最优秀的子弟选用在主事者的位置。

独具特色的号员培训遴选制为怀商商号培育了不少德才兼备的经营人才。如协盛全所办的分号安康协盛堂前后三位掌柜梅升包、云清平、史秀山，都为本号学徒出身，经过努力，升为掌柜。他们前赴后继，努力经营，号员最多时达到 50 余人，资产也一度超过总号。湘潭协盛西由韩起、魏秉朴、孙孝廉、皇甫珍秀先后主持店务后，积极经营，业务大增，先后在长沙、衡阳设立分号，在湖北汉口、甘肃岷县、河南辉县设立专庄（相当于经销点），在重庆、禹县、祁州、彰德、广州、上海、郑州、宁波等地设立代庄，采购全国各地道地药材，使全店资金由民国十九年（1930 年）的 2 万元（银元）增至民国三十二年（1943 年）的 30 万元（银元），职工由 20 人增至 60 人。这是协盛西业务发展的鼎盛时期。由此可看，重视对职员、掌柜的培训奠定了杜盛兴、协盛全、协盛西、杜同兴等商号成功的基础。

第六节　服务至上　顾客第一

怀商为吸引顾客、占领市场，不但不惜工本装修门面，还急顾客所急，想顾客所想，设置多种服务项目。

怀商各家号员，特别是门店号员，都要经过严格的培养锻炼，在迎来送往方面使顾主感到满意。比如，在接待客人方面，除了严格要求号员必须笑脸相迎、有问必答之外，还要求号员做到百问不烦、百挑不厌。如果是老主顾，或者较大的客商，一方面由掌柜接待小坐，敬以烟、茶、果蔬，一方面由伙计、学徒按照客人的需要，取货包装，然后将客人客气地送出店门，这才算是完成了这笔生意。一定要做到常人所说的，来者高兴，去者满意。顾客方便了，有了宾至如归的感觉，生意自然兴旺发达。另外，还在门面设置茶桌，摆置一些小点心、茶水和时令果蔬，以供客人之需。顾客上门，不但礼貌相待，而且必须不分童老，不看衣服，平等对待。湘潭协盛西每到寒冬，还备有暖酒壶，让顾客喝上热酒，使顾客进店有宾至如归之感。汉中公兴大常对穷苦人家免费施药，不图谋利，只求传名。对于极贫家亲人故去，施舍棺木敛葬。另外，如有的顾客无钱医治，可以赊欠，待到麦收、秋收后以粮食（略高于市价）清账，这种做法也解决了群众的燃眉之急。怀商很多药商都采取这种做法来医病治病，赢得了当地百姓的真心拥护。岢岚大德堂门店内，专置病人凳子、杯子、炉子、煎药壶、茶具,方便病人歇坐喝水取暖;常用处方,如六味地黄汤、补中益足汤、生化汤、四君子四物汤处方,写在方木棒上,放在药柜上面,方便患者抓药配方;增添新的服务项目,如问病买药、夜间售药、流动售药、代客加工外配、代客煎药、代客邮寄药品等;在经营方式上,既可用钱买药,也可用山货、土产药材换药;对于贫穷无力的患者,或半费或全免费。这些措施,深受患者欢迎和称赞。德州颐寿堂十分重视服务质量,一直坚持问病售药、拆零分包、代客煎药以及广大市民所称颂的"何时买药何时卖,半夜叫门半夜开"夜间销售制度,等等;同时,颐寿堂还坚持贵人用贵药,穷人用贱药。实际上药是一样的,按现在的说法就是包装不同、价格各异。富人爱面子,当然愿意多花钱买包装精致考究的,穷人图实惠能治病就行。另外,还广设便民服务措施,实施冬施粥,夏施茶,代客加工丸、散、膏、丹等药剂,小伤免费包扎,远客代人邮寄,送货上门等项措施,扶危救困,乐善好施,以至于门庭若市。新浦三和兴秉持诚实不欺、方便病人的服务宗旨,在民间赢得了良好的信誉,时有"信誉满淮海,声名扬苏鲁"之谓。如果药里渣滓太细需要过滤,包里还附有一只小筛子,处处替客人所想。怀商商号的服务质量,由此可见一斑。

怀商李某珍藏的《士商要览·士商规略》中说:"各肆凡交易而不成者,亦要悦其颜色以对之。如交易已成,则于买主临行时,必致声道谢,亏本之事,数十钱之微,大不可计较,中亏本亦然。无论买者出钱购物之多寡,皆为我获利之源、衣食之本,故虽一钱之贸易,亦不可不谢也。"

第七节　重视质量　创造品牌

质量是产品的核心、商号的生命,对商号的生存发展有着决定性的作用。怀商商号深知此理,他们在原料和生产过程中狠下功夫,有时甚至达到十分挑剔和非常苛刻的程度。如济南颐寿堂选用川、广、云、贵、怀等道地药材,先是筛簸、手拣、除去杂质;然后经晒、炮、切等工序制成饮片。川贝、连翘、寸冬,加工炮制时先去掉芯,再去配药;川芎要去掉四边切成方形,叫作八方,如此方能获效。草药加工,采取盐炒、醋炒、酒炒、麸炒、炒作炭等方法,以获不同疗效;如盐炒入肾,炭炒入血,蜜炙润肺。岢岚大德堂按方制药,如炒白芍非用麦麸皮不可,炒香附用醋,炙大黄用酒,炙黄芪用蜜,炒籽用盐,制半夏用矾,都是古法炮制规定的。宝鸡诚顺和对炒药的火候、泡药的时间、饮片的薄厚,都有具体的规定;马前子须经沙烫或油炸;香附子"四削""七制"除辅料不能缺一外,浸泡的时间规定,春秋 6 天、夏 4 天、冬 10 天,均有起止的时间记录,不得马虎。安康协盛堂不但所购药材全为道地药材,而且全为一等产品,然后门市药铺制片零售及供各分号调拨之用,药材从中再选,可谓优中选优。湘潭、衡阳的协盛西对所购原料,都讲求"道地"二字,如怀山须怀庆产的,当归要陕西凤县、甘肃岷县产的,鹿茸须用关茸,党参必用西党,枸杞非宁夏贡果不用,等等,而且无一不是上乘者。湘潭协盛西的十全大补丸,一律用道县蜂糖。参茸丸用的是马茸、关锯茸和朝鲜的米尾、细尾、夹尾参。金橘露酒、猫骨酒(虎骨酒),用的是汉口老天成提庄汾酒,遇缺斟用湘汾酒时,必须通过再加工提炼之后方可使用,故而成为名酒。永城万全堂药号制药恪遵古训,认为药业关系性命,采办务真,修制务精,誓不以劣品谋取厚利。在切制药材前,首先对药材精选分档,然后根据药材质地,采用不同的方法,进行浸、泡、润、闷。另外,根据科学炮制道理,辅以炒、煅、煨、蒸、煮、淬、溅、浸、发酵、发芽等数十种加工方法。凡加工中出现的败片、翘片、斧头片、连刀片等一律拣出,不准出售。所以,万全堂产品,味正质佳,疗效好,深受广大用户喜爱。将质量意识即道地意识贯穿于整个生产过程,始终是怀商秉持的经营理念。

提高产品质量的直接目的是创造优质的名牌产品,使之在激烈的竞争中取得优势地位。怀商药商具有很强的品牌意识,注重品牌这种无形资产的塑造。如岢岚大德堂所生产的全鹿丸、三肾丸,对中老年的腰腿疼痛、气短咳嗽、胃阴亏损、五劳七伤等疾病的疗效十分显著,不仅畅销全国,而且远销日本及东南亚地区。安康协盛堂名牌产品参桂鹿茸丸、金不换、狗皮膏药、鹿胶、阿胶、虎(豹)骨膏、十全大补丸、人参再造丸、乌鸡白凤丸、乌梅丸、黑风散等,驰销国内外。汉中公兴大的黑白膏药、八宝如意丹、金黄散、六味地黄丸等,疗效显著,名播陕南、川北,深受群众信赖,产销常盛不衰。其中,笋壳眼药更远销(多为邮寄)到甘肃、重庆等地,仅此一项赢利就足够店内人员的伙食开销。衡阳协盛西的虎骨酒、补脑汁、当归精、参桂鹿茸丸、金橘露等,蜚声海内外。湘潭协盛西的业务遍及江南各地,特别是虎骨酒、金橘露、驱风散、疳子散,畅销全国,远销香港、澳门、东南亚,其中,虎骨酒与同仁堂的史国公酒媲美。衡阳协盛西精工制作出虎骨酒、参桂鹿茸丸、十全大补丸等多种名牌中成药,为湖南著名的品牌产品。杜盛兴、协盛全经营的麝香以质优闻名国内外,他们把带皮壳的毛团麝香发湿后切除多余的皮肉,挖出香仁,经过制作调配,精细加工,装扎成封,盖上号章后运至天津、上海、广州、香港等地或寄到约定的商埠出售。其中,北京同仁堂、北京长春堂、苏州雷允上、苏州童涵春、苏州蔡同德堂、汉口叶开泰、杭州叶种德堂、湖州慕韩斋药店、杭州胡庆余堂、开原义合堂、沈阳天益堂、新浦三和兴、乐达堂等著名药店所用麝香必在杜盛兴、协盛全商号选购,其他牌子的一概不取,等等。

第八节 广求资讯 重视宣传

信息就是金钱,是市场销售的重要本钱。在资讯不发达的传统社会,信息搜求对商家了解市场,做出经营决策显得非常重要。因此,凡是做大做强的商户,对商业信息都非常敏感,不错过任何一个机会。怀商商号在经营过程中,非常注意信息搜集,凡全国药材集中的码头和药市,如天津、汉口、郑州、重庆、广州、湘潭等大中城市及祁州、济南、济宁、禹州、辉县、樟树、灌口、三原、亳州、苏州等药市,怀商大商号均设有往来点。有的常年驻庄,有的委托当地经纪行商代购,也有的根据商品信息和病家需要,临时派人外出采购。由于采购点多面广,对各地药材行情、产销变化比较了解,一些产品在同业中具有很强的竞争力。采取一切可能的办法,尽可能地收集商业信息,从中寻找机会,一旦机会合适,就果断购销。如协盛全商号在经营怀药时,抓住机会,赢得巨额利润,为日后经营工商业奠定了坚实的基础。这些都表现出了怀商富有远见的才识和谋略。

同时,怀商还重视面店,无论匾额、招牌、招商幌子、店面设计,还是药包绑扎、经营过程,均重视广告宣传,并且还体现了浓郁的民族特色。如湘潭协盛西在其经营药材的引票上就注明:"本店开设三百余年。"店面门前空地竖一铁栏杆,上嵌"协盛西药号"。店堂有联曰:"常觉胸中生意满,深知世上苦人多。"柜台一端立八个大字:"地道药材,货真价实。"怀商坐商商号店面大都如此。公兴大门面门额上纵嵌"京广浙川地道药材"匾额,内堂正中悬挂"中州公兴大"牌匾。无论字号大小,招牌上的文字都十分工整规范,有的商号老板为求一名笔,往往不惜重金,雇请著名书法家书写号名。而由名笔书写牌匾,又往往会增加该商号的知名度与信誉。

怀商不但重视店面设计,而且还重视户外广告设计。如杜盛兴商号在每年的四月二十八日(即药王诞辰)和八月二十日的武汉药材大会上,不但大戏助兴,大摆宴席,而且还在龟山扬起朱砂放风筝,谓之红风放风筝。此举既显示了杜家的财力、聚了人气,还起到了宣传推广作用。湘潭协盛西则为了宣传本号的虎骨酒,进一步扩大影响力,便在门店前广场饲养小老虎,并举办老虎见面会,由当地士绅、晚清举人陈光照主持盛典。陈光照为协盛西的虎骨酒开坛,并揭开老虎笼的红盖头。一时间观看老虎的人络绎不绝,特别是引来了湘潭城的儿童,虎骨酒供不应求,成为协盛西商业运作的一大范例。民国时期,怀商商号不但常在报刊上登载广告,还重视路牌的宣传作用。如衡阳协盛西曾不惜重金,从广州购来霓虹灯,首次在衡阳创立霓虹灯招牌,这对招引顾客、扩大销路,取得明显的效果。有的商号还常与医师界加强业务联系,派员上门征询医师对药号药物质量和供应方面的意见,使他们对药号不断产生好感。如抗日战争时,衡阳协盛西就和避难衡阳办理诊所的江浙名医高凌云、汪飞白、萧一先等取得联系,掌握这些名医的处方习惯和特点,想方设法从外地采购紧缺味药,并就药物性能相互交换意见,使他们乐于宣传介绍药号,进而提升业务流通,仅门面的每日拣药量就多达600~800付,柜台上常出现排队购药的现象,有时即使有10名号员也忙不过来。

除了重视这些宣传外,还创新包装,体现独特的营销策略。如修武大德生、永城万全堂等药店,在包装上别出心裁。每付药均实行"各包",一味药一包,然后将各包总包在一起。司药包药时,有的商号在药包里要附一张浅彩色的"说明卡片",上印药品的药名和药用部位的图样,并用四句话十六个字的韵语(取自明龚廷贤所编《药性歌括四百味》),简要概括地说明该药的性味、归经、功效、主治等,便于顾客识别真伪,理解药性;有的商号将说明直接印在包装纸上,内容为药名、产地、性质、功能以及用药方法和禁忌的介绍;有的商号印单方,也有的印有预防疾病的卫生常识;有的附有药物图形,便于病家核对药物。有的在药品包装纸上印有"地道药材""遵古炮制""货真价实""童叟无欺"等字样,同时还将药店的字号和地址也印其上。这些包装,虽然手续烦琐,浪费纸张,占用时间,但博得了群众的赞许,对药品起到了宣传推广作用。

诚信为本的经营理念,是无价的财富。历史造就了怀商,诚信成就了怀商。以诚为本、诚信经营是怀商一贯的经营宗旨。许多怀商商号,如杜同兴、杜盛兴、协盛全、协盛西、西协盛等百年老字号就是靠此来树立起自己良好的商业形象,获得顾客的信赖,使自己的经营额长期处于平稳上升的势头,很少有大起大落的现象,这些老店虽历经沧桑,但仍充满了生机与活力。

第七章　无规矩不成方圆
——怀商的管理制度

俗话说："无规矩不成方圆。"怀商作为商帮形成于清康熙年间，之所以三百年屹立不倒，就在于他们有一套科学的管理机制和用人制度。怀商的基本经营管理制度是两权分离制，在实践中一些商号逐渐突破传统，大胆创新，使得商号得以长盛不衰。

明清时期的怀庆府人，多为山西的移民。由于血缘的关系，怀庆府人继承了晋商的经商传统；同时，怀庆府与山西山川相连，为晋商南下的必经之地，晋商经商的行为和作风对怀庆府人的行为产生了重大的影响。在今天看到的许多商号遗存的资料上，晋商普遍采取的是两权分离的管理结构。明清时期怀商在经营管理上亦多采用"东掌制度"和"董家监理"，尽管在细节和具体操作方法上略存差异，但其共有的特征是两权严格分离，权责高度明确，而且这一治理模式存在、运行了数百年之久，很少有因为制度本身的缺陷而导致严重问题的记载。

所有权与经营权相分离的经营模式，就是今天人们所说的委托经营。明嘉靖年间（1522—1566年），郑王世子朱载堉在所撰的散曲《劝做买卖》中，对当年怀庆商人经商的经验作了生动逼真的总结：

> 买卖发财是怎么？见人时一团和气，就是王八也让坐呀。迎面笑呵呵，张口叫哥哥，装烟捧茶要热合。若逢赐顾买货，急忙躬身拿过。贴实讲价莫旷多，见利方可出脱，休要挨到牛角。纵在童婆，也罔欺瞒暗张罗。无嫌利儿薄，只要卖得多，卖得多来把财发。切莫学盐当看天不答，千金主也看不上他眼窝，诡诈无实靠不着。一心常想

欺瞒客,歹货顶好货,见利渴,过十分,还嫌薄。虽然利赚大得多,怎如主顾不来何? 终日寂寞,却省得迎人络琐。愁只愁停货无利,将本钱日日消磨。东家问你把本夺,伙计知你不合伙。只落得忍饥受饿,只落得忍饥受饿!①

这一概括和总结,真可谓维妙维肖。这里的"东家问你把本夺,伙计知你不合伙",廖廖数语,展示了当年怀庆商家主要的经营方式是委托经营,持有资金的东家不直接经营,而是交给掌柜来经营,伙计由掌柜聘用,掌柜是店铺的直接经营者。如果掌柜不用心经营,东家即可将资金收回,掌柜没有资金,只能落得个忍饥受饿的下场。

于是以协盛全、杜盛兴为代表的商号在组织结构、管理制度上具有远见卓识的创新,使商号出现了日新月异的发展。

第一节 杜盛兴的管理制度

杜盛兴是博爱邬庄人杜氏开设的商号。杜盛兴商号前期以怀药为主,中后期以麝香为主,兼营朱砂、黄芪、党参等。杜盛兴商号是以家族整体意识为基础,以儒家忠诚、谦恭礼让和诚信为规范,来确定商号的管理机制,由此形成了独具特色的店员培训制、身股制、联号制及董家监理制。

一、杜盛兴的组织结构

(一) 实行总店(栈)—分店(栈) 两级架构

总店(栈)设总经理一人,司账二三人,学徒一二十人不等,学徒年限不定。分店(栈)实行掌柜负责制。各分店设掌柜1~3人(大、二、三掌柜),学徒工根据店面大小,人数多少不等。总店统辖分店,大小分店连锁。各分店掌柜、学徒工均由总店派出,并根据各分店经营状况,调剂人员。

(二) 设立采购站

杜盛兴商号经营的所有商品,由总店派专人到生产地设采购站统一采购。在采购站,根据分销点的营销状况及汇总来的需要统一配货。采购的货物一

---

① 朱载堉:《醒世词》,中州古籍出版社,1992,第17页。

般不到总店,而是在采购站直接分发出去,这就节省了大量的运输成本。

杜盛兴商号经营的外地药材,强调道地产品的购进,货物成色一定上乘,价格一定低廉,待人接物以和为贵。该商号经营的麝香,以四川灌县为总站,派人到松潘、茂州、杂谷口、新街口等地收购,在甘肃临洮、陕西双石铺兼收党参,在湖南常德专收朱砂,在山西太原专收黄芪,等。

(三)设立分销点

各分销点负责调查各分店的销售状况和销售地客户的需求,然后向总店汇报,由总店统一安排采购。分销点:在北京,以同仁堂、长春堂等药店为主;在江南,以上海、苏州雷允上、童涵春、蔡同德、杭州胡庆余堂等药店为主;在湖北,以武汉汉口药王庙为主。广东、营口等地,则设店经销。杜盛兴商号曾一度到香港,把部分怀药转到东南亚销售。清光绪年间,杜盛兴在山东济宁设店时,接收了李三九烟店和生德威香料店等,生意越来越大。

(四)统一商品定价

杜盛兴商号的经营方法,重要的两条是不卖次品、不谋厚利。全栈统一定价(朱砂、党参例外)。各分店于正月十六为开盘日,由总店唱价,各同行依次降价而随之。杜盛兴商号的价格,全国各分店差别不大,杜盛兴商号在山东曾自制一种阿胶,是用纯乌驴皮熬成的,质量、成本都很高,杜盛兴商号以薄利入市,不仅不提高阿胶价,还按厂价销售,很快在市场上打开了局面。

二、杜盛兴的管理制度

(一)人事制度

设客店一处,主要培训各分店掌柜及学徒工。学徒制通过业务技术、职业道德培训和考察,根据德、才表现,量优使用,过程严厉苛刻,以培养店员对东家的忠诚度、对客户谦恭礼让的精神。学徒工黎明即起,准备开工;侍奉掌柜,一丝不苟;顾客上门,老小不分;精于业务,体会精髓;算盘口诀,必须熟练;有客实践,无客默诵。掌柜培训更是苛刻,掌柜候选人必须出自学徒工出师者。学徒工与掌柜均为终身制。

各分店用人,任人唯贤,待人以宽,对有极大错误的店员也不解雇,只令在家悔改,薪水照发,改过后重任。独具特色的店员培训制为杜盛兴商号培育了不少德才兼备的经营人才,成为杜盛兴商号商业经营的主体力量,这也是使杜盛兴商号近三百年不衰的主要原因。

(二)董家监理制度

杜盛兴商号的东家,一般不直接参与经营,由总店派往各分店,对各分店的经营状况进行监督。董家监理在各分店只有监督的权力,没有经营的权力。如发现问题,只有向总店汇报和建议的权力,由总店考察核实后,给予裁决。董家监理制度,虽然规定东家没有经营权,但通过监理,却能使东家懂得经营,了解商业运作模式,从而使杜盛兴商号代有人才。

(三)财务制度

各分店独立核算,商号统一融通资金,三年一次大结账,由各埠将账本寄回总栈,派人核算亏盈。

杜盛兴商号一年四季开支,由各分店按规定付交,然后由总店支出,如有特别情况另做安排;各处有事报告,管事东家与总店掌柜协商处理。凡在店栈接待官方客人及客户,一切应酬费用由商号支出。

(四)福利制度

杜盛兴商号的所有员工按年支取俸禄,所有花费公出公入,员工衣食费用,总店给予补助。对有功于商号而亡者发放阴俸(即死后发的工资)。如杜盛兴商号清光绪年间曾一度中落,当时原在河内县城开设的一处当铺,因亏损本钱而使总店资不抵债,濒于破产。后经分店掌柜曾保纯、仝学良、杜超倾力搭救,总店才逐渐复兴,故杜盛兴商号将以上三人视为中兴经理,其家人享有阴俸。

(五)股金制度

杜盛兴商号的股金由两种组成:一种是资本股,即东家股金;另一种是店员股。杜盛兴商号归全家族所有,即创始人杜兴信、杜兴谟的后代所有。股金为两支人共同所有,每年只分红利,不能支取股本金。杜盛兴商号发展至第十一世杜霖、杜雯时,因杜霖一系人口众多,股金分红入不敷出,另创同盛兴分号。

为了提高各分店店员的工作积极性、工作责任感以及赚取最大限度的利润,杜盛兴商号还采取了当时商界通行的店员股金制度。店员股金制度就是以店员工作年限和工作业绩为条件,根据店员的贡献大小,分配给店员以适当的股金,这是一种按绩效分配的制度。店员股与资本股具有同等的分红权利,店员股使店员与东家的利益结合起来,有效地调动了店员的工作积极性和工作主动性。同时,它也满足了店员的归属感与成就感,增强了杜盛兴商号的凝聚力和对外竞争力,有助于杜盛兴商号的长期发展。

正是杜盛兴商号的经营管理权、人事安排权、监理制的三权分立及灵活的用人机制和福利制度,才使杜盛兴商号日益繁荣。

第二节 协盛全的管理制度

协盛全是博爱刘村人李氏开设的商号,先在清化镇设立药材总店,在开封、武汉设立分店;后将总店设在开封。再后,分店达到100余家,分布在天津、武汉、长沙、上海、香港、茂州(县)等地,资金在100万两以上。庞大的经营网络必定有行之有效的管理制度作保障,从而使商号运转正常,经营富有成效。

一、行政管理制度

(一)实行总店、分店两级管理体制

总店掌柜全权负责管理总店的所有事务及各分店的人事,分店掌柜全权管理分店的经营事务。总店掌柜是协盛全所有经营的总管,具有最后的经营决策权,族人(董家)大会和董家监理无权干涉。

(二)实行掌柜负责制

协盛全各分店实行掌柜负责制,每个分店都有3个掌柜,即大掌柜、二掌柜、三掌柜。大掌柜负责全面工作,二掌柜负责内部管理工作,三掌柜负责销售、交际工作。他们各负其责。

(三)实行分店掌柜异地交流制

各分店掌柜三至五年调整一次,实行异地交流。由一个分店到另一个分店,既提高了各分店掌柜的经营能力,也使他们能够适应协盛全的所有生意,同时也杜绝了一些不良现象的滋生。

二、人事管理制度

(一)选贤任能,决策集中

怀商多数商号采用的是封建家长制,长者为尊,其他人都得服从。而协盛全则否定了封建家长制,能者上,庸者下,即是长子也不行,谁有本事谁当家。因此,协盛全一开始就抛弃了封建的长子继承管理的体制模式,实行人才选拔制度,把家族中最优秀的子弟投入商海,并使其科学化和常态化,谁也不能逾越这个制度。其具体条件是:品性端正,公而无私;思想灵活,擅长经营;道德高尚,威望崇高;擅于协调,长于沟通;遵守体制,恪守家训;热心商业,能把从商作为一项终身的崇高事业来对待。在这些条件中,尤其是最后一条是最为可贵,因为在封建社会"万般皆下品,唯有读书高",而且长期以来封建政府一直实行重农抑商的政策,价值导向上轻视商业和商人。只有倾心商业,冲破旧有思想的束缚,追求最大的商业利润的人,才能使协盛全商号长盛不衰。

(二)建立族人(董家)大会和董家监理制度

族人(董家)大会和董家监理制度,类似于今天董事会、监事会体制。族人(董家)大会负责表决、任命协盛全各级主管,只有得到族人(董家)大会多数代表同意的,才能成为候任主管,从而使协盛全用人制度科学化。董家监理制度就是把李氏家庭的人分到各店当董家,但他们没有经营管理和人事安排权。董家发现问题只能向总店掌柜反映,由总店掌柜裁决。这样做有两个好处,一是提高了各分店掌柜的责任心,使其不能有非分的想法,将错误消灭在萌芽之中;二是安排了李氏家族的人,既显示了他们的董家身份,也锻炼了和提高了他们的管理能力,使协盛全代有人才。

(三)民主推荐,差额选举

协盛全商号继任人的选拔,由在任协盛全总店掌柜遴选,根据选拔条件,确定符合条件的接班人人选后,向族人(董家)大会推荐,由族人(董家)大会推荐选举产生。协盛全总店掌柜没有指定接班人的权力,只有推荐的权力。在任掌柜确定人选后,经族人(董家)大会推荐选举;确定后,可视为协盛全接班人,再由在任掌柜传帮带三年,期满后交给其全权打理。

(四)人事集中管理制度

协盛全商号的各级掌柜、店伙等人事权属于总店掌柜,各分店、连号掌柜没有人事调动权,只有经营管理权。人员调整、调动一律归总店。

协盛全商号一般不用外地人,由族人(董家)大会和总店在本地选拔,经培训后再分到各分店。不适合工作的,需要调换,要由总店批准。从本地选人,董家在选择时就具有信息优势,不仅能考察选择对象的性格和道德品质,还能考察被选人的家庭背景。同时,还拥有较强的约束机制。

家族子弟,不能在协盛全本号里安排职业,更不能当学徒或掌柜,只能以董家的身份在分店里当监理,监督分店掌柜的日常经营活动。凡在分店的店伙计一律不准在工作地结婚,在本乡结婚者,费用由商号解决。各分店的掌柜一般是终身制,类似于今天日本的企业管理制度,除非有特殊重大问题,才有可能被辞退、调整、更换或准予辞职。协盛全认为,经商做买卖就是有赔有赚,赔者不馁,赚者不骄,其责任不全是掌柜,只要掌柜能尽职尽责,愿意接受教训,生意还会转败为胜,转衰为兴。

店伙计中若有偷盗、吸毒、嫖娼、不服从指挥、短斤少两、以假充真、没礼貌等行为者,一律开除。

(五)人才培训制度

协盛全商号生意很多,每个生意都需要很多人,过去用人是从学徒中挑选,这样仍满足不了分店的需要。为了使经营事业代有人才,并使人才管理科学化,协盛全商号就在村里创办一家义学,招收学生。义学中既教文化,还教珠算及商业知识。学习优秀的,有经商才能的,对经商有兴趣的,挑出来到分店当学徒。这些学徒不受学徒时间限制,只要表现优异,就破格提拔到分店当掌柜,或掌柜助理。

三、财物管理制度

(一)实行股金制

协盛全生意归全家族所有,实行股金制,各股是根据各门的人口确定的;不到汇总时,即不到总结算时,一律不准动用资金。资金结算一年一次,只分红利,不能支取股金,以保证经营的正常运转。各门不准随便在货房里支款借款,各门日常支出由货房统一支付。如遇特殊情况,天灾人祸,将情况报给总管,总管酌情解决。

（二）统一管理进货权

总店规定，凡分店经营的货，必须货真价实，言不二价，各分店的货统一由总店管理，由总店分运到各分店。协盛全不经营劣货、假货，一律选用上等好货，各地的货进到总店后，由总店统一过手，认真挑选，遵古炮制，才能发出去。

（三）账目管理

协盛全总店规定，各分店一年结算一次，在阴历腊月二十前结清，上报总店。分号账目，必须日清月结，一季一小汇，一年一总汇，小汇和总汇都要报告总店，杜绝了贪污和虚报假账的现象。图7-1所示为协盛全总店派人考察分店经营管理情况。

图7-1　协盛全总店派人考察分店经营管理情况

四、福利制度

协盛全商号发展到清朝末期，已拥有员工上千人。为调动员工的积极性，协盛全商号非常关心店伙计的日常生活及退休生活。

协盛全商号规定，凡在协盛全各店当学徒者，其结婚所需费用大半由东家解决。结婚以后，生活尚有困难者，协盛全还负责给他们买地置业，使其生活上有保证，以便安心工作。

协盛全还规定，在外经商人员允许三年返一次家，一年家人探一次亲，返乡或探亲的费用全由店内支出；店伙计回乡，货房负责接待。升成分店掌柜后，三年住家轮换班，老有退休金。去世时，灵柩及埋葬费用均由东家负责。有特殊贡献的分店掌柜，全家合住养老院。

商号通过一系列优厚的福利措施凝聚了人心，调动了积极性，使店伙计都非常关心店业的经营与发展，安心工作，尽心尽力，为协盛全商号的发展积极出谋划策。

附一：协盛全安康分号——协盛瑞药号的组织管理规定

安康协盛瑞药号，是博爱协盛全的一个分号。协盛瑞在管理上的特点是"（生活上）待人以宽，（业务上）用人以严"。宽严相济，使店员和业务发展紧密联系在一起。

一、人事录用

录用——用的店员分"内进号"与"外进号"两类。外进号是分号自己任用的，规定不能进柜台内工作，不能任重要职务。晋职、辞退由分号掌柜决定。内进号是总号在家乡招考选用的，任免都由总号决定，分号无此权限。不管内进号、外进号，但有一条规定：绝不准用外籍人，实际上是"亲连亲、眷连眷"。内进号，是经录用后，在家乡总号充当学徒三年，干的都是些勤杂活路。其家乡博爱县周围的清华县、木栾店、焦作、休抚县，这四处都设有为其家族生活服务的杂货酱醋油盐店。学徒们成天来往奔波在这四处。该号李姓东家家族人口三百多人，而有其直接服务的学徒、仆妇等就不下二百多人。可以想见其家豪华阔绰。

二、分配和授权

各分号自掌柜以下人员，都是由总号选择分配。分号的掌柜对其所属的大先生（司账）、街客等人员，有权考核做事的成效，予以升任或降职。有犯了号规的，就写信建议总号"调号"；被调号的人，名誉就受到严重的损伤。因此，店员都兢兢业业，勤慎供职，不敢逾越规范。

三、提拔与量材使用

年轻初进号的店员,先叫在后边做搬药包、泡洗、蒸炒、切片、做丸药等事,俟其把药的性能,用手、耳、眼、鼻等感官,去触、看、嗅、尝,有了认识和分辨能力,还要手抄"汤头歌"成药配方,经过考查有了基本工夫,才提调到门市部拣药。因为拣药的工作,是和店上的信誉、利益以及病患者的健康乃至生命,都有很大的关系,不能等闲视之。从事药剂工作一段时间以后,有才干的就提街客、大"先生"等职。有不能胜任细致工作的,就一直待在泡制、切片这种活路中,不予调动。

四、严肃的号规

向店员约法三章。1.任何人(包括掌柜)都不得携带家眷;2.不能"漏柜"(偷盗、贪污);3.不能夜不归号。以上三项,如有触犯,即报总号予以"调号"或除名。

五、任期和调动

分号的人员,在当地干到二年半的时间(掌柜三年轮换结账),即调回休息半年,掌柜休息一年。走时,号上为其置备的衣服、被子、褥子等可以带回家中,再来时,重新置发。来往的路费,也都由号上发给,如有不称职的,在临行前,掌柜的就说:"见信后,你再来。"这话的含义是不让其再来了。在人员休假时期,如系掌柜,就由总号另派一人前来。一个回去报账,一个前来接替,等于是两套人马。这样,也是一新耳目之意,并可借以考查分号经营情况。平时,掌柜短期公出,即由"二柜"大先生代理当家。

六、优惠的生活待遇

饮食方面,平时七天不吃重样饭。每月初一、十五有两次牙祭(会餐)。衣服方面,每年经常有裁缝工人在号上做活。如缝衣工资一元,由号上付八角,本人只付两角。棉衣服自己只买面布,里布及棉花都是号上出。杂用方面,如剃头、洗澡均由号上负担。三节(端阳、中秋、春节)除了备办酒席以外,还给店员送些时令的当用物品。工资支付,分内进号、外进号两种。内进号店员分在外地各号工作的,其工资由总号给其家中发三成,本人在外领七成;外进号的,由分号发全工资,总号不管。关于内进号店员中,家里如有婚丧要事,都给予应有的照顾。

七、参加分红

东家给分号掌柜,酌定金额如二千元、一千元、五百元……作为"份头"(即入股,或叫吃生意),按此金额,在红利中分成。定下的金额,只是虚数,不能动用。司账、管细药的也都有"份头"。①

附二:协盛全老河口分号——协盛堂的组织管理规定

协盛堂药材商业持续三百余年而不败,是李姓数代人,业精于勤,悉心研究药商学问,积累了一套私营企业的管理经验。

一、人事管理严格。博爱协盛堂药材总号归李东家亲自坐镇,各分支商店都委托代理人经管。用人原则,称为"内进号"。凡取用人员统一由博爱总号招收,在总号当学徒三年,然后视才任用,分配到各分支商店,不收外地人,更不允许各分支商店就地取用人员。

二、分工明细。掌柜三人(即商店负责人,相当现在经理),贺子敬为一掌柜,主持全面工作,二掌柜庞东松负责财务和日常事务,三掌柜赵殿臣主管业务往来。制药先生张蜀川负责膏、散、丸、丹等成药加工。

三、管理办法实行宽严并用、奖惩兼施:

(一)发放月薪按负责轻重、技术高低及入店时间长短划等分级付酬;(二)年终决算,从盈余额内提取资金,因人酌情付给酬劳金;(三)年逢三节(端午、中秋、阴历年)每人发一套衣服,冬天每人发一双鞋袜;(四)各分支商店职工都是原籍博爱人,不允许带家属,规定三年一次探亲假,假期为半年,自愿放弃休假者,按月薪算给余工工资(即双工资);(五)职工家中如有婚、丧、嫁、娶、天灾人祸或生活困难的,可以申请向东家借钱,无力偿还者,不予追索,确有困难的职工之家,还可以续借,概不计息;(六)每天门市结算营业额之零头尾数,均不入账交柜,分发给职工为小费(另花钱);(七)职工收入自给

---

① 杨良旺:《协盛瑞药号的经营特色》,载中国人民政治协商会议陕西省安康县委员会文史资料研究委员会编《安康县文史资料选(第2辑)·安康山货特产市场史料专辑一》,[出版时间不详],第8—17页。

有余交店储蓄,按月计息,年久积蓄多,允许交店入股,年终按股分红。

由于待遇优厚,曾有"身居县长位,不如协盛堂当掌柜"之说。协盛堂在给予职工优厚待遇的同时,也规定了严肃的店规、店纪,违者一定惩处,毫不姑宽。(一)协盛堂很注意人缘关系失轨,唯恐各商店掌柜在一个地方年岁历久,自然形成帮派体系,便于徇私作弊,故每隔三五年各地商店逐一轮班调换,杜绝结成推心置腹之关系网,伤害店规店纪,影响事业。(二)店内职工(包括掌柜至勤杂)不准拉帮结伙、吃喝嫖赌。违者,轻则年终结账后打发回家,发给路费,重则立时赶走,不发路费,并扣发工资。(三)财经纪律严肃。店内人员不准贪污盗窃、徇私舞弊。违者,不仅要追回款物,而且当即开除离店,通告各地分支店,永不录用。(四)职工生活有困难需要借支者,一律得要博爱李东家认许,外地分支商店,不得私自作主。即使李东家的儿子少东家也不另外。

协盛堂对职工待遇优惠,笼络人心。人们心甘情愿尽心竭力为商店服务这是其一。其二,由于惩处及时,决不拖延,各人都小心谨慎地想保住饭碗,而兢兢业业地做好工作,促进了老河口协盛堂药店持久的发展。①

第三节 修武大德生的管理制度

大德生是修武县最有名的中药店,曾不远千里到云、贵、川等省采购地道药材,而且严把进货质量关,凡伪劣药材一律不进,从而使大德生药店的药品远近闻名。大德生药店鼎盛时期,最多有21人,一般在15人左右,最少时有6~7人,并有一套严格的管理制度。

一、管理制度

第一,大德生药店管理架构。

---

① 罗淦:《协盛堂药店的经营与管理》,载中国人民政治协商会议老河口市委员会文史资料研究委员会编《老河口文史资料》第15辑,1984,第45-50页。

员工分掌柜、老板、坐堂医、司药、采购等,表现好的,按级别升迁。

第二,人事制度为学徒—司药—坐堂医制。

学徒工主要学习药理,学徒时间一般为3年,先学蹬碾槽;然后,在师傅的指导下逐渐学习辨认药品,拣筛、晒晾、浸泡药材;再后来,学切药及各种炮制药材的方法及制造蜜丸、水丸、膏药等技术。司药由学徒工期满后升任,到门面后,一要非常熟悉各种药品所放的位置,做到伸手而得;二要基本做到"一抓准",不回称;三要珠算打得精,药价计算无误;四要包药技术熟练。坐堂医聘有医术高明者。大德生坐堂医医术高明,享有盛誉,仅从小梁庄旱船班演唱的一段小曲,就可见大德生药店坐堂医的声誉:"大德生,甚是凶,买货直接到北京。坐堂医生脉理通,万病回春一股风,一股风。"

大德生药店不仅致力于从业人员的技术熟练和提高,更注重他们的职业道德和品质修养。如门市部老板染上吸毒嗜好,令其返家,限期戒除,返店后不久,旧瘾复发,遂予以解雇。司药庞荣灵卖"唐识义"(一种治疗疟疾的成药),擅自提高药价,从中贪污,也予以解雇。

二、财务制度

第一,股东管理制度。股东不准另向其他药店投资入股,不准在城内有家眷,不准擅自挪用公款。

第二,学徒只管吃饭,没有工资,但年终可根据经营情况的好坏及本人表现、资历深浅、技术水平等,得到掌柜赏赐的红包。

第三,其他人员则从纯利润的30%中按等级分得一份工资报酬,年终(春节前)结账后付给,平时若有急需,可到账房预借。若预借数接近当年预计报酬的总额时,账房即不再借。每人每年的报酬也不是固定不变的,而是随着每年纯利润的升降浮动,因此所有人员无不专心致志地努力工作,以图增加经营额与纯利润。

第四,大德生药店售药,大多数为现钱交易,但也有赊欠:一为短期赊欠,多在一两个月内有钱时即予清账;二为季头结账,一般为小康人家,在店内有账户,到麦收、秋收后多以粮食(略高于市价)清账,以示优待,使之逐渐成为本店的长期顾客,每年约可收小麦7500斤,秋粮5000斤;三为年终结账,一般为富庶人家,均持有手折。每取一次药,即在手折上写明×月×日取药×副,价洋若干,年终(春节前)即凭手折汇总结账。这些户更是本店的固定顾客。其他中药店则因流动资金少,不敢长期赊欠,自然无法与大德生药店竞争。

第四节　开封同仁堂的管理制度

清道光年间(约1840年左右),怀庆府河内人郝氏扬与阳武县的任某合资在开封开设同仁堂药店。

一、质量管理严格

同仁堂药店四代相传,历时140余年,在开封久负盛名,是和其过硬的技术和质量分不开的。郝氏扬临终遗训,教子郝培基要懂得前辈创业艰辛,好自经营,药材必遵古炮制,质量要精益求精,不得丝毫苟且,并嘱将此遗训世代相传。后人谨遵遗训,身体力行,对员工严格要求,使同仁堂一直保持良好声誉。同仁堂从选料、制作到售药按工序分工,各有所专。各工序均由技术和业务上拔尖的员工充当领工(领事掌柜)。饮片和成药所用原料、辅料、细料的产地和加工都有严格规定,如用江西之滑石进行水飞,芒硝必经提纯,胆南星定转九年方能上市(将牛胆汁灌入猪膀胱,扎口晾干至块状叫胆南星。每年将块状物取出研碎,再加牛胆汁拌成糊状,重新装入猪膀胱晾干,扎口存放,此为一转)。切制饮片讲究顶刀、斜刀、赶刀等,着料定刀,不能马虎。一颗槟榔能切50到100片,片薄如纸。药材炮制,存性要恰到好处,如甘草、党参、黄芪等类草药,浸泡时间以浸透为准,按茎之细粗先后从水中根根拣出,放入麻袋闷润,以保味性俱存。丸散调配、复核各设专人,以防配伍有误。

二、用人、工资与分红

同仁堂录用员工多经乡亲厚友介绍,学徒三年只供食宿(包括洗澡、理发、洗衣、吸烟)和医疗,无工资。学徒进店初以杂务劳动为主,兼服侍东家、掌柜和领事掌柜,一年后开始学习制药技术,三年期满量才任职,工资从每月1.5元(银元)逐年递增到3元(银元)为止,不再增加。学徒因怕失业,大都兢兢业业,勤学向上,以求学得一技之长终生为业。个别违犯店规的徒工随时开除,最迟不过年关。故而员工对店规、店约都能严格遵守。

同仁堂按本四人六分红,别于当时一般药店的本六人四。此分红比例起于创店之初,出资多半的任某因与郝氏扬交情甚厚,提出自己只出资不分红,郝氏扬执意不肯,最后达成本四人六协议,并一直延续下来。"人六"部分,视生意好坏也给领事掌柜分红。①

第五节 永城万全堂的管理制度

万全堂是河南永城县商业资本雄厚、声誉最高的商号,也是永城国药界首屈一指的商号,从而赢得顾客高度信赖。其管理制度如下:

一、组合严密 分工负责

万全堂设有总管(业主)一人,统掌店内外一切事务。

内掌柜(也叫正掌柜)负责管理业务,如购销、加工、制剂、计划、经营等。月薪20元(银元),从民国年间开始执行。

外掌柜(也叫副掌柜)负责采购、行情信息、推销产品、社会联络,同行业往来等,月薪18元(银元)。

账司(即管账先生)负责每日收支,债权债务,发放工资,费用开支,年终结算,利润分配等,月薪15元(银元)。

师傅(技术员)负责酱油、醋、成品药加工的技术指导,成品验收等,月工资量15~17元(银元)。

站柜员(即营业员)负责早晚上下门,店堂内外的清洁卫生、抓药、包药等,月薪6~8元(银元)。

徒弟(学徒工)没有工资,尽三年义务。万全堂每月给零花钱若干,三年后根据品德、能力、表现,才能定资起用。

万全堂每年发奖金一次,从全年利润中抽出15%按表现好坏、贡献大小,经评议发放。

---

① 民建开封市委员会:《开封同仁堂药店》,载安冠英、韩淑芳、潘惜晨:《中华百年老药铺》,中国文史出版社,1993,第439-442页。

二、人事管理制度

万全堂的从业人员,凡老、弱、病、残、伤、死者,都有定例照顾,失去工作能力或因病伤退职者,发给一年的工资,并视从业年限的多寡,分别予以适当补助。死者,给棺材一副,埋葬费若干(一般指老工人)。因工受伤者,由万全堂负责治疗,直到痊愈。因公致残者,可以做力所能及的工作,发给终身生活费。

从业人员的请假制度,也有严格规定:正副掌柜、师傅每年准假两次,不得超过40天。站柜员,每年准假一次,不得超过一月。学徒工一般不准假,特殊情况者例外。凡准假不超过期限,照发工资。

第六节 宝鸡诚顺和国药店的管理制度

宝鸡诚顺和国药店为百年老店,其发展靠的是"货真价实,童叟无欺",讲求职业道德,以取信于人。诚顺和药店号规严格,分工明确,药品齐全,质量优良,态度和蔼,经营方式灵活。

鉴于营业场地扩大,人员相应增多,诚顺和药店首先制定号规,安排人事,除创始人行培德与李继续分任经理、副经理外,增任股东李国柱为协理,监督店务。建立万金账,所载各项章规,共同遵守,永矢弗渝。经理、副经理各有具体分工,分总管、业务、会计、外务等,各司其职。号规内容大体有以下几点:

1. 全店人员均应听从经理统一指挥,服从股东代表监督。
2. 店内全体人员都应同心协力,和睦团结,忠心耿耿地做好本职工作。
3. 凡要求来本店工作的人员,必须经由了解本人经历并经本店同意的人士推荐,并觅具保证人。录用后,发现违犯号规及意外事件,由保证人及推荐人负责。
4. 凡本店职工不能适应,或不愿做所派工作,可向经理提出理由,另行安排,不得怠工。
5. 凡提出告辞、自愿离职的职工,经清理离店后,永远不准再回本店工作。
6. 职工在店工作期间,由于道德败坏,或有贪污盗窃行为的,按情节轻重,给予警告、批评、开除等处分。
7. 职工的伙食费用及患病的医药费,由本店供给;工薪为年薪制,规定月支,不得超额。到年终决算后,根据盈余情况,按本人对药店贡献大小,分别给予现金或物质奖励。

8.盈余分配规定,两年分账一次,分配比例为银、人各半,即本金股与人力股各分50%。股东按股金额分红,人力股指高级店员按所评定的分数,死分活值进行分配。

每届农历年终,除夕之夜开会,俗称说话。根据职工为药店所做成绩大小,分别给予鼓励、奖励、提升。对有过失的人员,进行批评教育。对过失严重的人员,予以开除出店,限正月初六日前离开药店;对过失不甚严重,尚可留店工作的,经批评后,本人表示有改正决心,可以继续工作;对劳动表现不好的,本应辞退,因其求人讲情(俗称联锅),由经理指出其缺点,本人表态愿意改正的可以留用。

正月十六日晚第二次说话,由经理对新的一年的工作进行具体部署安排。根据每个职工的工作能力、劳动态度,决定每人的年薪额。学徒在三年内无年薪,只给少量的服装费和零用钱。当众公布号规,勉励大家遵守执行。①

第七节 怀商管理制度综论

从河内杜盛兴、河内协盛全、修武大德生、开封同仁堂、宝鸡诚顺和、永城万全堂等怀商管理制度的论述中,可以看到怀商创立了许多科学、规范的管理制度,诸如掌柜负责制、商号规章、联号管理制等等。这些管理制度确保了怀商数百年的屹立不衰。

一、掌柜负责制

得人者兴,失人者衰。怀商对于掌柜之聘用,用人唯贤,唯才是举,并经多年经验累积,形成了一套科学合理的经理负责制。其常规办法是:掌柜聘用之前,先由东家进行严格的考察(一般被考察对象为本号号员),确认其品行是否可靠,其能力是否守攻兼备,多谋善变,如可以担当掌柜之重任,便重礼招

---

① 罗树人:《宝鸡诚顺和国药店》,载安冠英、韩淑芳、潘惜晨:《中华百年老药铺》,中国文史出版社,1993,第478-487页。

聘,委以全权。掌柜上任后,东家赋予其无上之权力,号内商务,不论是用人还是业务管理,均由其全盘定夺。同时,掌柜还可以根据营业情况,确定设立分号事宜。如掌柜在任期内,业务大有起色,东家则给予加股(人身股)、加薪奖励。如不称职,则减股、减薪,甚至辞退不用。账期(即商号的财务大决算,一般为三年,有的为四年)的盈亏由总号统一核算,但各分号因提供的利润多少不同,会受到不同的奖惩,号员的个人前途也不尽相同。据说,账期内各地掌柜齐集总号汇报工作时,由东家设宴款待,赢利多者坐上席,东家敬酒上菜,热情招待;赢利少或发生亏损者居下席,自斟自饮,受到冷遇。如果二三年都屈居下席,掌柜一般都自行请辞。

怀商的东家在明清时期并不介入经营,而是全权委托给掌柜经营。东家与掌柜的合作,除了经济利益相联系外,主要是建立在互相信任的基础之上。东家在疑人不用的前提下,遵循用人不疑的宗旨,完全信赖掌柜的人品与才能,不过问平素的经营管理事宜,只要不是人为所致的损失,一般不会要求掌柜赔偿损失,而且还会再次补充资本,鼓励其再做。正由于东家充分信任,故而掌柜经营业务也十分卖力。

民国以后,怀商部分商号始由东家以自己的资金开设商号,自己直接在店内进行经营活动,雇用一些伙计处理业务直接经营,如协兴永商号。

一般情况下,东家的权限和职责体现在以下几个方面:制定店规,规范管理;遴选掌柜和决定号员去留;管理和分配股东股息和红利;决定经营范围及经营规模;决策带有风险性的较大事项;审查年终营业报告;决定决算期(一般三年一次)依据约定程序处置红利分配以及重大赏罚的处置;决定掌柜异地交流。同时,东家有到分号监督的权力,如发现问题,有向总店汇报和建议的权力,由总店考察核实后,给予裁决。还规定:股东及其子弟不得在号内食宿、借钱和指使号内人员为他们办事;不得保荐学徒或干涉号内用人事宜;号员返乡探亲,先报备东家,违者不予报销路途费用。

二、商号规章

丰富翔实的规制,使怀商在内部形成了修身正己、严于律己的观念和习惯。家有家法,铺有铺规。明清时期,怀商商号根据自己的实际情况,以制定规章来管理商号。商号的这些规章,史称"号规"。号规一般由东家与掌柜

(经理)共同议定,在商号内部具有极大的约束力。

号规,是随着社会的发展和商号的不断发展而不断完善的。早期号规是些什么内容,因无资料而无法说明。清中后期以后,号规屡见史料。明清时期,山西是中国商业发达繁荣之地,晋商对商业的管理在历史上采取的是两权分离——东家掌柜监理制度。因此,怀商商号在制度的规定上,大多借用晋商的管理制度,如怀商较大的商号杜盛兴、协盛全、协盛西、协盛堂、大德生、公兴大、全顺德、协兴永等等。怀商商号号规极严,无论掌柜、伙计、学徒,均须遵守,其内容包括各分号与总号之间的关系、业务经营原则、对号员的纪律要求等等。

怀商的号规所拟条款大体一致,只是操作方法和一些细节不尽一致。号规内容从实际出发,规范着号员的职业道德。如号员一律不得携带家眷到商号营业地;凡号内职员,非因号事,不经允许不得外出;不得游街串巷;不得在外居宿;不得赌博、嫖娼、吸食鸦片;不得酗酒撒泼;不得盗窃财物;不得接待个人亲朋好友;不得以权谋私,要廉洁奉公;不得上瞒下傲,要和睦团结;等等。违者,一般或批评,或教育,或警告;重者,予以除名。为防止号员聚赌嫖娼和吸食鸦片,进而危害商店声誉,号员工资不给付本人,按月记账,年终汇寄总店,再由总店分别转交其家属。号内职员,回家休假期间,不得到东家和掌柜家里闲坐,不得向东家和掌柜送礼;号员如有婚丧之事,统一由总号付礼,号员之间不得互相送礼;号员如有过失,不得互相推诿或者互相欺瞒包庇。入号的学徒,除年龄、体格、身材、面貌和文化水平都有一定的规定外,还必须是未曾在其他商号当过学徒的;学徒被开除后,不得再回本号;号员不得在商号营业所在地结婚。号员三年返乡休假一次,休假由业主来函通知;所有顶身股的大小掌柜,必须为本号学徒出身。有的商号设有号员股份,如杜盛兴商号根据号员贡献的大小,配给号员以适当的股金,这份股金按绩效分配,并与资本股具同等分红权利。号员股不仅将号员与东家的利益紧密结合起来,而且有效地调动了号员的工作积极性和工作主动性。

号员根据从事工种的复杂程度及入店时间长短划等分级付酬。门市部每天的营业额结算之后的零头尾数(有的为包药费),一般不入账交柜,而是作为小费(零花钱)按人平均分发给号员;职工收入可以入股,年终根据盈利多少按股分红。每年根据盈利情况,上交完号东利润,剩余部分一般按二八分成,即东家两成,号员(包括掌柜)八成。有的商号为本金股与人力股各半。探亲假,号员平时无假期,掌柜工作满两年,可回家休假一年;号员工作期满两年、学徒工满三年,可回家休假半年。休假期间,工资、路费一律照发,有的商号还允许号员免费携带少量的日常保健药品路上使用,如藿香正气丸、附桂紫金膏、痧药丸、眼药等。

怀商的号规不仅约束号员伙计,也限制掌柜和东家的权力和行为,既保障职责所有者的权利和义务,也有处罚和惩治的明文规定。不因人设规,不因人变规,不因人废规,而是以规管人,以规导人,以规变人。真正做到号员遵守号规,掌柜和东家更遵守号规。这些规章制度在执行过程中一丝不苟,奖罚分明,无论掌柜、号员、学徒,均须遵守,从而使商号的日常活动进入良性的运行轨道。商号内部作奸犯科、损害商号利益的行为很少发生,如有违犯者,也严惩不贷。

三、联号管理制

怀商基本上为联号制,比如,协盛全商号在各地分号分别有协盛西、协盛堂、协盛瑞、协盛义,大致都离不开"协盛"二字。杜盛兴商号在全国各地的分号,都以杜盛兴命名。南坪协兴永商号在四川茂县,甘肃成县、武都、文县,上海等地设立的分号,都以协兴永为名。其架构以总号(栈)—分号(栈)两级架构为主。总号统辖各分号,无论人事权、财务权还是重大经营权均为总号所控制,但业务主要在各分号。分号掌柜具有全权经营分号的权力,分号掌柜经营好的话,有的分号掌柜自己再设分号,所以有的商号架构为总号(栈)—分号(栈)—支号(栈),但支号对分号负责,不对总号负责。如湘潭协盛西魏秉朴主持号务后,分别在汉口、岷县、辉县设坐庄,在重庆、禹县、祁州、彰德、广州、上海、郑州、宁波等地设立代庄,这些庄口都归湘潭协盛西管理。

一般情况下,无论总号,还是分号,根据业务量大小,专设1~2人管账,账目都非常清晰。总号、分号、支号基本上都是独立核算,必须日日清、月月结,日清尾银作为奖金平均分发;账目一季一小汇,一年一总汇,小汇和总汇都要报告总号。各分号一年结算一次,一般在腊月二十前结清,上报总号。三年一次大结账,由各分号将账簿寄回总号,总号派人核算亏盈。商号不管有多少分号,总号都能了然于心。而总号掌握分号的全部业务实绩,也主要是通过分号报送月结(即报告分号本月业务活动实绩)和年结(即报告分号一年内业务实绩)的清单进行的。报告清单的时间为:月结在月底,年结在冬月底(旧历十一月底)。报告内容,各项总结数字写在账簿前面;具体花名、地名及数字,写在数字后面。这样,总号看过之后,不仅可以稽核数字,也可以知道和谁做了生意,有哪些收入和花销,账目有没有问题,等。总号看过之后,如果认为有问题,即通过信函指示分号。月结和年结,既是分号向总号的报账,也是分号的营业决算,盈亏一目了然。但分号清单反映的只是一处的经营情况,总号清单则是把各个分号清单所反映的经营情况汇总再加上总号自身的清单,便是总号清单。总号根据各分号和总号自己的盈亏情况,总结出本年的营业损益。三年账期结束,核算出每股应分红的数字。另外,还设立查账制度。一般情况下,分号由总号稽核。总号由东家及众股东和大掌柜认为必要时进行稽核。严格的月清年结制,能够及时、真实地反映经营情况。

随着家族人口的扩大,原来由东家独资创立的商号被东家子弟共同拥有,如协盛全商号李氏家族繁衍至清末民初,其家族就多达300余人,分仁和堂、同仁堂、百忍堂、安生堂四部分,但分家不分号,因此独资商号就变成了股份制商号。

第八章 自我管理建组织
——怀庆会馆的功能与作用

会馆是旧时同省、同府、同县或同业的人在京城、省城或国内外大商埠设立的机构,主要以馆址的房屋供同乡、同业聚会或寄寓。中国行会机构的组织形式多种多样,其名称依各地习俗而定,有"会馆""公所""堂""宫""帮""会"等不同称谓,还有直接以本行业名称而命名的。①

会馆之设,"始自明代,或曰会馆,或曰试馆。盖平时则以聚乡人,联旧谊,大比之岁,则为乡中来京假馆之所,恤寒峻而启后进也"②。又云:"京师之有会馆,肇自有明,其始专为便于公车而设,为士子会试之用,故称会馆。自清季科举停罢,遂专为乡人旅京者杂居之地。"③由此可见,会馆最初则是"聚乡人,联旧谊"的场所,也是"恤寒峻而启后进"的场所。随着商业经济的发展,具有商业性质的会馆在一些经济发达、商贾辐辏的地方渐次兴起,初见于明万历年间的苏州。④苏州"为东南一大都会,五方商贾,辐辏云集,百货充盈,交易得所,故各省郡邑贸易于斯者,莫不建立会馆"⑤。至清代,商业性的会馆遍布于各地。所以,"会馆是明清以来外地人在客地建立的一种同乡性的社会组织。它由明初寓居京师的客籍同乡官员倡办,其后随着商品经济的发展、人口流动

---

① 杨飞、郝金艳:《开封山陕甘会馆及其戏楼演剧考略》,《中华戏曲》第46辑,文化艺术出版社,2013,第95~96页。
② 陈宗蕃:《〈闽中会馆志〉序》,载李景铭:《闽中会馆志》,1943,铅印本,"陈宗蕃序"第1页。
③ 程树德:《〈闽中会馆志〉序》,载李景铭:《闽中会馆志》,1943,铅印本,"程树德序"第1页。
④ 车文明:《中国现存会馆剧场调查》,《中华戏曲》第37辑,文化艺术出版社,2008,第29页。
⑤ 清嘉庆十八年《姑苏鼎建嘉应会馆引》,载江苏省博物馆《江苏省明清以来碑刻资料选集》,生活·读书·新知三联书店,1959,第351页。

的频繁和科举制度的兴盛不断发展,遍及京师省城、工商业都市和郡县场镇,经济实力更强,内容也日渐扩大"①。"以相互定期与不定期的聚会、娱乐及彼此的互律为活动方式,力图建立起一种和谐稳定,能以不变应政治、经济、文化发展之万变的社会秩序,从而程度不同地实现了商品经济与道德建设、社会变迁与秩序稳定的平衡发展。"②

怀商诞生于明清时期的河南怀庆府,纵横于大江南北。伴随着怀商贸易的繁荣,怀商的足迹遍布全国各地。例如,河内县刘村协盛全商号曾在全国的27个地方建有商号,即赣江水系的吉安、樟树、南昌、九江,湘江水系的长沙、湘潭、衡阳,长江水系的重庆、宜昌、汉口、上海,汉江水系的汉中、安康、老河口、岳口,岷江水系的松潘、婺州、阿坝、灌县以及河南省的禹州、郑州、开封,安徽的亳州,河北的安国,山西的上党,东北的营口,还有天津。在各地的经营过程中,怀商为了保护自己的利益,纷纷建立自己的商帮组织,从事结帮经营,而且从清康熙年间开始,先后在武汉、天津、北京、樊城、光化、亳州、晋城、太原、祁州以及河南本省的开封、禹州、周口、社旗等地方建立起怀商的帮会机构——或覃怀会馆,或怀庆会馆,或怀帮会馆,或药王庙,或中州会馆,或河南会馆,等等。就具体而言,有汉口的怀庆会馆(又名覃怀会馆、覃怀药王庙)、禹州的怀庆会馆、晋城的怀庆会馆、天津的怀庆会馆、周口的怀庆会馆、开封的怀庆会馆以及与会馆性质相同的辉县百泉药王庙等等。怀庆会馆不仅是怀商"聚乡人,联旧谊"的场所,而且也是其经济实力的证明。由此可见当年怀庆商帮之强盛、怀药贸易之兴旺。

第一节 怀庆会馆的创建

一、汉口怀庆会馆

汉口作为著名的商业都市,历来"万商云集,商品争流",不仅是商品的集散地,也是八方商贾贸易、栖身之地。"汉口不特为楚省咽喉,而云、贵、四川、

---

① 王日根:《论明清会馆神灵文化》,《中国社会科学辑刊》1994年第4期。
② 王日根:《中国会馆史》,中国出版集团东方出版中心,2007,"绪论"第1页。

湖南、广西、陕西、河南、江西之货,皆于此焉转输。虽欲不雄天下,不可得也。天下有四聚,北则京师,南则佛山,东则苏州,西则汉口。然东海之滨,苏州而外,更有芜湖、扬州、江宁、杭州以分其势;西则惟汉口耳。"①

汉口市场繁荣,百货纷呈。外来的商贾,按地域行业结成帮派。据民国《夏口县志》载,汉口有来自湖北和全国各地商人的维护商人利益的组织——会馆、公所约 200 处,有确切的创建年代者共有 123 所会馆、公所(其中建于清道光以前的 37 所,占 30%;建于清宣统之前的有 70 所,占 57%)。② 这些商业组织集同乡、同业于一炉,联络感情,又寻求商人的共同利益。在汉口的 27 所会馆中明确由商人创建的会馆共有 17 所,是会馆中的绝大部分。其中,清康熙二十八年(1689 年),怀庆府的河内、武陟、温县、孟县等地药商在汉口集资兴建怀庆会馆,以供怀庆药商用以聚会议事、交流商讯之用,是汉口最早的商业会馆之一,从建立时间顺序而论,排在三皇殿、老汉义殿、新安公所之后。③

汉口的怀庆会馆位于循礼门堤内,初名"怀庆会馆",清乾隆年间重修时,改名"覃怀药王庙"。

汉口覃怀药王庙历史悠久,建筑宏伟壮观,由前大殿、后大殿和花园三部分组成。前大殿对面有一座戏台,戏台前是弧形看台楼,楼上设女座,楼下设男座。

前大殿门宇轩昂,门上有镂金浮凸的"药王殿"三字牌额。门口两侧蹲伏着高约 2 米、宽约 1 米的大石狮一对,每个大石狮身上和脚爪旁各雕有 1 个小石狮,栩栩如生,形象逼真。

大殿卷棚前,石台阶中间为甬路,系白石雕花的栏杆,栏杆内是白矾石雕凿的双龙戏珠,造型美观,雕工精致。卷棚两边是钟鼓楼,钟鼓楼旁均建有石碑亭。大殿两厢,左是更衣塞、浴室,右是怀商药材堆栈。前大殿的正中靠壁,摆着一个大型紫檀木的供桌,上置神龛一个,龛内供奉有药王孙思邈的牌位,设有神像。牌位前放着一个大型紫铜香炉和一对铜烛台。神龛两侧和殿内的盘龙大柱旁各挂着一副紫木金字的对联,墙壁上挂着明董其昌等名家字画。大殿周围挂有宫灯 48 盏,金碧辉煌,华丽庄严。每年农历四月二十八日为药

---

① 刘献廷:《广阳杂记》卷 4,中华书局,1957,第 193 页。
② 根据民国《夏口县志》卷 5《建置志·各会馆公所》的记载统计所得。
③ 民国《夏口县志》卷 5《建置志·各会馆公所》,第 22 页。

王之诞辰,怀庆会馆均要邀请戏班唱大戏和大摆筵席,以示庆祝。

后大殿有一个大阁,名"覃怀阁"。阁内摆放着一供桌。供桌上的小神龛里供奉着药王的牌位。前面摆着香炉和烛台,四周摆放着一些精致的红木靠椅和茶几。覃怀阁上面挂着20盏琉璃纱灯,壁上挂着很多名人字画。这里是覃怀会馆的会议室。覃怀阁两侧修建了数十间房屋,装饰陈设富丽堂皇,还有餐厅和厨房,是怀庆仕商寓居之所。

覃怀阁后有三皇殿一座,殿内神龛供奉着"三皇"雕塑神像。三皇殿两边与后面是东花园、西花园和后花园。东花园有火神殿、凉亭、喷水池,西花园有财神殿、凉亭、石碑亭和池塘,池内种芦根、石斛等药材。后花园有荷花池、假山、水榭、石桥和二程夫子殿("二程"指北宋著名学者程颐和程灏)。花园里遍植松柏、槐桑、杜仲之类药用的树木,浓荫蔽日;还有很多奇花异草。花园是怀庆仕商避暑胜地。①

会馆雄伟建筑,艺术价值较高。龙与狮造形之美、雕工之精细极为罕见,名人字画十分珍贵,建筑工艺独具匠心,所用的建筑材料多系河南产品,以示河南人的技艺和乡土气息。

汉口药王庙有很多具有历史价值和艺术价值的建筑和文物,可惜历遭劫难,绝大部分都被毁坏。在药王庙残存的建筑墙上,尚有清末补刻的石碑两块。这两块碑文详细地记载了药王庙的确切范围与修建时间,是考证药王庙及其附近一带历史变迁的有力佐证。其中,一块碑刻是吴来雨的卖地文契,其内容为:

> 立大卖地基人吴来雨今将自置荒地一段,坐落循礼坊,坐北朝南。北至堤,南至街,东至大巷,西至杜家巷。今因移就,先尽亲族人等无人承买,夫妇父子兄弟好作商议,请凭中证说合情愿出大卖于怀庆会馆修建覃怀帮药王庙名下为业,三面言定实值时价,□平纹银壹千五百两整,所有代笔折席一并在内,其价眼同保正中证,当面收讫,并无抬算准折,勒逼图谋,等情,亦无重复典押归赎加添等弊,恐口无凭立此大卖文契一纸存证。

计批:

---

① 许智主编《硚口史话·药王庙与豫成园》,武汉出版社,2003,第248-251页。

第八章 自我管理建组织——怀庆会馆的功能与作用

统共计地玖百陆拾贰方叁尺玖寸八分应合拾陆亩零叁厘玖毫玖丝陆乎。

凭中人：赵峰、李士杰、刘绪典、彭伯鲁、周士廉、王尧卿、郑光耀、熊□山

保正：徐士逵

住持：陈教嵩　仝证

大清康熙贰拾捌年五月十五日

立大卖契人吴来雨押

这份卖地文契，不仅详尽地说明了当时怀庆会馆买地是为了修建"覃怀药王庙"，而且庙址北至长堤街，南至新安街，东到药帮大巷，西至杜家巷，四周墙界，如今尚历历可考。

第二块石碑是张本原的卖地文契：

立大卖地基人张本原缘祖遗□湖荒地一段，因逐年淹没，难于获收，合家商议情愿贱售，另图生理，先尽亲族，均不承买，请凭中证说合，出大卖于覃怀帮药王庙名下为业，其地坐落循礼坊，水涨为濒湖，水退为荒地，其界：东抵新安书院自新堂界，西抵西会馆界，南抵菜地并雷祖殿后界，北抵新安书院界。四界明白，钱粮载上鹅屯户内完纳，凭中言定，时价□大钱壹百串文整，当面领讫，此系己卖己业，旁人不得干涉，听其管业，恐口无凭，立此大卖契有证。

计批：源买荒地一段，计伍百陆拾柒方贰分陆厘，合玖亩肆分伍厘肆毫叁丝，除堡垣占地肆拾叁方伍尺，合柒分贰厘伍毫，再除光绪二十四年卖于京汉铁路局壹百伍拾方，合贰亩伍分，现在实地陆亩贰分贰厘玖毫叁丝，合叁百柒拾叁方柒尺陆寸。

凭中人：杨耀祖、余道生、汪德厚、孙道隆、李传典、张克定、保正王长乐、住持陈教高　仝证

康熙贰拾捌年八月二十日立

从碑文中可见药王庙当时规模之大、范围之广。

20世纪30年代初，汉口中药材同业公会就成立于药王庙。覃怀会馆在庙内创办的覃怀小学，1956年改为市立药帮巷小学。如今，药帮巷小学早已撤销，校址即庙、馆遗址成为是武汉财经学校的一部分，新的大门改在药帮巷。

虽然面目全非，但依稀透露出昔日的气息。

二、禹州怀庆会馆

"十三帮一大片，不如怀帮一个殿"，这是禹州怀庆会馆享有的美誉，概括的是禹州的十三帮会馆虽然规模宏大，但还不如怀庆会馆一个殿的规模。

数百年来，禹州药业市场长盛不衰，享誉全国。洪武元年（1368年），明太祖朱元璋就诏令全国药商，集结钧州（今河南禹州市），恢复遭到元末战乱破坏的药业市场，自此，禹州逐渐成为全国性的中药材交易集散地。清朝初年，禹州的药材交易进入鼎盛时期。为了适应药材市场的需要，禹州药商纷纷建立药材商号，而且同一行业、同一地域的商人为了便于联系，互通信息，遂结成行帮组织。各行帮为显示自己的经济实力，不惜重金修建客驿会馆，例如山西会馆、怀庆会馆、江西会馆等。当时在禹州的十三个药帮还踊跃集资，建了"十三帮会馆"。禹州的会馆中，尤以山西会馆和怀庆会馆最为雄伟壮观。

禹州怀庆会馆，位于今禹州城内西北隅，是由怀庆府所属各县在禹州进行中药贸易的巨商富贾集资兴建的，以此作为其联谊场所，保护其资产免遭倾乱，为各地商帮在禹州所建会馆之一。

禹州怀庆会馆坐北面南，始建于清同治十年（1871年）三月，至清同治十三年（1874年）六月落成，南北长120米，东西宽78米，总面积9360平方米，是一处由照壁、山门、戏楼、钟楼、鼓楼、东西廊庑、拜殿及月台等组成的布局规整、巍峨壮观的古建筑群。

照壁位于会馆正前方，青砖砌就，以石条为基，基上用砖砌成双层须弥座，分别雕有仰莲、云气、几何图形等装饰花纹，座上立壁，横宽18米，壁面为大小八边形组成的几何图案。顶为歇山式，檐下做出方椽。

戏楼（见图8-1）在照壁北10米处，为山门兼作戏楼，面阔三间，进深二间。南为山门，北为戏楼，下有长18米、宽7米基座，为单檐歇山式顶，覆以孔雀蓝琉璃瓦，雕龙正脊两端置大吻。在戏楼两侧各有一个长宽各为3米的方形角楼，为会馆的钟鼓楼。

第八章 自我管理建组织——怀庆会馆的功能与作用

图 8-1 禹州怀庆会馆戏楼

沿中轴线而行，拾阶而上，越过月台进入拜殿和大殿。月台前，一对乳白色的石狮分立两侧。

拜殿面阔五间，进深两间，单檐歇山式卷棚顶。上覆孔雀蓝琉璃瓦，雕花脊，檐下无斗拱，平板枋上为高浮雕牡丹图案，大额枋上分别浮雕着"商旅入城""高士贤隐""骆驼商旅""商旅歇马"等商帮故事及透雕人物、鸟兽等，玲珑剔透，栩栩如生，实属一组雕刻艺术珍品。（见图 8-2、8-3）

图 8-2 禹州怀庆会馆拜殿

图 8-3　禹州怀庆会馆拜殿的雕刻

拜殿紧接后大殿,中间作勾连搭式。

大殿为会馆的主体建筑,建在一个高 0.8 米、边长 18 米的方形基座上。大殿面阔五间,进深三间,单檐悬山廊式建筑,为孔雀蓝琉璃瓦顶,檐下施斗拱,枋上高浮雕为龙、鹰及山水、花卉图案,(见图 8-4)殿内遍施彩绘。大殿前次间上檐,雕刻有金色卷发男女头像和一些西洋建筑的风景画,画意为禹州与南洋诸国中药贸易交流。这证明当时禹州药商和欧洲商人已有来往,建立的药材贸易关系。①

图 8-4　禹州怀庆会馆大殿屋顶

---

① 孙春彦主编,《禹州中药志》编委会编:《禹州中药志》,光明日报出版社,2006,第 246 页。

怀庆会馆的所有建筑用砖均有"怀帮"二字,这在中国的建筑史上是不多见的。而且,由陕西帮、四川帮、宁波帮、甘草帮、党参帮、茯苓帮等十三帮会集资兴建的十三帮会馆,比怀庆会馆晚建一年,规模还没有怀庆会馆大,怀庆会馆在建筑艺术上雄居禹州各会馆建筑之首。怀庆会馆的建成,使怀药商人的经济实力名震禹州。由此可见当年禹州怀庆商帮之强盛,怀药贸易之兴旺。

"禹州怀庆会馆"于2000年9月25日被河南省人民政府公布为省级文物保护单位。

三、禹州十三帮会馆

禹州十三帮会馆与禹州怀庆会馆相比略逊一筹,但规模同样不一般。这是在禹州经营药材的包括怀商在内的十三帮共同捐资修建的商业会馆。

十三帮会馆位于禹州城内西北隅,居山西会馆南侧、怀庆会馆西侧。清同治十年(1871年),会首郭广德、连文中、潘升炎、阮耀祥、王凌云、常天福、高有帮、蔡汉文、胡乾之、王二元、范廷栋等捐钱创修十三帮院墙及关帝庙。清同治十二年(1873年)六月,药行帮、药棚帮、甘草帮、党参帮、茯苓帮、江西帮、怀庆帮、祁州帮、陕西帮、四川帮、老河口帮、汉口帮、宁波帮等十三个药帮集资购地20亩,共建"十三帮会馆"。清光绪二十年(1894年),会首徐长聚、武清、耿金铺集资创修十三帮药王殿、演戏楼。清光绪二十六年(1900年),十三会馆厨房、养病院、阴宅院、道院、二门、影壁墙建成。清光绪二十九年(1903年),十三帮建会议所一处。

在布局上,十三帮会馆分庙院、中配院、会议所三部分。其中,庙院位于会馆西侧,由九龙壁、铁木旗杆、山门、钟鼓楼、戏楼、东西廊房、月台、拜殿、大殿和配殿组成。整体建筑坐北向南,前低后高,布局严谨。山门外南围墙与九龙壁结为一体,墙内为东西向砖铺甬道,东端为临街大门。九龙壁由彩釉方砖拼砌而成,底部为巨大的方形青石雕座,群龙盘绕,栩栩如生;山门外有一对雌雄石狮分立两侧,山门两端为八角腾空、两层起架的钟楼和鼓楼;戏楼下部居中轴线有一拱券过洞,可直通后大殿,两侧筑有高墙,各有高大砖拱圆形券门;庙院铺满红方石,居中一株国槐枝叶茂盛,遮天蔽日;东西厢房门前栽培名贵月季,房后古柏参天;沿中轴线后行至月台。月台为双侧台阶,中嵌石雕,台面三丈见方,东、南、西三边以石栏相围,石栏间立方柱,柱顶有猴、桃等精美雕刻;

越过月台是拜殿和大殿。大殿为木结构建筑,单檐斗拱,以彩釉琉璃瓦盖顶,五脊有琉璃彩砖盘龙飞凤、兽头、人物等艺术装饰,四隅挑角,玲珑别致,巍峨壮观。中配院迎九龙壁为琉璃瓦顶、五脊六兽的辕门,进门沿中轴线铺有青砖甬道。整个中配院为一四合院,其中北上房为青砖琉璃瓦、明三暗五的大客厅,是迎宾谋事之地。东跨院为会议所,是接待宾客及聚餐之地。

十三帮会馆历经沧桑,主要建筑九龙壁、铁旗杆、山门、钟鼓楼已荡然无存,至2000年尚遗有扇形及长方形石额各两块、界石一块、十三帮创始碑记一通:其中扇形石额一刻"赏花",一刻"酌酒";长方形石额一刻"光绪癸卯十三帮会馆阖社仝立",一刻"光绪丁未会议所药商仝立";界石上款为"墙基余地五尺宽",正文为"药帮会馆西墙地界",落款为"同治拾贰年六月修建";碑记全文曰"阖社公议不许将庙中房屋借与外人使用,倘有本帮人私借与外人者,罚酒席十桌",落款为"光绪二十九年立"。①

四、天津怀庆会馆

天津怀庆会馆创建于清同治七年(1868年),坐落于天津红桥区曲店街32号。曲店街是当时著名的商业街。天津的商业街巷,如北门外大街、针市街、竹竿巷、小伙巷、曲店街等均集中在小伙巷地区——天津的三岔河口以西,东起北门外大街,西至大丰路,南至北马路,北至南运河的地区。小伙巷地区占地600多亩,毗邻三岔河口,靠近南运河上的渡口及装卸码头,水路条件便利,这一带建有浙江会馆、江苏会馆、江西会馆和怀庆会馆等。

清同治年间,是怀药贸易在天津的兴盛时期。当时,怀庆府的药商,设在天津的商号有同德、协盛全、杜盛兴、新复兴等,专营四大怀药,总存货量达万件以上。同德药行在香港等地设有分庄,专门办理出口交易手续。此外,这些怀商商号还创制自己的名优药品。杜盛兴的麝香远近驰名,其大的雇主是北京同仁堂,成交额动辄逾万银元。协盛全所制的"协"字麝香,极富名望;协盛全还专营朱砂。

为便于联谊和怀药交易,怀商商人张连堂等三十余家商号于清同治七年(1868年)在曲店街购置房产兴建怀庆会馆,为怀庆药商居住、会友、储存药材

---

① 孙彦春主编,《禹州中药志》编委会编:《禹州中药志》,光明日报出版社,2006,第246页。

之所。除供奉药王神像外，还专门辟有怀药仓库和客商、伙计宿舍，不少药栈在此租地经营。怀庆会馆门首书写"怀庆会馆"横额。该会馆分前后二院落，戏楼居中，霍元甲曾在此做工，后因商业萧条，会馆作用逐渐消失。1943年，成立有怀庆同乡会，推选了常务、监察、评议等委员会。其中，常务委员有王煜东、张庆元、史安澜、阎槐青。会馆的负责人先后是王煜东、王晓旭、张庆元、阎槐青、胡秀珍（阎槐青之妻）。怀庆同乡会解体于1954年。①

近年，由于天津的城市改造，怀庆会馆被拆掉，不过在天津红桥区文物管理所仍保存有怀庆会馆两个经商过磅用的石砝和一块碑刻。两个石砝，一大一小，均刻有"怀帮公砝"的字样，小的刻有"光绪四年六月立"和"二百斤"的字样。

天津怀庆会馆的碑刻为《怀帮会馆重修志略》，工笔小楷，字迹清秀，尚可辨识大部，其碑文如下：

尝思商贾往来，每仰赖天神庥而春秋祭赛，宜崇隆乎祀典。吾郡药帮迁于津也，历有年矣！每际酬神之时，常无肃静之是（所）。同治七年夏五月，张连堂、刘相成等遂会同泰顺理、云合兴、复泰合公同商购，置曲店街公所一处，计房屋大小三十间，东至刘姓，西至周姓，南北均至（临）街，各按老城旧址为界，水道滴水仍照旧日流行。只以房间逼窄参差不齐，于本年八月动工重修，将后院东西厢房各四间、中房四间、前院东西厢房各三间，改为东厢房九间、西厢房九间，通力合作，众擎易举，于九月间将次完工，未及五旬而焕然一新。自是以往，答神赐于斯，议帮规于斯，联乡谊亦于斯，固非徒为美观瞻已也。谨将上年购买及本年重修略况勒石，以期永垂久远，后之来者，其知勉诸！②

从碑记记载可知，天津怀帮会馆的规模和建制，当为清时怀药贸易情形在天津的缩影和体现。

五、晋城怀庆会馆

晋城古称泽州，又称凤台，地处山西的东南部，雄踞太行之巅，俯视千里中原，背靠三晋腹地，襟带沁、丹两河，风光秀丽，经济发达，古来为兵家必争之地。

---

① 《天津怀庆会馆简介》，载中国人民政治协商会议沁阳市委员会文史资料研究委员会编《沁阳文史资料》第4辑，1991，内部资料，第39页。

② 《怀帮会馆重修志略》，现藏于天津市红桥区文物管理所。

晋城怀庆会馆位于晋城旧城东南部的水陆院东巷，是由河南怀庆府的商人在泽州修建的行业性会馆。

晋城怀庆会馆（图8-5、8-6）始建于清乾隆五十七年（1792年），竣工于清嘉庆八年（1803年），后来又经过多次修缮。整个建筑由大小两个院落组成，主要建筑有照壁、东西戟门、戏台、钟鼓楼、大殿、拜亭、耳殿、廊庑等。现存拜殿一间、正殿三间、左右各配殿三间、左右各厢房三间、左右廊房各九间，总共三十四间房屋。按照建制，主院前面应该有二进院、头进院，而正门外还应该有一座戏台，目前会馆西邻的一个偏院也应该是怀庆会馆的附属建筑。初步匡算，当时的怀庆会馆占地将近40亩，房屋不下一百间，其规模应该与禹州的怀庆会馆和武汉的覃怀会馆大抵相当。

图8-5　晋城怀庆会馆

图8-6　晋城怀庆会馆的梁架、斗拱、雀替

大殿和拜亭采用抬梁支柱法,进深和面阔均约10米,粗大的横梁雕刻着生灵活现的飞龙和云纹,鲜艳的彩绘至今仍闪闪生辉,展现了昔日怀商在晋城的繁华与辉煌。

　　在西廊房的墙壁上镶嵌有两块碑记,第一块油污漫漶,无法辨认。第二块为清嘉庆七年(1802年)四月二十一日所立的《南关面行条规》,碑文后还列有高平县东盛号、东兴号、东新号、中和号、振泰号等商号"施锡供器一副、香资银贰拾贰两捌钱,开光用完"。从碑文内容可知,当时怀商的帮规甚严,但作风民主,动辄"议罚",其轮流坐庄的"轮值主席制度",反映出怀商经营管理的规范和科学,同时也是怀商经济实力强大和经营规模宏大的标志。

　　晋城怀庆会馆当年坐落在泽州古城的南门外略偏东南的位置上,当时这里是商贾云集的地方,又是著名的太行驿,来自怀庆府、卫辉府、彰德府的货物都在这里交易。怀庆府的商人在这里以经营面粉为主,形成了庞大的商帮。怀庆会馆其实就是怀商制定行业规范、管理行业事务的议事厅。

六、周口覃怀会馆

　　周口,原名"周家口"。历史上的周口"周围十余里,三面夹河,舟车辐辏,烟火万家,樯桅树密,水陆交会之乡,财货堆积之薮。北通燕赵,南接楚越,西连秦晋,东达淮扬,豫省一大都会也"①。位居河南"四大名镇"之列。周口当时商业发达,商家众多,星罗棋布。清康熙以来,为了沟通联络、集会议事,来自山西、陕西、安徽、江西、湖广、福建等十四个省的外地商人修建了十余座商人会馆,大多规模宏大,计有山陕会馆、安徽会馆、江西会馆、湖广会馆、福建会馆、覃怀会馆等等。

　　周口的覃怀会馆,即沙河北岸迎水寺,原占地30余亩。建有山门、东西配房、僧室、禅堂、大殿。塑有岳飞、张显、汤怀、王贵四人之像,故又名四圣会馆。覃怀会馆当以经营药材为主。在周口的这些会馆之中,山陕会馆、安徽会馆、江西会馆、湖广会馆、福建会馆等,均是一省或两省的省级会馆,然唯有覃怀会馆乃为一府级地域性的会馆。而且,在诸多的会馆中,覃怀会馆占地30余亩,规模宏大;沙河南岸的山陕会馆,占地20亩;安徽会馆,占地约15亩;江西会

---

① 乾隆《商水县志》卷1《舆地志·市镇》,第12页。

馆,占地约 30 亩;湖广会馆,占地约 80 亩;福建会馆,占地 10 余亩;陆陈会馆,占地约 8 亩;油业会馆,占地约 4 亩。由此,可说明怀药经济的发达,怀帮实力的强大。

七、开封覃怀会馆

开封地处中原,历史悠久,曾为八朝古都,绵亘州、路、府、省治所,向为客商云集、仕宦学庶汇游之地,旅汴同乡会馆之多,势态之盛,也为其他城市所罕见。

据开封覃怀会馆相关的文献记载(见图 8-7),开封覃怀会馆(又称怀庆会馆)原坐落于开封市文庙街十五号(今十八号),由清代河南怀庆府所属 8 县旅汴同乡捐资,创建于清嘉庆十七年(1812 年),创建人为刘元凯、郝景俊,主要为同乡企划工商业、谋事求职、办理婚丧事宜,敬有灾神、大王、火神及财神等,从清道光十八年(1838 年)至清道光二十五年(1845 年)先后三次买房 78 间,义地 71.8 亩,会员达 6000 余人,理监事多为富商巨贾。①

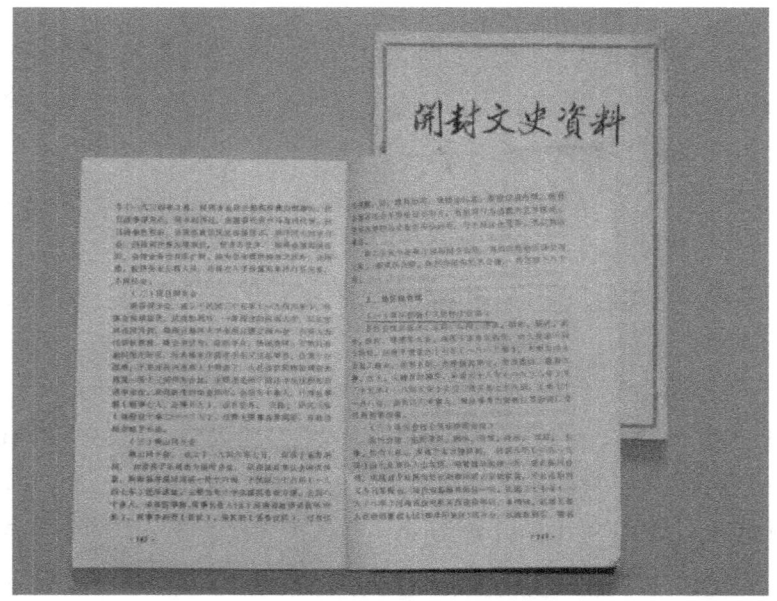

图 8-7 开封覃怀会馆的文献记载

① 冯荫楼:《各地旅汴同乡会馆钩遗》,载中国人民政治协商会议河南省开封市委员会文史资料研究委员会编《开封文史资料》第 3 辑,1986,第 132–149 页。

但如今,开封的覃怀会馆遗存亦无,文献又极为简略,只能留下无尽的遗憾。(图 8-8 为研究人员考察开封覃怀会馆)

图 8-8　考察开封覃怀会馆

八、祁州药王庙

河北安国古称祁州,药王庙位于安国县城内南关大街路东,坐东朝西。此庙原为"皮王神阁",建于东汉建武年间。到北宋太平兴国年间(976—983 年),拓址建立新庙。庙中所祀之神药王,姓邳名彤,字伟君,为汉光武帝刘秀部下二十八宿将之一。自北宋扩建后,又经历代扩建修葺,汇集了宋、明、清不同时代的建筑特色,形成了一座民族风格鲜明的建筑群。全部建筑结构严谨,浑然一体。祁州药王庙占地面积共计 3200 平方米,分三进院落,共 13 座单体建筑。庙前木质牌楼高 8.4 米,为三栋四楹庑殿顶,建于清嘉庆二十三年(1818 年)。牌楼两侧耸立着对称的两根铁铸旗杆,高达 24 米,每根约重 15 吨,系围土浇铸而成。旗杆上有盘龙翔凤,悬斗挂铃,一幅铁铸对联。对联上联"铁树双旗光射斗",下联"神庥蒲荫德参天",和牌楼中央高悬的"星灵河北"交相辉映。正门端挂"药王庙"横匾,内为马殿,塑有两匹高头战马,北白南赤,遥相对应,每匹马前各有二马童,二童赤面,二童白面,各随马色。前院内有钟鼓二楼。穿过垂花门,迎面便是 6.3 米高的药王墓亭,亭内树一透雕木碑,上刻"敕封明灵昭惠显祐王之墓"。墓亭两侧为名医殿,塑有我国历史上的十大名医像。左殿为华佗、孙林、张子和、张介宾、刘河间,右殿为扁鹊、张仲景、孙思邈、徐文伯、皇甫谧。墓亭后药王正殿,建于明永乐年间,殿内正中端坐着神采奕奕的药王塑像。药王正殿后院是药王寝殿,塑有药王及二位夫人塑像,面积与正殿等同。全庙共有塑像36尊,琉璃瓦顶,脊饰吻兽,阁扇门窗,苏式彩画,雕梁画栋,匾额云萃,壁画生辉,碑碣林立,富丽堂皇。药王庙在战争年代和"文革"中曾惨遭破坏。1985年,对药王庙按原样进行了修复,面貌焕然一新。(图8-9)

图 8-9 祁州药王庙

药王庙自建庙始数百年来,善男信女祭祀,香火甚盛,后来逐渐发展成祁州庙会,四方商贾云集,百货交流,轮集辐辏,驰奔祁州,药材极山海之产,布帛尽东南之美,皮服来岛夷而贩口西,名驹竭秦晋而空冀北。祁州之南关,药市喧嚣,药香充溢,接肩擦踵,熙来攘往,故而祁州有"药都"、"药乡"和"天下第一药市"之美称,有"药材不经过安国就没有药味"之美称。

至清康熙年间(1662—1722年),祁州发展成较大规模的春季和秋季药材大会。怀药商人就此打入祁州市场,由肩挑贸易到车船贩运,由小到大,形成了一支庞大的怀商队伍。

清同治初年,祁州800多家怀商结成怀帮,成为祁州十三帮之一帮,再次捐资修建祁州药王庙。在今安国药王庙的碑廊里,清《同治十二年春会至光绪五年冬会客帮银钱捐项碑记》载有怀帮 51 家药商的商号名称及其捐资数额,名列前 15 位的是杜盛兴、申三成、协盛西、生和成、崇兴寅、人和敬、广升瑞、协盛全、义聚祥、长兴公、泰顺茂、杜双和、谦益儒、茂盛永、天和顺。其中,杜盛兴捐银 77 两,名列榜首。①

怀药商人因注重信誉、货真价实、童叟无欺而远近驰名,设在祁州的杜盛兴商号,除主营四大怀药外,还兼营麝香、朱砂、黄芪、党参等药材,在经营外地药材上,强调道地产品的购进,强调成色务好,价格务廉,待人接物以和为贵,赢来了崇高信誉。其业务行销到北京的同仁堂、蔡同德,杭州的胡庆余堂等全国著名药堂。

九、辉县百泉药王庙

清康熙五十七年(1718 年),河南怀庆府河内药商与陕西西安府华阴县药商共同捐资在百泉书院东创建药王庙,内供神农氏、长桑君、孙思邈三圣人。《创建药王庙碑记》曰:

> 盖闻《戴记》有云:能御大灾则祀之,能捍大患则祀之。凡有功于民生未有不千秋庙食也。药王济世活人,功补造化,尤非御灾一时、捍患一方者,皆独业医者所当虔祀。即行贩药商亦当顶礼恐后矣。溯医之为道,自神农尝百草而药性辨,黄帝、岐伯相问答而病源明,雷公立法煅炼而炮制定,自是而后代有传人,华真人、韦真人、孙真人继出,性禀清宁之正术,通天地之穷,发前人未泄之秘,开后世灵妙之传,以故医学随地庙祀。兹共城西北隅苏门山麓,每春末夏初为南北药商交易之所,独无庙以妥神,众商顶礼无地,固心所歉然不安也。爰公同立议,捐资储金,创建庙宇,择诸商中之精能干办者董其事,卜地资福宫东边聚材鸠工建殿三楹,中塑三真人像,逢会瞻拜,报神功也,歆神德也。金妆丹垩,巍然焕然,落成之日,理宜勒石,因序其事之始末,以为后之南北药商劝。
>
> 督工药商李世荣,陕西西安府华阴县药商,河南怀庆府河内县药商,住持道人栗和贵仝会立石。

---

① 《同治十二年春会至光绪五年冬会客帮银钱捐项碑记》,现存安国药王庙。

大清康熙五十七年岁次戊戌孟夏谷旦①

其实,百泉每年农历四月初一至四月初十举行中药材大会。届时,各地药材商人在药王庙举行隆重地祭祀。

怀商虽没有在辉县百泉创建会馆,但药王庙发挥着会馆的作用。百泉药王庙实际上就是怀商修建的商业会馆。

此外,古城亳州在老花市建有经营药业的怀庆会馆,襄樊在晏公庙与邵家巷中间建有怀庆会馆,老河口市在新马路西建有怀庆会馆。在河南建有怀庆会馆的还有信阳、南阳、许昌等地,在外地建有怀庆会馆的还有北京、太原、成都、香港、晋城、长沙、汉口、南京、苏州等地,由于资料的缺失,在此暂略不记。

第二节 怀庆会馆的功能与作用

会馆的作用,曾被概括为祀神、合乐、义举、公约②,民国《宣汉县志》所载《重修禹王宫碑记》曾说:"天下郡邑之有会馆,其始皆由同乡共里之人,或游宦于其地,或商贩于其区,醵金以为公廨,因得于岁时会议有故,商筹以联桑梓之情,而使寄寓异地者均不致有孤零之叹,其意良厚也。其后各祀其乡之神于馆,则其意又惧人心不齐,或有相欺相诈者,因质诸明神以为凭,而培修禋祀之不绝,以致其尊崇而抒诚敬。"③实际上,商业会馆的功能体现在诸多方面:研究帮会内以商业经营为主的事务,包括制定各种章程、规定统一的市场制度及对内裁决同业之间的纠纷、对外协调本籍商人与其他地方商人和地方乡绅的关系等。

怀商在各地所创建的或是覃怀会馆,或是怀庆会馆,或药王庙,其实质大同小异,都是作为早期的一种商业管理组织而存在,都是一种行帮会馆,在当时历史条件下曾发挥着重要作用。怀庆会馆是怀商的办事机关,办理全行业销售事宜。怀庆会馆的功能与其他商业会馆一样具有祀神、合乐、义举、公约等功能,体现了存在的价值与作用。

---

① 清康熙五十七年(1718年)《创建药王庙碑记》,现存于辉县百泉碑廊。
② 何振岱:《建创沪南果桔三山会馆碑》,载上海博物馆资料室编《上海碑刻资料选辑》,1980,第359页。
③ 徐陈谟:《重修禹王宫碑记》,载民国《宣汉县志》卷3《祠祀》,1931,石印本。

一、议定公约,执行行规

怀庆会馆实行会首和值年制,设有会首和值年,负责管理本会会务。会首由当时当地帮内商人中资金较多且有一定威望和地位的人担任,多由若干人组成,一般设会长一人,副会长二至三人。值年一年一换,或二人,或三四人不等,负责具体处理会中事务。怀商的各个会馆都有自己的章程,也就是行规。如禹州怀庆会馆规定:

> 凡收徒弟,非亲友所托则拒;收为徒者,由二掌柜训示;做生意软似棉,能说千句话,不舍一分钱;十年读出个秀才,十年学不出买卖;生意何尝无学问,必须操心勤动脑;起早睡晚打扫卫生,下苦功夫练写字,接待客人看眼色,上午搓纸捻、刷洗水烟袋,下午擦灯罩,晚上提前给掌柜和客人铺床叠被提便壶等,一年学徒不能在柜台上营业,三年以内没工钱,四年开始年底给一次压岁钱和一顶绫子帽壳,成绩突出的再加一件大布衫。①

再如,晋城怀庆会馆曾于清嘉庆七年(1802年)四月二十一日所立的《南关面行条规》曰:

> 南关面行条规开列于后
>
> 派定执事行头,四家一班,挨次轮转,周而复始。凡遇有公事之日,务要认真办理,勿得临期推诿。
>
> 议定凡有大小行事以及领取麸价,执事行首务要协同办理,勿得互相推诿。
>
> 议定凡有外来字号赶庄卖面,每于素所相好铺内寄卖货物,希图一时之利,徒省行费,此不便于行中者,今公同酌议,嗣后如有赶庄卖面者,每百斤抽取银壹钱。如在某字号隐匿不言者,行中察出真确,罚本号银拾两,入行公用。
>
> 议定凡有一应行费等项,俱照旧规办理,勿得额外增添,如违议罚。
>
> 议定每逢会馆诸神圣诞日期,凡我在行会友,务要衣冠整齐,早

---

① 孙彦春主编,《禹州中药志》编委会编:《禹州中药志》,光明日报出版社,2006,第213页。

至殿下拜献,违者从重议罚。

议定凡有一应家具物件,不许私自借出,违者议罚。

本会家具另书木牌件上清记,执事会首轮流收转。

议定每年执事会首办理一年为则,每年十月演戏以毕换班,请下年会首交接。①

总体而言,怀商行规的主要内容有:1.要求各商家按照当地当时的行情,不得随意抬高或降低价格。2.接受货主委托,代为商家到码头和货栈收取货物,或代购货物。3.货物运往市场的运费,可向帮内借支,待货物售出后归还。4.货到销售地点,由会馆负责接收管理,如受到货主委托,价格合宜,也可代替出售并收回货款。5.保证货物质量好坏凭公论断,不受行店欺哄,不致贬价出售。6.怀帮商人住在会馆,一切方便。7.办事迅速,往返汇款安全灵通。8.违反规章的,经过全行业会议,按情节轻重酌予处罚,情节重的罚其置办会馆内应用家具和建设费用,情节轻的加以批评或令其道歉。②

会馆严格执行会馆章程,确保了怀商经营的有序进行,避免了无序竞争,维护了商家的利益。

清同治九年(1870年)四月,汉口各药帮帮首汇聚覃怀药王庙,经过反复磋商成立了药业同业公会。规定公会的职能为:对上应付官府需索,代收捐款,筹集物资;对外排斥其他药业组织或个体药商;对内协议药价,调剂货源,组织活动,制定帮规,解决纷争,维护本集团利益。选出了会长和理事,共同草拟了一份面向全行业的规则(行规)。"除了陈述一般性原则之外,他们还按照药材的地域来源,确定了一份汉口药材行业的34种主要药材贸易的清单(迄今仍保存着)。清单上的每一种都有十一款标准来规范其贸易,要求所有汉口药材商人遵守。这些标准包括药材交易的容器类型(例如,木箱)、销售单元的大致重量以及所允许的误差比,以及付款时银两的成色。规则还进一步具体规定了每宗交易中买主支付款、卖主获得款、牙人佣金以及货物运送过

---

① 清嘉庆七年(1802年)《南关面行条规》,今存于晋城怀庆会馆。
② 张士榘:《四大怀药与怀帮》,载中国人民政治协商会议沁阳市委员会文史资料研究委员会编《沁阳文史资料》第4辑,1991,内部资料,第25—30页。

程中的损耗等各自所占的比重。"①公会还规定：会首和理事实行一年一换制；公会经费按店铺大小募捐，自报公议；会首调节与地方政府关系、筹备药王会等等工作。

二、保护商家利益

会馆的第二功能就是保护商家利益,这是商业会馆存在并持续发展的一个重要原因,也是怀商之所以建立会馆的初衷。会馆对内仲裁同业之间的纠纷,对外协调本籍商人与其他地方商人和地方乡绅的关系,特别在自己的利益受到侵犯时,会馆要出面进行交涉。如清同治二年(1863年),在禹州的药商,由于不满新开车行把持车辆运输,抬高收费标准,为了保护自己的利益,怀庆药商屈同仁、杜盛兴等联合众商,状告新设立的车行而胜诉,并借助山西会馆立碑刻石,以垂永久：

> 禹药会场旧在密治洪山庙地方,山路崎岖,药物难运。至乾隆十七年间,众首事以禹州道路平坦,搬运较易,且人朴风古,请众商人迁禹作买作卖,往来脚运,俱听客便。不数十年间,商贾辐辏,遂称胜区。第年远时久,人情不无变迁。迨乾隆四十年间,忽有议开车行希图巨利者,众商不便。鸣于前任黄州尊,蒙恩禁止,立碑为记。迄今又数十年矣,今春复有不鉴前车,私开车行,而蹈故辙者,众等公呈理诉,蒙马郡侯断令："率由旧章,即行裁撤,以后永远禁止。"商民感德,无不稽首称颂。语云莫为于前,虽美不彰；莫继于后,虽美弗传。两贤侯其后先济美者欤！受将呈词金批并载贞珉,以垂不朽。是为序。
>
> 诰授朝议大夫调署禹州正堂马宽夫马大老爷永禁开设车行德政,具禀商人武生屈栋材、贡生许廷献、职员于存礼、郜桂云、监生雍参亭等,为恳恩示禁以利商民事。缘禹州药材大会,百年有余,各处买卖客商运送货物,需用大小车辆,均系自行雇觅,照时议价,无不平允,向无车行之设。且乾隆四十年间,经黄州尊严禁车行,有卷可查,

---

① 罗威廉：《汉口：一个中国城市的商业和社会(1796—1889)》,江溶、鲁西奇译,中国人民大学出版社,2005,第336页。

并断令在西关庙会场立有碑记,以示永远,商等至今蒙福。乃至正月间,忽有人在辛安隅开设公顺隆号车行,四门招揽大小车辆,均归伊行,高抬价值,多取行用,大有居奇之势。以致外路车不敢来,本处车不能走,商等货物难以运送,受累不浅,心实难甘。为此,粘呈碑文,沥恳大老爷体恤商民,示禁车行,则世感德无既矣!上叩批:案已断定,车行业经裁撤,并有前立碑记可查,嗣后如有开设,尽可呈请传究,毋庸再行谕禁。

同事:乾泰恒号、俊兴成号、孙万盛号、杜盛兴号、永春源号、大盛元号、福聚公号、宫有记号、申三成号、全盛郗号、屈同仁号、永德谦号

暨药商会同立石　　借用山西会馆立

大清同治二年清和月谷旦①

该碑刻记载的"同事"之中的同立商号,杜盛兴号、屈同仁号均为怀商商号,作为禹州商界的代表,可见其经济实力和社会地位非同一般。无独有偶,安康怀商也积极参与地方制度建设,要求地方政府规范、制约地方治安,维护行商安全。在安康,紫阳的航运相当频繁,但每当货船遇险,就会发生哄抢货物然后乘机勒索货主的事件。为此,安康怀商永兴东、永盛魁代表商界呈请县令颁布法规,形成制约行为的习惯,都以集体的力量向地方政府提出诉求,以保护商家的利益。

清道光十三年(1833年)所立的《紫阳知县严禁近滩小船水夫借机抢捞货物告示碑》记述了前因后果。碑文曰:

特授紫阳县正堂加五级纪录十次黄为竖碑示喻事。据汉中府南郑县生员柳含金,河南怀庆府商民永兴东、永盛魁呈称:县属数滩,闻望有心惊之叹;波涌浪急,往来有危险之患。上下装载船只,难免不无损坏。近滩小船水夫,持(恃)其熟悉水性,惯渔客利,每见船行稍侧,势尚可救,即拥挤上船,故意将船踏流,抢捞货物,复行勒赎。甚至将货隐匿,私自贱买盗卖。干货固不易得,湿货亦归乌有。过客当此,人地两生,往往构讼,羁滞维艰。恳请立碑示禁,以存永远等情到

---

① 清同治二年(1863年)《诰授朝议大夫调署禹州正堂马宽夫马大老爷永禁开设车行碑记》,载孙彦春主编,《禹州中药志》编委会编:《禹州中药志》,光明日报出版社,2006,第258-259页。

案。据此合行示禁。为此示仰沿江各色人等知悉：自示之后，凡客船临滩，船若少损，可以拢岸者，不准拥挤上船。果损坏者，务宜实力捞救，听其取赎，并将捞得一切货物用心存贮，毋得隐匿掯勒，私行盗卖。倘再不遵，仍蹈前辙，一经本县查出，或被告发，除不准给予赎资外，定将贱买之人同该水手照例一并从重究处，决不姑宽。各宜凛遵毋违。特示。

右仰通知

范成修　张应辅刊石

道光十三年八月上浣吉日实竖汉王城公所勿损①

民国时期，药号经营专业性强，品种比较集中，以大购大销为特色。资力雄厚的帮口和大户为了得到质量既高、价格又便宜的道地药材，纷纷组织人马到各道地药材产地去收购，甚至在产地设置收购站，或向药农提供货款或预付定金，以贱价收货，并排斥外地药商到产地收购。由于道地药材种植有限，很快就到达了其发展的极限。而后来的地方药材商帮希望在其他已立足的竞争者的地盘之内，夺得一些他人的商业利润，进而重新分割市场。如江西帮试图从怀庆帮手中夺取河南禹州的药材产区，从汉中帮手中夺取西安药材产区。因此，汉口的怀庆商帮和汉中商帮被迫联合起来，禁止出售道地药材给江西药商，以抵制江西商帮对他们势力范围的渗透，斗争以怀庆商帮和汉中商帮胜利而告终。为了避免局面再次发生，怀商杜盛兴、协盛全等商号联合其他商帮如叶开泰、九千年、陈太乙等字号共同出面，成立"药材帮同业公会"，把各帮都统一到同业公会中来，以免产生矛盾不利生意的开展。怀商以"药材帮同业公会"为依托，以商帮的集体力量维护自身权益。

三、祀神——神灵崇拜

崇拜神灵是中国民众信仰的一个显著特征。在漫长的岁月里，那些在历史进程中，"立德""立功""立言"的人物往往被奉为神灵，加以供奉，民众以祈求神灵的保佑。

---

① 清道光十三年（1833年）《紫阳知县严禁近滩小船水夫借机抢捞货物告示碑》，载张沛编著《安康碑石》，三秦出版社，1991，第144-145页。

俗话说："三百六十行，行行都有祖师爷。"也就是说，各行各业都有所信奉的神灵——行业神。一般来说，铁匠、炉匠、补锅匠、窑匠以老子为行业神，称其为太上老君，木匠、泥水匠、石匠、画匠、油漆匠奉鲁班为行业神，丝织业和裁缝拜轩辕为行业神，印染业、盐业以葛洪为行业神，医药业特别是药店以孙思邈为行业神，理发业以吕洞宾为行业神，酿酒业以杜康为行业神。对于这些行业神，往往在行业会馆得以供奉。"会馆的神灵设置始终是会馆保持其完整性的首要条件和重要部件。可以说，会馆神灵是明清会馆赖以生存的精神支柱，它凝聚了社会环境的熔冶，也规范了会馆的发展方向。""神灵的设置为会馆这一社会组织树立了集体象征。"①

医药业信奉的是药王。关于药王，由于地域的不同，人们所信奉的神主也有所差别。怀庆商帮主要信奉的就是唐代著名的医药学家孙思邈。

相传唐高宗李治永徽元年（650年），黄河中下游流域发生瘟疫，医药学家孙思邈闻讯来到今博爱县月山寺西侧、丹河东岸的圪垱坡，挂牌行医，为群众治病。他以怀药为主要原料，大量制造屠苏酒等防瘟药剂，广为散发。当时用于制药的野生怀药供不应求，孙思邈便带动当地百姓广泛种植怀药，用于制药防病，不但扑灭了瘟疫，而且还在当地丹河、沁河两岸形成了民间种植四大怀药的传统。当地百姓为纪念孙思邈遏制瘟疫流行、推广怀药种植的功绩，便在圪垱坡依山修建了药王庙（也称孙真庙），长年祭拜，并规定每年农历正月初一至正月十六为庙会，天长日久便在庙前形成了一年一度的药材大会。②

正是由于医药学家、药王孙思邈曾在当时的怀州一带使用怀药配制屠苏酒，控制瘟疫，治病救人，所以怀药商人均敬奉药王孙思邈，因而在怀药贸易的经营过程中，为祈求药王的保佑，纷纷建立药王庙。修武县云台山的药王洞，在云台山茱萸峰下，相传孙思邈尝居此洞。怀庆府其他地区也有药王庙，如焦作李贵作村有药王庙，武陟县县东关崔府君庙左有药王庙。温县孙真人庙有三：一在城东北前上作村；一在县东赵堡镇，明崇祯八年（1635年）建，清康熙十七年（1678年）、嘉庆元年（1796年）重修；一在县东南孟封村西，建于清同治年间。孟州孙真人庙有二：一在城东关，清咸丰八年（1858年）重修；一在西

---

① 王日根：《论明清会馆神灵文化》，《社会科学辑刊》1994年第4期。
② 李英芳主编，博爱县志编纂委员会总编辑室编纂：《博爱县志》附录《轶事》，中国国际广播出版社，1994，第831—832页。

赵和村,清康熙年间重修。

怀庆府城河内药王庙创建于清乾隆五十二年(1787年),初竣于嘉庆十三年(1808年)。药王庙木牌楼的正面楷书浮刻"济世慈心"匾额,其背面为"洞鳏在抱"匾额,展示了怀商的精神与情怀。

此外,怀商不仅在本埠创建有药王庙,而且在经营之地同样创建药王庙,供奉祭祀药王。清康熙二十八年(1689年)寓居汉口的怀庆府药材商人集资建造的怀庆会馆,至清乾隆年间重修时,改名为覃怀药王庙。药王庙大殿内供奉药王孙氏真人的牌位,表达了对药王的敬仰。

禹州药市每年三会,每逢会期,祭祀、还愿、祝寿等都在会馆戏楼以演戏庆贺,无论白天夜晚,锣鼓喧天,不仅是帮内商家的娱乐享受,更是作为宣传自己、招徕顾客、活跃商业贸易的一种手段。怀商将孙思邈作为自己的行业神,祭祀药王,祭礼、庆典活动与演戏相结合,热闹非凡。

而辉县百泉的药王庙内供神农氏、长桑君、孙思邈三圣人。祁州药王庙,虽然供奉的药王是邳彤,但其名医殿,塑有我国历史上的十大名医像。左殿为华佗、孙林、张子和、张介宾、刘河间,右殿为扁鹊、张仲景、孙思邈、徐文伯、皇甫谧。这些名医同样为各地药商所敬奉。药王孙思邈名列其中,怀商的行业神也得以敬奉,因而怀商也就积极参与辉县百泉、安国药王庙的创建与重修事务,怀商的祀神信仰同样得到实现。

四、娱人功效

"合乐"被概括为商业会馆的功能之一[①],事实上,同乡聚会演剧娱乐确是会馆的一项重要事务。虽然也以敬神为标榜,但会馆剧场不同于一般神庙剧场,娱神的成分较小,娱人的意味更浓。一般神庙剧场演戏具有季节性,以庆祝神诞、春祈秋报为主,间或增加几场还愿戏、开光戏甚至"罚戏"(因违反乡规民约而出资演戏,以示惩戒),一年中没有多少次,大多时候,戏台是闲置的。而会馆戏楼则不同,它的演出除了定时性(如所供神灵诞辰)外,还具有很大的随意性、频繁性。举凡建修工程落成、店铺开张、违反行规罚戏以及同乡聚

---

① 何振岱:《建创沪南果栳三山会馆碑》,载上海博物馆资料室编《上海碑刻资料选辑》,1980,第359页。

会、会馆待客等都要演戏,不能说日日有戏,但隔三差五就演出是肯定的。有时,会馆因演戏成为其主要功能,而被人们理解为专为堂会演出设立的戏院。

商路就是戏路,这是学界普遍认可的一种说法。清陈彦衡《旧剧丛谈》载:"当时徽班之外有梆子班。清季北京银号皆山西帮,喜听秦腔,故梆子班亦极一时之盛。而以义顺和、宝胜和两班为最著名。"① 另外,著名的徽班进京的事实也说明商路就是戏路这一戏曲发展、传播的客观规律。而会馆剧场,就是这种戏曲发展、传播的重要载体。

诚然,怀庆会馆亦具有"合乐"的功能。汉口药王庙的前大殿对面有一座戏台,戏台前是弧形看楼,楼上设女座,楼下设男座,时常演戏,尤其是每年阴历四月二十八日为药王之诞辰,覃怀会馆请戏班唱戏,以示庆祝。

举办药王会是药业同业公会会首的主要任务之一。每年阴历四月二十八日的药王诞辰日,药业同业公会都要在覃怀药王庙举办祭祀活动。这天凡是药业人员,都可凭券参加。其基本议程是拜药王、看戏、聚餐、选举(药业同业公会会首)、张榜公布收支。庆典经费,由会首向各商号募集,并请名伶演戏,如吴天保、关啸彬、陈伯华、李罗克、周天栋等名伶,都曾到覃怀药王庙唱过会戏。如果募集经费不足,则由会首自掏腰包,补贴不足。整个活动持续三天。药王会,自从药业同业公会成立后,每年都如期举行,一直沿袭到新中国成立初期。

禹州怀庆会馆的山门兼作戏楼,面阔三间,进深二间,南为山门,北为戏楼。天津怀庆会馆亦有剧场。尽管这些戏楼有祀神、娱神的功能,但主体还是娱人。

五、兴办福利事业,救济贫困,购置义地

其主要内容有设立义地,建立公墓,为客死异乡的同乡人代为办理丧葬事宜及寄存棺木,为困难的同乡提供衣食救济和临时居住的地方,捐资兴办公共福利事业,等。

清光绪年间,怀商在安康慈善巷建的中州会馆,成为城内河南商人的集会场所;同时,会馆对同籍人士的生老死葬予以资助,失业者予以救济,年老无力

---

① 张次溪:《清代燕都梨园史料》,中国戏剧出版社,1988,第859页。

经营者资助返乡路费,因病延医者供给汤药,资助死者灵柩返回原籍安葬。有的会馆还为死者送经超度等。清光绪二十七年(1901年)十一月,安康怀商还在新城外购买义地,安葬在安康死亡的同乡,表达了会馆对同乡客民的骨肉之情。其所立的《怀庆三皇会公置义地碑》曰:

怀庆三皇会公置义地序

怀庆据河北上游,富利甲于中州。其远贸于秦者,省垣外兴(安)郡为最。帮之制,三年(下缺数字)有事省□者弗计焉。然道里之隔阂惟□,疾病之□瑕无□。舍桑梓谊以搏锱铢利(下缺数字)故而无一妥侑之地为后□□迎之□,则逝者漂泊无依,而生者抚心滋愧。(下缺数字)计之,其下户者亦复不少。贫富不一,生养死葬之礼容有无力□举者□之(下缺数字)又忍听其操瓢饮作沟中瘠乎。众首士目击心伤,公议置义地一所,因取(下缺数字)积年抽提利文若干缗,于光绪戊戌年买置马姓马家坎平地一段,内(下缺数字)房一间,四至地界,另有文契,共需钱一百二十缗。又三年,始勒石以(下缺数字)也。积之十数年之久,取之十数家之资,今一旦克藏厥事,虽□不讳凶(下缺数字)然富者权为浮厝,贫者赖以安葬,人各得所要,亦仁心之所阐发,而古谊(下缺数字)是空髑髅含笑于九原(泉),即阖帮中亦与有荣施,而乐为同志述焉。是为序。

经理人(十五人姓名略)同立

光绪二十七年仲冬月上浣谷旦①

同样,为了共同的利益和加强联络,互相支持,以免受人欺侮,沙市的怀商联络在沙市的河南商人,在沙市兴圣街(现教育局宿舍处)出资建立中州会馆。置会首和董事、会产。每年三月三、九月九做财神会,喝会酒,演会戏,以联络感情,共庆"生意兴隆,财源茂盛"。若本帮客商遇难(如翻船、遭劫等)或同乡流落沙市,生活困难,会馆亦可以资助旅费回家或照顾生活。还建有寄园,同乡死后可厝放本帮寄园,待运老籍安葬。②

---

① 清光绪二十七年(1901年)《怀庆三皇会公置义地碑》,载张沛:《安康碑石》,三秦出版社,1991,第336-337页。
② 湖北省沙市地方编纂委员会编《沙市市志》第4卷,中国经济出版社,1999,第422页。

六、扩建、修葺会馆及管理会产

会首负责会产管理,同时管理财务收支。会馆的收入主要是捐助、香资、房租、发放借贷及收取利息等。会馆的支出,主要有修缮费、祭祀费、演戏庆典活动费、日常接待费、节日宴请费、贫困救济费等。平时的收支多由会首负责经办,而用于修建筹集的资金,其收支数额较大的,由理事会统一研究。理事长由当地资金雄厚且有威望的商家担任。

沙市的中州会馆,置会首和董事、会产。中州会馆,"轮奂巍然,足称美备。即其经费之充裕,知其商务之殷繁,且其款项均由捐集而成,亦足知善贾之多财矣"[①]。

[①] 《光绪二十二年沙市口华洋贸易情形论略》,载彭泽益主编《中国工商行会史料集》,中华书局,1995,第964页。

第九章　扶贫兴教大德商
——怀商的社会公益

　　社会救助与公益事业是国家政府的职责。从现代意义来看，社会救助是指国家和其他社会主体对于遭受自然灾害、失去劳动能力或者其他低收入公民给予物质帮助或精神救助，以维持其基本生活需求，保障其最低生活水平的各种措施。而公益活动是指一定的组织或个人向社会捐赠财物、时间、精力和知识等活动，包括社区服务、环境保护、知识传播、公共福利、帮助他人、社会援助、社会治安、紧急援助、青年服务、慈善、社团活动、专业服务、文化艺术活动、国际合作等等。

　　在农耕时代，社会救助主要是救助生活上有困难的贫民，以及受灾的灾民和饥民。公益事业主要是修桥筑路、办学助学等。这些活动通常都需要民众的支持，乡村绅士与商人无疑是社会救助与公益事业的积极参与者。商人参与社会公益，并不是其本质属性，也不是其义务。作为商人，是否参与这些活动，以及用于这方面的资金多少，完全取决于商人的品德。怀庆商人经商诚实守信，义利并重，儒家文化的熏陶使得怀商积极参与社会救助与公益事业活动，而且是代代相传。他们用于各项公共事业资金在数量上虽有差别，但仁慈之心相同。怀庆商人积极参与社会公益，不仅有著名的商号，也有规模不大的商家，共同演绎着可歌可泣的佳话。

第一节　日常救助

　　细微之处见精神。怀商的日常救助往往体现在细小的事情上。

云文兴,字渤然,武陟南官庄人。幼时家贫,"弃儒业商,家稍裕"。清咸丰末年,村中修筑寨墙,云文兴"独任其资之半,尽心竭力"。云文兴"尤好赒恤。每年终计乡里中之无力度岁者为借米麦、钱文,按人口多寡分给,数十年如一日"。①

河内刘村协盛全兴盛时生意达200余号,分布在北京、天津、河南、河北、陕西、山西、甘肃、四川、湖南、湖北等地。在本村所设药店,本村人用药不收费,外村人来拾药的,可记账。家中确有困难者,免费赠药。村上农户没钱买农具的,向李氏借,李氏都借给,从来不考虑还与不还。李氏家人曾说:人是刘村人,耕的是李家地,没有农具,李家应当管。

周礼,字圣范,武陟姚旗营人,"生平轻财重义,族党中嫁娶丧葬贫不能举者,无不随时接济以助其成。道光二十七年,岁荒歉,村人乏食",周礼"将历年所蓄之谷按户分给,全活甚众。其贫而无衣者,则派人施送而不著其名","在本村开设药店,虽极贫之家,无请不到,药债不偿者,亦不计较"。②

孟继颜,武陟东张村人,"生平轻财重义。在五车口开设杂货铁货店。外欠之债逾两千余缗。一日,与众约,曰:'愿偿钱者,以五日为限,过此即两清矣。'及期,送者寥寥。遂当众将账焚毁。乡人义之,匾其门曰:'积厚流光。'"③

程鹤龄,字九皋,武陟宁郭人,"始业儒既弃儒而商,贸易山东。一日行于市,有土棍某以钱二十四千买一少女十七,将转卖为娼。女哭几死弗从。鹤龄怜之,偿原价于土棍,另为女择良配焉"④。

扈光德,武陟原和村人,"尝服贾于小董镇。有石荆村韩姓遗金四十余两而去。光德代为收藏,后韩姓来寻,慨以原物付之,丝毫不爽,并不受赠遗。人皆义之"⑤。

谢惟聪,字子听,武陟北旺村商人也。"尝赴祁州购货归途,遇人民逃乱投宿某寨。时有同邑王姓等二人,以嫌疑被执。寨长宣言,限三日无人认识,即

---

① 民国《续武陟县志》卷17《孝义传》,成文出版社,1976,第606页。
② 民国《续武陟县志》卷17《孝义传》,成文出版社,1976,第597页。
③ 民国《续武陟县志》卷17《孝义传》,成文出版社,1976,第614页。
④ 民国《续武陟县志》卷17《孝义传》,成文出版社,1976,第634页。
⑤ 民国《续武陟县志》卷17《孝义传》,成文出版社,1976,第634页。

以匪徒处死。君闻之，而见寨长，甘为保任，二人遂得生。光绪初年，君乘车过某集饭肆，有东府十余岁童子居此数日矣，君问之，曰姓谢，肆人即接声曰：此君族人也。乃为偿饭钱，载之归行数里，始知其姓薛。肆人盖借此以推诿于君也。君留之家数岁，后其父寻至，令携之去。"①

成县德仁堂为协兴永商号股东、博爱张树仁与其侄张立义创办。张树仁鉴于赤贫老弱病残、鳏寡孤独者饥寒交迫，告借无门，于是在1944年农历腊月21日，捐助500元，使贫寒鳏寡得到了救济。②

怀商与其他商帮一样，往往在经商之处设有义地和义室。义地主要用于安葬客死他乡的商人，当然也做一些经营活动，收入用于补贴怀庆会馆的日常开支或其他公益性开支。而义室则主要用来临时安放客死他乡、暂时无力运回故乡的怀庆商人。老河口的怀商义地大致位置就在老河口城区东部的马家岗。怀庆商人义室与四川商人建在老河口的义室"川主宫"相邻。

第二节 灾荒赈济

历史上，无论是水灾，还是旱灾，或是虫灾，这些灾荒是常有的。灾荒之时，赈灾是政府的责任，但有时却稍有迟延，灾民得不到及时的救济，而民间的赈灾在一定程度上可解燃眉之急。

孟县陈村人张炳音，家贫，靠做生意稍稍宽裕起来。张炳音乐善好施，凡遇人有困难者，都力行周济。清乾隆四年（1739年），开封发生水灾，张炳音主动拿出银子散给灾民。其子张继行继承父业，在湖北汉阳经商，族人张合振在汉阳经营亏损，因拖欠被困而不得回归故里。张继行得知后，代为偿还债务，并同张合振一同返回。

刘冕，明怀庆卫人，"逐什一术"。"性好施予，乡人有婚不能举者，济以财；丧不能敛者，济以棺。人咸德之。比者中州屡无年，饿殍枕藉，公为粥以哺之，赖以全活者不可胜计。每至溽暑，施茶以救渴。城西石桥倾圮，公捐资修

---

① 民国《续武陟县志》卷17《孝义传》，成文出版社，1976，第635页。
② 李东轩：《建国前我县工商业见闻》，载政协成县委员会编《成县文史资料选辑》第3辑，2007，第12-32页。

理,而来往其上者口佛祝焉。"①(图9-1)

图 9-1　明故恩荣寿官西田刘公暨配金氏合葬墓志铭

刘溁,字郑川,武陟大司马人,"经商数十年,仗义疏财,乐善好施,一切利济人事,靡不为。道光十九年,黄河漫溢,驾部司马岗诸村庄尽成泽国,被灾男妇嗷嗷待毙。君目睹神伤,偕族弟濯、渭等各出粟造饭,并尽买市中熟食运送

---

①　明万历十八年(1590年)《明故恩荣寿官西田刘公暨配金氏合葬墓志铭》,现藏于沁阳市博物馆。

水灾处,日三次,计口散给。如是者三日,官赈亦至,灾民赖以全活者无算"①。

申孔道,字贯一,"宁郭驿人。早失怙,家贫,不能读书,乃习商业,所至辄有奇赢"。"家既裕,仗义输财。道光壬癸间,塞河决、修省垣,皆捐金助工。里党间有急难者,咸攸助之。"②道光壬癸间即清道光二年至三年间(1822—1823年),堵塞黄河决口,修葺开封城垣,两大工程相继启动,申孔道慷慨捐资助工。

江复合,武陟大虹桥人,"以慷慨好义、排难解纷,称闾党间。中年后,家道小康,经理粮行生意,有便人处必为之。道光二十七年大饥,米、麦斗皆千余钱"。"复合自定斗、升、合规则。每九升足一斗,每九合足一升,以为计升买者,固贫计合买者尤贫也。乡间德之"③。

清光绪二年至三年间(1876—1877年),北方数省发生了严重的旱灾,河南为重灾区之一,饥民流离失所。河内县饥荒严重。寨卜昌王大温(字玉如)及子侄积极赈济灾民:

> 维时王君玉如与其令弟青臣暨令侄怀谋、雨村、寿元等,借殷实之资成慈祥之念。于是捐囷仓、捐官赈、收孤幼、掩尸骸,种种义行不可枚举。而关怀切挚处置周详者,惟吾邻近诸村为最。二年,麦既歉收,……贫人室如悬磬,日不能谋一餐。王君目击时艰,不忍坐视,乃于村之中设糜粥以食饥者。一时就食之人扶老携幼,络绎而来,如是者四阅月。……秋七月,清化官粥厂开,始息肩而罢焉。是岁,麦禾俱无情形,更迫濒年之际,十室九空,……王君此时又复厪念梓桑,曲为调护。乃于寨内空乏者人计一月之粮,……其寨外各村皆总核人数,约略共与,务使与寨内相符。……迨今荐饥已去,是处境况萧条,而吾邻近数村依然如昨者,皆王君一门所赐也。④

王大温还利用自身在怀庆府的威望与在此地的江南士绅金增福、熊其英、谈国梁等人合作共同赈灾,并捐建慈幼义塾以收养灾荒中的孤儿。怀庆府知府卓景濂在为慈幼义塾撰写的碑记中称"河内大户王大温首出大宅一区以处

---

① 民国《续武陟县志》卷17《孝义传》,成文出版社,1976,第611-612页。
② 民国《续武陟县志》卷17《孝义传》,成文出版社,1976,第604-605页。
③ 民国《续武陟县志》卷17《孝义传》,成文出版社,1976,第615-616页。
④ 韩五云:《王君拯饥义行碑记(光绪六年)》,现存于寨卜昌村王氏宗祠。

学徒"并"出金一千"①。以王大温为首的王氏家族赈济周围乡村灾民的种种义举,在周围乡村的乡民中产生了很大的影响。因而,清光绪六年(1880年),王大温在建家庙时,卜昌村及周围七个村庄为王大温竖碑以颂扬他及子侄在乡赈济灾民的义举。

李华棠"同治中,家道稍衰。先生弃儒就商"。李华棠乐与人为善,急公好义。"光绪二十一年(1895年),山水暴发,庐舍淹没无算,灾黎漂泊,嗷嗷待哺。先生募蒸食,驾舟往救,彻夜无宁息。迄今感其生德而讴誉之者弗衰。"②(图9-2)

图9-2 李先生韶轩暨德配朱夫人墓志铭

---

① 卓景濂:《慈幼义塾碑记(光绪七年)》,载民国《沁阳县志》,民国抄本。
② 民国二十二年(1933年)《李先生韶轩暨德配朱夫人墓志铭》,现存于沁阳市博物馆。

民国年间,沁河决口,博爱村庄被淹,杜盛兴为了解救这些受灾群众,把蒸好的馒头整车整车送往受灾村庄,还向受灾的人开仓赈济,捐献衣服。灾民对杜盛兴非常拥护。灾情过后,给他们挂功德匾。在抗战期间,日寇侵至济宁,当时,杜盛兴济宁烟店与天主堂为邻,烟店经理杜竹斋同教堂神父一起救济难民,又将烟店扩为收客所,居民避难者众多。继而又在坞庄总栈让美国杨神父居住院内设经堂,每逢日军来扫荡,村民前往躲避。①

第三节 公益事业

一、重教兴学

重教兴学历来是行善积德之事。社会对商人的文化素养和道德修养要求很高。经商是需要有一定想象力的、有文化的,商人在审时度势、运筹帷幄、取与进退乃在整个经营活动中,都明显要高人一筹。如山西商人发达之后,很看重对子弟的教育。祁县乔家尊师重教在当地很有影响。在乔家的书房院里,有一棵生长两百多年的老树,上面挂着"读书滋味长"和"百年树人"的木匾。前者缘自"布衣美,菜根香,读书滋味长"的耕读古训,后者则是中国古代以教育为本、十年树木、百年树人思想的体现。徽商多以儒商自居,徽州有民谚曰:"养儿不读书,等于养头猪;一家不读书,一家一窝猪。"话虽粗俗,但很有道理。

成长于中原大地的怀商,深受传统文化的熏陶,对教育的认识自然十分深刻。刘村协盛全积极兴办义学,培养人才。当时,协盛全在刘村创办义学,招收学生。协盛全在义学中发现了苗子,就挑出来,到分店当学徒。创办义学,说明协盛全深刻认识到了员工素质对商号的发展有着重要影响,同时也反映了怀商捐资助学的博爱之心。

杜盛兴是河内著名的商号,积极参与公益事业,尤其是捐资修葺河南贡院,并在武陟设立河朔书院以培养人才。其《创建家庙碑记》曰:"兴修省垣、修葺贡院,武陟设立河朔书院、京都创立覃怀会馆……不遗余力。"②

---

① 杜应魁、杜应举:《我所知道的杜盛兴麝香庄》,载政协河南省博爱文史资料征集研究委员会编《博爱文史资料》第5辑,1990,第32-34页。

② 清咸丰六年(1856年)《创建家庙碑记》,现存于博爱邬庄杜氏祠堂。

梁王卿，河内人，弃儒经商，"严成素封"，然"公既饶于财，而耻为守钱虏"，"故于诸犹子甥婿辈与亲友诸年少，各审其才之高下，或即于本号办事而优其分资焉，或另为出本而使自经营焉。其无能为者，即代为之筹，而不吝其资"。①

以卖火石起家的西复兴，重视子孙教育。清代，贺家里出了一名举人、一名贡生。民国年间，出了十几名大学生，有的是复旦大学毕业，有的是南开大学毕业，还有的是政法大学毕业，都是名牌大学毕业。并有三名到美国留学，获硕士、博士学位。这样，就改变了西复兴经商的性质。贺家长辈经常谆谆告诫自己的子弟："家有万贯不可持，贫而无梢富无根"，"个人必须学得一定的知识，有一技之长，才能自己谋生"。家里人外出，得向家长禀告。子弟到外边上学，择友而交，禁抽烟，禁赌搏，禁娼妓。如有不规行为，责其立即返家。民国初年，社会秩序虽然混乱，但西复兴家的子弟都一尘不染。他们尊老爱幼，行品端谨，刻苦学习，结益友而不交损友。日寇占领博爱后，西复兴家人逃往四川，为国守节。这些都是西复兴注重教育的结果。

近代著名的实业家杜严在省城开封时，与教育家李敏修先生一起克服诸多困难，共同创办河南留学欧美预备学校（即河南大学的前身），选送优秀青年出国深造。晚年，事业受挫，谢绝政事，返回家乡，仍关注教育事业，出任县教育委员会主任委员兼小学董事长，把心血用到培养人才上。

孙乙玉，字无暇，武陟人，"世居窑头村，蒙先业善持家，与弟乙鸣友爱甚笃，内而农事，外而商业，皆一力担任，俾弟专志于学，为名诸生慷慨好施。邑里有大举，捐数千金并身任其难"。覃怀书院是培养人才的场所，但年久失修。"乾隆间道宪朱公岐于城内倡修覃怀书院"，孙乙玉"首捐巨资，偕在事各绅董其役。阅五月，工竣"，为学子们学习创造了良好条件。②

二、修筑城墙，维修道路

清同治年间，华北各地纷纷修筑寨堡，以维持乡村正常的社会秩序。河内县清化镇紧邻山西，是山西商人南下的必经之地，为重要的商品集散地。清同

---

① 清道光二年（1822年）《皇清例赠儒林郎候补州同梁公墓志铭》，现存于沁阳市博物馆。
② 民国《续武陟县志》卷17《孝义传》，成文出版社，1976，第595页。

治年间,清化镇修筑城垣,清化镇商民踊跃捐资,"共收捐项钱贰万陆千捌百五拾七千六百二十五文,共收捐项银壹百玖拾两"①。在捐资的178家商号中,捐资最多的是王泰顺号捐钱4200千文,约占捐资总额的20.7%;其次,福兴典捐钱2000千文;万川典捐钱2000千文;杜盛兴捐钱850千文。王泰顺号是清化镇东南清上乡三图卜昌村王氏所经营的商号,主要以铁货为主;福兴典是许良镇贺氏所经营的当铺;杜盛兴是河内县清上乡三图乌庄杜氏所经营的商号。这是怀商的群体的义举。

此外,交通桥梁的建造和维修是怀庆商人经常关心的事。怀庆北有丹河桥,又有沁河桥,这些是过往行人和商旅的通道。在两河沿线还设有渡口,每个渡口有渡船和船工。为了保证通行安全,从清乾隆年间起,几乎每年秋季都要进行维护。所需费用,由河内和济源两县商家捐助与官府拨款共同筹集。

汤方著,清化人,本是监生,家贫,借钱作本做个小生意,家中并不富裕,但他拾金不昧。一天,他在济源道上拾得银两,想到失主一定很急,四处打听,找到失主后,如数送还,失主非常感动。他还热心公共事业。县城西过路桥,年久失修,濒临倒塌,他独自拿出银子修复。

王泰顺不仅捐资修筑城墙,而且还捐资修桥筑路。王氏致富后,十分注意同本地民众的关系。车老庄一带,地处山岭,交通十分不便,为方便民众的交往和贸易,他主动出资修筑了通向山区的一段道路。今车老庄有一小碑记述其事原委。

怀庆商人用于社会救助与公益事业的资金是商业利润中的一部分。这也是怀庆商人商业资本去向的一个组成部分。就商业资本的流向来看,这项支付虽减少了商业运作的流动资金,但却取得了民心,赢得了社会各界的广泛赞誉,同时也有利于维护社会的稳定。

怀庆商人对于社会救助与公益事业的执着,与他们以诚信为本的经营思想同出一源,都是根植于中原人崇德尚义的信念。前者表现在人际关系处理上,后者表现在创业守业上。怀庆商人传承发扬这一信念,是他们走上勤劳致富的保证,同时也增强了中原人的凝聚力。

---

① 清同治三年(1864年)《重筑清化镇城碑记》,现存于博爱县石佛寺。

第十章　前事不忘后事师
——怀商的启示

怀商以其聪明睿智而闻名于世,并取得骄人的业绩,为发展怀庆经济、促进国内商品经济的流通做出了不可磨灭的历史贡献。但究其发展的历程,可以发现有其过人之处的同时也有其明显的局限性。

第一节　怀商经营商品的局限性

一、怀药生产的局限性

怀商的产生,同其他商业集团一样,归根结底,都是商品经济发展的产物,是历史发展的必然。怀商经营商品主要是怀药,以经营本地所产四大怀药为根基,兼及铁货、棉花、棉布与其他,其经营方式主要是设立药材行栈,这是它最为显著的特点。怀商的这一基本特点,本身具有两重性,即优势与局限同时并存。

怀药生产受技术条件的制约。怀药生产状况如何,取决于怀药种植技术与加工技术。而这种种植技术与加工技术,受时代以及自然条件的制约。为适应市场需要,怀庆人从很早时起,就开始人工培植怀药,并且在实践中不断地改进和提高这种培植技术,以至今日人们还在继续进行不断的探索。但是这种培植始终是依据人们对怀药性能与习性的认识,离不开当时当地的生产条件,而人们的认识总是由浅入深、由不完善到完善的。生产条件更是受生产力水平制约,提高和改进都是逐步进行的。这一过程,进展是缓慢的。清乾隆年间,怀药生产达于鼎盛,怀药在怀庆各地种植面积创历史最高纪录,但是由于技术原因,移植的效果并不都是那么理想的。当年河内范照藜曾说:"地黄本出北金村,今则全无。惟产沁河南岸徐涧、北岭诸村。地气转移,不可强也。近年温、武陟皆产之。然远不及吾邑,不可用。"① 范氏说这段话的时间,大概是在清嘉庆十六年(1811年)。这是很发人深省的评述。范氏用"地气转移"来解释怀药在怀庆的变化。从地表上看,有明至清,怀庆地理环境、气候似乎没有什么明显变化,但地黄原产地的北金村,此时居然全无,乃是确定不疑的事实。而那时的温县、武陟所产地黄质量不如河内,绝非信口雌黄。这也就是说,人工栽培的效果还有待改进和提高。

怀药生产还受市场价格的影响。怀药的市场价格既受药材价格影响,还受其他物价的影响,更受政治、军事因素的影响。其价格的高与低关系到药农的切身利益,直接影响到怀庆药农的生产积极性。药农只有在市场有销路、价格高于其他作物的情况下才有可能保持或扩大怀药的种植。一旦价格低落或销售不出去,他们就不会继续从事怀药种植,反应极为敏感。近百年来,怀药市场价格时起时伏,变化极大。1912年生地收购每斤价0.036元,折麦6.5斤;山药价0.012元,折合麦3.67斤。1915年生地收购每价0.090元,折合麦9斤;山药价0.105元,折合麦10.8斤。由于怀药收购价格极不稳定,因此怀药种植也极不稳定。大约在清乾隆年间,怀药种植面积出现新高。孟州药材种植面积占耕地之半。1931年前后,已大不如昔,东乡有种山药、地黄者,但属少数。清道光年间,温县人不种谷物而转种药材成为风气。该县山药种植面积多时达万亩,少时只有千亩左右。一多一少相差10倍。作为怀药主要产地的沁阳,1928年怀药的产量为地黄40万斤、山药20万斤、牛膝10万斤,比1894年分别下降105万斤、80万斤、11万斤。武陟县怀药产量也是起落不定,1880年地黄40万斤、山药15万、牛膝15万斤、菊花2.5万斤;1923年,地黄3万斤、山药1万斤、牛膝1万斤、菊花3万斤;到1946年,山药产量仅千余斤。原武与阳武二县在清乾隆年间是地黄、山药的重要产地,后来都衰落,山药更是鲜为人知。怀商经营的主要是怀药。怀药生产的极不稳定的状况,乃是导致怀药经营出现极不稳定状态的重要原因。

---

① 王兴亚:《河南商帮》,黄山书社,2007,第256页。

二、怀商分散经营，多为中小商家

近500年来，随着社会的进步，怀庆商人得到了长足的发展，出现了众多的商家。从纵向来看，怀商代代相传，连绵不断，以独有的风范，昂首阔步跨进国内市场，将怀药带至省内，带至大江南北，乃至国际市场。其间，由于种种原因，有的商家衰落了，有的商家兴起了，其发展趋势是：从商人数在增加，商号数量在增加，商家的资金总量在增加。从横向来看，同一时期的怀商，无论有多少家，都是自立商号，分散经营，有独资，有合资，以独资为多。合资主要的是由于资金短缺，一家不能自立门号，于是出现两家三家联合集资开店。虽然也有资金较多的商家，甚至像杜盛兴、协盛全那样拥有上百万巨额资金的大商家，活跃在怀庆、禹州、汉口、天津、西安、太原、四川、广州等地市场上，为世人仰慕，但这是少数。他们中的绝大多数资金不多，都是中小商户。在河南药商中，怀庆药商是最有影响的药商集团，是所有其他药商集团都不能比拟的。然而，他们只不过是商业行业中的一支。他们所拥有的资金在整个商业中不占主要位置，远远不及于山西商人在河南的实力。怀庆商人获利后，同样在家乡营建住宅，也确实建造了一些好的宅第，但始终没有见到像武安商人朱家大院、徐家大院和郭家大院那样恢弘的民居，更不要说山西乔家大院、朱家大院了。说起原因，实与其拥有资金多寡有直接关系。

三、国内医药市场变化影响怀药的经营

怀药的销售与销售数量与价格有着密不可分的关系。近百年来，随着社会的进步，人们的物质文化生活水平有了显著的提高，药材市场也出现了日益繁荣的局面。同时，科学技术的发展，中外经济文化交流的增进，又使国内医药市场形势发生了前所未有的变化。直到19世纪40年代，中草药在国内医药市场上仍居垄断地位。在各地城乡市场上经销的都是中草药和中成药。鸦片战争后，欧美各国商人大批东来，西方医药涌进中国医药市场，且以疗效显著迅速取得信誉，并以强劲的势头，打破了中草药统治中国医药市场一统天下的局面，西药与西方医疗设备以异乎寻常的速度通过沿海，进入长江流域，进入黄河流域，进入东北地区，而且越来越受人们的欢迎。中草药面临严峻考验，医药市场竞争日趋激烈。在这种背景下，中国的科学技术总体上又落后于

西方,中草药的生产与制作,与过去相比,仍然停留在先前的水平上,依靠的是家传秘方,科技水平较低。虽然由于历史原因,中草药的传统影响在国人中有着深厚的基础,但在市场上的营销已是今非昔比,大有逊色了,日益下降的趋势有目共睹。这种医药市场形势的变化,势必影响到怀药的经营与销售。

四、怀商管理的局限性制约着自身发展

怀商自步入市场起,即以精明著称于世。他们在激烈的竞争中学会竞争,善于竞争,在经营与管理上采取了不少措施,也确有过人之处。如采取委托经营制,明晰产权,充分调动经营者的积极性;举办大型药材交易会,以促进怀药的销售;以联合众商结成帮口的形式,参与周边地区举办的药材交易会和庙会,大造声势和舆论,为怀货的销售打开通路。也有不少商家在自己的经营运作中,各显神通,创造和积累了不少可贵的经验。这是他们所以能跻入商林,立于不败之地的关键所在。但是,作为商号,如果不能与时俱进地改善经营管理,长期停留在一个水平上,便如逆水行舟,不进则退。怀商以乡情、亲情为纽带,无论在本省或在省外,所有成员都是怀庆人,选拔也只能在本府地域内进行,非怀庆人不得入帮。这一地域上的限制,对于保护怀庆人利益有着一定的作用,但也使怀商不能也不可能广揽人才,从而选拔出更多更高明的经营人才。再者,在经营管理上实行家族管理模式,家长同时又是商号的东家,其子弟以及亲属在自家的商号中居于重要位置,这些人大抵文化水平偏低,拘于见闻,无法做到集思广益、兼容并取众家之长;技术上传子不传女,学徒培养采取以师带徒的方法,这种封闭式的教育模式,很难造就出创新人才。

至于说经营棉织、铁货等商家,同样也受时代和技术条件的限制,与西方先进的技术与设备相比,差距不言而喻,因此随着纺织产品与机器的输入,这些怀商越来越举步维艰,难以扩大经营。

怀商经营管理上的这些局限,使得不少商家终因不能顺应形势变化的需要而走向衰落,这也是导致怀商时起时伏、变化不定的重要因素。民国《续武陟县志》编纂者已清醒地认识到这一点,指出:"倘能由怀商组一极大之怀货公司,资力雄厚,事权专一,自能流转五洲而操纵如意。"[1]这虽是就事论事,可

---

[1] 民国《续武陟县志》卷6《食货志》,第23页。

也不失为富有远见卓识的见解。

五、战争使怀商屡遭浩劫

社会动乱与兵燹浩劫是导致众多怀商败落的重要原因。民国初年,军阀在中原展开争夺,商家成为他们鱼肉的对象,许多商家被洗劫一空。继之而来的是日军入侵,据有中原,野蛮的屠杀政策使得农工商业生产无法正常进行。沁阳保和堂药店,抗日战争爆发之后,东家杜九铭将资金移到上海经营。该店交由岳父贾安澜经管,由于时局动荡,生意萧条,店中收入仅能维持店员的生活。盛极一时的王泰顺商号,进入民国年间后,日趋败落,原来200多家商号仅存10余家,1931年日军占据博爱,一把火烧掉了王家房屋数百间。源记货栈,1944年因遭日寇抢夺进货而倒闭。方城万庆祥也由于日军入侵,百货来源被截断,致使连年亏损,经营不振。

第二节 怀药产业的现代化

明清以来怀庆商人兴兴衰衰的事实告诉人们,怀商发展关键靠怀药,怀药销售关键靠拓宽市场,拓宽市场关键靠怀药质量。质量是第一位的,没有质量,就没有市场。

新中国成立后,为了提高人民的健康水平,党和政府曾重视过四大怀药的培育和栽种,多次颁发文件,支持怀药的生产,并为药农补贴粮食和提供化肥。在党和政府的鼓励扶持下,怀药生产得到恢复和发展,怀药贸易也在恢复和发展,但在计划经济体制下,药材由政府经销,没有明晰的产权,怀药的生产与销售受到制约,无论是在栽种规模上,还是在生产加工上,均处于低水平的状态,尤其缺乏高水平、高层次的研究和开发,因而种植面积、产量、质量和贸易额均逊色于鼎盛时期。这种情形,与新时期我国医药事业发展的形势,与人民生活水平不断提高的需要不相适应。

近些年来,焦作市委、市政府高度重视怀药的研究和开发工作,企业界也组建了诸如怀源公司、焦作市易生元保健食品有限公司、焦作市伟康实业有限公司等等来开发怀药资源,开发了怀药的系列产品,成效显著。但市场经济必须实行利益引导,无论是政府还是行业协会,都必须遵守经济规律,都要在双赢和多赢的框架内配置要素,整合资源。发展怀药产业,要尽力避免出现大而全、小而全、拼价格、毁资源的无序竞争局面,应通过分工协作、专业运作的方式对现有怀药加工企业进行摸底排查,分级划类,选择并扶持有文化策划能力和产品开发能力的公司专职打造品牌,拓展市场,设计产品,然后组织其他加工企业专职生产,由行业协会监管进料渠道和产品质量,由专业合作社组织绿色种植,让所有的生产要素都能够按照可持续发展的要求服务于怀药产业的发展壮大。社会协作意识乃是怀药文化的精髓。在打造怀药品牌的问题上,"各自为战"是小农意识的表现,"联手打造"才是现代企业的观念。四大怀药,无论在文化内涵、历史渊源,还是在市场前景、保健功效以及环保、富民等方面,都有独特的优势,但由于缺乏品牌意识,缺乏创新意识,缺乏大产业意识,以至于怀药产品未名于世,怀药企业未成为龙头企业,怀药文化未成为金字招牌。

在 21 世纪的当今,怀药产业不但没有随着时代的前进步伐而发展壮大,相反其声名在不断萎缩。这就迫使我们必须进行反思,面对祖先所创的"怀药"名牌,我们应该做些什么?我们该怎样做?为此,我们必须对怀药现代化产业发展有一个总体考虑,制定一个怀药产业发展的中长期战略,把怀药产业确定为焦作的战略产业。

一、树立科学的发展理念,发展现代化的怀药农业和怀药工业。一要树立科学的发展理念,遵循传统与现代科技相结合的发展理念,本着"古为今用,洋为中用,去粗取精,去伪存真"的方针,全力推动怀药的现代化、国际化进程。二要制定品牌战略、项目带动战略和人才战略,推动怀药工业的科技化,发展符合 GMP 规范、具有市场潜力的怀药工业。三要发展高品质、规范化的高效怀药农业。怀药农业的现代化包括科学育种、科学栽培、科学管理、肥料和农药的合理选用以及利用现代高科技对怀药材进行特殊方式的工业化生产,还包括部分药材的产地粗加工业。发展怀药农业,是符合中央"依靠科技,优化农产品品种结构、发挥区域比较优势、大幅度提高农业的整体素质和效益"的方针的。发展怀药农业,一方面能给怀药现代化打下坚实基础;另一方面,将为调整农业结构、增加农民收入、保护生态环境起到巨大的推动作用。

二、发展以科技为核心的怀药知识经济产业,加快以科技产业集团为目的的产学研结合机制的形成,这是怀药产业长足发展的关键所在。建立怀药工程研究中心为龙头的技术创新体系,实现产、学、研的结合。以怀药高新技术研发、科技产业孵化、信息服务、人才培训等为主的怀药知识经济产业,使怀药产业的技术升级、质量优化、长期发展得以保证。

三、建立以现代化管理为核心的服务体系。怀药产业现代化离不开管理现代化。怀药产业管理现代化是要实现现代市场经济体系的运行机制与组织管理体制以及现代的管理方法方式,包括政府、市场、企业三个层次的管理现代化。要在做好中药材生产、药品制造和营销三个环节的同时,大力发展中医药教育,开发中医药文化,发展怀药饮食健身、怀药休闲娱乐、怀药旅游观光、怀药仓储运输、怀药信息服务等产业,促进怀药相关产业协调发展。

四、发展现代怀药商业,促进与旅游产业相配套的怀药旅游产品、绿色保健品产业发展。目前,焦作旅游业在国内外有很强的影响力,来焦作旅游的人数逐年增加,旅游产品和消费品销量逐年走高,我们应利用好这个大好商机,大力发展具有焦作特色的药食兼用的四大怀药,具有显著功效的保健品如降糖保健品,提高免疫能力的保健品、抗疲劳保健品、鲜药材礼品等。①

---

① 符德学:《我市怀药产业现代化发展战略思考》,《焦作日报》2005年11月2日。

后 记

　　覃怀故地，河朔名邦，明清时期的怀庆府，产生了怀庆商帮，即"怀商"，然而，它却是一个鲜为人知或被世人遗忘的商帮。论起明清时期的商帮，人们耳熟能详的是晋商、徽商以及江西、福建、浙江的商人集团。学术界关于晋商、徽商等商帮的研究，成果丰硕，影视作品也不断再现这些商帮的形象。而怀商的研究却悄无声息，荧屏上也未见怀商的形象，怀商似乎并不为人所知，并不为人所重视。实际上，怀商乃是明清时期的一个著名商帮，在汉口、天津、安国以及河南禹州都有其一席之地，甚至是重要的地位。当然，怀商的活动范围与商业资本都无法与晋商、徽商相比，但是怀商却是清代河南最大的商帮。怀商的出现，对振兴河南经济起了一定作用。探讨怀商的兴起、怀商的经营贸易及其经营理念、管理制度等等，乃是清代区域经济史研究中的重要课题。

　　然而由于史料缺乏，长期以来，人们对怀商很少研究。早在 2007 年，我们曾出版了一本《怀商的历史与文化》，应该说那是第一本关于怀商的学术著作。尽管有筚路蓝缕之功，但毕竟显得浅薄。我们深知存在诸多不尽如人意的地方。该书出版后，我们并没有停下探索的脚步，依然关注这一研究课题，继续在收集整理资料。我们的心情在《怀商的历史与文化·后记》中得以体现：

　　　　鉴于怀商的一些当事人疾病缠身，且相继去世；鉴于怀商的一些知情人年事已高，记忆逐渐衰退；鉴于怀商的昔日遗存遗物日益消亡殆尽；鉴于……这样的结果可能将造成永久的遗憾：怀商的真实将永远无法面世，怀商的历史将永远无法描述！一种危机感，一种"时不我待"的危机感时刻在心中萦绕；一种责任感，一种为后人揭示怀商真实的责任感时刻出现在脑海。为了不让怀商人物成为永远模糊的记忆，为了不让怀商历史仅仅浓缩成一个概念，一个符号，我们急不可待……

经过数年的努力，我们再次启程，试图弥补以往的不足和缺憾。在这部书的撰写过程中，我参阅并吸取了有关的研究成果，尤其是各地的关于怀商的文献资料，所附参考文献和注释就说明了一切成绩的取得，都不是空中楼阁，都有它们扎实的现实土壤。在这里，我要特别感谢河南理工大学的杨玉东教授和焦作师范高等专科学校的程谦老师，他们为本书的撰写提供了大量的基础资料，并提供了一些自己的研究成果，还对书稿的修改提出了宝贵的意见和建议。感谢焦作师范高等专科学校领导在本书写作过程中所给予的支持和帮助，尤其感谢河南大学程民生教授在百忙中拨冗审阅书稿并赐序，为本书增光添彩。再则，我们对以往成果的研究者也表示衷心的感谢！

在这部书付梓之际，我们也有颇多感慨。原本，这部书是在 2010 年左右按照当时的焦作市相关领导的指示，应焦作某政府部门的邀请而撰写的，但在书稿完成之后，某政府部门撤销了，负责领导也退休了，所以也就无人过问了。尤其是，2016 年豫商大会在焦作召开，本想借助会议以推动该书的出版，并向豫商大会献礼，然最终的结果，乃是"竹篮打水一场空"。这也是程民生教授早在 2016 年元月为拙著撰序而出版时间延迟至今的缘由。对于这种状况和过程，我们虽然不满，但也确实无奈。

就这本书的内容而言，我们深知，我们还存在这样、那样的不足和缺陷！由于怀商是以怀药商人为主，因而，对于经营非怀药的怀庆商人，我们涉猎不多；对于著名的怀商人物，由于在《怀商的历史与文化》中有所记述，故而，未能在本书中再次体现；还有，外地、外省的怀商贸易，我们的调查还欠深入和系统，所收集的资料也欠全面，挂一漏百、漏千的情况大量存在；等等。我们表示深深的遗憾！不过，这些遗憾也是我们进一步探索的动力所在，也为我们进一步的研究提供了一个广阔的想象空间和阐述空间。

欢迎每一位关心怀商研究的朋友和人士对本书提出宝贵意见,我们真诚地期待您的批评和建议!

程 峰

2022 年 1 月 23 日